Finanzbuchhaltung nach dem GKR und IKR

Von
Prof. Dr. Helgo Grimm-Curtius
und
Dipl. Kfm. Dipl. Pol.
Martin Duchscherer
Freier Unternehmensberater

7., vollständig überarbeitete Auflage

Lehrbuch mit Buchhaltungs-Software
(Fibu Aachen & Berlin von B. Trenkel-Bögle)

R. Oldenbourg Verlag München Wien

Die Deutsche Bibliothek - CIP-Einheitsaufnahme

Finanzbuchhaltung nach dem GKR und IKR [Medienkombination] : Lehrbuch mit Buchhaltungssoftware / von Helgo Grimm-Curtius und Martin Duchscherer. - München ; Wien : Oldenbourg

[Hauptbd.]
Buch. – 7., vollst. überarb. Aufl.. - 2000
ISBN 3-486-25236-4

Finanzbuchhaltung nach dem GKR und IKR [Medienkombination] Lehrbuch mit Buchhaltungssoftware / von Helgo Grimm-Curtius und Martin Duchscherer. - München ; Wien : Oldenbourg

[Hauptbd.]
Diskette [zur 7. Aufl.]. FiBu Aachen & Berlin / von B. Trenkel-Bögle. - 2000
ISBN 3-486-25236-4

Rosenheimer Straße 145, D-81671 München
Telefon: (089) 45051-0, Internet: http://www.oldenbourg.de

Gedruckt auf säure- und chlorfreiem Papier
Gesamtherstellung: Druckhaus „Thomas Müntzer“ GmbH, Bad Langensalza

ISBN 3-486-25236-4

Vorwort zur 7. Auflage

Zum Beginn des Jahres 2000 war eine vollständige Überarbeitung des Lehrbuches sowie des Übungsbuches notwendig, um die nachstehenden gravierenden Änderungen der Rechtslage in Handels- und Steuerrecht seit den Jahren 1998 / 1999 zu berücksichtigen.

- **Euro-Einführung** ab 1.1.1999
  Die Euro-Einführung ist für die Buchführung und Bilanzierung der Unternehmen von höchster Bedeutung, da spätestens bis zum Beginn 2002 die Umstellung auf den Euro erfolgt sein muß. Einzelvorschriften für Währungsumrechnung und Rundung enthalten die beiden Euro-Verordnungen, Bilanzierungsinstrumente zur Euro-Umstellung sind im Einführungsgesetz zum HGB enthalten (Euro-Rücklage zur Währungsumrechnung, Umstellungskosten-Bilanzierungshilfe usw.).

- **Weitere Handelsrechtliche Änderungen (1998 / 1999)**
  - **Stückaktiengesetz** (Einführung der "nennwertlosen Aktien" im Aktiengesetz u. HGB)
  - **Handelsrechts-Reform-Gesetz (**Neuregelungen des Kaufmanns- und Firmenrechts)
  - **Kapitalaufnahme-Erleichterungsgesetz** (Konzernbilanzen nach internationalen Rechnungslegungs-Standards)

- **Gesetz zur Kontrolle und Transparenz im Unternehmensbereich (KonTraG)** (1998)
  - Erweiterte Überwachungspflichten für Vorstände, Aufsichtsräte und Prüfer von Aktiengesellschaften, insbes. Einrichtung eines "Risikomanagement-Systems"
  - Erweiterte Rechnungslegungspflichten im Rahmen des Jahresabschlusses: insbes. Bilanzierung eigener Aktien, obligatorische Kapitalflußrechnung sowie Segmentberichterstattung nach internationalen Standards

- **Steuer-Entlastungsgesetz 1999 / 2000 / 2002** mit wichtigen Änderungen für gewerbliche Unternehmer sowie Selbständig Tätige, insbesondere:
  - **Einkommensteuer:** Senkung des Spitzen-Steuersatzes für gewerbliche Einkünfte auf 45 % (1999) bzw. 40 % (danach), jedoch: Einschränkungen bei "Mehrkonten-Modellen", ergänztes Verbot von Rückstellungen für drohende Verluste aus schwebenden Geschäften, Einschränkungen des Verlustrücktrages, Einschränkungen bei der Übertragung von stillen Reserven auf Ersatzbeschaffungen, strengere Bewertungsvorschriften
  - **Abgabenordnung:** Aufbewahrungsfrist auch für Buchungsbelege 10 Jahre
  - **Körperschaftsteuer:** Senkung der Körperschaftsteuer-Sätze (z.B. bei thesaurierten Gewinnen auf 40 % des zu versteuernden Einkommens)
  - **Umsatzsteuer:** Umstellung im Bereich der steuerbaren Umsätze: früherer "Eigenverbrauch" und Steuerpflicht hierauf aufgehoben, dafür Einführung von Lieferungen und Sonstigen Leistungen mit fiktivem Entgelt (z.B. Gegenstandsentnahmen für private Zwecke) sowie vollständiges Vorsteuerabzugs-Verbot bei "Repräsentationsaufwendungen" und Reisekosten, hälftiges Vorsteuerabzugs-Verbot bei gemischtgenutzten Betriebs-PKW
  - **Geringfügig Beschäftigte (630 DM-Jobs):** Grundsätzlich Sozialversicherungsbeiträge durch den Arbeitgeber, grundsätzlich keine Lohnsteuerpflicht (wenn Arbeitnehmer keine weiteren Einkünfte hat)

- Die neue Rechtslage haben die Verfasser durch die nachstehenden Änderungen und Erweiterungen des Lehrbuches sowie Übungsbuches berücksichtigt:
  - Sämtliche Buchungsbeispiele und Erläuterungen wurden der **neuen Rechtslage** angepaßt, insbesondere bei Buchungen zum "Eigenverbrauch" und zur Privatabgrenzung sowie zu Geringfügig Beschäftigten. Durch die absehbaren "Nachbesserungen" der Gesetze sowie die geplante Unternehmenssteuerreform werden sich jedoch weitere Änderungen ergeben
  - Die **Euro-Umstellung** ist in einem neuen Abschnitt in Kapitel 9 dargestellt. Grundsätzlich wurden alle Beträge auf den Euro umgestellt, wie dies bei vielen führenden Unternehmen in Deutschland seit dem 1.1.1999 schon erfolgt ist, insbesondere im Wertpapierbereich
  - Der zunehmende Einfluß der **internationalen Rechnungslegung** soll durch neue Abschnitte im 8. Kapitel dargestellt werden; hierzu werden Grundzüge dargestellt hinsichtlich Konzernbilanzen / Konsolidierter Jahresabschluß, Kapitalflußrechnung, Deutsches Rechnungslegungs-Standardisierungs-Commitee(DRSC), Bilanzanalyse und Bilanzpolitik.
  - Entsprechende Änderungen sind auch in der neuen Shareware-Version der beigefügten **Buchhaltungs-Software** "FIBU für windows" enthalten
  - Auf die zunehmende Bedeutung der "**Enterprise Software**" (z.B. SAP R/3) auch im Bereich der Finanzbuchhaltung werden Hinweise gegeben.

- **Aus dem Vorwort zur 6. Auflage**
  In dieser Auflage ergaben sich insbesondere folgende Änderungen / Erweiterungen:
  - Ergänzung des Lehrbuches durch eine Shareware-Version des im deutschsprachigen Raum bewährten PC-Programmes zur Finanzbuchhaltung "FIBU für windows" von Programmautor Dpl.Ing. B. Trenkel-Bögle, Göppingen und das dazugehörige 10. Kapitel, verfaßt von Herrn M. Duchscherer
  - Anpassung an wesentliche Änderungen der Rechtslage, insbesondere Einführung des europäischen Binnenmarktes (Verbuchung von innergemeinschaftlichen Lieferungen), entspr. Erweiterungen des Industriekontenrahmens ab Buchungsjahr 1993, steuerliche Änderungen durch das Standort-Sicherungsgesetz

- **Aus dem Vorwort zur 1. Auflage**
  - Ausrichtung des Lehr- und Übungsbuches auf Studierende von Universitäten und Fachhochschulen (auch ohne Vorkenntnisse) unter Berücksichtigung der Erfahrungen des Verfassers Grimm-Curtius als langjähriger Buchhaltungs-Dozent an Universität und Fachhochschule Augsburg
  - Intensive Visualisierung durch Abbildungen; Darstellung von Gemeinsamkeiten und Unterschieden bei GKR und IKR

  Die Verfasser

- PS: Wie bei Ausbildungswerken üblich, wird weiterhin mit dem ursprünglichen Umsatzsteuer-Tarif von 10 % gerechnet (Unabhängigkeit von mögl. Steuererhöhungen); als Währungsbezeichnung für den Euro wird meist das ISO-Kürzel "EUR" verwendet.l

1. Rechnungslegung

1.1 Betriebliches Rechnungswesen

1.1.1 Begriffsmerkmale des Rechnungswesens

Die Finanzbuchhaltung wird vielfach als "Rückgrat" des gesamten Rechnungswesens in einer Unternehmung betrachtet. Zum Verständnis der Finanzbuchhaltung sollte man daher zunächst einmal die wesentlichen Merkmale des betrieblichen Rechnungswesens untersuchen. In seiner umfassenden Begriffsdefinition des Rechnungswesens hat Weber dieses bezeichnet als "System zur Ermittlung, Darstellung und Auswertung von Zahlen über gegenwärtige / zukünftige Tatbestände und Vorgänge im Betrieb sowie über dessen Umweltbeziehungen" (Weber 1993, S. 17).

Als Hauptmerkmal ist dabei wohl die Abbildung ökonomisch relevanter Vorgänge durch Zahlen (Rechnungsgrößen) festzuhalten. In der modernen, "entscheidungsorientierten" Betriebswirtschaftslehre wird das Rechnungswesen nicht als Selbstzweck betrachtet. Als Hauptzweck des Rechnungswesens wird angesehen, wesentliche Informationen für die Entscheidungen der Führungskräfte zu liefern, weiterhin sollen auch an Außenstehende (z.B. Kapitalgeber) grundlegende Informationen über das Betriebsgeschehen geliefert werden. Die kürzestmögliche Information über (quantifizierbare) Vorgänge bestehen eben in der zahlenmäßigen Darstellung über deren Ergebnisse. Die Vielzahl der auftretenden Rechengrößen kann insbesondere nach den folgenden Kriterien eingeteilt werden:

(1) **Nach dem Inhalt:**
- Mengengrößen, z.B. Materialverbrauch 1.250 kg
- Wertgrößen, z.B. Materialaufwand 12.500 €

(2) **Nach der zeitlichen Orientierung:**
- Istgrößen (an Gegenwart / Vergangenheit orientiert)
- Sollgrößen (an Zukunft orientiert)

(3) **Nach dem zeitlichen Bezug:**
- Bestandsgrößen (Bezug: Zeitpunkt), z.B. Bilanzsumme am 31.12.2000
- Strömungsgrößen (Bezug: Zeitraum), z.B. Materialaufwand vom 01.01. bis 31.12.2000

Das Rechnungswesen soll Informationen über das Betriebsgeschehen liefern Dabei sind einerseits Informationen über Innenvorgänge (Vorgänge innerhalb des Betriebes, insbesondere im Rahmen der Produktion von Sachgütern) und andererseits Informationen über Außenvorgänge (Geschäftsbeziehungen des Betriebes mit der Außenwelt) möglich. Daneben ist jedoch die Stellung des Informationsadressaten für die Teile des Rechnungswesens von besonderer Bedeutung:

- Interne Informationsempfänger (z.B. Geschäftsleitung, Führungskräfte)
- Externe Informationsempfänger (z.B. außenstehende Gesellschafter, Gläubiger, Öffentlichkeit, Finanzbehörden).

Durch seine vielfältigen und präzisen Informationen ist ein aussagefähiges Rechnungswesen von großer Bedeutung für jeden Betrieb. In der Literatur werden hierfür meistens gewisse Grundfunkionen (Aufgaben) des Rechnungswesens aufgeführt:

(1) Entscheidungsfunktion
(Planung und Vorbereitung von Entscheidungen, Dispositionen der Führungskräfte)
(2) Dokumentationsfunktionen
(Festhaltung der Vergangenheitsinformationen zur Rechenschaftslegung)
(3) Kontrollfunktion
(Vergleich von Ist-Werten und Soll-Werten ergibt Abweichungen und Verbesserungsmöglichkeiten)
(4) Steuerungsfunktion
(Beeinflussung der betrieblichen Mitarbeiter und Abteilungen im Hinblick auf die Unternehmungsziele).

1.1.2 Teilbereiche des Rechnungswesens

In der Praxis wird vielfach die nachstehende, "traditionelle" Einteilung des Rech nungswesens verwendet.

(1) **Buchhaltung / Bilanz**: Hier handelt es sich um die klassische "Buchführung", die handels- und steuerrechtlich vorgeschriebene Dokumentation der abgelaufenen Geschäftsvorfälle des Geschäftsjahres einschließlich des entsprechenden Jahresabschlusses.

(2) **Kostenrechnung:** Zur Kontrolle der Wirtschaftlichkeit und zur Ermittlung der Selbstkosten werden detaillierte Informationen über den Produktionsfaktorverbrauch im Betrieb gesammelt und den Informationen über die erstellten Sachgüter bzw. Dienstleistungen gegenübergestellt. Dabei sind bei Industriebetrieben meist die nachstehenden Rechnungsstufen anzutreffen; die ersten drei Stufen werden dabei meist als "Betriebsbuchhaltung" bezeichnet:

- Kostenarten-Rechnung: Systematische Sammlung der angefallenen Kosten in einer Wirtschaftsperiode; die sogenannten "Einzelkosten" können direkt den einzelnen Kostenträgern (Erzeugnissen) zugerechnet werden, die "Gemeinkosten" fallen gemeinsam für mehrere Produkte in bestimmten Kostenstellen an.
- Kostenstellen-Rechnung: Die Beträge aus der Kostenarten-Rechnung werden auf die betreffenden Kostenstellen verteilt.

- Kostenträger-Zeitrechnung (Betriebsergebnisrechnung)
  Die angefallenen Kostenbeträge der Wirtschaftsperiode werden den Kostenträgern (hergestellte oder verkaufte Erzeugnisse dieser Periode) gegenübergestellt.
- Kostenträger-Stückrechnung (Selbstkosten-Kalkulation)
  Die Kostenbeträge je Stück der Kostenträger (Produkte) werden zusammengefaßt als Grundlage der Verkaufspreispolitik.

(3) **Planung:** Die Rechenwerke der Planung stellen eine Vorschau (Prognoseinformation) über zukünftige Vorgänge dar. Meist werden Teilpläne für bestimmte Betriebsfunktionen (z.B. Absatz-, Fertigungs-, Beschaffungs-, Finanzplan) oder für bestimmte Großprojekte aufgestellt. Durch Vergleich der Planwerte mit den entsprechenden Ist-Werten wird die Kontroll- und Steuerungsfunktion der Führungskräfte ermöglicht. Zur Unterstützung dieser Planungs- und Kontrollaufgaben wird bei modernen Betrieben in zunehmendem Maße eine zentrale Abteilung "Controller" eingerichtet.

(4) **Statistik:** Durch übersichtliche Darstellung der Ist-Werte bei massenhaften Vorgängen im Betrieb erhält die Geschäftsleitung wertvolle Informationen. Auch hier sollte die Geschäftsleitung im Interesse der Kontrollfunktion Vergleichswerte heranziehen: z.B. Ist-Werte derselben Vorgänge in früheren Jahren (Zeitvergleich) oder Ist - Werte derselben Vorgänge aus anderen Betrieben derselben Branche (zwischenbetrieblicher Vergleich).

Das moderne Rechnungswesen **(Controlling)** sieht es als Hauptaufgabe an, aktuelle "Steuerungsgrößen" für die Geschäftsleitung zu liefern. Nach der Herkunft der benötigten Daten geht man hierbei von der nachstehenden Zweiteilung des Rechnungswesens aus:

(1) **Internes Rechnungswesen:** Information über innerbetriebliche Kosten-/Leistungs-Daten, vorwiegend für innerbetriebliche Informations-Empfänger und bezogen auf Kostenstellen und Produkte
(2) **Externes Rechnungswesen:** Informationen über abgelaufene Geschäftsvorfälle einschließlich Jahresabschluß, sowohl für interne Empfänger als auch insbesondere für externe Empfänger (Shareholder-Value-Orientierung), bezogen auf den Gesamtkonzern bzw. auf einzelne Konzernunternehmen und strategische Geschäftsfelder.

Trotz dieser Zweiteilung bemüht sich das moderne Controlling verstärkt um eine Integration des Rechnungswesens und um einheitliche Steuerungsgrößen (z.B. operating profit nach US-amerikanischen Standards der externen Rechnungslegung).

1.1.3 Wertgrößen des Rechnungswesens

Widerspruchsfreie Einteilungskriterien für das Rechnungswesen lassen sich aufgrund der betriebswirtschaftlichen Entscheidungstheorie gewinnen (vgl. Heinen 1986, S. 115). Wichtig erscheint hierbei, daß verschiedene Teile des Rechnungswesens ("Rechenwerke") durchaus verschiedene Abgrenzungen der hauptsächlichen Rechengrößen verwenden. Zum Verständnis der Finanzbuchhaltung ist besonders die Abgrenzung der verwendeten Wertgrößen zur Kostenrechnung bzw. zu weiteren Rechenwerken von grundsätzlicher Bedeutung (vgl. Abb. 1). Die für die Finanzbuchhaltung wesentliche Abgrenzung der Strömungsgrößen gegenüber der Kostenrechnung wird in Punkt 2.4 dargestellt ("sachliche Abgrenzung").

Die aus der Abbildung ersichtliche Abgrenzung der Rechengrößen **"Einnahmen - Einzahlungen"** bzw. **"Ausgaben - Auszahlungen"** soll hier nun kurz erläutert werden. Dieser Differenzierung liegen die folgenden Begriffsdefinitionen zugrunde:

(1) Einzahlungen bzw. Auszahlungen: Erhöhungen bzw. Verminderungen des Zahlungsmittelbestandes der Unternehmung (Kassenbestände und Bankguthaben)
(2) Einnahmen bzw. Ausgaben: Erhöhungen bzw. Verminderungen des Geldvermögens der Unternehmung (Zahlungsmittelbestände sowie Bestände an Forderungen und Verbindlichkeiten)

Aus der Gegenüberstellung ergeben sich insgesamt die nachstehend genannten Gemeinsamkeiten bzw. Unterschiede der Rechengrößen bei Einnahme- / Ausgabe-Rechnungen:

(1) "Einnahme = Einzahlung": z.B. Barverkauf von Fertigerzeugnissen
(2) "Einnahme, keine Einzahlung": z.B. Warenverkauf mit Zahlungsziel
(3) "Einzahlung, keine Einnahme": z.B. Aufnahme eines Bankkredits
(4) "Ausgabe = Auszahlung": z.B. Bareinkauf von Fertigungsmaterial
(5) "Ausgabe, keine Auszahlung": z.B. Wareneinkauf auf Kredit
(6) "Auszahlung, keine Ausgabe": z.B. Bartilgung eines Bankkredits

Abschließend ist hier die Abgrenzung der Rechengrößen **"Einnahme - Ertrag"** bzw. **"Ausgabe - Aufwand"** darzustellen. Es ergeben sich insgesamt folgende mögliche Fälle von Gemeinsamkeiten bzw. Unterschieden:

(1) "Einnahme = Ertrag": z.B. Barverkauf von Fertigerzeugnissen
(2) "Einnahme, kein Ertrag": z.B. Verkauf einer Maschine zum Buchwert
(3) "Ertrag, keine Einnahme": z.B. Erhöhung der bilanzierten Wertpapierkurse
(4) "Ausgabe = Aufwand": z.B. Barzahlung von Fertigungslöhnen
(5) "Ausgabe, kein Aufwand": z.B. Verwendung von Pensionsrückstellungen
(6) "Aufwand, keine Ausgabe": z.B. Bildung von Pensionsrückstellungen

Rechenwerke > / Wertgrößen:	Finanzbuchhaltung	Kosten- / Leistungsrechnung	Einnahmen- / Ausgabenrechnung (z.B. Finanzplan)
Bestandsgrößen	Vermögensteile (Aktiva) Kapitalteile (Passiva)	Betriebsnotwend. Vermögen Betriebsnotwend. Kapital	Geldvermögen bzw. Zahlungsmittelbestände, Kapitalteile
Strömungsgrößen	Aufwand Ertrag	Kosten Leistungen	Ausgaben (Auszahlungen) Einnahmen (Einzahlungen)

Abb. 1: Wertgrößen bei verschiedenen Rechenwerken

Die zuvor genannten Teilbereiche des Rechnungswesens werden nicht etwa völlig isoliert nebeneinander durchgeführt. Die Finanzbuchhaltung muß ohnehin von allen Vollkaufleuten bzw. Steuerpflichtigen durchgeführt werden und ist weitgehend unabhängig von dem jeweiligen Wirtschaftszweig. Die Kostenrechnung ist stark betriebsindividuell aufgebaut und stark vom jeweiligen Wirtschaftszweig abhängig. Meistens jedoch werden die Istdaten der Kostenrechnung zum größten Teil aus der Finanzbuchhaltung einschließlich deren Nebenbuchhaltung übernommen. Daher ist es durchaus berechtigt, die Finanzbuchhaltung als "Rückgrat" des betrieblichen Rechnungswesens zu bezeichen.

1.2 Bestandteile der Rechnungslegung

1.2.1 Jahresbilanz

Der Bereich der Finanzbuchhaltung wird in den letzten Jahren in zunehmendem Maße unter dem zentralen Aspekt einer **Rechnungslegung** der Unternehmung gesehen. In den heutigen Unternehmen, insbesondere in den Großunternehmen, sind erhebliche Vermögenswerte investiert; der Erfolg der Unternehmung ist für die Versorgung der Gütermärkte und für die Beschäftigungslage an den Betriebsstandorten von großer Bedeutung. Die Geschäftsleitung muß daher Rechenschaft ablegen für sich selbst und insbesondere für die Öffentlichkeit über die Entwicklung der Vermögenswerte und den Geschäftserfolg des abgelaufenen Geschäftsjahres. Für alle Kapitalgesellschaften sowie Genossenschaften ist eine verstärkte Rechnungslegung und Publizität gesetzlich vorgeschrieben (vgl. §§ 264 ff. HGB) bzw. §§ 1 ff. PublG ("Gesetz über die Rechnungslegung von bestimmten Unternehmen und Konzernen").

Gesetzlich vorgeschriebener Hauptbestandteil der Rechnungslegung ist bei allen Kaufleuten der **Jahresabschluß**, d.h. die Jahresbilanz sowie die Gewinn- und Verlustrechnung. Bei Kapitalgesellschaften ist der Jahresabschluß um einen Anhang zu erweitern sowie zusätzlich ein Lagebericht aufzustellen. Bei Kapitalgesellschaften ist die Rechnungslegung auch von unabhängigen Wirtschaftsprüfern zu prüfen und zu veröffentlichen ("Offenlegung"), wobei es für kleine und mittelgroße Gesellschaften gewisse Erleichterungen gibt (Vgl. §§ 316 ff. HGB).

Nach den Vorschriften des KonTraG müssen börsennotierte Aktiengesellschaften nunmehr auch eine Kapitalflußrechnung sowie eine Segmentberichterstattung im Rahmen ihres Jahresabschlusses erstellen (vgl. § 297 Abs. 1 HGB). Wegen ihrer großen Bedeutung werden diese Rechnungslegungsinstrumente in eigenen Abschnitten des Kapitels 8 dargestellt.

1.2.1.1 Grundbegriffe der Bilanz (Bilanzgleichung)

Als Hauptbestandteil der Rechnungslegung ist die Bilanz anzusehen. Der Bilanzbegriff kommt von lateinisch "bis" und "lanx" und bezeichnet die beiden Schalen der früher üblichen Waagen. Der traditionelle **Bilanzbegriff** bezeichnet eine kurzgefaßte, wertmäßige Gegenüberstellung von Formen und Finanzquellen aller betrieblichen Vermögensgegenstände zu einem bestimmten Stichtag in Kontoform. Die Vermögensteile in bestimmten Formen werden dabei als "Aktiva" bezeichnet (weil sie, wie z.B. Maschinen, aktiv arbeiten), die Quellen des Vermögens als "Passiva" (verschiedene Kapitalformen).

Die Aktivposten, z.B.: bebaute Grundstücke, Maschinen, Wertpapiere, Warenvorräte, Kassenbestand, werden in aufsteigender Reihenfolge nach ihrer Liquidität aufgeführt. Als **Liquidität** ist dabei die Möglichkeit anzusehen, die Vermögenswerte wieder in liquide Mittel (Bargeld) umzuwandeln. Bargeld z.B. hat die höchste Liquidität, bebaute Grundstücke mit speziellen Betriebsgebäuden haben demgegenüber eine wesentlich ungünstigere Liquidierbarkeit. Die Passivposten werden zunächst nach dem zugrundeliegenden Rechtsverhältnis eingeteilt in Eigenkapital (Kapital, welches der Inhaber bzw. die Gesellschafter selbst eingebracht haben, Gesellschaftsvertrag) und Fremdkapital (Kapital, welches außenstehende Dritte, wie z.B. Banken zur Verfügung gestellt haben, Darlehensvertrag). Innerhalb dieser Gruppen erfolgt die weitere Untergliederung in absteigender Reihenfolge nach der Überlassungsdauer der Kapitalteile.

Die Differenz von Vermögenswerten und Schulden wird als Eigenkapital (Reinvermögen) bezeichnet. Dieser Zusammenhang wird oft als Bilanzgleichung dargestellt:

Summe der Aktiva	=	Summe der Passiva
Summe des Vermögens	=	Summe des Fremdkapitals + Summe des Eigenkapitals

Die Bilanzgleichung bedeutet, daß am Bilanzstichtag die Bilanzsumme auf der Aktivseite und die Bilanzsumme auf der Passivseite stets gleich sein müssen. Dies ergibt sich aus der Definition des Eigenkapitals als Restgröße von Vermögen und Fremdkapital. Zur Verdeutlichung dieses "Gleichheitsprinzips" sei als kleines Beispiel an die Eröffnungsbilanz einer kleinen Firma gedacht. Der Inhaber hat 20.000,-- € Eigenkapital und 80.000,-- € Fremdkapital zur Verfügung und hat für diese 100.000,-- € die Büroeinrichtung gekauft (in gemieteten Räumen). Die Summe der Aktiva (100.000,-- € Büroeinrichtung) ist notwendigerweise gleich der Summe des hierfür aufgenommenen Kapitals (100.000,-- € Passiva). Ein Sonderfall der Bilanzgleichung ergibt sich, wenn das Eigenkapital einer Firma durch mehrjährige Verluste aufgezehrt wurde und noch weitere Verluste auftreten.

Hier ergibt sich eine sogenannte "Unterbilanz" (Überschuldung), d.h. das Fremdkapital ist größer als die vorhandenen Vermögenswerte, es ergibt sich ein negatives Eigenkapital.

1.2.1.2 Handelsbilanz - Steuerbilanz

Trotz übereinstimmender Grundstruktur sind nach ihrer detaillierten Ausgestaltung mehrere verschiedenartige **Bilanzarten** anzutreffen. Diese können insbesondere nach den folgenden Kriterien eingeteilt werden:

- Nach den zugrundeliegenden Rechtsvorschriften: Handelsbilanzen - Steuerbilanzen
- Nach der Anzahl einbezogener Unternehmen: Einzelbilanzen - Konzernbilanzen
- Nach der Häufigkeit der Bilanzerstellung: Laufende Bilanzen, insbesondere Jahresbilanz - Gelegentliche Bilanzen (Sonderbilanzen, z.B. bei Umwandlungen). Sonderbilanzen, deren Positionen nicht mit den Werten aus der Finanzbuchhaltung angesetzt sind, werden auch als "Status" (Mehrzahl "Stati") bezeichnet.
- Nach der zugrundeliegenden Steuerart: (bei Steuerbilanzen) Ertragssteuerbilanzen (gem. EStG, KStG, GewStG) - Vermögensaufstellung (gem.VSt). Die Ertragssteuer bilanzen sind aus der Finanzbuchhaltung abgeleitet, die Vermögensaufstellungen richten sich nach VStG und BewG.

Handelsbilanzen sind gem. Handelsrecht für Kaufleute und Handelsgesellschaften vorgeschrieben (HGB, AktG usw.) und werden aus der Finanzbuchhaltung einschließlich Inventar abgeleitet. Steuerbilanzen werden ebenfalls aus der Finanzbuchhaltung abgeleitet und berücksichtigen die speziellen Vorschriften des Steuerrechts (insbes. des Einkommensteuerrechts). Großunternehmen bzw. Aktiengesellschaften, die zur Veröffentlichung der Handelsbilanz verpflichtet sind (Bilanz ist u.a. im veröffentlichten Geschäftsbericht enthalten), haben meist eine eigene Handelsbilanz und Steuerbilanz. Bei mittelständischen Firmen wird vielfach nur eine einzige Jahresbilanz erstellt (meist sowohl des Handels- als auch des Steuerrechts). Nach dem "Maßgeblichkeitsprinzip" (Maßgeblichkeit der Handelsbilanz für die Steuerbilanz) ist daher für die Gestaltung der Steuerbilanz der Inhalt der Handelsbilanz als maßgeblich anzusehen. Endzweck der Finanzbuchhaltung ist die Aufstellung einer nach den Rechtsvorschriften ordnungsgemäßen jährlichen Handels- bzw. Steuerbilanz einschließlich Erfolgsrechnung.

1.2.1.3 Bilanzgliederung gem. § 266 HGB

Die weitere Gliederung der Jahresbilanz eines Industrieunternehmens in Übereinstimmung mit den Vorschriften des § 266 HGB ist in Abb. 2 dargestellt. Auch Unternehmungen, die nicht die Rechtsform der AG aufweisen, verwenden analog diese Bilanzgliederung; bei Unternehmen bestimmter Wirtschaftszweige, z.B. bei Banken, sind zwar grundsätzlich die gleichen Bilanzpositionen anzutreffen, jedoch gelten für deren Reihenfolge in der Bilanz etwas abweichende Rechtsvorschriften (gesetzlich vorgeschriebene Formblätter).

Bei den Aktivposten ist zunächst die Einteilung in Anlagevermögen und Umlaufvermögen von Bedeutung. Zum Anlagevermögen werden alle Vermögensgegenstände gerechnet, die über mehrere Jahre hinweg im Betrieb verwendet werden (vgl. § 247 Abs. 2 HGB). Eine wichtige Unterteilung ergibt sich wie folgt::

- **Sachanlagevermögen**: körperliche Gegenstände, z.B. Grundstücke, Gebäude, Maschinen
- **Immaterielles Anlagevermögen**: erworbene Schutzrechte, die auf mehrere Jahre hinaus gewerblich ausgenützt werden können, z.B. Lizenzen
- **Finanzanlagevermögen**: Geldmittel, die längerfristig außerhalb der Unternehmung angelegt sind, z.B. Beteiligungen.

Die während des Geschäftsjahres aufgetretenen Veränderungen des Anlagevermögens sind gem. § 268 Abs. 2 HGB in einem besonderen "**Anlagespiegel**" anzugeben; der Anlagespiegel kann wahlweise in der Bilanz oder im Anhang aufgeführt sein. Der Anlagespiegel umfaßt unter Einbeziehung der Geschäftsjahresabschreibung und der Restbuchwerte des Vorjahres die nachstehenden Spalten:

(1) **Anfangsbestand (Anschaffungs- / Herstellungskosten):** Endbestand des Vorjahres
(2) **Zugänge im Geschäftsjahr:** Mengenmäßige Erweiterungen des Anlagevermögens, z.B. durch Kauf neuer Anlagegüter
(3) **Abgänge im Geschäftsjahr:** Mengenmäßige Verringerungen des Anlagevermögens, z.B. durch Verkauf von Anlagegütern
(4) **Umbuchungen im Geschäftsjahr:** Anlagegüter werden von einer Bilanzposition in eine andere übertragen, z.B. Umbuchung von "Anlagen im Bau" auf "bebaute Grundstücke" bei Fertigstellung eines Gebäudes
(5) **Abschreibungen (Kumuliert):** Wertmäßige Verringerungen bei Anlagegütern seit ihrer Anschaffung, z.B. wegen Abnutzung (Verschleiß)
(6) **Zuschreibungen im Geschäftsjahr:** Wertmäßige Erhöhungen bei Anlagegütern, z.B. wegen gestiegenen Marktpreisen (höchstens bis zu den Anschaffungskosten). Die Zuschreibungen werden im Folgejahr mit den kumulierten Abschreibungen verrechnet
(7) **Endbestand:** Restbuchwert
(8) **Abschreibungen des Geschäftsjahres:** Angabe wahlweise im Anhang
(9) **Anfangsbestand (Restbuchwert):** Angabe wahlweise im Anhang

Im Anlagespiegel nach § 268 HGB ist der Anfangsbestand mit den "historischen Anschaffungs- oder Herstellungskosten" zu bewerten, ebenso sind Zugänge und Abgänge mit den Anschaffungs- oder Herstellungskosten zu bewerten. Dies bedeutet für Kapitalgesellschaften die obligatorische Angabe der "Bruttowerte" (nach AktG alter Fassung konnten wahlweise Brutto- oder Nettowerte angegeben werden). Der seit Anschaffung der Anlagegüter eingetretene Wertverlust (kumulierte Abschreibungen) wird zur Ermittlung des Endbestands von den Anschaffungskosten abgezogen. Dies bedeutet die obligatorische Anwendung der "Direkten Abschreibung" im Anlagespiegel (nach AktG alter Fassung konnten wahlweise direkte oder indirekte Abschreibungen durchgeführt werden). Zusammenfassend läßt sich sagen, daß für Kapitalgesellschaften nunmehr ein Anlagespiegel nach der **direkten Bruttomethode** vorgeschrieben ist.

Beim **Umlaufvermögen** ist die grundsätzliche Einteilung in Vorratsvermögen und Finanzumlaufvermögen von Bedeutung. Das Vorratsvermögen enthält die bei Industriebetrieben oft umfangreichen Bestände an Rohstoffen, Hilfsstoffen und Betriebsstoffen (in der Praxis vielfach als "Material" bezeichnet), sowie die Bestände an Fertigerzeugnissen und unfertigen Erzeugnissen (in der Praxis vielfach als "Fabrikate" bezeichnet). Beim Finanzumlaufvermögen sind insbesondere die "Forderungen aus Lieferungen und Leistungen" (noch nicht bezahlte Rechnungen der Kunden, "Außenstände") und die liquiden Mittel (Kassenbestand, Bankguthaben) von Bedeutung.

Beim Ausweis des Eigenkapitals sind in Abhängigkeit von der Rechtsform der bilanzierenden Unternehmung zwei unterschiedliche Methoden anzutreffen. Die sogenannte Personenunternehmung (Einzelkaufmann, Personengesellschaften wie z.B. OHG) bilanziert meist nach der Methode des **"variablen Eigenkapitals"**, d.h. das am Beginn des Geschäftsjahres vorhandene Eigenkapital wird in der Schlußbilanz um den angefallenen Jahresgewinn bzw. Jahresverlust erhöht bzw. verringert ausgewiesen. Außerdem kann das Eigenkapital durch Entnahmen der Gesellschafter verringert werden. Bei einem Einzelkaufmann wird ein Eigenkapitalkonto geführt (oft nur als "Kapitalkonto" bezeichnet), bei mehreren Gesellschaftern A,B,C ... werden entsprechend mehrere Eigenkapitalkonten A,B,C ... ausgewiesen.

Für die Bilanzierung der nunmehr auch in Deutschland häufigeren **eigenen Aktien** erlaubt das Gesetz unter bestimmten Voraussetzungen zwei Alternativen:

- Generell: Aktivierung im Umlaufvermögen gem. § 265 Abs. 3 HGB mit Ausschüttungssperre gem. § 272 Abs. 4 (Rücklage für eigene Anteile)
- NEU: Offene Absetzung vom Gezeichneten Kapital gem. § 272 Abs. 1 HGB in Verbindung mit § 71 Abs. 1 Ziff. 8 AktG (Im Falle der Einziehung von Aktien bzw. falls die Weiterveräußerung (noch) nicht beschlossen wurde).

Für die Bilanzierung des **Geschäfts- oder Firmenwerts** (Unterschiedsbetrag zwischen Kaufpreis einer Firma und deren Substanzwert / Bilanzsumme; sog. "good will") besteht ein Wahlrecht gem. § 255 Abs. 4 HGB:

- Aktivierung beim Immateriellen Anlagevermögen, Abschreibung mind. 25 % pro Jahr
- Andernfalls wäre eine Verrechnung mit dem Eigenkapital möglich (Bilanzverkürzung)

AKTIVA			PASSIVA
Ausstehende Einlagen		Eigen- kapital	Gezeichnetes Kapital Kapitalrücklage Gewinnrücklagen (gesetzl., satzungsmäß., andere Rücklagen) Jahresüberschuß/Jahres- fehlbetrag
Ingangesetz./Erweiterung d. Gesch.b.			
Konzessionen, gew.Schutzr. Geschäfts- od. Firmenwert Geleistete Anzahlungen	Immat. Vermög.- gegenst.		
Grundstücke / Bauten Techn.Anlagen / Maschinen And. Anlagen / Betriebs- u. Geschäftsausstattung Geleist. Anzahl./Anl.i.Bau	Sach- Anlagen	Sonderposten mit Rücklagenanteil	
		Rück- stellungen	R.f. Pensionen und ähnliche Verpflichtungen Steuerrückstellungen R.f. latente Steuern Sonstige Rückstellungen
Anteile an verbund. Unt. Ausleih. an verbund. Unt. Beteiligungen Ausleih. an Untern. m.d. ein Beteil. verhältn. best. Wertpapiere d. Anlageverm. Sonstige Ausleihungen	Finanz- Anlagen	Verbind- lichkeiten	Anleihen V.g. Kreditinstituten Erhaltene Anzahlungen auf Bestellungen V.a. Lieferungen und Leistungen V.a.d. Annahme gezogener Wechsel / Ausstellung eigener Wechsel V.g. verbundenen Unter- nehmen V.g.Unternehmen, m.denen ein Beteiligungsverhält- nis besteht Sonstige Verbindlichk.
Roh-, Hilfs- u. Betr.st. Unfert. Erzeugn. / Leist. Fertige Erzeugn. / Waren Geleistete Anzahlungen	Vorräte		
F.a. Liefer. u. Leistung. F.g. verbund. Unternehm. F.g. Untern., m.d. ein Beteil.verhältnis besteht Sonstige Vermögensgegenst.	Forderung. u. sonst. Vermögens- gegenst.		
Anteile an verbund. Unter. Eigene Anteile Sonstige Wertpapiere	Wert- papiere		
Schecks, Kasse, Bankguth.	Flüssige Mittel		
Latente Steuern Disagio Sonst. R.A.P.	Rechn.- abgrenz.- posten	Rechn.- abgrenz.- posten	Passive Rechnungs- abgrenzungsposten
Nicht durch Eigenkap. ged. Fehlbetrag			

(Ohne Anlagenspiegel und ohne Vermerk der Eventualverbindlichkeiten)
* Für mittelgroße / große Kapitalgesellschaften

Abb. 2: Bilanzgliederung für Kapitalgesellschaften (§ 266 HGB)*

Bei Kapitalgesellschaften (AG bzw. GmbH) wird obligatorisch die Methode des **"konstanten Eigenkapitals"** angewendet. Das sog. "Gezeichnete Kapital" ist in der Satzung festgelegt und darf nur durch satzungsändernde Maßnahmen der Kapitalerhöhung bzw. Kapitalherabsetzung verändert werden. Der jährlich anfallende Jahresüberschuß bzw. Jahresfehlbetrag wird nicht mit dem "Gezeichneten Kapital" verrechnet, sondern in einer eigenen Bilanzposition ausgewiesen (bei Ausweis des Eigenkapitals "vor Ergebnisverwendung"). Ein Teil dieses Jahresüberschusses kann nicht zur Ausschüttung verwendet werden, sondern muß aufgrund von gesetzlichen oder satzungsmäßigen Gründen zurückbehalten werden und in der Bilanz als "Rücklagen" ausgewiesen werden (Gewinnrücklagen). Der verbleibende Rest des Jahresüberschusses wird als Bilanzgewinn bezeichnet und dient zur Ausschüttung an die Gesellschafter (Dividende).

Innerhalb des Fremdkapitals ist zu unterscheiden zwischen Verbindlichkeiten (Verpflichtungen, deren Höhe und Fälligkeitsdatum bereits bekannt sind) und Rückstellungen (zukünftige Verpflichtungen, die bereits rechtlich begründet sind, deren Höhe und Fälligkeit aber noch ungewiß sind). Bei den Verbindlichkeiten ist ein getrennter Ausweis nach den Gläubigern vorgeschrieben (Verbindlichkeiten gegenüber den Lieferanten, gegenüber Kreditinstituten usw.). Eine weitere Differenzierung der Verbindlichkeiten ist vorgeschrieben nach den folgenden Kriterien (sog. "Verbindlichkeitsspiegel" gem. § 285 Ziff. 1 HGB):

- Restlaufzeit: bis zu 1 Jahr / 1-5 Jahre / mehr als 5 Jahre
- Sicherheiten: Absicherung durch Grundpfandrechte usw.
- Währungsmaßstab: Fremdwährung / Inlandswährung

Die Bildung verschiedener Konten nach den genannten Kriterien stellt eine sehr aufwendige Maßnahme dar. Es ist daher vorzuziehen, die erforderlichen Angaben über die Verbindlichkeiten aus einer entsprechend geführten Nebenbuchhaltung zu entnehmen.

Vor der Aufnahme von Vermögensgegenständen und Kapitalteilen in die Bilanz ist deren **Bilanzierungsfähigkeit** zu prüfen (Aktivierungsfähigkeit bzw. Passivierungsfähigkeit). Hierbei sind in Einzelfällen umfangreiche Überlegungen anzustellen, die in der Bilanzliteratur dargestellt werden; insbesondere sind auch hier die entsprechenden handelsrechtlichen und steuerrechtlichen Vorschriften zu beachten. Für die Verbuchung sind die nachstehenden Grundbegriffe der formalen Bilanzierungsfähigkeit von Bedeutung:

(1) Bilanzierung auf der Aktivseite
- **Aktivierungspflicht:** Alle Gegenstände des (notwendigen) Betriebsvermögens müssen nach dem "Vollständigkeitsprinzip" in der Bilanz aufgeführt werden (Muß-Vorschrift).
- **Aktivierungs-Wahlrechte:** Für bestimmte Beträge besteht ein gesetzlich festgelegtes Wahlrecht zur Bilanzierung, z.B. für das Disagio bei Hypothekendarlehen (Kann-Vorschrift).
- **Aktivierungs-Verbote:** Für bestimmte Beträge besteht ein gesetzlich festgelegtes Bilanzierungsverbot, z.B. für immaterielle Vermögensgegenstände, die nicht entgeldlich erworben wurden ("originärer Firmenwert").

(2) Bilanzierung auf der Passivseite
- **Passivierungspflicht:** Grundsätzliche Bilanzierungspflicht auf der Passivseite nach dem "Vollständigkeitsprinzip".
- **Passivierungs-Wahlrechte:** Wahlrechte zur Bilanzierung auf der Passivseite
- **Passivierungs-Verbote:** Bilanzierungsverbote auf der Passivseite

Gewisse Posten in der Bilanz stellen weder Vermögensgegenstände noch Kapitalteile dar (sog. **Bilanzierungshilfen**). Das HGB (Bilanzrichtliniengesetz) ermöglicht als Bilanzierungshilfe in gewissen Fällen die Bilanzierung von Beträgen, die an sich keine bilanzierungsfähigen Beträge darstellen, z.B. die "Aufwendungen für die Ingangsetzung / Erweiterung des Geschäftsbetriebes" oder die "aktiven latenten Steuern". Die Bilanzierungshilfen werden jedoch bei der Ermittlung der Bilanzsumme voll berücksichtigt.

Für bestimmte Haftungsverhältnisse besteht keine Möglichkeit, sie als Bilanzposten aufzunehmen (sog. **Eventualverbindlichkeiten**). Die Kenntnis dieser Beträge ist jedoch zur Beurteilung der wirtschaftlichen Lage der Unternehmung durchaus von Bedeutung. Daher werden die Eventualverbindlichkeiten in der Bilanz aufgeführt, jedoch unterhalb der Bilanzsumme (rein informativ) gemäß § 251 HGB. Ein Beispiel hierfür stellt die Haftung der Unternehmung aus der Übertragung von Wechseln dar (Rückgriff des Wechselinhabers im Falle der Zahlungsunfähigkeit des Wechselschuldners).

1.2.1.4 Bewertungsprinzipien

Die wissenschaftliche Darstellung der Bewertungsmöglichkeiten in der Bilanz muß aus verständlichen Gründen der Bilanzliteratur vorbehalten bleiben. Jedoch ist auch im Rahmen der Finanzbuchhaltung die Kenntnis und Anwendung der nachstehend erläuterten Grundbegriffe der Bewertung erforderlich. Die Bewertung ergibt sich als zweiter Teilaspekt der Bilanzierung von Vermögensgegenständen und Schulden; bei der **Bilanzierung** der einzelnen Gegenstände werden auch im HGB explizit die folgenden Teilaspekte unterschieden:

(1) **Ansatz** von Bilanzpositionen: Bilanzierungsfähigkeit, Bezeichnung der Gegenstände, Ausweis im Gliederungsschema usw.
(2) **Bewertung** der Bilanzpositionen: Anzuwendender Bewertungsmaßstab, Bewertungsverfahren usw.

Beim Teilaspekt der Bewertung ergibt sich insbesondere die folgende Grundproblematik: Alle Vermögensgegenstände werden bei ihrer erstmaligen Verbuchung mit ihren Anschaffungskosten (beim Kauf von Außenstehenden) bzw. mit ihren Herstellungskosten (bei Selbstherstellung im Industriebetrieb) erfaßt. Bei späteren Bilanzierungen der Gegenstände hat sich jedoch der aktuelle Wert dieser Gegenstände (z.B. Börsenpreis, "Beizulegender Wert", "Teilwert") meistens verändert. Die verwendeten **Bewertungsmaßstäbe** (Anschaffungskosten usw.) werden in der vorliegenden Arbeit erst später, im Zusammenhang mit konkreten Geschäftsfällen, erläutert. Die zur Lösung des Bewertungsproblems in Übereinstimmung mit den handelsrechtlichen und steuerlichen Vorschriften anzuwendenden **"Bewertungsprinzipien"** sind überblicksmäßig in der folgenden Aufstellung erläutert:

(1) **Anschaffungswertprinzip**
- Nach diesem grundlegenden Prinzip in Handels- und Steuerbilanz dürfen die Vermögensgegenstände höchstens mit ihren Anschaffungs- bzw. Herstellungskosten bilanziert werden (Vgl. § 253 Abs. 1 HGB).
- Bei abnutzbaren Gegenständen des Anlagevermögens sind die genannten Anschaffungskosten während der Nutzungsdauer der Gegenstände um planmäßige Abschreibungen zu verringern (gem. § 253 Abs. 1 HGB).

(2) **Niederstwertprinzip**
- Gemildertes Niederstwertprinzip: Dieses Prinzip besagt, daß im Falle eines gegenüber den Anschaffungskosten gesunkenen Tageswerts die Bewertung auch mit dem niedrigeren Tageswert erfolgen "darf" (Wahlrecht). Das gemilderte Niederstwertprinzip ist jedoch für alle Kaufleute auf vorübergehende Wertminderungen beim Anlagevermögen begrenzt (gem. § 253 Abs. 2 HGB). Bei Kapitalgesellschaften ist das gemilderte Niederstwertprinzip auf vorübergehende Wertminderungen im Finanzanlagevermögen begrenzt (gem. § 279 Abs. 1 HGB).
- Strenges Niederstwertprinzip: Dieses Prinzip besagt, daß im Falle eines gegenüber den Anschaffungskosten gesunkenen Tageswertes die Bewertung mit dem niedrigeren Tageswert erfolgen "muß". Dieses Prinzip gilt für alle Kaufleute grundsätzlich bei dauerhaften Wertminderungen im Anlagevermögen (gem. §253 Abs. 2 HGB) sowie bei Gegenständen des Umlaufvermögens (gem. § 253 Abs.3 HGB). Das Prinzip gilt auch für Kapitalgesellschaften (gem. § 279 Abs. 1 HGB).

(3) **Abschreibungswahlrecht** zur Vorwegnahme zukünftiger Wertschwankungen: Dieses Prinzip ist auf das Umlaufvermögen beschränkt (gem. § 253 Abs. 3 HGB).

(4) **Abschreibungswahlrecht** im Rahmen vernünftiger kaufmännischer Beurteilung:
- Durch dieses Wahlrecht (gem. § 253 Abs. 4 HGB) ergeben sich für Einzelleute und Personengesellschaften legale Möglichkeiten, stille Reserven zu legen.
- Für Kapitalgesellschaften ist das genannte Prinzip ausdrücklich ausgeschlossen (gem. § 279 Abs. 1 HGB).

(5) **Beibehaltungswahlrecht**
- Für Einzelkaufleute und Personengesellschaften gilt, daß nach sog. "außerplanmäßigen" Abschreibungen bei den zuvor genannten Bewertungsprinzipien der niedrigere Wert beibehalten werden darf, auch wenn der Grund des Wertverlustes wieder weggefallen ist (gem. § 253 Abs. 5 HGB). Mit anderen Worten läßt sich dieses Prinzip auch als "Zuschreibungs-Wahlrecht" nach außerplanmäßigen Abschreibungen beschreiben.
- Für Kapitalgesellschaften gilt jedoch ausdrücklich das sog. "Wertaufholungsgebot" (gem. § 280 HGB), d.h. eine Zuschreibungspflicht nach früheren außerplanmäßigen Abschreibungen, wenn der Grund des Wertverlustes weggefallen ist.

(6) **Wahlrecht für steuerrechtliche Abschreibungen**
- Für alle Kaufleute gilt im Falle gewünschter zusätzlicher Abschreibungen in der Steuerbilanz, daß diese auch in der Handelsbilanz wahlweise zulässig sind (gem. § 254 HGB).
- Für Kapitalgesellschaften sind steuerrechtlich bedingte Abschreibungen in der Handelsbilanz auf die Fälle mit **"umgekehrter Maßgeblichkeit"** begrenzt (gem. § 279 Abs. 2 HGB). Die umgekehrte Maßgeblichkeit (Maßgeblichkeit der Steuerbilanz für die Handelsbilanz) bedeutet, daß gewünschte steuerliche Abschreibungen in der Handelsbilanz durchgeführt werden müssen, damit sie in der Steuerbilanz anerkannt werden.

(7) **Prinzip des Wertzusammenhangs (Steuerbilanz)**
- **"Wertzusammenhangs-Prinzip":** Das früher steuerlich vorgeschriebene Wertzusammenhangsprinzip (Wert eines Wirtschaftsgutes darf nicht über Wert in der vorhergehenden Bilanz hinaus gehen) ist inzwischen aufgrund der neuen Regelungen zu § 6 Abs. 1 EStG aufgehoben worden: vgl. Ziff. 1 Satz 4 (abnutzbares Anlagevermögen) sowie Ziff. 2 Satz 2 (andere Wirtschaftsgüter)

(8) **"Übereinstimmungsprinzip"**: Steuerliche Wahlrechte (insbes. Bewertungswahlrechte) müssen in Übereinstimmung mit der Handelsbilanz ausgeübt werden, vgl. hierzu § 5 Abs. 1 EStG

(9) **Weitere Bewertungsprinzipien**

- **Imparitätsprinzip**: Dieses Prinzip besagt, daß unrealisierte Gewinne nicht ausgewiesen werten dürfen (z.B. Tageswert über Anschaffungskosten), daß unrealisierte Verluste jedoch ausgewiesen werden müssen (z.B. Tageswert unter Anschaffungskosten).
- **Allgemeine Bewertungsprinzipien** sind im § 252 HGB festgelegt (für alle Kaufleute), für Kapitalgesellschaften ist jedoch speziell die Vorschrift des § 264 Abs. 2 von Bedeutung: Der Jahresabschluß muß ein den tatsächlichen Verhältnissen entsprechendes Bild ermöglichen.

(10) **Bewertung der Passiva**

- **Eigenkapital** ist mit dem Nennbetrag zu bewerten.
- **Verbindlichkeiten** sind mit dem Rückzahlungsbetrag zu bewerten. Im Falle von Fremdwährungsverbindlichkeiten bei veränderlichen Kursen hat gemäß "Vorsichtsprinzip" (§ 252 HGB) die Bewertung mit dem höheren Stichtagswert zu erfolgen.
- **Rückstellungen** sind mit den geschätzten zukünftigen Ausgaben zu bewerten, z.B. Pensionsrückstellungen anhand versicherungsmathemat. Berechnungen.

1.2.2 Gewinn- und Verlustrechnung gem. § 275 HGB

Neben den Informationen über die Vermögens- und Kapitalsituation der Unternehmung soll die Rechnungslegung aber auch Informationen über den zahlenmäßigen Erfolg der Unternehmung im abgelaufenen Geschäftsjahr liefern. Der Erfolg (Gewinn oder Verlust) ergibt sich aus der Differenz von Aufwand (Wertverbrauch, zurechenbare Ausgaben des Geschäftsjahres) und Ertrag (Wertzuwachs, insbesondere durch die erstellten betrieblichen Leistungen). Als Rechenwerte für die Ermittlung des Erfolges dient die Gewinn- und Verlustrechnung (Erfolgsrechnung). Durch dieses Rechenwerk werden die Aufwendungen des Geschäftsjahres den Erträgen gegenübergestellt.

Da der Gewinn als Differenz von Ertrag und Aufwand definiert ist, ergibt sich das Prinzip der **Erfolgsgleichung**

Summe der Erträge = Summe der Aufwendungen plus Gewinn (Gewinnfall)
Summe der Aufwendungen = Summe der Erträge plus Verlust (Verlustfall)

Innerhalb der Gewinn- und Verlustrechnung können verschiedene **Aufwands- und Ertragsarten** differenziert werden, insbesondere nach den folgenden Kriterien:

(1) Nach der Regelmäßigkeit ihres Auftretens:

- Ordentlicher Aufwand bzw. Ertrag (periodisch anfallend)
- Außerordentlicher Aufwand bzw. Ertrag (aperiodisch anfallend)

(2) Nach der Beziehung zur betrieblichen Produktion:
- Betriebsbedingter Aufwand bzw. Ertrag (z.B. Materialverbrauch zur Fertigung)
- Betriebsfremder Aufwand bzw. Ertrag (z.B. Spekulationsgewinne aus Wertpapieren in einem Industriebetrieb)

(3) Nach der zutreffenden Rechnungsperiode:
- Periodenrichtiger Aufwand bzw. Ertrag (z.B. Gewerbesteuerzahlung für die laufende Periode)
- Periodenfremder Aufwand (z.B. Gewerbesteuernachzahlung für eine frühere Rechnungsperiode)

Der Gewinn bzw. Verlust des Geschäftsjahres wird insbesondere bei Kapitalgesellschaften in zwei Stufen ausgewiesen, die durch zwei entsprechende **Gewinnbegriffe** gekennzeichnet werden:

1. **Jahresüberschuß** bzw. **Jahresfehlbetrag**
   (Überschuß der Erträge über den Aufwand bzw. umgekehrt)
2. **Bilanzgewinn** bzw. **Bilanzverlust**
   (= Jahresüberschuß nach Veränderung durch Rücklagen und Ergebnisvortrag)

Dieser Bilanzgewinn der Erfolgsrechnung entspricht dem separat ausgewiesenen Bilanzgewinn in der Jahresbilanz bei konstantem Eigenkapital.

Den Betriebsertrag bei Industrieunternehmen stellen insbesondere die während des Jahres produzierten Halb- und Fertigfabrikate dar. Um diese Produktionsleistung zu erreichen, ist während des Jahres der entsprechende Betriebsaufwand angefallen. Die hergestellten Fabrikate sind meist am Jahresende schon verkauft (Umsatzerlöse). Ein Teil der Fabrikate (insbesondere die Halbfabrikate) sind jedoch am Jahresende noch nicht verkauft, sondern werden durch die Inventur als "**Bestandserhöhung an Halb- und Fertigfabrikaten**" festgestellt. Daher ist zu beachten, daß zur Gewinnermittlung bei Industriebetrieben nicht einfach der Umsatzerlös und der Jahresaufwand gegenübergestellt werden können. Durch den Jahresaufwand entstanden auch Produkte, die zunächst nur zu einer Bestandserhöhung geführt haben.

Es zeigt sich, daß bei Industrieunternehmen zwei grundsätzlich verschiedene Verfahren der Erfolgsrechnung verwendet werden können (für die Gewinn- und Verlustrechnung gem. § 275 HGB ist ein Wahlrecht zwischen beiden Verfahren gegeben):

- **Gesamtkostenverfahren**: Dem Gesamtertrag - einschließlich Bestandserhöhungen der Fabrikate! - wird der Gesamtaufwand gegenübergestellt. Dieses Verfahren war in Deutschland vor dem Bilanzrichtlinien-Gesetz in der Buchhaltung seit Jahrzehnten obligatorisch und wird auch weiterhin vorherrschend sein. Aus diesem Grunde sind die üblichen Erfolgskonten auf der Basis dieses Verfahrens untergliedert.
- **Umsatzkostenverfahren**: Den Umsatzerlösen wird der Teil des Aufwands gegenübergestellt, der für die verkauften Produkte angefallen ist. Da das Umsatzkostenverfahren für viele Betriebe eine neuartige Alternative darstellt seit dem Bilanzrichtlinien-Gesetz, wird es innerhalb dieses Gliederungspunktes später noch genauer er-

läutert. Das Umsatzkostenverfahren ist auch mit den üblichen Erfolgskonten möglich durch eine entsprechende Umgliederung im Rahmen der Abschlußbuchungen (s. Gliederungspunkt 7.1.2.8 dieser Arbeit).

Einen Überblick über die wichtigsten Aufwands- und Ertragsarten und über die wichtigsten Zwischensummen zeigt das Schema der **handelsrechtlichen Erfolgsrechnung** in Abb. 3. Dieses Schema entspricht den Rechtsvorschriften des § 275 HGB, wird in der Praxis aber nicht nur von Kapitalgesellschaften, sondern auch von anderen Unternehmen analog verwendet. Das gesetzliche Schema verwendet die sog. "**Staffelform**", d.h. Erträge und Aufwandsarten werden gestaffelt nacheinander angegeben. Demgegenüber werden in der Finanzbuchhaltung die Aufwendungen und Erträge rechts und links gegenübergestellt (Kontoform).

Die Erfolgsrechnung nach dem Schema gemäß § 275 HGB ist stark an dem Ziel einer möglichst weitgehenden **Erfolgsspaltung** orientiert, d.h. es sollen unterschiedliche Einflußfaktoren auf den Erfolg möglichst differenziert ausgewiesen werden. Da die hier genannte Erfolgsspaltung auch in den Kontengruppen des Industriekontenrahmens (IKR) genau berücksichtigt wird, sollen im folgenden die wesentlichen Erfolgsspaltungs-Kriterien und die jeweils entsprechenden Erfolgsbereiche angegeben werden.

(1) "Unternehmenszweck"
- **Ergebnis der gewöhnlichen Geschäftstätigkeit**:: Dieses Ergebnis resultiert aus allen Aufwandsarten und Ertragsarten bei der für den Unternehmungszweck typischen Geschäftstätigkeit. Dazu gehören auch übliche, aber aperiodische Aufwandsarten und Erträge, wie z.B. Verluste aus Anlageverkäufen (die nach der klassischen Terminologie als "aperiodischer Aufwand" bezeichnet werden).
- **Außerordentliches Ergebnis** im Sinne von § 275 HGB: Dieses Ergebnis resultiert ausschließlich aus solchen Aufwandsarten bzw. Ertragsarten, die bei dem vorliegenden Unternehmungszweck ungewöhnlich (unüblich) sind.

(2) "Unternehmensprozesse"
- **Betriebsbereich**: Dieser umfaßt alle diejenigen Aufwandsarten und Ertragsarten, die unmittelbar beim Prozeß der Leistungserstellung und -verwertung entstehen (Erfolgsbegriff: "Betriebsergebnis").
- **Finanzbereich**: Dieser umfaßt solche Aufwandsarten und Ertragsarten, die durch die Finanzierung der Leistungsprozesse sowie durch Kapitalanlagen entstehen (Erfolgsbegriff: "Finanzergebnis").

(3) "Unternehmensverbindungen"
- Bereich "**Beteiligungen**" bzw. "**verbundene Unternehmen**": alle in diesem Zusammenhang anfallenden Erfolgskomponenten sollen gesondert ausgewiesen werden.
- Bereich "**Ergebnisabführungs-Verträge**": Aufwand (Verluste bzw. Erträge (Gewinne) die aus diesen Quellen stammen, sollen ebenfalls gesondert ausgewiesen werden.

(4) "Besteuerungsphase"
- **Ergebnis vor Steuern**: Die zuvor genannten Ergebnisse werden zunächst noch ohne Abzug der auf sie entfallenden Steuern dargestellt, um einen steuerunabhängigen Betriebsvergleich zu ermöglichen.
- **Ergebnis nach Steuern**: Bei diesem "Endergebnis" sind auch die ergebnisabhängigen Steuern abgezogen.

Die gesetzliche Gliederung der Gewinn- und Verlustrechnung nach dem **Umsatzkostenverfahren** ist aus § 275 Abs. 3 HGB ersichtlich. Das nach dem HGB (Bilanzrichtlinien-Gesetz) neuerdings alternativ zulässige Umsatzkostenverfahren unterscheidet sich vom Gesamtkostenverfahren durch die kürzere Darstellung des **Betriebsergebnisses**. Bei der Darstellung der zusätzlichen Positionen (Finanzbereich, Beteiligungsbereich usw.) stimmen beide Verfahren wieder überein. Beim Umsatzkostenverfahren werden als Betriebserträge nur die Umsatzerlöse und sonstige betriebliche Erträge ausgewiesen (keine Bestandsveränderungen der Fabrikate!). Als betriebsbedingte Aufwendungen werden nur die Herstellungskosten der verkauften Produkte (umsatzbezogene Herstellungskosten) sowie allgemeine Verwaltungskosten, Vertriebskosten und sonstige betriebliche Aufwendungen ausgewiesen. Die "sonstigen betrieblichen Erträge" bzw. "sonstigen betrieblichen Aufwendungen" stimmen inhaltlich nicht mit den entsprechenden Positionen beim Gesamtkostenverfahren überein (je nach der Abrenzung der umsatzbezogenen Herstellungskosten). Die systembedingten Merkmale des Umsatzkostenverfahrens (im Vergleich zum Gesamtkostenverfahren) sind in der nachstehenden Übersicht kurz erläutert.

(1) Das Umsatzkostenverfahren ermöglicht keine genauere **Einsicht** in die betriebsbedingte **Aufwandsstruktur** (Materialaufwand, Personalaufwand usw.) für den Bilanzleser. Dieser Effekt dürfte jedoch den weniger publizitätsfreudigen Unternehmen entgegenkommen. Allerdings sind für mittelgroße und größere Kapitalgesellschaften entsprechende Angaben im Anhang vorgeschrieben, der im nächsten Gliederungspunkt dargestellt wird.

(2) Das Umsatzkostenverfahren erfordert eine umfangreiche "**Nachkalkulation**" der fertigen und unfertigen Erzeugnisse zur Ermittlung der umsatzbezogenen Herstellungskosten.

(3) Wegen des Bewertungsspielraums bei der Bemessung der Herstellungskosten (z.B. bei der Aufteilung der Gemeinkosten auf die Kostenträger oder bei der Annahme eines bestimmten Beschäftigungsgrades) bietet das Umsatzkostenverfahren größere Möglichkeiten zur **Bilanzpolitik**.

(4) In der **angelsächsischen Bilanzierungspraxis** wird bisher ausschließlich das Umsatzkostenverfahren verwendet (in der deutschen Bilanzierungspraxis nach dem Aktiengesetz alter Fassung ausschließlich das Gesamtkostenverfahren).

1. Umsatzerlöse 2. Erhöhung / Verminderung des Bestands an fert. / unfert. Erzeugnissen 3. Andere aktivierte Eigenleistungen 4. Sonstige betriebliche Erträge 5. Materialaufwand a) Aufwendungen für Roh-, Hilfs- und Betriebsst. u.f. bezog. Waren b) Aufwendungen für bezogene Leistungen
(ROHERGEBNIS) (=1. bei kleinen Kapitalgesellschaften)
6. Personalaufwand a) Löhne und Gehälter b) Soziale Abgaben und Aufwendungen f. Altersversorg. u. Unterstützg. 7. Abschreibungen a) Auf immaterielle Vermögensgegenstände des Anlagevermögens und Sachanlagen, sowie auf aktivierte Aufwendungen für die Ingangsetzung / Erweiterung des Geschäftsbetriebes b) Auf Gegenstände des Umlaufvermögens, soweit diese die in der Kapitalgesellschaft üblichen Abschreibungen überschreiten 8. Sonstige betriebliche Aufwendungen 9. Erträge aus Beteiligungen 10. Erträge aus anderen Wertpapieren u. Ausleih. d. Finanzanlagevermögens 11. Sonstige Zinsen und ähnliche Erträge 12. Abschreibungen auf Finanzanlagen und Wertpapiere des Umlaufvermögens 13. Zinsen und ähnliche Aufwendungen
14. ERGEBNIS DER GEWÖHNLICHEN GESCHÄFTSTÄTIGKEIT
15. Außerordentliche Erträge 16. Außerordentliche Aufwendungen
17. AUSSERORDENTLICHES ERGEBNIS
18. Steuern vom Einkommen und vom Ertrag 19. Sonstige Steuern
20. JAHRESÜBERSCHUSS / JAHRESFEHLBETRAG

(ohne Gewinnverwendung)
* Für Kapitalgesellschaften (hier nach dem Gesamtkostenverfahren)

Abb. 3: Gliederung der Gewinn- und Verlustrechnung (§ 275 HGB)*

1.2.3 Lagebericht / Anhang (Kapitalgesellschaften)

Bei Kapitalgesellschaften und Großunternehmen muß der Jahresabschluß noch um den sog. "**Anhang**" gemäß §§ 284 ff. HGB erweitert werden, der zusätzliche Angaben und Erläuterungen zu Bilanz sowie Gewinn- und Verlustrechnung enthält. Der Anhang umfaßt eine Vielzahl von gemäß HGB vorgeschriebenen Einzelangaben, deren Umfang nach verschiedenen Größenklassen der Kapitalgesellschaften differenziert worden ist. Das HGB enthält eine Vielzahl von Wahlrechten, bei denen bestimmte Angaben statt in der Bilanz wahlweise im Anhang aufgeführt werden können ("Entlastungsfunktion" des Anhangs). Um einen Überblick über den Inhalt des Anhangs zu ermöglichen, sei im folgenden die Gliederung des Anhangs in Anlehnung an den bekannten Vorschlag von Selchert/Karsten dargestellt (Vgl. Selchert / Karsten, 1985, S.1890).

(1) Form der Darstellung von Bilanz / Gewinn- und Verlustrechnung
(2) Einzelne Positionen von Bilanz / Gewinn- und Verlustrechnung
- Ausweis, Bilanzierung und Bewertung der Bilanzpositionen
- Reihenfolge möglichst entsprechend der Bilanz
- Besondere wahlweise Angaben: Anlagespiegel, Geschäftsjahresabschreibungen, Rückstellungen für latente Steuern, Disagio

(3) Jahresergebnis
- Beeinflußung des Jahresergebnisses durch Inanspruchnahme steuerlicher Vergünstigungen
- Ergebnisverwendung

(4) Zusätzliche Angaben zur Vermittlung eines den tatsächlichen Verhältnissen entsprechenden Bildes
(5) Ergänzende Angaben
- Sonstige finanzielle Verpflichtungen
- Beteiligungsunternehmen und Verbundene Unternehmen
- Zusammensetzung der Organe, Organkredite und Aufwendungen für Organe
- Arbeitnehmerschaft

Zusätzlich zum Jahresabschluß haben Kapitalgesellschaften gem. § 289 HGB noch jährlich einen "**Lagebericht**" aufzustellen. Im Lagebericht ist der Geschäftsverlauf und die wirtschaftliche Lage der Unternehmung so darzustellen, daß ein "den tatsächlichen Verhältnissen entsprechendes Bild" vermittelt wird. Nach dem KonTraG soll der Lagebericht insbesondere auch auf die Risiken der zukünftigen Entwicklung eingehen (Riskomanagement bzw. internes Überwachungssystem), vgl. § 289 bzw. 315 HGB.

1.3 Finanzbuchhaltung und Rechtsvorschriften

1.3.1 Finanzbuchhaltung und Geschäftsfälle

Um eine vollständige Rechnungslegung zu ermöglichen, müssen bereits während des Geschäftsjahres alle wirtschaftlich relevanten Vorgänge exakt aufgezeichnet werden. Diese Aufgabe wird von der Finanzbuchhaltung übernommen. Die Finanzbuchhaltung läßt sich daher für eine **Begriffsdefinition** bezeichnen als derjenige Teil des Rechnungswesens, der alle für die Rechnungslegung relevanten Vorgänge (Geschäftsfälle) lückenlos und planmäßig dokumentiert und durch einen regelmäßigen Abschluß übersichtliche Informationen über die Finanz- und Ertragslage der Unternehmung im Istzustand liefert. Die wichtigsten Informationen, die dabei verarbeitet werden, sind die bei den Geschäftsfällen auftretenden Währungsbeträge (€). Die Finanzbuchhaltung läßt sich daher auch als "zahlenmäßiges Spiegelbild" der Unternehmung, als wertmäßiges Unternehmungsmodell bezeichnen.

Von der Finanzbuchhaltung, auch Geschäftsbuchhaltung oder nur Buchführung / Buchhaltung genannt, werden dabei insbesondere die Außenvorgänge des Betriebes, die Geschäftsbeziehungen zu Kunden, Lieferanten, Banken usw. dokumentiert. Demgegenüber liefert die Betriebsbuchhaltung (Betriebsabrechnung) als Teil der Kostenrechnung insbesondere Informationen über die innerbetrieblichen Produktionsvorgänge im Istzustand. Die Betriebsbuchhaltung zeigt die bei der Produktion aufgetretenen Kosten nach Kostenstellen, Kostenarten und Kostenträgern.

Für die Finanzbuchhaltung werden in der Literatur insbesondere die folgenden **Aufgaben** aufgezeigt:

(1) Darstellung des Vermögens- und Schuldenbestandes der Unternehmung sowie die Veränderung dieser Bestände im Zeitablauf
(2) Ermittlung des Unternehmungserfolges und Darstellung seiner Quellen (Aufwands- und Ertragsstruktur)
(3) Lieferung von Ausgangsdaten über die Kostenarten im Ist-Zustand für die Kostenrechnung und Kalkulation
(4) Ermittlung der Besteuerungsgrundlagen bei den wichtigsten Unternehmungssteuern
(5) Lieferung von Informationen für die Finanzplanung (Einnahmen / Ausgaben) sowie für die Kontrolle der Ordnungsmäßigkeit und Wirtschaftlichkeit der Unternehmung
(6) Lieferung von Unterlagen und Beweisen, z.B. bei Kreditanträgen und Rechtsstreitigkeiten

Für die Finanzbuchhaltung einschließlich Jahresabschluß ist die exakte Abgrenzung des zu dokumentierenden Zeitraums von besonderer Bedeutung (Geschäftsjahr). Für die grundlegende Rechnungsperiode, das **Geschäftsjahr**, lassen sich folgende Arten abgrenzen:

- Kalendergeschäftsjahr: 01.01. - 31.12. des Kalenderjahres
- Abweichendes Geschäftsjahr, z.B. das "Siemens-Geschäftsjahr": 01.10. - 30.09. zweier aufeinanderfolgender Kalenderjahre
- Rumpfgeschäftsjahr (Geschäftsjahr weniger als 12 Monate): z.B. 01.05. - 31.12. eines Kalenderjahres, wegen Neueröffnung des Geschäftes am 01.05.

Da die laufende Finanzbuchhaltung stets die Beträge bei bestimmten Geschäftsfällen erfaßt, hat man schon früh eine Systematik der möglichen Geschäftsfälle entwickelt. Die Vielzahl möglicher Geschäftsfälle kann nach den folgenden Einteilungskriterien in bestimmte **Arten von Geschäftsfällen** eingeteilt werden.

(1) Nach der Auswirkung auf die Bilanz (Bilanzveränderungen):
(a) **Aktivtausch**: Ein Aktivposten nimmt um einen best. Betrag zu, ein anderer

Aktivposten nimmt um denselben Betrag ab, die Bilanzsumme bleibt unverändert, Bsp.: Einzahlung des abendlichen Kassenbestandes auf das Bankkonto.

(b) **Passivtausch**: Ein Passivposten nimmt um einen bestimmten Betrag zu, ein anderer Passivposten nimmt um denselben Betrag ab, die Bilanzsumme bleibt unverändert, Bsp.: Ein bisheriger Gläubiger wird als Gesellschafter aufgenommen, aus der bisherigen Verbindlichkeit wird ein Gesellschaftsanteil.

(c) **Aktiv- / Passiv-Kürzung (Bilanzverkürzung)**: Sowohl ein Aktivposten als auch ein Passivposten nehmen um denselben Betrag ab, die Bilanzsumme wird geringer, Bsp.: Durch Barzahlung wird eine Verbildlichkeit getilgt (zurückbezahlt).

(d) **Aktiv- / Passiv-Vermehrung (Bilanzverlängerung)**: Sowohl ein Aktivposten als auch ein Passivposten nehmen um denselben Betrag zu, die Bilanzsumme wird größer, Bsp.: Wareneinkauf auf Kredit.

(2) Nach der Auswirkung auf die Erfolgsrechnung:

(a) **Erfolgsneutrale Geschäftsfälle**: Diese haben keine Auswirkung in der Gewinn- und Verlustrechnung als Aufwand oder Ertrag. Es handelt sich um Aktivtausch, Passivtausch, gewisse Bilanzverkürzungen (z.B. Privatentnahme von Geld) sowie gewisse Bilanzverlängerungen (z.B. Einlagen von Sachgütern aus dem Privatvermögen in das Betriebsvermögen).

(b) **Erfolgswirksame Geschäftsfälle**: Diese haben stets Auswirkung in der Gewinn- und Verlustrechnung. Es handelt sich um gewisse Bilanzverkürzungen (z.B. Betriebsbedingter Aufwand; Privatentnahmen von Sachgütern, wenn deren Buchwert über dem aktuellen Wiederbeschaffungspreis = Teilwert liegt), sowie um gewisse Bilanzveränderungen (z.B. Betriebsbedingter Ertrag; Privatentnahmen von Sachgütern, wenn deren Buchwert unter dem aktuellen Wiederbeschaffungswert = Teilwert liegt).

(3) Nach der Auswirkung auf den Betriebsvermögens-Bestand:

Die Differenz von: Wert aller Vermögensgegenstände minus Schulden der Unternehmung wird als Reinvermögen bzw. Betriebsvermögen bezeichnet. Das Betriebsvermögen kann durch Entnahmen von Gegenständen für private Zwecke vermindert oder durch Einlagen von Gegenständen aus dem Privatvermögen erhöht werden.

(a) **Betriebsvermögens-Umschichtungen**: Bei diesen Geschäftsfällen wird nur die Zusammensetzung des Vermögens bzw. der Schulden geändert, die Summe des Betriebsvermögens bleibt bestehen. Es handelt sich um Aktivtausch und Passivtausch sowie um erfolgsneutrale Bilanzverkürzungen bzw. Bilanzverlängerungen.

(b) **Betriebsvermögens-Änderungen**: Bei diesen Geschäftsfällen wird der Gesamtbetrag des Betriebsvermögens erhöht oder erniedrigt. Es handelt sich um betriebsbedingten Aufwand bzw. Ertrag sowie um erfolgswirksame Privatentnahmen bzw. Privateinlagen.

Die hochentwickelte Systematik der Finanzbuchhaltung läßt sich durch die nunmehr bald 600-jährige **Entwicklungsgeschichte** erklären. Durch Ausweitung des Handelsverkehrs im 15. Jahrhundert begannen die Kaufleute, insbesondere in Italien, die Forderungen und Schulden in zeitlicher Reihenfolge in einem gebundenen Grundbuch ("memorial") aufzuschreiben. Die erste literarische Darstellung der Buchführung als geschlossenes System in dem 1494 erschienenen Werk "Summa de Arithmetica, Geometria, Proportioni et Proportionalita" von Luca Pacioli enthalten. Das Grundbuch wurde bald weiter untergliedert, z.B. in Kassenbuch, Tagebuch, Wareneingangsbuch und Warenausgangsbuch. Zusätzlich wurden Aufzeichnungen der Geschäftsfälle nach sachlichen Kriterien getrennt geführt, z.B. Aufzeichnungen für einzelne Kunden bzw. Lieferanten oder Banken (Konten). Dadurch konnte eine gewisse Systematik erreicht und ausgebaut werden, allerdings war der Arbeitsaufwand für die "Übertragungsbuchführung" (Übertragung von Grundbuch in Hauptbuchkonten) erheblich.

Seit dem 20. Jahrhundert werden in der "Buch"Führung keine echten gebundenen Bücher mehr geführt. Es werden einzelne Journale bzw. Kontenblätter geführt, die durch Buchungsmaschinen auch gleichzeitig (übereinander) beschriftet werden können, so daß die Übertragungsarbeit entfällt. Die neueste Form der Buchführung stellt die "**Speicherbuchführung**" dar, bei welcher die chronologischen und sachlichen Aufzeichnungen in Datenverarbeitungsanlagen auf Magnetspeichern festgehalten werden und duch Bildschirmgeräte sichtbar gemacht werden. Aber auch bei dieser modernen Technik ("papierlose Buchführung"!) kann auf die seit langem entwickelte Logik und Systematik der Buchführung nicht verzichtet werden. Als konkrete Anforderungen an die EDV-Buchführung sind zu berücksichtigen:

- Institut der Wirtschaftsprüfer (IDW) (Hrsg.), Grundsätze ordnungsmäßiger Buchführung bei computergestützten Verfahren und deren Prüfung
- Arbeitsgemeinschaft für Wirtschaftliche Verwaltung (AWV) (Hrsg.), Grundsätze ordnungsmäßiger DV-gestützter Buchführungssysteme (GoBS), diese Grundsätze werden bei der steuerlichen Anerkennung der Buchführung zugrunde gelegt

1.3.2 Grundsätze ordnungsmäßiger Buchführung (GOB)

Bei der im Handelsrecht und Steuerrecht festgelegten Pflicht der Kaufleute bzw. Steuerpflichtigen zur Buchführung und Bilanzierung findet sich die Vorschrift, daß diese Rechenwerke den "Grundsätzen ordnungsmäßiger Buchführung" entsprechen sollen (vgl §§ 238 Abs. 1, 264 HGB, § 5 EStG). Die detaillierte praktische Ausgestaltung dieser Rechenwerke läßt sich jedoch nicht vollständig durch Rechtsvorschriften regeln, insbesondere da die Buchführungstechnik einem raschen Fortschritt unterliegt. Daher stellen die GOB einen unbestimmten Rechtsbegriff dar; eine Ideal-Vorstellung, welche die Gesamtheit aller Grundsätze und Regeln der Kaufleute für eine zuverlässige und zweckmäßige Rechnungslegung umfaßt. Eine nähere Beschreibung des **Begriffs der GOB** ist in A 29 EStR enthalten; aus dieser Vorschrift wird häufig als Anforderung der GOB zitiert, daß sich ein sachverständiger Dritter in den Buchführungswerken ohne große Schwierigkeiten und in angemessener Zeit zurechtfinden kann.

Die Ermittlung der GOB in konkreten Einzelfragen kann einerseits induktiv erfolgen (ausgehend von der praktischen Übung ordentlicher Kaufleute), andererseits auch deduktiv (ausgehend von den theoretischen Zielsetzungen der Rechnungslegung). Die GOB im weiteren Sinne umfassen die Grundsätze ordnungsmäßiger Bilanzierung, ordnungsmäßiger Inventur sowie die hier im Vordergrund stehenden Grundsätze ordnungsmäßiger Buchführung im engeren Sinne.

Für die GOB im weiteren Sinne hat Leffson ein wissenschaftlich fundiertes System entwickelt (vgl. Leffson, 1987). Als **Quellen** zur Ermittlung der **GOB** in Einzelfragen sind insbesondere zu nennen:

- Rechtsvorschriften des Handels- und Steuerrechts, d.h. die entsprechenden Gesetze und Verordnungen einschl. der dazugehörigen Rechtsprechung des Bundesgerichtshofs (BGH) und des Bundesfinanzhofs (BFH).
- Richtlinien, Erlasse von Behörden
- Fachgutachten von Verbänden, z.B. des Instituts der Wirtschaftsprüfer
- Wissenschaftliche Diskussion, wie Lehrmeinungen in Gesetzeskommentaren (Bsp.: "Adler-Düring-Schmaltz") oder in Werken des Rechnungswesens
- Verkehrsauffassung, d.h. die Anschauung anständiger Kaufleute in der Praxis.

Aus den genannten Quellen lassen sich als Grundsätze ordnungsmäßiger Buchführung im engeren Sinn die folgenden Regeln zusammenstellen, hier eingeteilt in Anlehnung an das System von Leffson mit eigenen Ergänzungen.

(1) **Prinzip der Wahrheit** (Richtigkeit und Willkürfreiheit):
Übereinstimmung der Buchungen mit den Tatsachen, Verbot von fiktiven Buchungen oder Bilanzfälschungen.

(2) **Prinzip der Klarheit / Übersichtlichkeit:**
- Belegprinzip: d.h. keine Buchung ohne Beleg; Belege müssen fortlaufend nummeriert und geordnet aufbewahrt werden.
- Buchungen in lebender Sprache und Inlandswährung
- Verbot nachträglicher Änderungen, daher Eintragungen dokumentenecht (kein Bleistift), Eintragungen dürfen nicht unleserlich gemacht werden (keine Radierungen). Schutz gegen nachträgl. Eintragungen (keine leeren Zwischenräume, Ausfüllung durch "Buchhalternase"). Nachträgliche Korrekturen nur durch Stornobuchungen.
- Anlehnung an einen anerkannten Kontenrahmen, ausreichende Untergliederung der Konten, richtige Bezeichnung der Konten.
- Buchungen müssen jederzeit nachvollziehbar (nachprüfbar sein).

(3) **Prinzip der Vollständigkeit**
- Alle Geschäftsfälle müssen fortlaufend und vollständig aufgezeichnet werden.
- Buchungen müssen "zeitnah" durchgeführt werden, d.h. Kassenabstimmung täglich (§ 146 AO), Grundbuchungen spätestens bis zum Ablauf des folgenden Monats.

- Inventarprinzip: d.h. Aufstellung der Jahresbilanz unter Berücksichtigung einer körperlichen Bestandsaufnahme der Vermögensgegenstände und des daraus gewonnenen Verzeichnisses.

(4) **Prinzip der zeitlichen Abgrenzung bei der Verbuchung**
- Exakte Zuordnung der Geschäftsfälle auf das zutreffende Geschäftsjahr, nur so kann der " periodengerechte " Gewinn der einzelnen Geschäftsjahre ermittelt werden.

(5) **Prinzip der Stetigkeit**
- Gleiche Erfassungs- und Darstellungsmethoden in aufeinanderfolgenden Geschäftsjahren.
- Bilanzidentität: Eröffnungsbilanz des Berichtsjahres muß identisch sein mit Schlußbilanz des Vorjahres.

(6) **Aufbewahrungsprinzipien**
- Geordnete und gegen Verlust geschützte Aufbewahrung aller Buchungsunterlagen
- Aufbewahrungsfristen für Handelsbücher, Bilanzen und Belege: 10 Jahre (§ 147 AO)
- Aufbewahrungsfristen für Handelsbriefe: 6 Jahre (§ 257 HGB, § 147 AO)
- Speichern der Buchungsunterlagen auf Mikrofilm oder Datenträgern zulässig, wenn die Buchungen in angemessener Zeit lesbar gemacht werden können und nachvollziehbar sind.

1.3.3 Buchführungsvorschriften des Handelsrechts

Durch eine Reihe von Vorschriften des Handels- und Steuerrechts sollen die Kaufleute bzw. Steuerpflichtigen zu einer zuverlässigen und aussagefähigen Buchführung und Bilanzierung angehalten werden. Hier seien zunächst in der folgenden Aufstellung die wichtigsten Rechtsvorschriften des Handelsrechts überblicksmäßig zusammengestellt.

(1) **Handelsrechtliche Buchführungspflicht**
Diese ist in den §§ 238-241 HGB (3. Buch: Handelbücher) geregelt. Gemäß § 238 (Buchführungspflicht) sind alle Kaufleute verpflichtet, Bücher zu führen: Dabei gelten nun grundsätzlich alle Gewerbetreibende als "**Kaufmann kraft Betätigung**" (§1 Abs. 1 HGB) mit Ausnahme der "Kleingewerbetreibenden" gem. § 1 Abs. 2 HGB. Auf die frühere Einteilung in Muß-Kaufmann, Soll-Kaufmann, Kann-Kaufmann, Form-Kaufmann, Voll-Kaufmann und Minderkaufmann kann dadurch verzichtet werden

(2) **Ausgestaltung der Buchführung und Rechnungslegung**

Eine Reihe weiterer Vorschriften regelt die detaillierte Ausgestaltung der Buchführung: Vorschriften für alle Kaufleute bzw. für alle Kapitalgesellschaften oder Genossenschaften (HGB) sowie zusätzliche Rechts - Vorschriften für bestimmte Rechtsformen (AktG, GmbHG) oder für bestimmte Unternehmensgrößen (PublG.). Bei dem "Gemeinschaftskontenrahmen der Industrie (GKR)" bzw. "Industriekontenrahmen (IKR)" handelt es sich nicht um gesetzl. Vorschriften, sondern um Empfehlungen des BDI (Bundesverband der deutschen Industrie). Die hier zu nennenden Rechtsvorschriften sind überblicksmäßig in Abb. 4 dargestellt.

	- VORSCHRIFTEN FÜR ALLE KAUFLEUTE:
§§ 238 - 241 HGB	Führung der Handelsbücher, Inventar
§§ 242 - 245 HGB	Eröffnungsbilanz / Jahresabschluß -Allgem.Vorschriften
§§ 246 - 251 HGB	Ansatzvorschriften
§§ 252 - 256 HGB	Bewertungsvorschriften
§§ 257 - 263 HGB	Aufbewahrung, Vorlage, Landesrecht
	- ERGÄNZENDE VORSCHRIFTEN FÜR KAPITALGESELLSCHAFTEN:
§§ 264 - 265 HGB	Jahresabschluß und Lagebericht / Allgem. Vorschriften
§§ 266 - 274 HGB	Bilanz
§§ 275 - 278 HGB	Gewinn- und Verlustrechnung
§§ 279 - 283 HGB	Bewertungsvorschriften
§§ 284 - 289 HGB	Anhang, Lagebericht
§§ 290 - 315 HGB	Konzernabschluß und Konzernlagebericht, Kapitalflußrechnung, Segmentberichterstattung
§§ 316 - 329 HGB	Prüfungspflicht, Offenlegung
§§ 330 - 335 HGB	Formblätter, Strafvorschriften, Zwangsgelder
§§ 336 - 339 HGB	- ERGÄNZENDE VORSCHRIFTEN FÜR EINGETR. GENOSSENSCHAFTEN
§§ 340 - 340oHGB	- ERGÄNZENDE VORSCHRIFTEN FÜR KREDITINSTITUTE
§§ 341 - 341oHGB	- ERGÄNZENDE VORSCHRIFTEN FÜR VERSICHERUNGSUNTERNEHMEN
§ 71 AktG	Erwerb eigener Aktien
§ 150 AktG	Gesetzliche Rücklage
§ 152 AktG	Vorschriften zur Bilanz
§ 158 AktG	Vorschriften zur Gewinn- und Verlustrechnung
§ 160 AktG	Vorschriften zum Anhang
§§ 170 - 171 AktG	Prüfung durch den Aufsichtsrat
§§ 172 - 173 AktG	Feststellung des Jahresabschlusses
§ 174 AktG	Gewinnverwendung
§ 337 AktG	Vorlage des Konzernabschl. u.d. Konzernlageberichts
§ 41 Abs. 1 GmbHG	(Pflicht zur Buchführung und Bilanzaufstellung)
§§ 42, 42a GmbHG	(Bilanzierungsgrundsätze, Feststellung des Jahresabschlusses)
§ 33 GenG	(Buchführung, Aufstellung des Jahresabschlusses und Lageberichts)
§§ 1 - 10 PublG	Rechnungslegung von Unternehmen (Einzelbilanz)
§§ 11 - 16 PublG	Rechnungslegung von Konzernen

Abb. 4: Rechnungslegungsvorschriften im Handelsrecht

pflichtigen für diesen Betrieb ebenfalls die Buchführungsvorschriften gem. §§ 238 ff. HGB zu erfüllen. Unter die originäre Buchführungspflicht fallen insbesondere Land- und Forstwirte sowie Minderkaufleute, welche die genannten Grenzen überschreiten. Selbständig Tätige (Freie Berufe) gem. § 18 EStG fallen nicht unter § 141 AO.

(2) **Steuerbilanz / Betriebsvermögensvergleich**
Diesbezügl. Rechtsvorschriften finden sich zunächst in den §§ 4-7 EStG (einschl. der entspr. Vorschriften der EStDV). Das für die ESt relevante Einkommen setzt sich aus 7 möglichen Einkunftsarten des Steuerpflichtigen zusammen, wobei die Einkünfte aus Land- und Forstwirtschaft, aus Gewerbebetrieb und aus selbständiger Arbeit als sog. **Gewinneinkünfte** bezeichnet werden, d.h. die steuerpflichtigen Einkünfte ergeben sich hier aus dem Gewinn des betreffenden Betriebes. Obwohl sich der Gewinn bei Buchführungspflichtigen auch aus der Erfolgsrechnung ergibt, so erfolgt die steuerrechtliche Gewinnermittlung doch grundsätzlich als Betriebsvermögensvergleich zweier aufeinanderfolgender Wirtschaftsjahre (§ 4 Abs. 1 EStG).

Als Betriebsvermögen (Eigenkapital) wird dabei die Differenz aus bewerteten Vermögensgegenständen minus Schulden des Betriebes betrachtet. Das **Betriebsvermögen** ist streng vom buchhaltungsmäßig nicht erfaßten Privatvermögen des Inhabers bzw. der Gesellschafter zu trennen. Werden Gegenstände aus dem Betriebsvermögen in das Privatvermögen übernommen bzw. umgekehrt, so ist dies als Gegenstands-Entnahme bzw. als Sacheinlage zu verbuchen. Die steuerliche Gewinnermittlung als Betriebsvermögensvergleich läßt sich durch folgende Formel zusammenfassen:

$$G = B_t - B_{t-1} + EN - EL$$

G = Gewinn, B = Betriebsvermögen, t = Schluß des Berichtsjahres,
t-1 = Schluß des Vorjahres, EN = Entnahmen, EL = Einlagen

Bei Gewerbetreibenden, die nach handelsrechtlichen oder steuerrechtlichen Vorschriften zur Buchführung verpflichtet sind (oder die freiwillig Bücher führen), ist gemäß § 5 Abs. 1 EStG das Betriebsvermögen nach den handelsrechtlichen Grundsätzen ordnungsmäßiger Buchführung anzusetzen.

(3) **Steuerrechtliche Aufzeichnungspflichten**
Die nachstehenden Aufzeichnungspflichten werden bei buchführ. Unternehmen in der Regel bereits durch die Buchführung erfüllt, gelten daher insbesondere bei Steuerpflichtigen, die weder nach Handelsrecht noch nach Steuerrecht Bücher führen:

- Aufzeichnung des Wareneingangs gem. § 143 Abs. 1 AO (**Wareneingangsbuch**)
- Aufzeichnung des Warenausgangs gem. § 144 Abs. 1 AO (**Warenausgangsbuch**, insbesondere bei Großhändlern)
- Aufzeichnungspflichten gem. UStG (Aufzeichnung der Bemessungsgrundlagen bei steuerpflichtigen Umsätzen)
- Erweiterte **Verzeichnisse** gem. §§ 6 ff. EStG für geringwertige Wirtschaftsgüter sowie für Wirtschaftsgüter, für welche erhöhte Absetzungen beansprucht werden
- Weitere Aufzeichnungspflichten, z.B. gem. § 7 LStDV (**Lohnkonto**)
- Der nach Einkommensteuerrecht ermittelte Gewinn dient darüber hinaus auch als **Bemessungsgrundlage** für das körperschaftssteuerliche Einkommen gem. §§ 7 ff.KStG Weiterhin dient der einkommensteuerliche Gewinn nach gewissen Hinzurechnungen und Kürzungen auch als steuerpflichtiger Gewerbeertrag gem. GewStG. Die Vermögensaufstellung für die Besteuerung gem. VStG wird jedoch nicht aus der Buchführung bzw. Steuerbilanz gem. § 5 EStG übernommen. Hier erfolgt die Aufstellung und Bewertung des steuerpflichtigen Vermögens nach den Vorschriften des Bewertungsgesetzes (§§ 54 - 56 BewG).

(4) **Folgen der Verletzung von Buchführungsvorschriften**
Die Erfüllung der steuerlichen Buchführungs- und Aufzeichnungspflichten kann durch Festsetzung von Zwangsgeld erzwungen werden (§§ 328 ff. AO). Darüber hinaus hat das Finanzamt bei nicht ordnungsmäßig geführten Büchern die Besteuerungsgrundlagen zu schätzen (§ 162 AO). Bei Buchführungsverstößen, die eine Steuergefährdung bedeuten, können Geldbußen bis 10.000 DM verhängt werden (§ 379 AO). Buchführungsverstöße, die zu einer Steuerhinterziehung führen, werden mit Geld- oder Freiheitsstrafen geahndet.

1.3.5 Inventurverfahren und Inventar

Das zu einem ordnungsmäßigen Jahresabschluß erforderliche Inventar (Verzeichnis) muß durch eine entsprechende Inventur ermittelt werden. Der Begriff der Inventur läßt sich grundsätzlich kennzeichnen als die gesetzlich vorgeschriebende Bestandsaufnahme aller Vermögensteile und Schulden eines Unternehmens nach Art, Menge und Wert dieser Gegenstände. Zur Durchführung der Bestandsaufnahme wird meist eine **"körperliche Inventur"** durchgeführt, d.h. das Zählen, Messen, Wiegen der Vorratsgegenstände durch jeweils einen Mitarbeiter sowie das Aufschreiben der Ergebnisse durch einen weiteren Mitarbeiter. Bei bestimmten Wertgegenständen, z.B. bebauten Grundstücken, Forderungen an Kunden, genügt eine "Beleginventur", d.h. eine Bestandsaufnahme anhand der vorliegenden Belege.

Für die verschiedenen Inventurverfahren läßt sich grundsätzlich nach dem **Inventurzeitpunkt** die nachfolgende Einteilung aufstellen.

(1) **Bilanzstichtagsinventur gem. § 240 Abs. 2 HGB**
Die Inventur (Bestandsaufnahme) erfolgt am Bilanzstichtag bzw. an dem darauffolgenden oder letzten vorangegangenen Werktag. Die ermittelten Bestände, meist bewertet mit den Anschaffungskosten der Gegenstände, können direkt in die Bilanz übernommen werden. Bei größeren Vermögensbeständen ist es jedoch sehr schwierig, alle Inventurmaßnahmen am Bilanzstichtag abzuwickeln (Betriebsunterbrechnung). Daher werden weitere Inventurverfahren angewendet, die möglichst schon lange vor dem Bilanzstichtag oder nach diesem stattfinden.

(2) **Ausgeweitete Stichtagsinventur gem. § 30 EStR**
Die Inventur erfolgt bis zu **10 Tage** vor oder nach dem Bilanzstichtag. Um die Inventurbestände am Bilanzstichtag zu ermitteln, ist bei allen aufgenommenen Gegenständen nach der Inventur eine mengenmäßige Fortschreibung bzw. Rückschreibung auf den Bilanzstichtag notwendig. Bsp.: Artikel XYZ: Inventurbestand (21.12.): 60 Stück, Zugänge vom 21.12. - 31.12. (Bilanzstichtag) : 24 Stück, keine Abgänge, Inventar- bzw. Bilanzwert: 84 Stück à 10,-- € = 840,-- €.

(3) **Vorverlegte / Nachverlegte Inventur gem § 241 Abs. 3 HGB**
Der Inventurstichtag und die betreff. Inventur wird gegenüber dem Bilanzstichtag um bis zu **2 Monate** vor- oder nachverlegt. Zur Ermittlung des Bilanzwertes muß bei den im Inventar aufgestellten Bestandswerten der Vorratsgegenstände eine wertmäßige Fortschreibung durchgeführt werden. Es handelt sich um ein "besonderes Inventar" (vom Bilanzstichtag abweichender Stichtag). Bsp. zur Fortschreibungsrechnung:

	Wert am Inventurtag (01.10.)	... €
+	Wert der Zugänge 01.10. - 31.12.	... €
./.	Wert der Abgänge 01.10. - 31.12.	... €
=	Wert am Bilanzstichtag	... €

(4) **Permanente Inventur gem. § 241 Abs. 2 HGB**
Durch exakte mengenmäßige Verbuchung aller Zugänge und Abgänge bei den einzelnen Vorratsgütern (z.B. durch Datenverarbeitungsanlagen) ist der Lagerbestand jederzeit aus der Buchführung ersichtlich. Die trotzdem einmal jährlich vorgeschriebene körperliche Bestandsaufnahme kann bei den verschiedenen Vorratsgütern über das ganze Jahr verteilt werden.

(5) **Stichprobeninventur gem. § 241 Abs. 1 HGB**
Bei massenhaften Vorratsgütern mit niedrigen Stückwerten kann auf eine lückenlose körperliche Inventur verzichtet werden, wenn eine Stichprobe und Hochrechnung nach anerkannten mathemat. statistischen Verfahren erfolgt.

(6) **Festbewertung gem. § 240 Abs. 3 HGB**
Bei Wirtschaftgütern, deren Bestände oft jahrelang annähernd gleich bleiben (z.B. Hotelwäsche), kann u.U. auf eine jährliche körperliche Inventur verzichtet werden. Der aufgrund einer Inventur ermittelte Bestandswert wird in mehrere aufeinanderfolgende Bilanzen unverändert übernommen. Es wird vorausgesetzt, daß die Abgänge wegen Verschleiß und Diebstahl durch Zukäufe in gleicher Höhe ausgeglichen werden. Spätestens alle 3 Jahre ist jedoch wieder eine körperliche Inventur erforderlich. Die Zulässigkeit der Festbewertung ist auf das Sachanlagevermögen sowie auf Roh-, Hilfs- und Betriebsstoffe begrenzt.

Das schriftliche Endergebnis der Inventur, das Inventar, stellt ein ausführliches Verzeichnis über die Vermögensteile und Schulden der Unternehmung dar, wobei wiederum Art, Menge und Wert der Vorratsgüter festgehalten werden. Der übliche **Aufbau** des bei Eröffnung und Jahresabschluß einer Unternehmung vorgeschriebenen **Inventars** läßt sich wie folgt beschreiben (vgl. Beispiel 1):

(A) Vermögensteile, z.B. Grundstücke, Gebäude, Maschinen, Bargeld, Warenvorräte, Forderungen usw.
(B) Schuldteile, z.B. Warenschulden, Hypothekenschulden, Wechselschulden usw.
(C) Reinvermögen (Eigenkapital) = Vermögenswerte ./. Schulden
(D) Unternehmungserfolg durch Betriebsvermögensvergleich
(E) Unterschrift des Geschäftsinhabers mit Ort und Datum

Beispiel 1:
Inventar der Bauschlosserei Hans Zange, Augsburg zum 31. Dezember 20..

	€	€
A. Vermögensteile		
I. Anlagevermögen		
1. Grundstück mit Geschäfts- und Betriebsgebäude, Augsburg, Holzweg 99		260.000,--
2. Maschinen lt. gesondertem Verzeichnis		115.500,--
3. Betriebs- und Geschäftsausstattung		
a) im Fertigungsbetrieb (lt. gesond. Verz.)	18.500,--	
b) in der Verwaltung (lt. gesond. Verz.)	42.500,--	61.000,--
II. Umlaufvermögen		
1. Rohstoff-Vorräte (lt. gesond. Verz.)		15.500,--
2. Hifsstoff-Vorräte (lt. gesond. Verz.)		2.500,--
3. Betriebsstoff-Vorräte (lt. gesond. Verz.)		4.500,--
4. Unfertige Erzeugnisse (lt. gesond. Verz.)		11.500,--
5. Forderungen an Kunden		
a) J. Mücke, Himmelsthür	8.500,--	
b) B. Uhse, Flensburg	2.000,--	
c) Sonstige lt. gesond. Verz.	11.500,--	22.000,--
6. Kassenbestand		3.500,--
7. Guthaben bei Stadtsparkasse Augsburg		1.500,--
Summe der Vermögensteile		497.500,--
B. Schuldteile		
I. Langfristige Verbindlichkeiten		
a) Hypothekendarlehen Stadtsparkasse	150.000,--	
b) Hypothekendarlehen Stadtsparkasse	80.000,--	230.000,--
II. Andere Verbindlichkeiten		
1. Verbindlichkeiten aus Lieferungen und Leistungen		
a) S. Peters, Seesen	6.500,--	
b) Sonstige lt. gesond. Verz.	79.000,--	85.500,--
2. Verbindlichkeiten gegenüber Commerzbank (Kontoschuld)		9.500,--
Summe der Schuldteile		325.000,--
C. Ermittlung des Eigenkapitals		
Summe der Vermögensteile		497.500,--
Summe der Schuldteile		325.000,--
Eigenkaptial (Reinvermögen)		127.500,--

Augsburg, den 31. Dezember 20.., Unterschrift

1.3.6 Betriebsvermögen - Privatvermögen

Vor Aufstellung des Inventars und der Bilanz für Einzelkaufleute bzw. Personengesellschaften ist bei vielen Vermögensgegenständen zu klären, ob diese zum Betriebsvermögen oder zum Privatvermögen gehören (z.B. PKW des Inhabers). Der grundlegende Begriff des Betriebsvermögens umfaßt alle positiven Wirtschaftsgüter (Vermögensgegenstände) und negativen Wirtschaftsgüter (Schulden), die dem Betrieb tatsächlich dienen. Für die Einbeziehung der einzelnen Wirtschaftsgüter ist zu klären, in welche der drei nachstehenden Vermögenskategorien diese fallen.

(1) **Notwendiges Betriebsvermögen**
Hierzu gehören alle Wirtschaftsgüter, welche objektiv erkennbar und unmittelbar zum Einsatz im Betrieb bestimmt sind, z.B. Betriebsgebäude, Maschinen, Materialvorräte, Kundenforderungen und Liefererverbindlichkeiten eines Industriebetriebs. Diese Wirtschaftsgüter müssen in Buchführung und Bilanz erfaßt werden.

(2) **Notwendiges Privatvermögen**
Hierzu gehören alle Wirtschaftsgüter, die nach ihrer Art oder nach ihrem tatsächlichen Einsatz privat genutzt werden, z.B. persönlicher Schmuck der Inhaber eines Industriebetriebes. Diese Wirtschaftsgüter dürfen in Buchführung und Bilanz nicht erfaßt werden.

(3) **Gewillkürtes Betriebsvermögen**
Hierzu gehören alle Wirtschaftsgüter, die weder zum notwendigen Betriebsvermögen noch zum notwendigen Privatvermögen gehören. Diese Wirtschaftsgüter können nach dem Willen des Kaufmanns dem Betriebsvermögen zugeordnet werden, wenn diese Wirtschaftsgüter mit dem Betrieb in einem objektiven Zusammenhang stehen und geeignet sind, diesen zu fördern. Der Wille des Kaufmanns wird durch die Aufnahme dieser Wirtschaftsgüter in die Buchführung dokumentiert. Beispiel: Der Inhaber eines Industriebetriebs bezieht sein ertragbringendes, an Privatleute vermietetes Miethaus in das Betriebsvermögen ein.

(4) **Gemischt-genutzte Wirtschaftsgüter**
Gundsätzlich müssen alle Wirtschaftsgüter in vollem Umfange einer der genannten Kategorien zugeordnet werden. Die gemischt-genutzten Wirtschaftsgüter (teilweise betriebliche, teilweise private Nutzung, z.B. PKW) können folgendermaßen zugeordnet werden:
- Bei überwiegend betrieblicher Nutzung (mehr als 50 % der Jahresfahrleistung): notwendiges Betriebsvermögen
- Bei überwiegend privater Nutzung: gewillkürtes Betriebsvermögen
- Bei unbedeutender betrieblicher Nutzung (unter 10 %): notwendiges Privatvermögen.

Bei Gundstücken (und Gebäuden) kann eine Aufteilung der Gundstücksteile auf die einzelnen Vermögenskategorien erfolgen. Näheres ist in Abschnitt 14 EStR geregelt.

1.3.7 Einzelbewertung - Sammelbewertung

Zur Errechnung der Bestandswerte in Inventar und Bilanz müssen die bei der Inventur festgestellen Bestandsmengen verwertet werden. Grundsätzlich müssen alle einzelnen Gegenstände mit ihren Anschaffungskosten (bei gekauften Gegenständen) bzw. mit ihren Herstellungskosten (bei selbsthergestellten Gegenständen) bewertet werden. Dieser Grundsatz wird als Grundsatz der Einzelbewertung bezeichnet. Ausnahmen von der Einzelbewertung sind erforderlich, wenn bei bestimmten Vermögensgegenständen mehrere Zugänge mit unterschiedlichen Anschaffungskosten bzw. Herstellungskosten aufgetreten sind. Bei der Inventur dieser Vermögensgegenstände läßt sich meistens nicht mehr feststellen, aus welchen Zugängen der Endbestand stammt. Hier sind zur Erleichterung der bilanzierenden Wirtschaft die sogenannten **Sammelbewertungsverfahren** zugelassen, insbesondere die sogenannte Durchschnittsbewertung (§ 240 Abs. 4 HGB) und die Verbrauchsfolgeverfahren (§ 256 HGB).

Die genannten grundlegenden Verfahren der Sammelbewerung sollen kurz anhand des nachstehenden Beispiels dargestellt werden. Aus der Lagerkartei eines Rohstoffes sind die nachstehenden Zugänge im abgelaufenen Geschäftsjahr ersichtlich. Alle Zugänge wurden in demselben Regalfach eingelagert.

Beispiel 2: Zugänge des Rohstoffes ABC im Geschäftsjahr 20..

Datum	Menge (kg)	Anschaff.kosten (€)	Anschaff.wert (€)
01.01. Anfangsbestand	500	25,--	12.500,--
23.04. Zugang	350	28,--	9.800,--
07.09. Zugang	510	20,--	10.200,--
20.12. Zugang	450	31,--	13.950,--
	1.810		46.450,--

Endbestand (Inventur): 400 kg, Bewertung?

Die erste Möglichkeit der Sammelbewertung besteht in der **Durchschnittsbewertung**:

$$\text{Durchschnittliche Anschaffungskosten: } \frac{46.450,\text{-- €}}{1.810} = 25,66 \text{ €}$$

Bestandswert: 400 kg à 25,66 € = <u>10.265,19 €</u>

Bei diesem Verfahren ist eine Reihe von Verfeinerungen möglich (z.B. gleitender Durchschnitt), die in der Bilanzliteratur dargestellt werden.

Die zweite Möglichkeit der **Sammelbewertung** besteht darin, eine bestimmte Verbrauchsfolge anzunehmen:

a) **Fifo-Verfahren** ("First in, first out"): Bewertung mit den Anschaffungskosten des letzten Zugangs.

Bestandswert: 400 kg à 31,-- = 12.400,-- €

b) **Lifo-Verfahren** ("Last in, first out"): Bewertung mit den Anschaffungskosten des ersten Zugangs bzw. des Anfangsbestandes:

Bestandswert: 400 kg à 25,-- = 10.000,-- €

c) **Hifo-Verfahren** ("Highest in, first out"): Bewertung mit den niedrigsten Anschaffungskosten aller Zugänge:

Bestandswert: 400 kg à 20,-- = 8.000,-- €

Auch zu diesen Verfahren gibt es eine Reihe von Verfeinerungen, die in der Bilanzliteratur dargestellt werden.

Die genannten Sammelbewertungsverfahren sind auch steuerrechtlich zulässig, wenn die Verbrauchsreihenfolge plausibel gemacht werden kann. Das Lifo-Verfahren ist seit der Steuerreform 1990 ausdrücklich zulässig für die Vorratsvermögen ("inflationsfreie Bewertung")

2. Buchungssätze und Konten

2.1 Belegwesen

Die Verbuchung der laufenden Geschäftsfälle erfolgt im Zusammenwirken der sogenannten "Grundelemente der Finanzbuchhaltung": Belege - Konten - Buchungssätze. Ausgangspunkt aller Verbuchungen sind dabei die Belege; auf die Vorschriften über ein geordnetes Belegwesen im Betrieb wurde schon hingewiesen. Für die Vielzahl der in der Praxis möglichen **Belegarten** läßt sich eine Einteilung insbesondere nach den folgenden Kriterien aufstellen:

(1) **Nach der Beleg-Herkunft:**
- Fremdbelege (Externe Belege), z.B. Eingangsrechnungen (Lieferantenrechnungen), Bankauszüge, Steuerbescheide
- Eigenbelege (Interne Belege), z.B. Ausgangsrechnungen (Kundenrechnungen), Lohnlisten, Materialentnahme-Scheine

(2) **Nach der "Originalität" der Belege:**
- Urbelege: ursprünglich bei bestimmten Geschäftsfällen anfallende Belege
- Ersatzbelege: nachträglich erstellte Belege, weil keine Urbelege ausgestellt worden sind oder diese verloren gegangen sind
- Hilfsbelege: Selbsterstellte Belege mit zusammengefaßten Daten der Urbelege, z.B. Buchungsanweisungen, Rechnungssummenbücher

(3) **Nach dem Umfang der einbezogenen Geschäftsfälle:**
- Einzelbelege: für einzelne Geschäftsfälle
- Sammelbelege: Belege als Zusammenfassung für mehrere Geschäftsfälle bzw. Einzelbelege

Für den **Belegfluß** im Betrieb, d.h. den Durchlauf der Belege von ihrem ersten Auftreten im Rechnungswesen bis zu ihrer endgültigen Ablage, lassen sich folgende typische Phasen darstellen:

(1) Beleg-Vorbereitung
- Belegerstellung, dabei Schutz gegen Abhandenkommen und unberechtigt ausgestellte Belege durch lückenloses Beleg-Nr.-System
- Beleg-Sammlung: Zusammenfassung aller gleichartigen Belege in einem bestimmten Zeitraum
- Beleg-Prüfung: Prüfung der Belege auf ihre sachliche Richtigkeit (z.B. Übereinstimmung der Eingangsrechnung mit Bestellschein und Lieferschein nach Art und Menge der Waren) sowie auf ihre rechnerische Richtigkeit (z.B. fehlerfreie Errechnung der Mehrwertsteuer und des Rechnungs-Endbetrages). Die erfolgte Prüfung wird durch entsprechende Vermerke mit Unterschrift des Belegprüfers auf den Belegen gekennzeichnet.

- Beleg-Kontierung: Zu den Belegen werden die zutreffenden Buchungsanweisungen zusammengestellt, insbesondere durch Angabe der Konto-Nr., auf denen verbucht werden soll. Hierfür werden entweder Kontierungsstempel direkt auf den Beleg eingesetzt oder es werden spezielle Buchungsanweisungszettel ausgefüllt und bei den Urbelegen angeheftet.

(2) Beleg-Verbuchung
Verbuchung des Beleges entsprechend den Buchungsanweisungen, dabei Vermerke der erfolgten Buchung auf Beleg und Angabe der Beleg-Nr. bei den Buchungen, um Nachprüfbarkeit zu sichern.

(3) Beleg-Ablage: Beleg-Registratur, Altablage

(4) Beleg-Überwachung: Nachträgl. Kontrollen des Belegwesens durch die betriebsinterne Revisionsabteilung oder durch externe Prüfer.

2.2 Konten

2.2.1 Bilanzauflösung

Es wäre viel zu umständlich, nach jedem Geschäftsfall (der mindestens 2 Bilanzpositionen ändert) eine neue Bilanz aufzustellen. Vielmehr wird für jede Bilanzposition eine eigene Abrechnungseinheit angelegt, auf der dann alle Zugänge und Abgänge aufgezeichnet werden (Konten). Bilanzpositionen, bei denen viele Zugänge / Abgänge zu erwarten sind, können auch in mehrere Abrechnungseinheiten unterteilt werden. Dieser Vorgang wird vielfach als "Bilanzzerlegung" oder auch **"Bilanz-Auflösung"** bezeichnet.

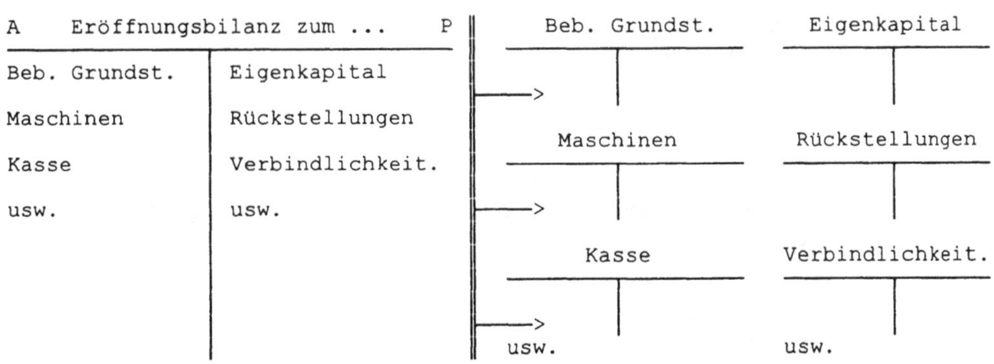

Abb. 5: Bilanzauflösung

2.2.2 Kontenseiten (Soll/Haben)

Der für die Finanzbuchhaltung wesentlichste Begriff des Kontos (ital. "conto" = Rechnung) läßt sich damit kennzeichnen als eine zweiseitig geführte Rechnung, bei welcher die Zugänge und Abgänge einer Bilanzposition bzw. Abrechnungseinheit gegenübergestellt werden. Wie bei der Bilanz die Aktiva und Passiva, so werden auch bei den Konten zunächst einmal die Zugänge und Abgänge (einschl. Anfangsbestand und Endbestand) waagenförmig gegenüber gestellt. Die Bezeichnung der beiden **Konten-Seiten** wurde historisch aufgrund der Geschäftsfreunde-Konten (Kunden und Lieferanten) entwickelt und dann für alle Konten beibehalten.

(1) SOLL-Seite / Lastschriften ("linke Seite")
Die erste Bezeichnung stammt von ital. "deve dare" (er soll geben). Bei modernen Konto-Vordrucken wird meist die Bezeichnung "Lastschriften" verwendet (das Konto eines Kunden wird für eine erfolgte Waren-Lieferung mit dem Rechnungsbetrag belastet). Gelegentlich wurde auch die Bezeichnung "debet" (lat. "er schuldet") verwendet. Vielfach werden die Kunden-Konten als "Debitoren" bezeichnet.

(2) HABEN-Seite / Gutschriften ("rechte Seite")
Die erste Bezeichnung stammt von ital. "deve avere" (er soll haben). Bei modernen Konto-Vordrucken wird meist die Bezeichnung "Gutschriften" verwendet (dem Konto eines Lieferanten wird für eine erfolgte Warenlieferung der Rechnungsbetrag gutgeschrieben). Für die Bezeichnung: "dem Konto gutschreiben" wird auch die Bezeichnung "(auf) dem Konto erkennen" verwendet. Gelegentlich wurde auch die Bezeichnung "credit" (er hat gut) verwendet, vielfach werden die Lieferantenkonten als "Kreditoren" bezeichnet.

2.2.3 Konteninhalt / Kontenformen

Der typische "Kontenformalismus" bei der Führung und beim Abschluß von Konten sei an einem kleinen Beispiel in Abb. 6 dargestellt.

S	0700 Technische	Anlagen und Maschinen (€)	H
AB.....	50.000,--	25. (2880).....	2.000,--
17. (2800).....	5.000,--	EB (Saldo)	57.500,--
19. (2880).....	2.500,--		
20. (2800).....	1.500,--		
21. (2880).....	500,--		
	59.500,--		59.500,--

Abb. 6: Kontenformalismus ("T-Konto")

Hier lassen sich folgende Formalelemente (Konteninhalte) erkennen:

(1) Bezeichnung der Kontenseiten: hier "S" und "H"
(2) Konto-Nr. gemäß einem Kontenverzeichnis (Kontenplan) hier "070"
(3) Konto-Bezeichnung gemäß Kontenplan, hier "Technische Anlagen und Masch."
(4) Konto-Bestände Anfangsbestand (aus der Eröffnungsbilanz) und Endbestand (für Schlußbilanz) hier mit "AB" und "EB" gekennzeichnet
(5) Konten-Umsatzzahlen (Verkehrszahlen)
Die verbuchten Zugänge bzw. Abgänge auf dem Konto stellen die Konten-Umsätze (Verkehrszahlen) dar. Angegeben werden hierbei jeweils
- Geschäftsfall-Nr., hier 17., 19., 20., 21., 25.
- Gegenkonto bei diesen Geschäftsfällen, hier (280), (288)
(6) Konten-Saldo
Der Saldo eines Kontos ist die Differenz aus: Summe aller Sollbeträge minus Summe aller Habenbeträge vor dem Abschluß, d.h. vor Ermittlung des Endbestandes. Hier: Sollsumme (119.000,--) ./. Habensumme (4.000,--) = Saldo (115.000,--), in die niedrigere Summe eingesetzt, damit das Konto ausgeglichen ist.
(7) Kontensumme
Auf Soll-Seite und Haben-Seite werden jeweils unter der letzten Buchung die sogenannten "Text-Schlußstriche" gezogen. Unterhalb der untersten Buchung im Konto wird der "Summenstrich" gezogen. Die Leerzeilen auf der Kontenseite mit den wenigeren Buchungen werden durch die "Buchhalternase" aufgefüllt. Danach wird auf Soll-Seite und Haben-Seite die Kontensumme eingetragen (Soll - Summe bzw. Haben-Summe), hier "119.000,--". Die Summen werden durch doppelte Abschlußstriche (Summenstriche) unterstrichen. Hat das Konto nur 1 Soll- und Habenbuchung, so können für Ausbildungszwecke auch direkt unter den Soll- und Habenbeträgen die Summenstriche gezogen werden.
(8) Weitere Kontenangaben
In der Praxis werden in den Konten eine Reihe weiterer Angaben aufgeführt, z.B. Kontenkopf: Anschrift des Kunden, Bonitätskennzeichen usw., bei Geschäftsfällen: Beleg-Nr., Buchungstext, Buchungsdatum.

Durch die Buchführungstechnik haben sich im Laufe der Zeit verschiedene **Kontenformen** entwickelt. Die klassische, waagenförmige Kontoform wird heute fast nur noch für Ausbildungszwecke verwendet. Bei den Konten-Vordrucken in der Praxis wird meist die Form des Reihenkontos mit Kontokopf, Soll- und Habenspalten verwendet. Die Grundform des Reihenkontos für das zuvor genannte Beispiel ist in Abb. 7 dargestellt. Bei Kontoauszügen der Kreditinstitute wird meist nur noch eine Betragsspalte verwendet, in einer Zusatzspalte wird gekennzeichnet, ob Soll (S) oder Haben (H).

0700 Technische Anlagen und Maschinen (€)				
Gesch.-Fall	Gegen-konto	Buchungstext	Lastschrift (S)	Gutschrift (H)
AB		.....	50.000,--	
17.	(2800)	.....	5.000,--	
19.	(2880)	.....	2.500,--	
20.	(2800)	.....	1.500,--	
21.	(2880)	.....	500,--	
25.	(2880)	.....		2.000,--
EB		.....		57.500,--
			59.500,--	59.500,--

Abb. 7: Reihenkonto / Grundform

2.2.4 Kontenarten-Systematik

Die Vielzahl möglicher Konten in größeren Betrieben läßt sich in best. Kontenarten einteilen, ein Überblick über die verschiedenen Kontenarten ist in Abb. 8 dargestellt. Dabei sind die Kontenarten nach folgenden Kriterien unterteilt:

(1) **Nach der Personenbezogenheit:**
- Personenkonten (Kunden-, Lieferantenkonten)
- Sachkonten (z.B. Maschinen)

(2) **Nach dem Zeitbezug:**
- Bestandskonten (Stichtagsbestände), unmittelbar durch Bilanzauflösung entstanden
- Erfolgskonten (zeitraumbezogene Größen, Aufwendungen und Erträge). Die Erfolgskonten entstehen als Unterteilung des Gewinn- und Verlustkontos bzw. letztlich des Eigenkapitalkontos aus der Bilanz.
- Gemischte Konten: enthalten sowohl Bestandsgrößen als auch Erfolgsgrößen

(3) **Nach der Stellung zur Bilanz:**
- Aktivkonten: Konten für Aktivposten der Bilanz, die Verbuchung eines Betrages auf einem Aktivkonto wird als "aktivieren" dieses Betrages bzw. des Kapitalpostens bezeichnet.
- Passivkonten: Konten für die Passivposten der Bilanz, die Verbuchung eines Betrages auf einem Passivkonto wird als "passivieren" dieses Betrages bzw. des Kapitalpostens bezeichnet.

(4) **Nach der Stellung zur Gewinn- und Verlustrechnung**:
- Aufwandskonten
- Ertragskonten

(5) **Nach der Stellung zum Eigenkapital:**
- Für Bewegungen zwischen Betriebsvermögen und Privatvermögen werden die Privatkonten geführt. Diese können nach den einzelnen Gesellschaftern weiter unterteilt werden und / oder unterteilt in: "Privatentnahmekonto", "Privateinlagekonto".

(6) **Abschlußkonten**

- Auch für den Jahresabschluß werden entsprechende Konten geführt, die Abschlußkonten übernehmen die Endbestände (Salden) der einzelnen Konten am Ende des Jahres. Als Abschlußkonten werden zumindest ein Schlußbilanzkonto sowie ein Gewinn- und Verlustkonto benötigt. Das Eröffnungsbilanzkonto des neuen Jahres entsteht aus dem Schlußbilanzkonto des alten Jahres. Daneben werden in der Paxis noch eine Reihe von Abschlußkonten zur Gewinnverwendung bei Personengesellschaften bzw. Kapitalgesellschaften gebildet (vgl. Kontenklasse 8 des Industriekontenrahmens IKR im Anhang).

  Innerhalb der Finanzbuchhaltung sollte somit genau unterschieden werden zwischen:
- Schlußbilanz-Konto / Gewinn- und Verlust-Konto einerseits:
  aus den einzelnen Konten entwickelter Jahresabschluß in Kontenform (streng an Kontenformalismus gebunden, Überschriften z.B. Soll und Haben)
- Schlußbilanz / Gewinn- und Verlustrechnung andererseits:
  der aus den Abschluß-Konten entwickelte Jahresabschluß zur Veröffentlichung und Rechnungslegung (Kontenformalismus nur noch angedeutet. Überschriften z.B. Aktiva, Passiva, Aufwand und Ertrag, Erfolgrechnung meist nicht in Kontoform, sondern in Staffelform).

(7) **Weiterhin kann eine Einteilung der Kontenarten nach folgenden Kriterien** erfolgen:

- Einzelkonten: z.B. für einzelne Kunden / Lieferanten
- Sammelkonten: Bei sehr vielen Kunden / Lieferanten werden oft die Aufzeichnungen für die einzelnen Kunden in sogenannten Nebenbüchern geführt. In der Hauptbuchführung werden dann nur noch je ein Sammelkonto für alle Kunden (Debitoren) bzw. für alle Lieferanten (Kreditoren) benötigt.

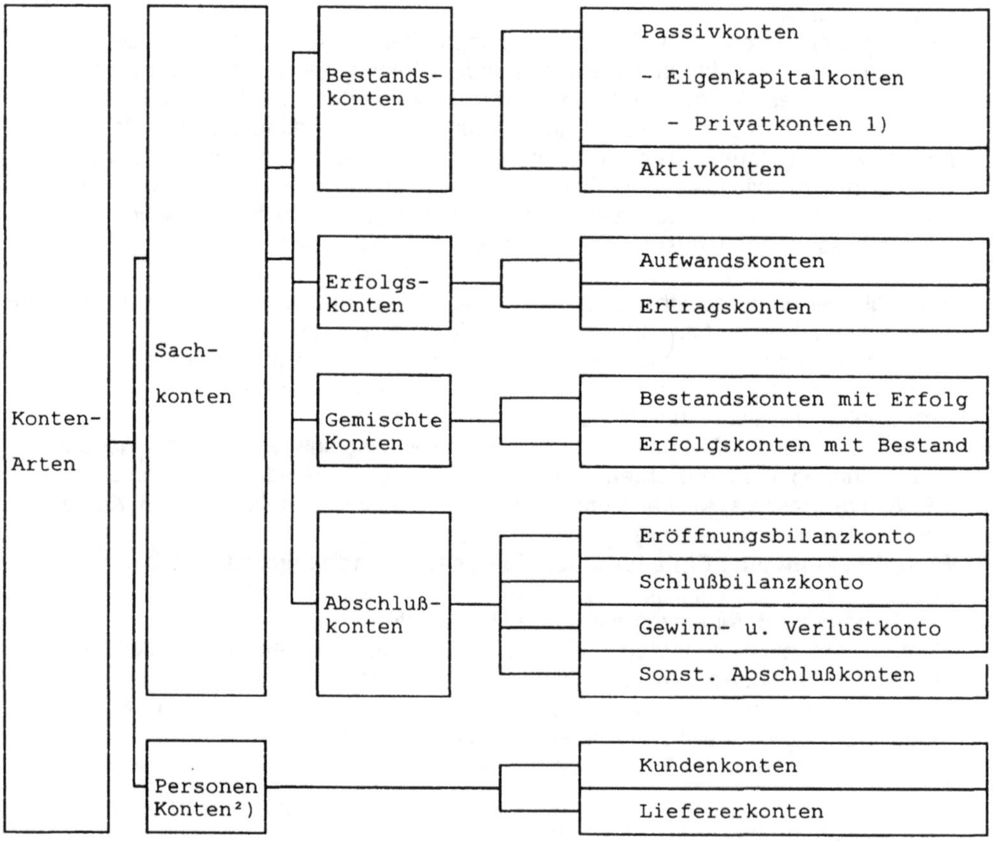

1) Unterkonten der Eigenkapitalkonten
2) Eigentlich Bestandskonten, oft als Sammelkonten "Debitoren" bzw. "Kreditoren" geführt

Abb. 8: Kontenarten

2.2.5 Bestandskonten

Bei der Erläuterung der wichtigsten Kontenarten sei zunächst auf die Bestandskonten eingegangen. Der typische Ablauf der Buchungen auf den Aktiv- und Passivkonten ist in Abb. 9 dargestellt. Daraus lassen sich übereinstimmend die folgenden Merksätze für die **Verbuchung** auf **Bestandskonten** ersehen:

(1) Anfangsbestände: im Bestandskonto auf der gleichen Kontoseite wie im Eröffnungsbilanzkonto
(2) Zugänge: auf der gleichen Kontenseite wie der Anfangsbestand (Zugänge er-

höhen den Anfangsbestand)

(3) Abgänge: auf der entgegengesetzten Kontenseite wie der Anfangsbestand (Abgänge vermindern den Anfangsbestand)

(4) Endbestand: auf der entgegengesetzten Kontenseite wie der Anfangsbestand (Saldo)

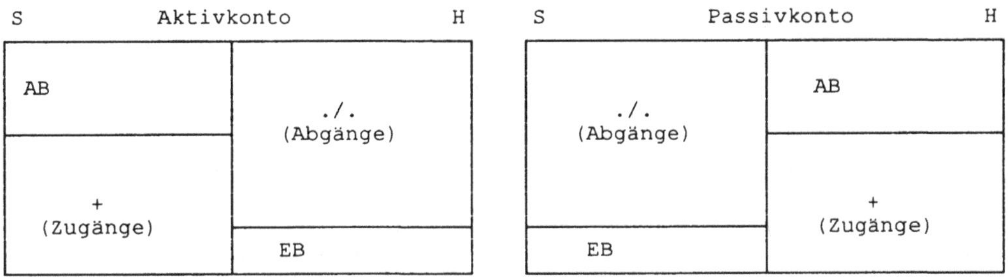

Abb. 9: Aktiv- und Passivkonten

2.2.6 Erfolgskonten

Der typische Ablauf der Verbuchung bei Aufwands- und Ertragskonten ist in Abb. 10 dargestellt. Auch aus dieser Abb. sind die wichtigsten Merksätze für die **Verbuchung** auf **Erfolgskonten** ersichtlich:

(1) Erfolgskonten haben keinen Anfangsbestand (Zeitraumgrößen)

(2) Erfolgskonten stellen Unterkonten des Gewinn- und Verlustkontos bzw. des Eigenkapitalkontos dar

(3) Aufwands-Buchungen: werden auf der Soll-Seite verbucht (Minderungen des Eigenkapitals)

(4) Ertrags-Buchungen: werden auf der Haben-Seite verbucht (Mehrungen des Eigenkapitals)

(5) Eventuelle Stornierungs-Buchungen stehen auf der entgegengesetzten Seite wie die zu stornierenden Buchungen.

(6) Der Saldo steht beim Abschluß auf der betragsmäßig kleineren Seite und wird in das Gewinn- und Verlustkonto übernommen.

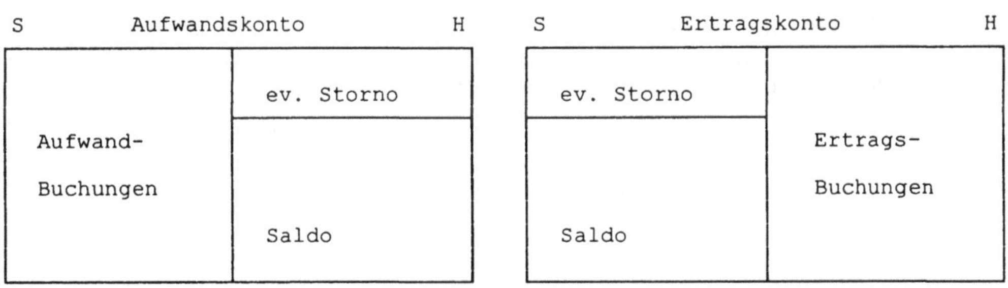

Abb. 10: Aufwands- und Ertragskonten

2.2.7 Privatkonten

Der typische Ablauf der Verbuchungen auf Privatkonten ist in Abb. 11 dargestellt (2 Gesellschafter A und B). Aus der Abbildung lassen sich folgende Merksätze für die Verbuchung auf Privatkonten ersehen:

(1) Privatkonten sind Unterkonten des Eigenkapitalkontos des Inhabers bzw. der Eigenkapitalkonten bei Personengesellschaften
(2) Privatkonten haben keinen Anfangsbestand (Zeitraum-Größen)
(3) Privatentnahmen: auf der entgegengesetzten Kontenseite wie das Eigenkapital in der Eröffnungsbilanz (Verminderung des Eigenkapitals)
(4) Privateinlagen: auf der gleichen Kontenseite wie das Eigenkapital in der Eröffnungsbilanz (Erhöhung des Eigenkapitals)
(5) Saldo: kann sowohl ein Sollsaldo (Gesellschafter B) als auch ein Habensaldo sein (Gesellschafter A), der Saldo wird in das betreffende Eigenkapitalkonto übernommen.

Gelegentlich werden auch getrennte Konten für Privatentnahmen und Privateinlagen bei jedem einzelnen Gesellschafter geführt. Die Verbuchung erfolgt hierbei ebenfalls wie in den Merksätzen geschildert.

S Privatkonto A	H
Privat-Entnahmen	Privat-Einlagen
	Saldo

S Privatkonto B	H
Privat-Entnahmen	Privat-Einlagen
Saldo	

Abb. 11: Privatkonten

2.2.8 Gemischte Konten

Gemischte Konten sind Konten, auf denen sowohl typische Buchungen für Bestandskonten als auch Buchungen für Erfolgskonten vorkommen. Als **Beispiel** hierfür sei ein ungeteiltes **Wertpapier-Konto** in Abb. 12 betrachtet.

S	Ungeteiltes Wertpapier-Konto (€)		
AB (EP)	27.500,--	Umsatzerlöse (VP!)	28.500,--
Zugänge (EP)	19.000,--	EB (EP) gemäß Inventur	24.500,--
Rohgewinn	6.500,--		
	53.000,--		53.000,--

EP = Einstandspreis / VP = Verkaufspreis

Abb. 12: Ungeteiltes Wertpapierkonto (gemischtes Konto)

Der verbuchte Anfangsbestand sowie die Zugänge enthalten die Wertpapiere, bewertet mit ihren Einkaufspreisen (wie bei anderen Bestandskonten). Die verbuchten Umsatzerlöse jedoch enthalten die verkauften Wertpapiere, bewertet mit ihren Verkaufspreisen.

	AB	27.500,-- €
+	Zugänge	19.000,-- €
	Sollumsatz	46.500,-- €
./.	Umsatzerlöse	28.500,-- €
=	Saldo (ungeteilt)	18.000,-- €

Der Saldo des Kontos (18.000,--) zeigt nun nicht mehr den richtigen Endbestand, wie bei Bestandskonten üblich. Der Saldo wurde durch den Rohgewinn bei den verkauften Wertpapieren beeinflußt (Verkaufte Stückzahl mal Differenz von Verkaufspreis und Einstandspreis). Dieser Rohgewinn als Erfolgsanteil (6.500,--) muß beim Abschluß zuerst in das Gewinn- und Verlustkonto umgebucht werden, erst dann ergibt sich der richtige Endbestand als verbleibender Saldo (24.500,--).

Zum korrekten **Abschluß** der gemischen Konten sind die nachstehenden beiden Methoden denkbar.

(1) **Abschluß als "gemischte Bestandskonten"**: erst Ausbuchung des Erfolgsanteils, Restsaldo ergibt Endbestand für die Schlußbilanz (wie im Beispiel).
(2) **Abschluß als "gemischte Erfolgskonten":** erst Ausbuchung des Endbestands (ermittelt durch Inventur), Restsaldo ergibt Erfolgsbeitrag für die Gewinn- und Verlustrechnung.

Es zeigt sich, daß gemischte Konten unübersichtlich sind und wegen der verschiedenen Preisbasis leicht zu Mißverständnissen führen. Gemischte Konten sollten daher vermieden werden. An ihrer Stelle sollten besser gleich ein Bestandskonto und ein Erfolgskonto geführt werden.

Die getrennten Konten für den gleichen Sachverhalt wie in Abb. 12 würden aussehen wie in Abb. 13 dargestellt. Das Bestandskonto enthält nun nur noch Buchungen mit Einstandspreisen.

S	Wertpapiere - Bestand (€)		H
AB	27.500,--	EB	24.500,--
Zugänge	19.000,--	Abgänge	22.000,--
	46.500,--		46.500,--

S	Wertpapiere - Erträge (€)		H
Abgänge	22.000,--	Umsätze	28.500,--
Rohgew.	6.500,--		
	28.500,--		28.500,--

Abb. 13.: Geteilte Wertpapierkonten

2.2.9 Kontenabschluß-Systematik

Ein Überblick über den Abschluß der wichtigsten Kontenarten ist in Abb. 14 zusammengestellt. Die Pfeile zeigen an, auf welches Abschlußkonto der Saldo der jeweiligen Kontenart übertragen wird. Die Abb. 14 enthält aus Gründen der Übersichtlichkeit keine gemischten Konten und keine neutralen Aufwendungen und Erträge. Für die **Reihenfolge** dieser **Abschlußbuchungen** gibt es verschiedene Empfehlungen. Wenn die Konten-Nr. eines Betriebes dem Industriekontenrahmen IKR entsprechen (Konten-Nr. entsprechen der Reihenfolge der Positionen in Bilanz und Erfolgsrechnung), so brauchen die Konten nur nach der Reihenfolge der Konto-Nr. abgeschlossen werden. Beim Abschluß der Passivkonten muß jedoch das Eigenkapital-Konto offen bleiben, bis der Gewinn / Verlust verbucht ist (bei variablem Eigenkapital). Der Verfasser empfiehlt daher, die durch die Ziffern in Abb. 14 angegebene Reihenfolge, die mehr Sammelbuchungen beim Abschluß ermöglicht.

2.3 Buchungssätze

2.3.1 Einfache und zusammengesetzte Buchungssätze

Zu jedem aufgetretenen Geschäftsfall muß eine Buchungsanweisung erstellt werden, d.h. eine Anweisung insbesondere darüber, auf welchen Konten der aufgetretene Betrag zu verbuchen sei. Da in der Praxis täglich eine Vielzahl von Buchungsanweisungen erforderlich ist, hat man eine rationelle und einheitliche Formulierung für Buchungsanweisungen entwickelt: den **Buchungssatz** (Konten-Anruf). Ausgangspunkt ist die Überlegung, daß jeder Geschäftsfall ja mindestens 2 Konten berührt (Konto - Gegenkonto) und zwar stets ein Konto auf der Soll-Seite, das andere auf der Haben-Seite (Doppelte Buchführung). Der Buchungssatz nennt nun aus historischen Gründen zuerst die Angaben für die Soll-Buchung, dann die Angaben für die Haben-Buchung.

Wenn ein Geschäftsfall nur eine Soll-Buchung und eine Haben-Buchung erfordert, so kann dies mit dem sogenannten "einfachen Buchungssatz" formuliert werden. Als Merksatz läßt sich der einfache Buchungssatz wie folgt beschreiben:

Per Sollkonto ... EUR an Habenkonto ... EUR

Wenn der Geschäftsfall mehrere Soll-Buchungen und / oder Haben-Buchungen erfordert, so wird dies als "zusammengesetzter" Buchungssatz formuliert. Als Merksatz lassen sich zusammengesetzte Buchungssätze wie folgt beschreiben:

Per Sollkonto ... EUR an mehrere Habenkonten ... EUR oder
Per mehrere Sollkonten ... EUR an Habenkonto ... EUR

Für alle Buchungssätze ist die wichtige **Abstimmungsregel** zu beachten, die sich aus der Bilanzgleichung bzw. aus dem System der doppelten Buchhaltung ergibt: "Keine Buchung ohne Gegenbuchung(en) in gleicher Höhe!"

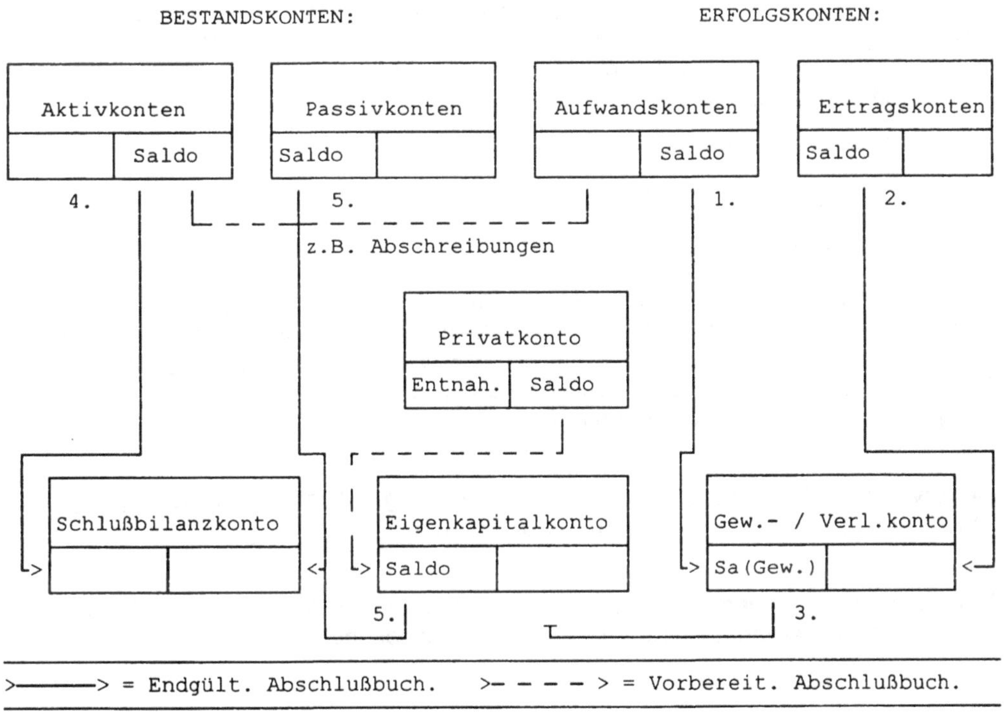

Abb. 14.: Kontenabschluß Systematik

2.3.2 Bilden und Deuten von Buchungssätzen

Zu den Hauptaufgaben des Buchhalters gehört die **Bildung** der zutreffenden **Buchungssätze** für die aufgetretenen Geschäftsfälle. Die Formulierung des richtigen Buchungssatzes stellt für den Buchhaltungs-Studenten eine schwierige Aufgabe dar, die durch die nachstehenden Hilfsfragen erleichtert werden kann:

(1) Welche **Konten** berührt der Geschäftsfall?
Ein Verzeichnis aller geführten Konten enthält der Kontenplan.
(2) Um welche **Kontenart** handelt es sich bei diesen Konten?
(Aktiv- / Passivkonto, Aufwands- / Ertragskonto)
(3) Liegt bei Bestandskonten ein **Zugang** oder **Abgang** vor?
(4) Auf welcher **Kontenseite** ist demnach zu buchen? (Soll-Haben?)
(5) Liegt bei Erfolgskonten ein **Aufwand** oder **Ertrag** vor?
(6) Auf welche **Kontenseite** ist demnach zu buchen?
(7) Wie lautet der korrekte **Buchungssatz**?
(Zuerst Angaben zur Soll-Buchung, dann Angaben zur Haben-Buchung!)

Zum Verständnis des Buchungssatzes ist es auch zweckmäßig, das "Deuten von Buchungssätzen" einzuüben. Hierbei soll aus einem vorhandenen Buchungssatz der zugrundeliegende Geschäftsfall erkannt werden. So z.B. läßt der Buchungssatz "Per Bank an Kasse 10.000,-- EUR" schließen, daß aus der Kasse 10.000,-- EUR entnommen wurden und auf dem Bankkonto einbezahlt wurden

2.4 Sachliche Abgrenzung

2.4.1 Abgrenzung der Erfolgskomponenten

2.4.1.1 Ergebnis-Abgrenzung

Da in den später dargestellten Kontenplänen oft die Bezeichnungen "Aufwand" bzw. "Ertrag" vorkommen, ist es zuvor hier nun erforderlich, die bedeutungsvolle Abgrenzung dieser beiden Begriffe klarzustellen. Aufwand bzw. Ertrag sind die grundlegenden Begriffe der Finanzbuchhaltung für die negativen bzw. positiven Komponenten des Unternehmungserfolgs **(Unternehmungsergebnis)**:

(1) **Aufwand:** jeder Werteverzehr in der Unternehmung (Vermögensminderung)
(2) **Ertrag:** jeder Wertezuwachs in der Unternehmung (Vermögensmehrung)

Aufwand und Ertrag werden meist mit den Beträgen angesetzt, wie sie bei Zahlungsvorgängen in der Unternehmung auftreten ("Finanzbuchhaltung").

Die Gegenüberstellung von Aufwand und Ertrag zeigt das gebuchte Ergebnis für die ganze Unternehmung (Unternehmungsergebnis). Demgegenüber ist die Betriebsbuchhaltung (Kostenrechnung) bestrebt, speziell das **Betriebsergebnis** zu ermitteln, d.h. den Erfolg ausschließlich aus der betrieblichen Leistungserstellung und -verwertung. Der Betriebserfolg ergibt sich durch Gegenüberstellung der gemäß dem "Betriebszweck" erstellten Sachgüter und Dienstleistungen (z.B. produzierte Automobile) mit dem hierfür angefallenen Werteverbrauch (Kosten). Die grundlegenden Erfolgskomponenten der Kostenrechnung lauten daher wie folgt:

(1) **Kosten:** bewerteter Güter- und Diensteverzehr, wie er zur Erstellung der betrieblichen Leistung normalerweise anfällt
(2) **Leistungen:** die gemäß Betriebszweck erstellten Sachgüter und Dienstleistungen

Solche Ausgaben und Einnahmen in der Buchhaltung, die nicht durch den Betriebszweck bedingt sind, müssen als neutrale Aufwendungen und Erträge abgegrenzt werden **(Neutrales Ergebnis)**.

2.4.1.2 Abgrenzung: Aufwand - Kosten (Neutraler Aufwand)

Die Abgrenzung der negativen Erfolgskomponenten: Aufwand - Kosten ist in Abb. 15 dargestellt. Die in der Abbildung ersichtlichen Unterschiede und Gemeinsamkeiten zwischen Aufwand und Kosten sollen anschließend genauer dargestellt werden.

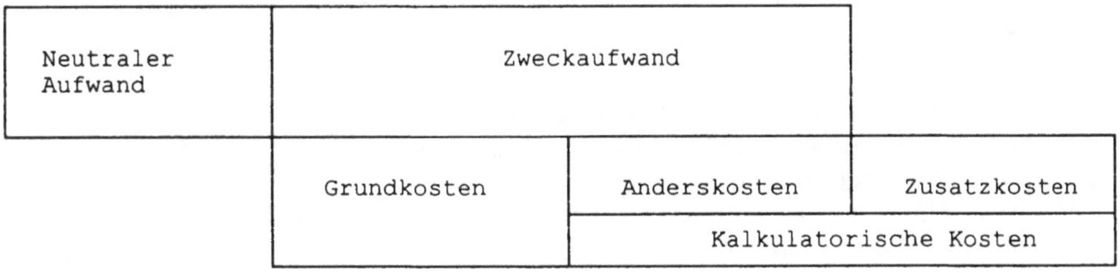

Abb. 15: Abgrenzung: Aufwand - Kosten

Der in der Buchhaltung schon seit langem verwendete Begriff des **Neutralen Aufwands** bedeutet Aufwendungen, bei denen in der Kostenrechnung keine entsprechenden Kostenarten gebildet werden (wesensbedingte Unterschiede) oder bei denen die entsprechenden Kostenbeträge niedriger sind. Die neutralen Aufwendungen werden üblicherweise in die folgenden Gruppen eingeteilt:

(1) **Betriebsfremde Aufwendungen:** d.h. Aufwendungen, die nicht durch den Betriebszweck bedingt sind und denen keine Kostenarten entsprechen. Beispiele:
- Verluste aus Wechselkursänderungen. Forderungsbeträge in ausländischer Währung (Währungsforderungen) müssen hier in EUR umgerechnet und verbucht werden. Hat sich der Wechselkurs der betreffenden Währung bei Einlösung der Forderung verschlechtert, so entsteht ein Wechselkurs-Verlust.
  Bsp:
  - Forderung: 10.000 $ x 1,80 = 18.000,-- EUR
  - Zahlung (Dollarkurs gesunken)
    10.000 $ x 1,60 = 16.000,-- EUR
  - Wechselkurs-Verlust 2.000,-- EUR

  Bei Währungsverbindlichkeiten entsteht ein Verlust im Falle einer späteren Erhöhung des Wechselkurses.
- Spenden bei Kapitalgesellschaften (AG, GmbH)
  (Spenden bei Einzelkaufleuten und Personengesellschaften müssen auf dem Privatkonto verbucht werden.)
- Verluste aus Wertpapiergeschäften
  (bei Industriebetrieben)
- Aufwendungen für nicht - betrieblich genutzte Gebäude einschließlich evtl. Veräußerungsverluste beim Verkauf.

(2) **Periodenfremde Aufwendungen:** d.h. betriebsbedingte Aufwendungen, die aber in einer anderen Periode verbucht werden als in der Kostenrechnung. Beispiel: Steuernachzahlung bei der Betriebsprüfung für Betriebssteuern (Kostensteuern) früherer Jahre.

(3) **Außerordentlicher Aufwand:** d.h. betriebsbedingte Aufwendungen, die aber unregelmäßig oder in außerordentlicher Höhe anfallen und daher in der Kostenrechnung nicht einberechnet sind. Beispiele:
- Veräußerungsverluste beim Verkauf betrieblicher Anlagegüter
- Verluste durch Einbruchdiebstahl, Brand oder Überschwemmung bei Fertigungsanlagen
- Überhöhte bilanzielle Abschreibungen (höhere Abschreibungsbeträge als in der Kostrechnung)
- Außerordentlich hohe Ausfälle bei Forderungen aus Warenlieferungen
- Haus- und Grundstücksaufwendungen, die über den kalkulatorischen Raumkosten liegen
- Zinsaufwendungen, die über den kalkulatoreschen Zinsen liegen.

Die hier genannten Begriffe des Rechnungswesens (z.B. außerordentl. Aufwand) decken sich nicht genau mit den Bezeichnungen bei der Gliederung der Erfolgsrechnung gem. HGB-neu.

Ein großer Teil des **Zweckaufwands** aus der Finanzbuchhaltung kann unverändert als **Grundkosten** in die Kostenrechnung übernommen werden. Als Beispiel hierfür sind zu nennen: Löhne für Arbeitskräfte in der Fertigung, Fertigungsmaterial. Ein Teil des verbuchten Zweckaufwands kann jedoch nicht ohne weiteres in die Kostenrechnung übernommen werden, da bestimmte Kostenbeträge in der Kostenrechnung selbständig ermittelt werden (kalkulatorische Kosten).

Die **kalkulatorischen Kosten** können im Hinblick auf ihre Beziehungen zur Finanzbuchhaltung wie folgt differenziert werden:

(1) **Anderskosten** (Vgl. Däumler / Grabe, 1996, S. 144) Es handelt sich um Kostenarten, denen auch bestimmte Aufwandsarten entsprechen. Die Beträge der Anderskosten können jedoch höher oder niedriger sein als die entsprechenden Aufwandsbeträge, weil andere Berechnungsmethoden verwendet werden. Beispiel:
- Bilanzielle Abschreibungen: Berechnung ausgehend von den tatsächlichen Anschaffungskosten des Gegenstandes
- Kalkulatorische Abschreibungen (Anderskosten): Berechnung ausgehend von den (gestiegenen) Wiederbeschaffungskosten

(2) **Zusatzkosten im engeren Sinne:** Es handelt sich um Kostenarten, für die es aus rechtlichen Gründen überhaupt keine entsprechende Aufwandsart gibt; Beispiel: Kalkulatorischer Unternehmerlohn (in der Handelsbilanz kein Aufwand, sondern Gewinn). Von manchen Autoren werden die kalkulatorischen Kosten generell als Zusatzkosten bezeichnet (Zusatzkosten im weiteren Sinne).

Im einzelnen handelt es sich bei den kalkulatorischen Kosten um die nachstehend erläuterten Kostenarten (kalkulatorische Kostenarten):

(1) Kalkulatorischer Unternehmerlohn: Für geschäftsführende Gesellschafter bei Personengesellschaften (kein Aufwand).

(2) Kalkulatorische Raumkosten: In der Kostenrechnung werden für die betriebsnotwendigen Gebäudeflächen die üblichen Mietkosten angesetzt, in der Finanzbuchhaltung nur die effektiv bezahlten Mieten bzw. Haus- und Grundstücksaufwendungen.

(3) Kalkulatorische Wagnisse: In der Kostenrechnung werden für die betriebsgewöhnlichen Risiken (z.B. Diebstahl) Pauschalsätze eingerechnet, die auf dem Durchschnitt früherer Jahre beruhen.

(4) Kalkulatorische Zinsen: In der Kostenrechnung wird für das gesamte betriebsnotwendige Kapital die marktübliche Verzinsung einkalkuliert, in der Finanzbuchhaltung werden nur die effektiv bezahlten Fremdkapitalzinsen verbucht.

(5) Kalkulatorische Abschreibungen: In der Kostenrechnung werden bei steigenden Preisen der Anlagegüter die Abschreibungen oft von den gestiegenen Wiederbeschaffungskosten aus berechnet. In der Finanzbuchhaltung dürfen stets nur die effektiv angefallenen Anschaffungskosten abgeschrieben werden.

2.4.1.3 Abgrenzung: Ertrag - Leistung (Neutraler Ertrag)

Die **Abgrenzung** der positiven Erfolgskomponenten: Erträge - Betriebsleistungen ist in Abb. 16 dargestellt. Auch hier ergeben sich gewisse Gemeinsamkeiten und Unterschiede zwischen Finanzbuchhaltung und Kostenrechnung, die im folgenden näher dargestellt werden sollen.

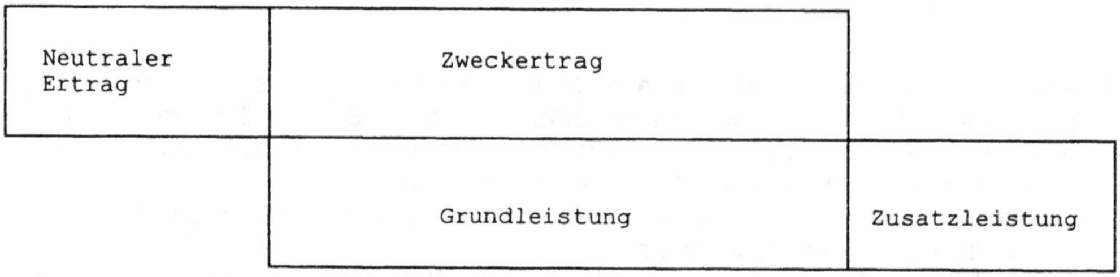

Abb. 16: Abgrenzung: Ertrag - Leistung

Die in der Finanzbuchhaltung verwendeten **neutralen Erträge** stellen Wertzuwächse dar, die nicht durch die regelmäßige Betriebstätigkeit entstanden sind. Eine Unterteilung ist ähnlich wie bei den neutralen Aufwendungen möglich:

(1) **Betriebsfremde Erträge**, Beispiele:
- Gewinne aus Wechselkursänderungen (Wechselkurserhöhung bei Währungsforderungen, Wechselkurssenkung bei Währungsverbindlichkeiten)
- Gewinne aus Wertpapiergeschäften (Spekulationsgewinne) bei Industriebetrieben
- Erträge aus Geschäften mit nicht betrieblich genutzten Grundstücken und Gebäuden

(2) **Periodenfremde Erträge:** d.h. betriebsbedingte Erträge, die in einer anderen Periode verbucht werden als in der Kostenrechnung. Beispiel: Steuererstattung für Betriebssteuern (Kostensteuern des Vorjahres)

(3) **Außerordentliche Erträge:** d.h. betriebsbedingte Erträge, die aber unregelmäßig oder in außergewöhnlicher Höhe anfallen. Beispiel: Veräußerungsgewinne beim Verkauf betrieblicher Anlagegüter

Ein großer Teil der verbuchten Erträge stellt gleichzeitig Leistungen in der Kostenrechnung dar (**Zweckerträge bzw. Grundleistung**). Es gibt jedoch auch aus der Betriebstätigkeit entstehende Leistungen, denen kein Ertrag in gleicher Höhe entspricht (**Zusatzleistungen**); Beispiel: Selbstgeschaffene Patente, die in der Handelsbilanz nicht als Ertragsposten zulässig sind. Auch hier könnte man zwischen wesensverschiedenen und verrechnungsverschiedenen Zusatzleistungen (Anders-leistungen) differenzieren.

2.4.2 Einkreissysteme - Zweikreissysteme

Für die Verbuchung auf Aufwands- oder Kostenkonten ist weiterhin entscheidend, wie die organisatorische Abgrenzung zwischen Finanzbuchhaltung und Kostenrechnung erfolgt. Während die Finanzbuchhaltung (mit Ausnahme der "Nebenbuchhaltungen") stets buchhalterisch erfolgt, so kann die Kostenrechnung entweder ebenfalls buchhalterisch (mit Soll- und Haben-Systematik) oder aber tabellarisch durchgeführt werden. Bei der tabellarischen Kostenrechnung werden die Kostenaufzeichnungen einfach in Rechentabellen geführt, ohne die strenge Konten- und Abschlußsystematik der Buchhaltung.

Bei der organisatorischen Abgrenzung zwischen Finanzbuchhaltung und Kostenrechnung sind die nachstehenden Grundformen anzutreffen:

(1) **Einkreis-System:** Finanzbuchhaltung und Kostenrechnung werden in einem geschlossenen Kontenkreis geführt. Als negative Erfolgskomponenten werden grundsätzlich die Kosten verbucht, alle neutralen Aufwendungen (analog: Erträge) werden in gesonderten Konten erfaßt und abgegrenzt. Beim Abschluß ergibt sich einerseits das Betriebsergebnis (aus Betriebserträgen minus Kosten), andererseits das neutrale Ergebnis. Erst die Zusammenfassung von Betriebsergebnis und neutralem Ergebnis ergibt das gesamte Unternehmungsergebnis für die Finanzbuchhaltung. Die Konzeption des Einkreissystems geht bereits auf die Ideen von Schmalenbach zurück und wird z.B. im Gemeinschafts-Kontenrahmen der Industrie (GKR) sowie in den daraus abgeleiteten Kontenrahmen (z.B. Großhandelskontenrahmen) angewendet. Die weitere Verteilung der Kostenarten auf Kostenstellen und Kostenträger wird jedoch schon meistens tabellarisch durchgeführt.

(2) **Zweikreis-System:** Da die Kostenrechnung bei größeren Betrieben meist nur tabellarisch geführt wird, werden im Zweikreis-System zwei völlig getrennte Rechnungskreise Finanzbuchhaltung - Kostenrechnung eingerichtet. Im Rechnungskreis der Finanzbuchhaltung werden als Erfolgskomponenten alle Aufwendungen und Erträge verbucht, unabhängig ob sie gleichzeitig Kosten / Betriebsleistungen sind oder nicht. Der Abschluß der Finanzbuchhaltung ergibt die für die Rechnungslegung der Unternehmung erforderliche Erfolgsrechnung. Für die Abgrenzung: "Aufwand - Kosten" und die Kosten- und Leistungsrechnung ist der zweite Rechnungskreis vorgesehen. Der zweite Rechnungskreis kann tabellarisch geführt werden, die Kontengruppen - Bezeichnung im zweiten Rechnungskreis stellen dann eben Tabellen-Überschriften dar. Zwischen den Rechnungskreisen ist eine Abstimmung (Kontrollvergleich) jederzeit möglich, denn das Unternehmungsergebnis aus dem ersten Rechnungskreis muß ebenso groß sein wie das Betriebsergebnis und das neutrale Ergebnis aus dem zweiten Rechnungskreis zusammen.

2.4.3 Sachliche Abgrenzung nach dem GKR

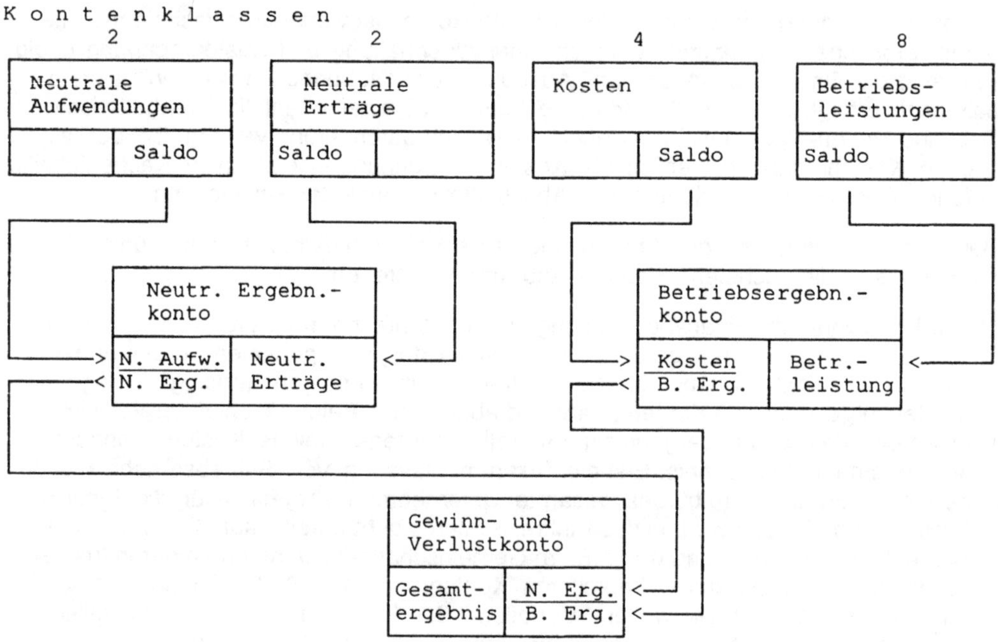

Abb. 17: Abschluß von neutralem Aufwand und Ertrag

Die sachliche Abgrenzung in einem Einkreis-System erfordert bei allen erfolgsbezogenen Buchungen und Abschlußbuchungen eine strikte Trennung von **neutralen Aufwendungen bzw. Erträgen** (Kontenklasse 2) einerseits und Kosten bzw. Betriebsleistungen andererseits (Kontenklasse 4 bzw. 8). Beim Abschluß ergeben die Konten für Betriebsleistungen und Kosten das Betriebsergebnis (Konto 980), die Konten der neutralen Aufwendungen und Erträge ergeben das neutrale Ergebnis (Konto 987). Erst im Gewinn- und Verlustkonto werden Betriebsergebnis und neutrales Ergebnis zum Unternehmungsergebnis zusammengefaßt. Die gesamte Abgrenzung der neutralen Aufwendungen und Erträge einschließlich Abschluß ist in Abb. 17 dargestellt.

2.4.4 Sachliche Abgrenzung nach dem IKR

Bei einem Zweikreis-System werden im Rechnungskreis der Finanzbuchhaltung alle Aufwendungen und Erträge als solche verbucht; die Differenz von Aufwand und Ertrag ergibt den Unternehmungsgewinn, wie in Abb. 18 dargestellt. Für die Abgrenzungsrechnung und die Kosten-/Leistungsrechnung ist der zweite Rechnungskreis vorgesehen, der buchhalterisch durchgeführt werden kann, meist aber tabellarisch durchgeführt wird. Für die Kontengruppen in Klasse 9 bei buchhalterischer Abgrenzung hat der BDI eine interessante Gliederung vorgeschlagen, die auch bei tabellarischer Abwicklung von Nutzen ist (BDI 1986, S. 78 ff). Die Kontengruppen sind aus dem Übungskontenplan gem. Industriekontenrahmen (IKR'86) im Anhang ersichtlich. Bei einer buchhalterischen Abwicklung des Rechnungskreises II wird die **Abgrenzung** wie folgt vorgeschlagen (vgl. Abb. 18):

- Die betriebsfremden Aufwendungen bzw. Erträge werden in Kontengruppe 90 **"Unternehmensbezogene Abgrenzung"** übernommen, daraus ergibt sich das betriebsfremde Ergebnis (1. Teil des neutralen Ergebnisses).
- Die außerordentlichen Aufwendungen bzw. Erträge werden in Kontengruppe 91 **"Kostenrechnerische Korrekturen"** übernommen. Dort werden sie den verrechneten Kosten bzw. Leistungen gegenübergestellt, daraus ergibt sich das Korrekturergebnis (2. Teil des neutralen Ergebnisses).
- In der Kontengruppe 97/98 werden die Umsatzleisungen und Umsatzkosten gegenübergestellt (Umsatzkostenverfahren, kurzfristige Erfolgsrechnung). Hieraus ergibt sich das Betriebsergebnis I.
- In der Kontengruppe 92 werden alle verrechneten Kosten und Leistungen gegenübergestellt, hieraus ergibt sich das Betriebsergebnis II.
- Die verschiedenen Ergebnisarten werden in Kontengruppe 99 systematisch zusammengefaßt und ermöglichen eine Abstimmung zwischen Geschäftsbuchhaltung und Kostenrechnung.

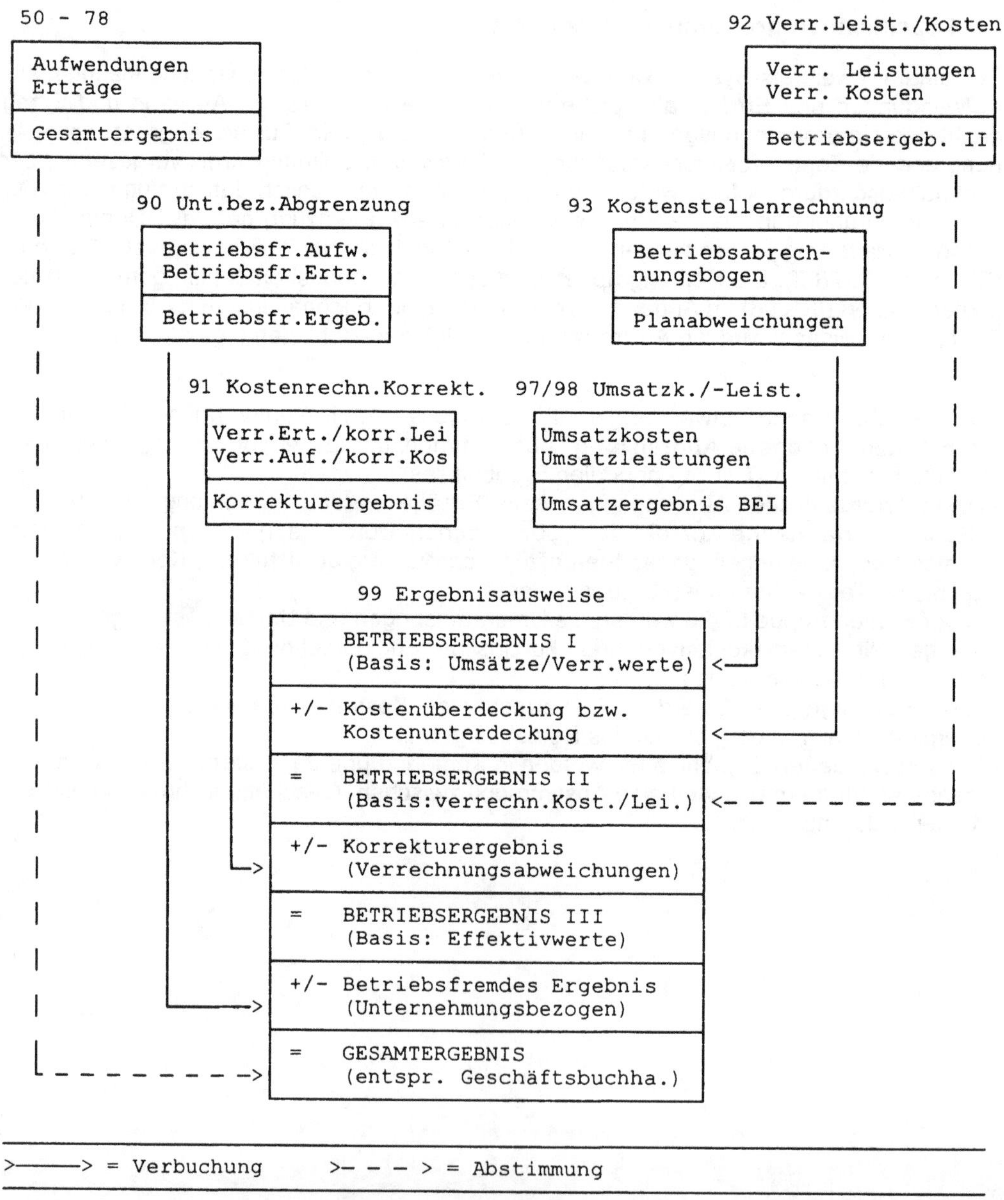

Abb. 18: Abgrenzungsrechnung gem. IKR

3. Buchführungsorganisation

3.1 Buchführungssysteme

Im 3. Abschnitt dieser Arbeit sollen nun die grundlegenden Methoden betrachtet werden, die bei der praktischen Durchführung der Finanzbuchhaltung angewendet werden. In der Entwicklungsgeschichte haben sich die nachstehenden drei "Buchführungssysteme" herausgebildet, die heute noch alle verwendet werden.

(1) **Einfache Buchführung**
Hier handelt es sich um eine Dokumentation der Geschäftsfälle jeweils durch eine einzige Buchung. Diese Buchungen werden in chronologischer Reihenfolge in best. Büchern aufgezeichnet. Die typischen Bücher, die hierbei verwendet werden, sind die folgenden: Kassenbuch, Tagebuch, Einkaufsbuch, Verkaufsbuch, Kontokorrentbuch (Debitoren und Kreditoren) usw. Dieses Buchführungssystem ist heute nur noch ausreichend für Kleinbetriebe, z.B. im Einzelhandel.

(2) **Kameralistische Buchführung**
Hier handelt es sich in der Grundform um eine exakte Aufzeichnung der Geschäftsfälle, getrennt nach Einnahmen und Ausgaben. Die effektiven Einnahmen / Ausgaben werden den geplanten Einnahmen und Ausgaben im Haushaltsplan gegenübergestellt. Diese Aufzeichnungen werden durch bestimmte Vermögensaufstellungen ergänzt. Dieses Buchführungssystem ist das typische System der Behördenbuchführung. Die Einnahmen und Ausgaben werden nach bestimmten Kapiteln und Titeln unterteilt, das kaufmännische Erfolgsdenken durch Aufwendungen und Erträge fehlt hier.

(2) **Doppelte (kaufmännische) Buchführung**
Diese hochentwickelte Form der Finanzbuchhaltung ist durch eine besondere Systematik, die sogenannte "Doppik", gekennzeichnet. Das System der Doppik bedeutet, daß alle Geschäftsfälle durch ein geschlossenes System von jeweils zweifachen Buchungen dokumentiert werden:
- Für jeden Geschäftsfall mindestens eine Soll-Buchung, mindestens eine Haben-Buchung.
- Für jeden Geschäftsfall einmal Verbuchung im Journal (chronologische Gliederung) und einmal Verbuchung auf Konten (sachliche Gliederung).

Nur diese, zunächst "redundant" erscheinende Aufzeichnung aller Geschäftsfälle ermöglicht eine **Kontrolle** des gesamten Buchungsstoffes: Bei allen Journalen, Konten, Bilanzen usw. muß nach dem Abschluß stets die Soll-Summe gleich der Haben-Summe sein. Die doppelte Buchführung liefert jederzeit Informationen über die bisher angefallenen Aufwendungen und Erträge, über den Stand einzelner Kundenkonten usw. Nur dieses Buchführungssystem ist zur Erfüllung der Rechnungslegungspflichten bei größeren Unternehmen geeignet und wird daher im weiteren vorausgesetzt.

3.2 Systembücher - Nebenbücher

Bei der doppelten Buchführung werden in der Praxis eine Reihe einzelner Bücher geführt, die in bestimmten Beziehungen zueinander stehen. Die in der Praxis üblicherweise verwendeten Bücher und ihr Zusammenhang sind in Abb. 19 dargestellt. Ausgangspunkt ist die grundsätzliche Einteilung in Systembücher (Hauptbuchhaltung) und Nebenbücher (Nebenbuchhaltung). Bei einer Vielzahl von einzelnen Geschäftsfällen, z.B. bei mehreren tausend Kunden oder Artikeln im Sortiment, wäre es zu umständlich, für diese Kunden oder Artikel jeweils ein eigenes Konto nach dem Doppiksystem zu führen. Die Aufzeichnungen über die einzelnen Kunden usw. werden deshalb außerhalb des Doppiksystems geführt (z.B. in Karteien). Eine Reihe typischer **Nebenbücher** sind in Abb. 19 ersichtlich. Um den vollständigen Überblick in der Finanzbuchhaltung nicht zu vermindern, müssen für alle Nebenbücher Sammelkonten in den Systembüchern geführt werden (z.B. Debitorenkonto für alle Kunden). Für alle Einzeleintragungen in den Nebenbüchern müssen aufsummierte Sammlungen in den Sammelkonten vorgenommen werden.

Nur die **Systembücher** werden in dem strengen Doppik-System geführt. Hier stellt sich ab Gründung des Betriebes ein geschlossener jährlicher Kreislauf ein:

Inventar - Eröffnungsbilanz - Grundbuchungen - Hauptbuchungen
Inventar - Schlußbilanz - Eröffnungsbilanz usw.

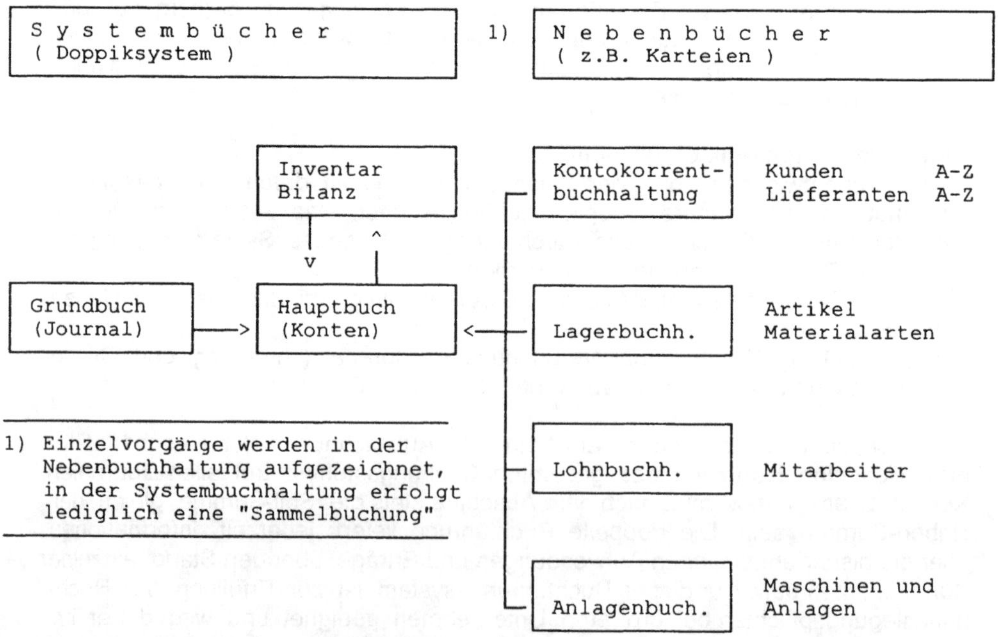

Abb. 19: Systembücher - Nebenbücher

3.3 Technische Buchhaltungsverfahren

Nach dem Einsatz der technischen Hilfsmittel können die technischen Verfahren der doppelten Buchführung in die nachstehenden Stufen eingeteilt werden.

3.3.1 Übertragungsbuchführung

(1) **Klassische Übertragungsbuchführung**: Hierbei wurden zwei oder später mehrere gebundene Bücher verwendet. Die Eintragungen erfolgten zuerst im Grundbuch in chronologischer Reihenfolge, dann wurden die Eintragungen in das sachlich unterteilte Hauptbuch übertragen. Dadurch erreichte man die Informationsmöglichkeit der doppelten Buchführung, jedoch ist der Übertragungsaufwand (Fehlergefahr) beträchtlich. Wegen der Übertragungsarbeit wird dieses Verfahren heute in der Praxis kaum noch verwendet, ist jedoch bei Ausbildungsveranstaltungen die vorherrschende Buchführungsform.

(2) **Amerikanisches Journal:** Die Übertragungsarbeit wird erleichtert, wenn die Journalspalten und die Hauptbuchspalten auf einem Blatt nebeneinander angeordnet sind (vgl. Abb. 20).

Journal			Konto		Konto		.....		G.-u.V.-Konto		Bilanz-Konto	
Dat.	Text	EUR	S	H	S	H	S	H	S	H	S	H
Grundbuch			Hauptbuch									

Abb. 20: Amerikanisches Journal

Hierfür sind im Bürohandel entsprechende Vordrucke erhältlich. Da die Anzahl der Konten doch begrenzt ist, wird das Amerikanische Journal heute nur noch von Kleinstbetrieben verwendet.

3.3.2 Durchschreibebuchführung

Durch die Einführung loser Blätter (Vordrucke) für Journal und Konten, sowie durch zeilenrichtiges Übereinanderlegen der Vordrucke in best. Maschinen wurde die **Durchschreibebuchführung** ermöglicht. Sie erspart die Übertragungsarbeit, da die Eintragung in Grund- und Hauptbuch gleichzeitig erfolgt. Neben den manuellen Buchführungsapparaten können hierzu auch elektronische Buchführungsmaschinen verwendet werden, die eine Beschriftung mit Tastatur, den automatischen Einzug der Kontokarten (Magnet-

Kontokarten), sowie bereits programmgesteuerte Gegenbuchungen, Mehrwertsteuer-Summen usw. ermöglichen. Auch werden bereits ergonomische Gesichtspunkte berücksichtigt, z.B. Buchhaltungsvordrucke in augenschonendem Spezialpapier.

Da die Durchschreibe-Buchführung inzwischen meist durch Finanzbuchhaltungs-Software auf EDV-Anlagen ersetzt wurde, soll auf eine weitere Darstellung hier verzichtet werden.

3.3.3 EDV-Buchführung einschließlich DATEV-System

Die mehr und mehr verbreiteten Anlagen zur elektronischen Datenverarbeitung wurden bald auch für die Finanzbuchhaltung eingesetzt. Dadurch wurden frühere Techniken, wie z.B. Lochkarten-Buchführung oder Magnetkonten-Computer ersetzt. Bei der modernen EDV-Buchführung wird meist eine **Speicher-Buchführung** durchgeführt, d.h. die herkömmlichen Konten-Stammdaten sind auf Magnetplatten gespeichert, die laufenden Buchungen werden am Bildschirm eingegeben, die Buchungsergebnisse sind ebenfalls am Bildschirm abrufbar und werden zum Teil nicht mehr auf Papier ausgedruckt. Die Grundformen der EDV-Buchführung können überblicksmäßig wie folgt angegeben werden.

(1) **Finanzbuchhaltungs-Software (Standard-Software)**

Buchhaltungs-Software kann zunächst auf hauseigenen Rechnern eingesetzt werden, wobei neben Großrechnern zunehmend auch PC-Mehrplatzsysteme verwendet werden (Client-Server-Architektur). Als Software wird vielfach **Standardsoftware** verwendet, bei kleineren Betrieben als reine Finanzbuchhaltungs-Software in Verbindung mit einer integrierten kaufmännischen Software, die auch Fakturierung, Adreßverwaltung usw. umfaßt (Bekanntes Beispiel hierfür: die KHK-Finanzbuchhaltung). Bei größeren Betrieben wird zunehmend sog. "Enterprise Software" mit Finanzbuchhaltungs-Modulen verwendet (ein bekanntes Beispiel hierfür ist das Modulsystem R/3 von SAP mit den Finanzwesen modulen "FI"). Die Standardsoftware kann dabei auf die jeweiligen Anwender zugeschnitten werden, z.B. auf seinen Kontenrahmen, seine Stammdaten usw. (Customizing). Die genannten Software-Hersteller haben alle inzwischen Euro-fähige sowie Jahr-2000-fähige Programmversionen (Euro-Releases) herausgebracht. Wegen der enorm zunehmenden Verbreitung des R/3 -Systems enthält Abb. 21 einen kurzen Überblick über die integrierten Module bzw. Komponenten des SAP-Systems (Vgl. CDI-Trainer, 1996, S. 65 ff.) .

• MM = Materialwirtschaft (Logistik)
• SD = Vertrieb
• HR = Personalwirtschaft
• AM = Anlagenwirtschaft
• FI = Finanzwesen (externes Rechnungswesen), wichtigste Komponenten:

• FI-GL = Hauptbuchhaltung (General Ledger)
• FI-AR = Debitorenbuchhaltung
• FI-AP = Kreditorenbuchhaltung
• FI-FC = Konzernrechnungslegung
• FI-FA = Finanzanlagen
• FI-FM = Finanzmittel-Überwachung

• CO = Controlling (internes Rechnungswesen)

Abb. 21: Integrierte Module und Komponten des R/3-Finanzwesens

(2) EDV-Buchführung außer Haus (DATEV-System)

Eine Vielzahl von mittelständischen Unternehmen haben inzwischen Formen der "EDV-Buchführung außer Haus" angewendet. So z.B. kann das Buchführungssystem der DATEV (mehrere Großcomputer und ein umfassendes Programmsystem zur Buchführung und Betriebsanalyse) von allen Buchführungspflichtigen über ihre Steuerberater in Anspruch genommen werden. Ein Überblick über die buchhalterischen Elemente des weitverbreiteten **DATEV-Systems** ist in Abb. 22 enthalten. Beim DATEV-System werden moderne Verfahren der EDV verwendet: Für die Datenerfassung sind dabei mehrere Möglichkeiten offen: Erfassung / Kontierung beim Steuerberater, Erfassung auf dem Mandanten-PC im DATEV-Format und Weiterverarbeitung auf dem Kanzlei-Computer, DATEV-Verbundsystem zwischen Kanzlei-Computern und dem Rechenzentrum in Nürnerg usw.. Bei der Datenausgabe kann auf Papierausdruck von Routinedaten verzichtet werden, hierzu können z.B. Journal auf Mikrofilm ausgegeben werden. Die modernen COM-Geräte (Computer-Output-To-Microfilm) ermöglichen die Ausgabe auf Mikrofilm ohne diese vorher ausdrucken zu müssen. Für den Mandanten ergibt sich dadurch eine frappierende Platzersparnis in der Buchhaltung. Bei den betriebswirtschaftlichen Auswertungen der DATEV können z.B. auch farbige Geschäftsgrafiken angefordert werden.

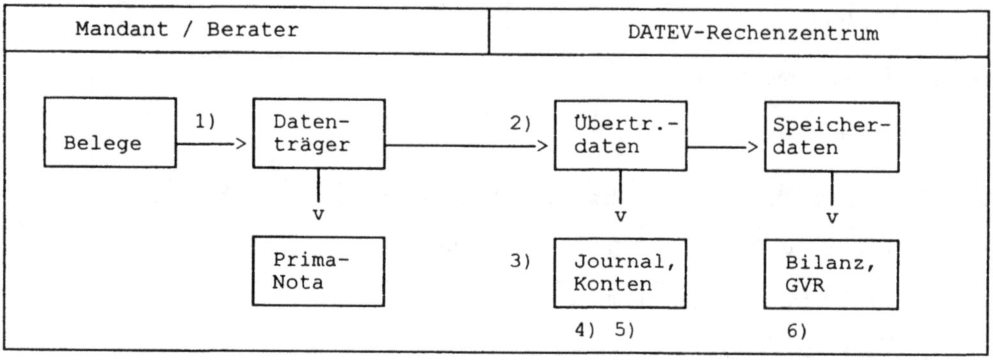

1) Kontieren, Datenerfassung
2) Datenfernübertragung
3) Abstimmung
4) Journale z.B. auf Mikrofiche
5) Monatsabschlüsse: Summen- und Saldenliste, Betriebswirtschaftliche Auswertungen, Branchen-Kennziffern, Betriebsvergleiche
6) z.B. auch mehrfarbige Grafikausdrucke oder Langfristvergleiche möglich

Abb. 22: Grundelemente des DATEV-Systems

3.3.4 Offene-Posten-Buchhaltung

Gerade bei den massenhaften Debitoren- und Kreditoren-Buchungen kann die Offene-Posten-Buchhaltung dem Buchführungspflichtigen eine erhebliche Arbeitsersparnis bringen. Bei der Offenen-Posten-Buchführung wird die Verbuchung der einzelnen Vorgänge auf Systemkonten durch eine geordnete Ablage der Ur-Belege ersetzt (z.B. Fotokopien der Ausgangsrechnungen). Eine chronologisch geordnete Ablage der Kopien ersetzt die Grundbuchungen, eine nach Kunden bzw. Lieferanten geordnete Ablage die Hauptbuchungen. Die Summe aller offenen Beträge wird auf dem **Sammelkonto** Debitoren bzw. Kreditoren geführt. Der Saldo dieser Sammelkonten muß mit der Summe aller offenen Kundenrechnungen bzw. Lieferantenrechnungen übereinstimmen. Bei Zahlungseingängen werden diese auf den betreffenden Rechnungskopien vermerkt (Stempel) und die Rechnungskopien werden als "ausgeglichene Posten" abgelegt. Die tägliche Summe aller Eingänge wird auf dem Sammelkonto gutgeschrieben. Das Verfahren der Offenen-Posten-Buchhaltung hat bei manchen Buchführungspflichtigen eine Einsparung von bis zu 75 % aller Kontokorrentbuchungen gebracht. Bei EDV-Einsatz kann die Offene-Posten-Buchhaltung dateimäßig auf Festplatte geführt werden einschließlich Mahnwesen usw.

3.4 Kontenrahmen - Kontenpläne

3.4.1 Kontenplan - Kontenrahmen

Um jederzeit einen Überblick über die im Betrieb ansprechbaren Konten zu haben, pflegen die Buchführungspflichtigen einen **Kontenplan** aufzustellen. Der Kontenplan stellt ein betriebsindividuelles Verzeichnis aller vorgesehenen Konten jeweils mit Konto-Nr. und Konto-Bezeichnung dar. Eine sinnvolle Nummerierung der Konten ist dabei von großer Bedeutung: eine gewisse Systematik der Konto-Nr. kann die laufenden Buchungen und die Abschlußbuchungen sehr erleichtern. Als **Konto-Nr.** wird eine mehrstellige Zahl verwendet, wobei die Unterteilung einer vorderen Stelle (Hauptkonto) durch die Ziffern der nachfolgenden Stelle (Unterkonto) gekennzeichnet wird. Es handelt sich um ein hierarchisches, nummerisches Schlüssel-System (Dekadisches System). Für die hierarchischen Stufen haben sich die Bezeichnungen **Konten-Klasse** (1.Stufe), **Konten-Gruppe** (2.Stufe), **Konten-Art** (3. Stufe) eingebürgert. Als Beispiel für die Konto-Nr. sei das Konto-Nr. 2281: "Bezugskosten für Handelswaren" gemäß IKR in Abb. 23 betrachtet.

```
┌───────────────────> Konten-Klasse:    2    = Umlaufvermögen
│    ┌──────────────> Konten-Gruppe:    22   = Fertige Erzeugnisse und Waren
│    │    ┌─────────> Konten-Art:       228  = Waren (Handelswaren)
│    │    │    ┌────> Konten-Unterart:  2281 = Bezugskosten / Handelswaren
│    │    │    │
2    2    8    1
```

Abb. 23: Dekadische Konto-Nr. (Beispiel: 2281)

Im Gegensatz zu betriebsindividuellen Kontenplänen stellen die **Kontenrahmen** allgemeine Verzeichnisse für alle typischen Konten einer bestimmten Branche dar; die Kontenrahmen werden von den Branchenverbänden empfohlen, haben eine hochentwickelte Systematik und dienen den einzelnen Betrieben als Hilfe zur Aufstellung der Kontenpläne. Durch Kontenrahmen wird die Ausbildung der Buchhalter, die rationelle Abwicklung bei den Buchführungspflichtigen und der zwischenbetriebliche Vergleich der Buchhaltungsergebnisse (Betriebsvergleich) sehr gefördert.

Die in Deutschland intensive **Entwicklungsgeschichte** der Kontenrahmen sei durch die nachstehenden Angaben kurz gekennzeichnet.

- erste Veröffentlichung eines allgemeinen Kontenrahmens durch J.F. Schär, 1911
- Buch "Der Kontenrahmen" von E. Schmalenbach, 1927
- Buchhaltungsrichtlinien und Erlaßkontenrahmen für die Industrie, 1937 (rechtsverbindlich)
- Grundsätze für das Rechnungswesen 1951/52
- Gemeinschafts-Konten-Rahmen für die Industrie, 1951 (**GKR**)
- Industrie-Konten-Rahmen, 1971 (**IKR**)
  Die Kontenrahmen GKR und IKR stellen Entwicklungen und Empfehlungen des BDI dar, um eine rationelle und einheitliche Buchhaltung zu fördern.
- Heute haben die Branchenverbände in der BRD insgesamt etwa 200 Branchenkon-

tenrahmen vorgestellt. Zu ihnen gehört der auch bei Ausbildungszwecken häufig verwendete "Großhandels-Kontenrahmen" oder der "Einzelhandels-Kontenrahmen". Beide Kontenrahmen verwenden die Systematik des GKR.

- Bei mittelständischen Betrieben sind die **DATEV-Kontenrahmen** stark verbreitet. Ursprünglich wurden die Standardkontenrahmen SKR 01 (Personengesellschaften) sowie SKR 02 (Kapitalgesellschaften) verwendet; beide sind am Großhandelskontenrahmen bzw. GKR orientiert. Inzwischen werden in Anpassung an das Bilanzrichtliniengesetz die neuen Kontenrahmen SKR 03 (Personengesellschaften und Kapitalgesellschaften, GKR-orientiert) sowie SKR 04 (Personengesellschaften und Kapitalgesellschaften, IKR-orientiert) verwendet. Bei den DATEV-Kontenplänen werden EDV-bedingt stets 4-stellige Konten-Nr. verwendet: Die Zusammenfassung zu Kontengruppen und Kontenklassen ist in den EDV-Programmen vorgegeben.
- Es gibt bei der DATEV auch eine Reihe von Spezialkontenrahmen für bestimmte Branchen, z.B. den SKR 70 für das **Hotel- und Gaststätten-Gewerbe**. Der SKR 70 wurde vom Deutschen Hotel- und Gaststättenverband (DEHOGA) in Köln entwickelt und ist bereits an dem neuen IKR orientiert. Für Industrieunternehmen, die unbedingt den Industriekontenrahmen IKR in reiner Form verwenden wollen, ist bei der DATEV der Kontenrahmen SKR50 verfügbar.
- **IKR '86**: Der vom BDI herausgebrachte "neue" IKR hat alle Neuerungen des Bilanzrichtlinien-Gesetzes exakt und praxisnah verwirklicht; der neue IKR soll den bisherigen IKR und auch die älteren GKR-orientierten Kontenrahmen ersetzen. Vom BDI wurde in Abstimmung mit Vertretern der kaufmännischen Ausbildung und der Hochschulen auch eine gekürzte Fassung des IKR (sog. IKR-Schulausgabe) herausgebracht, die eine moderne Buchhaltungsgrundausbildung ermöglicht.
- Durch die vielen Änderungen der Rechtslage, z.B. EU-Binnenmarkt-Umsätze oder die Euro-Einführung werden inzwischen **jedes Jahr** aktuelle Kontenrahmen bei der DATEV herausgegeben, die allgemein einen anerkannten Buchhaltungs-Standard in Deutschland bilden.

3.4.2 Gemeinschaftskontenrahmen (GKR)

Die grundlegende Systematik des GKR, die bereits auf Überlegungen der früheren Kontenrahmen bzw. von Schmalenbach zurückgeht, ist in Abb. 24 dargestellt. Die systematische Konzeption des GKR läßt sich durch die nachstehenden Merkmale näher beschreiben.

(1) Einheitliches System für alle Branchen (durch brancheneinheitliche und branchenspezifische Teile)
(2) Die sogenannte "Prozeßgliederung", d.h. Reihenfolge der Konten-Klassen entspricht dem betrieblichen Produktionsprozeß
(3) "Einkreissystem", d.h. Finanzbuchhaltung und Kostenleistungsrechnung sind in einem geschlossenen Rechnungskreis durchführbar, einheitliches System für das gesamte Rechnungswesen (Monismus)
(4) Strenge "Sachliche Abgrenzung": In Klasse 4 werden nur "Kosten" verbucht (einschließlich kalkulatorischer Kosten), der neutrale Aufwand und Ertrag wird in Klasse 2 abgegrenzt
(5) Transformationstabellen: Da die Reihenfolge der Konten-Nr. nicht der Reihenfolge im Jahresabschluß entspricht, werden umfangreiche Tabellen verwendet,

die angeben, in welche Bilanzposition die einzelnen Konten-Nr. zu überführen sind

<table>
<tr><td rowspan="10">KONTENKLASSEN</td><td>0</td><td colspan="2">Ruhende Konten
Anlagekonten, Kapitalkonten</td><td rowspan="4">Branchen-einheitl.</td></tr>
<tr><td>1</td><td colspan="2">Finanzkonten</td></tr>
<tr><td>2</td><td colspan="2">Abgrenzungskonten
(Neutraler Aufwand / Ertrag)</td></tr>
<tr><td>3</td><td colspan="2">Roh- / Hilfs- / Betriebsstoffe
Wareneinkauf</td></tr>
<tr><td>4</td><td rowspan="3">Konten der Kosten- und Leistungs-rechnung</td><td>Kostenarten</td><td rowspan="4">Branchen-spezifisch</td></tr>
<tr><td>5</td><td>Verrechnungskonten</td></tr>
<tr><td>6</td><td>Buchhalterische Kostenstellenrech.</td></tr>
<tr><td>7</td><td colspan="2">Fertige und Unfertige Erzeugnisse</td></tr>
<tr><td>8</td><td colspan="2">Erlöskonten</td><td rowspan="2">Branchen-einheitl.</td></tr>
<tr><td>9</td><td colspan="2">Abschlußkonten</td></tr>
</table>

Abb. 24: Systematik des GKR

3.4.3 Industriekontenrahmen (IKR)

Bereits 1971 hat der BDI den sogenannten Industriekontenrahmen vorgestellt, der die aktuellen Tendenzen im Rechnungswesen berücksichtigte (z.B. tabellarische Kosten- und Leistungsrechnung bei Großunternehmen, Bilanzgliederungsvorschriften durch AktG-Novelle 1965, Bestrebungen zur Vereinheitlichung der Kontenrahmen in der EG, zunehmende Anwendung der EDV einschließlich Datenbanken in der Finanzbuchhaltung usw.). Ein Überblick über die **Systematik** des IKR ist in Abb. 25 dargestellt.

Die grundlegende **Konzeption** des IKR soll nun durch die folgenden Überlegungen genauer beschrieben werden:

(1) "Zweikreissystem": Völlig getrennte Rechnungskreise für Rechnungskreis I (Finanzbuchhaltung) und Rechnungskreis II (Kosten- / Leistungsrechnung einschließlich Abgrenzungsrechnung), da der Rechnungskreis II bei vielen Betrieben tabellarisch durchgeführt wird.

(2) "Sachliche Abgrenzung": In der Finanzbuchhaltung werden grundsätzlich die zutreffenden Erfolgskomponenten "Aufwand" und "Ertrag" (keine "Kosten") verbucht. Die "sachliche Abgrenzung" sowie die Kosten- / Leistungsrechnung erfolgt erst im Rechnungskreis II.

(3) "Abschlußgliederungsprinzip": Die Reihenfolge der Konten-Nr. im Rechnungskreis I entspricht genau der Reihenfolge der Positionen in der Jahresbilanz sowie Erfolgsrechnung (§§ 266, 275 HGB), dadurch schneller Jahresabschluß ohne Transformations-Tabellen. Nur im Rechnungskreis II, der aber meist nicht mehr buchhalterisch durchgeführt wird, ist eine Art "Prozeßgliederung" anzutreffen.

(4) Keine "Mischklassen": D.h. keine Kontenklassen, in denen Aktiv- und Passivkonten bzw. Aufwandskonten und Ertragskonten gemischt sind.

<table>
<tr><td rowspan="10">KONTENKLASSEN</td><td>0</td><td>Immaterielle Vermögensgegenst., Sachanlagen</td><td rowspan="9">Rechnungskreis I</td><td rowspan="3">Aktiv-konten</td><td rowspan="5">Be-stands konten</td></tr>
<tr><td>1</td><td>Finanzanlagen</td></tr>
<tr><td>2</td><td>Umlaufvermögen und Aktive Rechnungsabgrenzung</td></tr>
<tr><td>3</td><td>Eigenkapital und Rückstellungen</td><td rowspan="2">Passiv konten</td></tr>
<tr><td>4</td><td>Verbindlichkeiten und Passive Rechnungsabgrenzung</td></tr>
<tr><td>5</td><td>Erträge</td><td>Ertra. konten</td><td rowspan="3">Er-folgs-konten</td></tr>
<tr><td>6</td><td>Betriebliche Aufwendungen</td><td rowspan="2">Aufwa. konten</td></tr>
<tr><td>7</td><td>Weitere Aufwendungen</td></tr>
<tr><td>8</td><td>Ergebnisrechnungen (Eröffnung und Abschluß)</td><td colspan="2">Abschluß-konten</td></tr>
<tr><td>9</td><td>Kosten- / Leistungsrechnung (KLR)</td><td>R.K. II</td><td colspan="2"></td></tr>
</table>

Abb. 25: Systematik des IKR

Ein zusammenfassender Überblick über die **Rechnungskreise** des IKR und die Abstimmung ihrer Ergebnisse ist in Abb. 26 dargestellt.

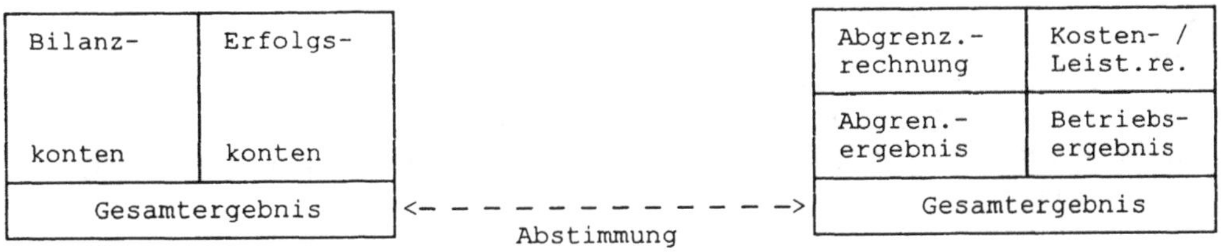

Abb. 26: Rechnungskreise und Abstimmung (IKR)

Während der alte IKR ursprünglich nur eine 2-stellige Gliederung enthielt (Kontengruppen), weist der IKR'86 eine sog. "**Tiefgliederung**" auf mit 3-stelligen Konto-Nummern und sogar 4-stelligen Unterkonto-Nummern. Einige buchhalterisch bemerkenswerte Prinzipien bei der Gestaltung des neuen IKR sind im folgenden aufgeführt (vgl. BDI, 1986, S. 5 ff.).

(1) **Kontengruppen** entsprechend den Bilanzpositionen in § 266 HGB, auch für die gemäß HGB gesondert auszuweisenden Posten bzw. die vielzähligen "Davon-Vermerke" sind bereits Kontengruppen bzw. Konten vorgesehen
(2) **Einheitliche Systematik** sowohl für Personengesellschaften als auch für Kapitalgesellschaften
(3) Vergabe **gleicher Endziffern** für inhaltlich entsprechende Konten, z.B. Konto 200: Bestand/Rohstoffe - Konto 600: Verbrauch/Rohstoffe (sog. "Memotechnik")
(4) Auf die **Null als Endziffer** bei Konten bzw. Unterkonten wird verzichtet, wenn die Kontengruppen bzw. Konten nur wenige Untergruppierungen erfordern.
(5) Bei **Zweiteilung** einer Kontengruppe bzw. eines Kontos werden als Unterteilung die Endziffer 0 und 5 gewählt (hälftige Einteilung).
(6) Gelegentlich wird auf eigene Kontengruppen bzw. Konten für **Überbegriffe** verzichtet, um die Anzahl der Kontenstufen zu begrenzen.
(7) Übersichtliche **Überschriften** im Kontenrahmen entsprechend der Bilanzgliederung (z.B. "Sachanlagen")
(8) Bewußt wurde Konto 36: **Wertberichtigungen** im Passivbereich aufgenommen, obwohl passive Wertberichtigungen für Kapitalgesellschaften nach dem HGB-Bilanzschema nicht mehr zulässig sind. Das genannte HGB-Verbot gilt ja nicht für die Bilanzen der unzähligen Einzelkaufleute und Personengesellschaften. Auch bei Kapitalgesellschaften sind passive Wertberichtigungen in der laufenden Buchhaltung durchaus zulässig und müssen nur für die Bilanz aufgelöst werden (Verrechnung mit den Aktivkonten).
(9) Strikte **Erfolgsspaltung** im Sinne von § 275 HGB; die betrieblichen Steuern sind in Kontengruppen 70 (Betriebliche Steuern), nicht bei "Sonstige Steuern" erfaßt.
(10) Kontengruppen 85 - 88 für **kurzfristige Erfolgsrechnung** (innerjährige Erfolgsrechnung)
(11) Kontenklasse 9 für **Kosten- und Leistungsrechnung**

(12) Auf eine kontenmäßige Differenzierung der Forderungen und Verbindlichkeiten nach **Restlaufzeit** und Besicherung (wie im Bilanzschema gemäß § 266 HGB anzugeben) wird bewußt verzichtet, um erheblichen Buchungsaufwand im Zeitablauf zu ersparen. Die gesetzlich erforderlichen Angaben können auch durch bestimmte Vermerke in den Konten oder durch die Nebenbuchhaltung zusammengestellt werden.

3.4.4 Großhandelskontenrahmen / Einzelhandelskontenrahmen

Die Kontenklassen des **Großhandels-** bzw. **Einzelhandels-Kontenrahmen** sind in Abb. 27 dargestellt. Der Vergleich mit den Kontenklassen des GKR in Abb. 24 zeigt, daß beide Handelskontenrahmen der Grund-Systematik des GKR entsprechen. An die Stelle der industriespezifischen Konten treten Konten, die im Handel besonders wichtig sind (z.B. Boni / Skonti im Großhandel, Klasse 4).

Konten-klasse	Einzelhandelskontenrahmen	Großhandelskontenrahmen
0	Anlage- und Kapitalkonten	Anlage- und Kapitalkonten
1	Finanzkonten	Finanzkonten
2	Abgrenzungskonten	Abgrenzungskonten
3	Wareneinkaufskonten	Wareneinkaufskonten
4	Konten der Kostenarten	Boni und Skonti
5	Frei für Kostenstellenrechn.	Konten der Kostenarten
6	Frei f. Ko. v. Nebenbetrieben	Frei f. Ko. v. Nebenbetrieben
7	Frei	Frei
8	Erlöskonten	Warenverkaufskonten
9	Abschlußkonten	Abschlußkonten

Abb. 27: Großhandels- / Einzelhandels-Kontenrahmen

3.4.5 Übungskontenpläne

Zur praktischen Darstellung einzelner Buchungen hat der Verfasser **Übungskontenpläne** gem. GKR bzw. IKR aufgestellt (s. Anhang 4 und 6). In dem Übungskontenplan gem. IKR sind die nachstehenden Prinzipien verwendet worden, um die Anzahl der zu führenden Konten für Ausbildungszwecke zu begrenzen.

(1) Die Kontenpläne sind sowohl für Einzelkaufleute und Personengesellschaften als auch für Kapitalgesellschaften geeignet (besonders gekennzeichnete alternative Teile).

(2) Grundsätzlich entsprechen beim IKR die Kontengruppen (2. Stelle) den Bilanzpositionen

(3) Prinzipiell werden die Hauptkonten des Ausbildungs-Kontenrahmens (3. Stelle) hier nunmehr 4-stelllig dargestellt, wie bei EDV-Kontenrahmen üblich; zu diesem Zweck wird als 4. Stelle eine Null angehängt. Beispiel: 2020 = Hilfsstoffe

(4) Für die Unterkonten des Ausbildungs-Kontenrahmens (4. Stelle) erfolgt die Unterscheidung anhand der 4. Stelle. Beispiel: 2021 = Bezugskosten / Hilfsstoffe

(5) Vorangestellt werden bei EDV-Kontenrahmen weitere Ziffern zur Unterscheidung von Sachkonten, Debitorenkonten und Kreditorenkonten usw.. Beispiel: Bei FIBU für windows wird bei den Sachkonten eine Null vorangestellt.

4. Warenverkehr

4.1 Konten des Warenverkehrs

4.1.1 Das ungeteilte Warenkonto

Für Handelsunternehmen stellt der Warenverkehr (Einkäufe, Verkäufe und Sonderfälle) das zentrale Buchungsgebiet dar. Auch bei Industrieunternehmen werden oft Fertigwaren (Handelswaren) eingekauft und unbearbeitet weiterverkauft, insbesondere als Zubehör für die eigenen Erzeugnisse. Hauptsächlich treten beim Industrieunternehmen Einkaufsbuchungen zur Beschaffung der Roh-, Hilfs- und Betriebsstoffe, und Verkaufsbuchungen beim Absatz der Fertigerzeugnisse auf. Früher (heute nur noch bei Kleinbetrieben oder für einzelne Warenpartien) wurden alle Geschäftsfälle des Warenverkehrs auf einem einzigen Konto, dem **ungeteilten Warenkonto** verbucht. Die häufigsten Geschäftsfälle auf diesem Konto sind in Abb. 28 dargestellt.

S Ungeteiltes Warenkonto H

AB	zu EP	Warenverkäufe	zu VP
Wareneinkäufe	(EP)	Warenrücksendungen a.Lieferer	z. EP
Rücksendungen der Kunden	zu VP	Peisnachlaß der Lieferer	(EP)
Preisnachlaß an Kunden	zu VP	Warenentnahmen	zu EP
Saldo: Rohgewinn		EB	zu EP

VP = Verkaufspreis EP = Einstandspreis

Abb. 28: Das ungeteilte Warenkonto

Bereits das ungeteilte Warenkonto läßt die nachstehenden, wesentlichen **Grundbegriffe** der **Warenverbuchung** erkennen:

(1) **Einstandspreise**
Als Einstandspreise werden die Einkaufpreise zuzüglich der noch eventuell anfallende Bezugskosten (Anschaffungsnebenkosten) bezeichnet: sozusagen der Preis (die Kosten) der Ware, bis diese im Lager "steht".

(2) **Handelsspanne / Kalkulationsaufschlag**
Die Handelsspanne ergibt sich als Differenz aus Verkaufspreis minus Einstandspreis eines Warenpostens, ausgedrückt in % des Verkaufspreises. Dieselbe Differenz, ausgedrückt in % des Einstandspreises, wird als Kalkulationsspanne bezeichnet.

(3) **Wareneinsatz**
Diese wichtige Größe bedeutet die Summe aller aus dem Lager abgegangenen und zum Verkauf "eingesetzten" Waren, bewertet mit den Einstandspreisen. Der Wareneinsatz (Abgänge) darf nicht mit dem Wareneinkauf (Zugänge!) verwechselt werden. Der Wareneinsatz läßt sich durch die nachstehende Formel darstellen (Befundrechnung):

Anfangsbestand + Zugänge ./. Endbestand = Wareneinsatz

(4) **Rohgewinn (Rohertrag)**
Der Rohgewinn (Rohertrag) ergibt sich aus der Summe der Warenverkäufe (zu Verkaufspreisen) minus Wareneinsatz (verkaufte Waren zu Einstandspreisen).

(5) **Reingewinn** bedeutet die Differenz aus Ertrag minus Aufwand bzw. den Gewinn, der sich aus dem Betriebsvermögensvergleich ergibt.

Über die genannten Kennzahlen des Warengeschäfts haben die Finanzämter aus den Steuererklärungen der Steuerpflichtigen Sammlungen für bestimmte Branchen, Betriebsgrößen usw. angelegt. Bei den Steuererklärungen bzw. Steuerbilanzen der einzelnen Steuerpflichtigen wird untersucht, ob die hieraus ersichtlichen Kennzahlen mit den gesammelten Kennzahlen der betreffenden Banchen übereinstimmen (sog. **wirtschaftliche Verprobung**). Auch die Kennzahlen eines Steuerpflichtigen aus mehreren aufeinanderfolgenden Steuerbilanzen werden miteinander verglichen. Im Rahmen der regelmäßig nach mehreren Jahren stattfindenden Betriebsprüfungen (Außenprüfungen) werden die genannten Kennzahlen und eventuell festgestellte Abweichungen zwischen Istwerten und Sollwerten eingehend im Betrieb des Steuerpflichtigen untersucht.

Das ungeteilte Warenkonto stellt ein typisches **gemischtes Konto** dar und sollte besser in mehrere Warenkonten aufgeteilt werden. Besonders unübersichtlich ist hier die unterschiedliche Preisbasis bei den einzelnen Verbuchungen: selbst auf der "Einkaufsseite" des Warenkontos werden gelegentlich verkaufspreisbedingte Beträge verbucht (z.B. Rücksendungen der Kunden).

4.1.2 Getrennte Warenkonten

Aus den genannten Gründen werden meist getrennte Warenkonten geführt, d.h. mindestens die beiden Konten: **Wareneinkauf** (nur einkaufspreisbedingte Beträge) und **Warenverkauf** (nur verkaufspreisbedingte Beträge). Die häufigsten Buchungen auf den zweigeteilten Warenkonten sind in Abb. 29 dargestellt. Um jederzeit eine Übersicht über die Sonderfälle des Warenverkehrs (z.B. Rücksendungen der Kunden) zu erhalten, werden oft für diese Sonderfälle entsprechende **Unterkonten** bei Einkauf und Verkauf geführt. Auf diesen Unterkonten werden die entsprechenden Beträge gesammelt und beim Abschluß auf die beiden Hauptkonten übertragen.

Oft werden sowohl für Einkauf als auch für Verkauf **mehrere Hauptkonten** einschließlich der genannten Unterkonten geführt. In Handelsbetrieben werden häufig die Einkaufs- und Verkaufskonten (jeweils Hauptkonto und Unterkonten) nach verschiedenen Warengruppen getrennt geführt, um sortimentsbezogene Informationen zu liefern. Vielfach werden auch Warenkonten für verschiedene Filialen geführt. Bei Industriebetrieben werden zumindest verschiedene Einkaufskonten für Roh-, Hilfs- und Betriebsstoffe sowie für Fremdbauteile und Handelswaren geführt, und verschiedene Verkaufskonten für Fertigerzeugnisse, sonstige eigene Leistungen, Handelswaren und sonstige Verkäufe (vgl. Industriekontenrahmen: GKR und IKR). Außerdem sollten alle Betriebe bei den Einkaufs- und Verkaufskonten getrennte Hauptkonten für Warengruppen mit verschiedenen Umsatzsteuer-Sätzen führen.

S Wareneinkaufskonto	H
AB zu EP	Rücksendungen, Preisnachlässe (UK) zu EP
Wareneinkäufe	Warenentnahmen (UK) zu EP
	EB zu EP
Bezugskosten (UK)	Wareneinsatz (UK) zu EP

S Warenverkaufskonto	H
Rücksendungen, Preisnachlässe (UK) zu VP	Warenverkäufe
Saldo = Verkaufserlös zu VP	zu VP

Abb. 29: Geteilte Warenkonten

4.2 Abschluß der Warenkonten (Wareneinsatz)

4.2.1 Befundrechnung - Fortschreibungsrechnung

Für die Ermittlung des Wareneinsatzes sind zwei grundsätzliche Berechnungsverfahren anzutreffen:

(1) **Befundrechnung**: Der Wareneinsatz kann erst am Jahresende im Einkaufskonto errechnet werden, wenn der Endbestand laut Inventur (Befund) vorliegt. Man benützt auch die Bezeichnung: "Verfahren mit Inventur". Das Verfahren kann formelmäßig wie folgt dargestellt werden (aus Vereinfachungsgründen sind Bezugskosten und Nachlässe beim Einkauf nicht berücksichtigt):

Wareneinsatz = AB + Wareneinkäufe ./. EB (Inventur).

Dieser rechnerische Wareneinsatz enthält jedoch auch die Inventurdifferenz, d.h. Abgänge durch Diebstahl oder Schwund.

(2) **Fortschreibungsrechnung:** Bereits während des Jahres werden bei Verkäufen zusätzlich die Wareneinsätze für diese Verkäufe (Verkaufte Mengen x Einstandspreis) auf dem Einkaufskonto als Abgänge verbucht. Oft wird ein entsprechendes Wareneinsatzkonto geführt. Der Saldo des Einkaufskontos zeigt jederzeit den Warenbestand (Buchbestand) an, auch ohne die mühsame Inventur. Daher trifft auch die Bezeichnung "Verfahren ohne Inventur", was jedoch mißverständlich ist, da für jeden Buchführungspflichtigen beim Jahresabschluß gem. HGB eine Inventur vorgeschrieben ist. Durch Vergleich zwischen buchmäßigem Endbestand am Jahresende und dem Inventurbestand können Inventurdifferenzen genau berechnet werden. Das Verfahren ist jedoch sehr aufwendig, da alle Verkäufe auch mit Einstandspreisen (!) berechnet werden müssen, was nur bei Großbetrieben mit EDV oder bei kleineren Betrieben mit wenigen, wertvollen Waren möglich ist.

4.2.2 Nettoabschluß - Bruttoabschluß

Beim Abschluß der Warenkonten sind weiterhin die nachstehenden beiden grundsätzlichen Verfahren anzutreffen:

(1) **Nettoabschluß**: In der Gewinn- und Verlustrechnung wird der Warenverkehr nur als Nettobetrag (Rohgewinn) ausgewiesen. Die Ermittlung des Rohgewinns erfolgt im Warenverkaufs-Konto als Saldo aus Warenverkäufen und Wareneinsatz. In der Gewinn- und Verlustrechnung (die ja auch Außenstehende erhalten) ist die Handelsspanne (%) nicht offengelegt. Das Verfahren wird von kleineren Handelsbetrieben bevorzugt.

(2) **Bruttoabschluß**: In der Gewinn- und Verlustrechnung wird der Warenverkehr durch die Bruttobeträge "Umsatzerlöse" (Verkäufe) und "Wareneinsatz" ersichtlich. Diese Bruttobeträge werden als Saldo aus den Verkaufskonten bzw. Einkaufskonten in die GVR übernommen. Dieses Verfahren ist übersichtlicher als der Nettoabschluß, allerdings wird die Handelsspanne des Betriebs auch für Außenstehende klar erkennbar. Der Bruttoabschluß ist für große Kapitalgesellschaften gem. §§ 275, 276 HGB und für alle Großunternehmen gem. PublG vorgeschrieben und wird daher insbesondere in der Industrie verwendet.

4.2.3 Kombinationsverfahren

Durch Kombination der genannten Alternativen sind zum Abschluß der Warenkonten grundsätzlich die nachstehend genannten vier Methoden denkbar.

(1) **Nettoabschluß/Befundrechnung**

Dieses Verfahren, die älteste und einfachste Abschlußmethode der Warenkonten ist in Abb. 30 dargestellt. Die typische Reihenfolge der Abschlußkonten ist durch 1,2,3 bezeichnet und aus der Abbildung ersichtlich.

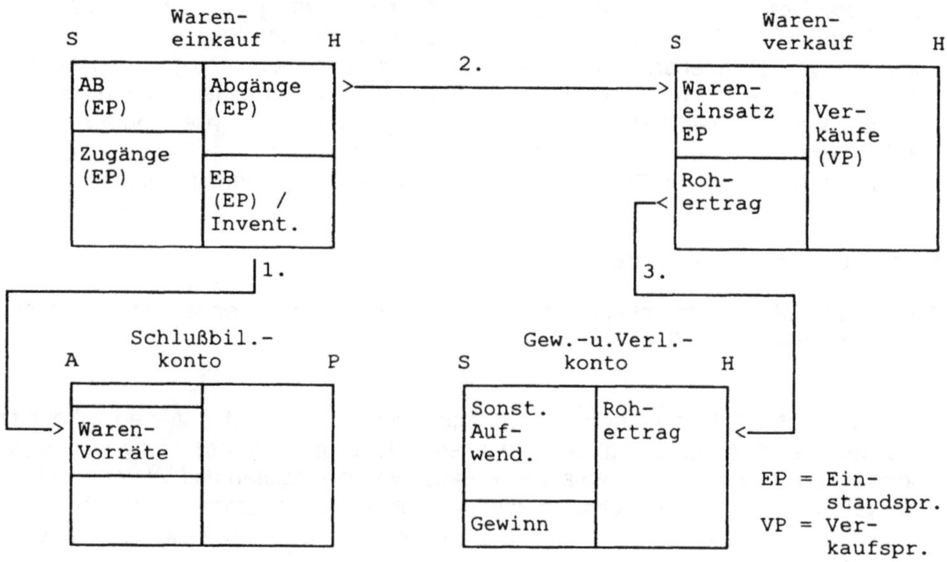

Abb. 30: Nettoabschluß / Befundrechnung

(2) **Nettoabschluß/Fortschreibungsrechnung**

Die zweite Möglichkeit des Nettoabschlusses, nämlich mit Fortschreibung, ist selten anzutreffen. Für Großunternehmen ist dieses Verfahren mit wenigen Ausnahmen unzulässig, bei kleineren Betrieben ist es mühsam, die Einstandspreise der Verkäufe zu ermitteln. Das Verfahren ist in Abb. 31 dargestellt.

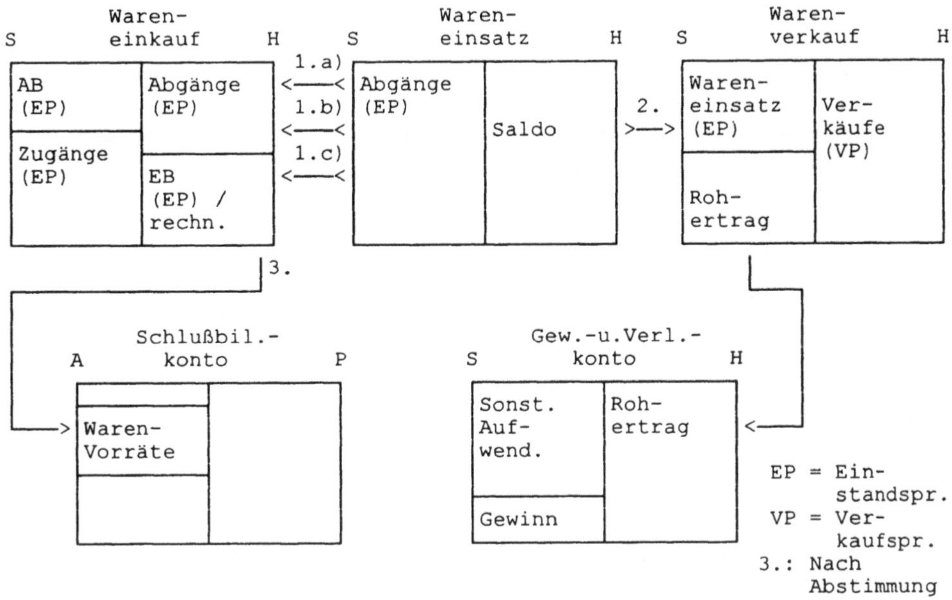

Abb. 31: Nettoabschluß / Fortschreibungsrechnung

(3) **Bruttoabschluß/Befundrechnung**

Dieses mit wenigen Ausnahmen bei publizitätspflichtigen Handels- und Industrieunternehmungen übliche Verfahren ist übersichtsmäßig in Abb. 32 dargestellt.

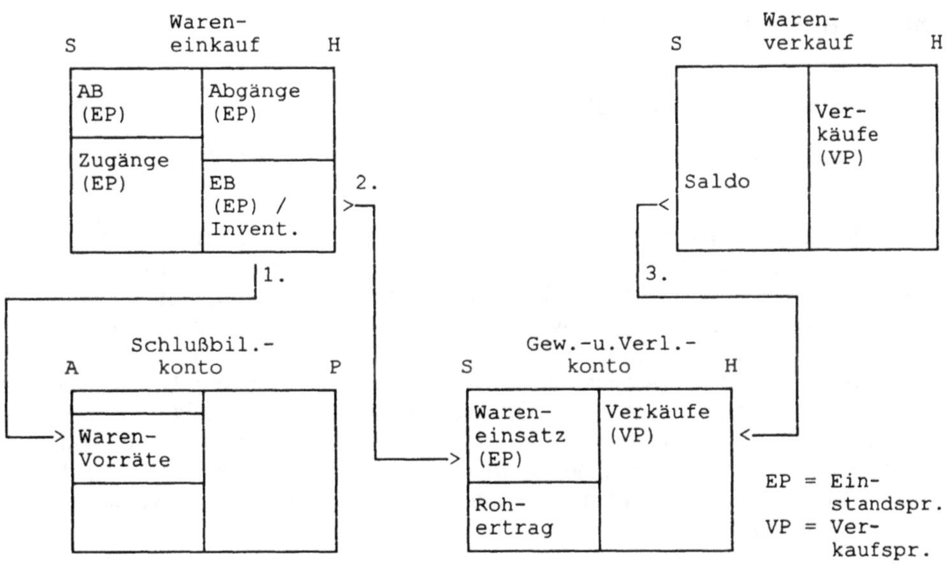

Abb. 32: Bruttoabschluß/Befundrechnung

(4) **Bruttoabschluß/Fortschreibungsrechnung**
Dieses Verfahren stellt die aussagefähigste Abschlußmethode dar, wird aber nur von Großunternehmen mit EDV-Buchführung verwirklicht. Das Verfahren ist überblicksmäßig in Abb. 33 dargestellt. Oft wird das hier genannte Verfahren für die (teuren) Rohstoffe verwendet, für die Hilfsstoffe wird das einfachere Verfahren: Bruttoabschluß/Befundrechnung verwendet.

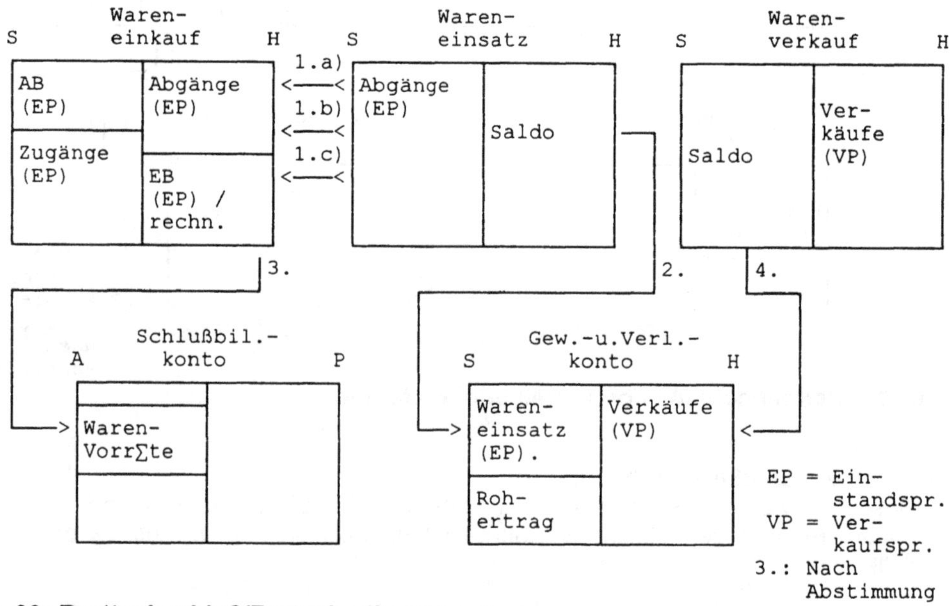

Abb. 33: Bruttoabschluß/Fortschreibungsrechnung

4.3 Umsatzsteuer (Mehrwertsteuer)

4.3.1 Grundprinzipien der Umsatzbesteuerung

(1) **"Mehrwertsteuer-Reform" 1968:** Durch das UStG 1967 wurde ab 1.1.1968 in der BRD (wie in anderen europäischen Ländern) das System der **"Mehrwertsteuer"** eingeführt. Die seither geltende Systematik der Umsatzsteuer läßt sich ersehen aus der Bezeichnung "kumulative Allphasen-Nettoumsatzsteuer im Vorsteuerabzug". Die Umsatzsteuer wird in allen Phasen des volkswirtschaftlichen Produktionsprozesses bzw. Warenweges erhoben (beim Verkauf in der Urproduktion, in der verarbeitenden Industrie, im Großhandel, im Einzelhandel usw.). Besteuert werden soll in jeder Phase beim Unternehmer letztlich nicht der Brutto-Umsatz, sondern der "Mehrwert", d.h. der Nettowert aus Bruttoumsatz minus Vorleistungen (Güter und Dienstleistungen der Lieferanten, die ja bereits dort der Umsatzsteuer unterlagen).

Wertschöpfungsermittlung	Rechnungsbetrag / netto	Umsatzsteuer (10 %)
Umsatz des Einzelhändlers	10.000,-- €	1.000,-- €
./. Vorleistungen (z.B. Wareneinsatz v. Großhändler bezogen)	./. 8.000,-- €	800,-- €
= Mehrwert (Wertschöpfung)	= 2.000,-- €	200,-- €
Umsatz des Großhändlers	8.000,-- €	800,-- €
./. Vorleistungen (z.B. Wareneinsatz v. Hersteller bezogen)	./. 6.500,-- €	650,-- €
= Mehrwert (Wertschöpfung)	1.500,-- €	150,-- €

Da jedoch der Mehrwert eines Betriebes nicht unmittelbar aus den Büchern ersichtlich ist, wird die Umsatzsteuer zunächst doch auf den Bruttoumsatz jedes Betriebes erhoben. Die Betriebe können jedoch bei ihrer Steuerschluld, die bereits auf die Vorleistungen erhobene Umsatzsteuer (Vorsteuer) abziehen, sodaß letztlich nur der Mehrwert besteuert wird.

(2) **Verkehrssteuer - Verbrauchssteuer:** Die Umsatzsteuer stellt eine Verkehrssteuer dar, weil die Umsätze im Handelsverkehr besteuert werden. Die Umsatzsteuer wird zwar beim Unternehmer erhoben (Steuerschuldner), von diesem aber auf seinen Ausgangsrechnungen an die Käufer weiterbelastet. Letztlich wird die Umsatzsteuer allein vom Endverbraucher getragen (Steuerträger) und wird daher auch als Verbrauchssteuer bezeichnet.

(3) **Vorsteuer-Abzug / Zahllast / Abzugsverbote**

Die Ermittlung der Steuerschuld beim Unternehmer erfolgt auf diese Weise, daß zunächst die in den Ausgangsrechnungen enthaltene Mehrwertsteuer auf einem Konto gesammelt wird. Auf einem anderen Konto wird die Vorsteuer, die beim Einkauf bezahlte Umsatzsteuer, gesammelt. Als Differenz aus "berechneter Mehrwertsteuer" und abziehbarer Vorsteuer ergibt sich die "Umsatzsteuer-Zahllast". Diese wird an das Finanzamt abgeführt bzw. in der Schlußbilanz als Verbindlichkeit passiviert. Ist der Betrag der abziehbaren Vorsteuer höher als die Summe der berechneten Mehrwertsteuer, so ergibt sich ein "Vorsteuerüberhang", der vom Finanzzamt erstattet wird.

Beim Vorsteuerabzug sind mehrere **Vorsteuerabzugs-Verbote** zu beachten (§ 15 Abs. 1a UStG, vor allem im Bereich der sog. "Repräsentationsaufwendungen"):
- Vollständiges Abzugsverbot, z.B. bei Geschenken (über 75 DM), beim Privatanteil von Bewirtungskosten (20 %) sowie bei Reisekosten (Verpflegungs- / Übernachtungskosten)
- Hälftiges Abzugsverbot bei Betriebs-Pkw, die auch privat genutzt werden

(4) **Umsatzsteuer-Veranlagung:** Die Veranlagung erfolgt zum Abschluß des Kalenderjahres, jedoch müssen alle Steuerpflichtigen mit größeren Umsätzen spätestens 10 Tage nach Ablauf jedes Kalendermonats eine "Umsatzsteuer-Voranmeldung"

abgeben und die Zahllast überweisen.

(5) **Verbuchung der Brutto-Beträge / Netto-Beträge:** Für die Verbuchung der steuerpflichtigen Umsätze beim Einkauf wie beim Verkauf kann einerseits die sogenannte Nettoverbuchung angewendet werden, d.h. bei jedem Umsatzakt wird der steuerpflichtige Umsatz (netto) und die darauf entfallene Umsatzsteuer separat verbucht. Gemäß § 63 Abs. 4 UStDV kann ein Unternehmer auch die sogenannte Bruttoverbuchung durchführen, d.h. zunächst werden bei allen Umsatzakten die Bruttobeträge (einschließlich der dabei angefallenen Umsatzsteuer) verbucht. Am Monatsende muß dann aus der Summe der Bruttoumsätze die entsprechende Umsatzsteuer herausgerechnet werden (getrennt nach verschiedenen Steuersätzen). Für Ausbildungszwecke und bei größeren Betrieben wird meist das übersichtlichere Nettoverfahren verwendet; das Bruttoverfahren nur, wenn die Nettobeträge nicht im einzelnen berechnet werden, z.B. im Lebensmittel-Einzelhandel.

(6) **Vereinbarte / vereinnahmte Entgelte:** In der Regel wird die Besteuerung nach den "vereinbarten Entgelten" durchgeführt, d.h. die Steuer wird verbucht, wenn die Rechnungsstellung erfolgt: unabhängig davon, wann die Bezahlung erfolgt. Wenn bei der Zahlung Abzüge durchgeführt werden (z.B. wegen Rücksendungen), so muß die Umsatzsteuer-Schuld entsprechend korrigiert werden (nachträgliche Umsatzsteuer - Korrekturen). Nur bei Kleinbetrieben kann unter bestimmten Voraussetzungen gem. § 20 UStG eine Ist-Versteuerung erfolgen, d.h. eine Besteuerung nach den effektiv "vereinnahmten Entgelten".

(7) **"Bestimmungslandprinzip":** Damit grenzüberschreitende Umsätze nicht mehrfach besteuert werden, wird das sogenannte "Bestimmungslandprinzip" verwendet, d.h. die Besteuerung erfolgt nach den Rechtsverhältnissen im Lande des Empfängers der Lieferungen und Leistungen. Dies bedeutet für Unternehmer in der BRD, daß bei der Einfuhr die Umsatzsteuer fällig ist (Einfuhr-Umsatzsteuer), die Ausfuhr steuerfrei bleibt. Sonderbestimmungen gelten für Freihäfen usw.

(8) **Binnenmarkt-Umsatzsteuer:**.Die umfangreichen Änderungen des USt-Rechts durch die Einführung des Europäischen Binnenmarktes werden in einem gesonderten Kapitel (Kapitel 9) dargestellt.

(9) **Rechnungsstellung (Fakturierung):** Bei der Rechnungsstellung müssen die Unternehmer gewisse Vorschriften der UStDV beachten, bei Kleinbeträgen gem. § 33 UStDV (nicht über 200,-- DM) kann auf einen separaten Ausweis der Umsatzsteuer verzichtet werden.

(10) **Tarife / Steuerbefreiungen:** Neben dem allgemeinen Steuersatz von z.Zt. 16 % (§ 12 Abs. 1 UStG) wird für bestimmte Gegenstände gem. Anlage zu § 12 UStG ein ermäßigter Steuersatz von z.Zt. 7 % (§ 12 Abs. 2 UStG) erhoben, z.B. für "Grundnahrungsmittel" und Bücher. Für eine Reihe von Umsätzen sind Steuerbefreiungen vorgesehen (§ 4 UStG, Ziff. 1 - 28), z.B. für die meisten Bankgeschäfte, Leistungen der Heilberufe und die Vermietung und Verpachtung von Grundstücken. Allerdings kann bei steuerfreien Umsätzen auch keine Vorsteuer abgezogen werden. Für Ausbildungszwecke wird zur Rechenvereinfachung weiterhin mit dem ursprünglichen

Umsatz- Umsatzsteuer-Tarif von 10 % gerechnet.

4.3.2 Steuerbare Umsätze gemäß § 1 UStG

Zum Verständnis der USt-Verbuchung soll nun der Steuergegenstand der USt näher erläutert werden. Da es bei den hier relevanten Umsätzen gewisse Befreiungen gibt, wird nicht von "steuerpflichtigen", sondern von "steuerbaren" Umsätzen gesprochen. Eine Übersicht der steuerbaren Umsätze gemäß § 1 UStG ist in Abb. 34 dargestellt.

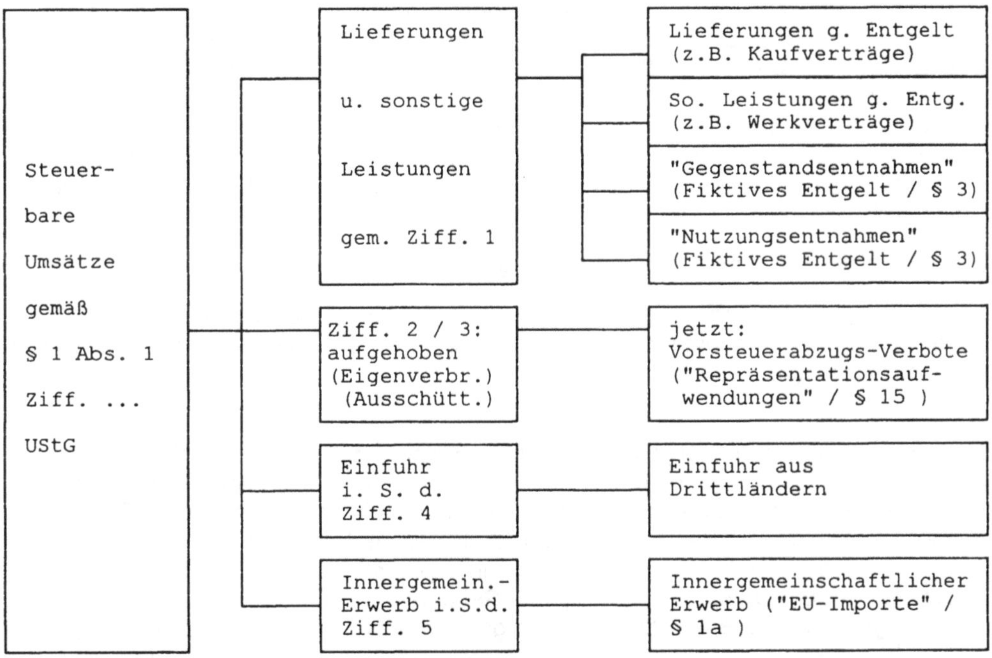

Abb. 34: Steuerbare Umsätze gem. § 1 UStG (alle §§ bezogen auf das UStG)

Den Hauptgegenstand der Umsatzsteuer stellen die Lieferungen und Sonstigen Leistungen dar, die ein Unternehmer im Erhebungsgebiet gegen Entgelt im Rahmen seines Unternehmens ausführt (§ 1 Abs. 1 UStG). Nicht steuerbar sind daher Umsätze, die Privatpersonen erzielen (z.B. Verkauf eines gebrauchten PKW durch Privatbesitzer). Die einzelnen Steuergegenstände in Abb. 34 sollen nun noch durch die nachstehenden Merkmale näher gekennzeichnet werden.

(1) **Lieferungen gegen Entgelt:** Die Verschaffung der Verfügungsmacht über Gegenstände meist im Rahmen von Kaufverträgen oder Werk-Lieferverträgen.
(2) **Sonstige Leistungen gegen Entgelt:** Dienstleistungen, die meist im Rahmen von Werkverträgen erbracht werden.
(3) **"Gegenstandsentnahmen" (Fiktives Entgelt):** Entnahme eines Gegenstandes durch den Unternehmer für unternehmungsfremde (private) Zwecke
(4) **"Nutzungsentnahmen" (Fiktives Entgelt):** Gänzliche oder teilweise Nutzung eines der Unternehmung dienenden Gegenstandes für unternehmungsfremde (private) Zwecke
(5) **"Eigenverbrauch / Repräsentationsaufwendungen":** Die Umsatzsteuerpflicht für den früheren "Eigenverbrauch" ist aufgehoben worden dafür sind für diese Aufwendungen die genannten Vorsteuerabzugs-Verbote eingeführt worden.
(6) **Einfuhr aus Drittländern**: Steuerpflicht gemäß dem Bestimmunslandprinzip (Einfuhr-Umsatzsteuer
(7) **Innergemeinschaftliche Erwerbe ("EU-Importe"):** Nach dem als "Übergangslösung" eingeführten Bestimmungslandprinzip bei gewerblichen Umsätzen innerhalb der EU sind innergemeinschaftliche Erwerbe über einer best. Erwerbsschwelle Umsatzsteuerpflichtig

4.3.3 Umsatzsteuer-Bemessungsgrundlagen

Zur korrekten Ermittlung und Verbuchung der Umsatzsteuer ist es erforderlich, die Steuer-Bemessungsgrundlagen bei den einzelnen Arten von steuerbaren Umsätzen genau abzugrenzen.

(1) **Lieferungen und Sonstige Leistungen im Sinne des § 1 Abs. 1 Ziff. 1 UStG**
- Bemessungsgrundlage ist das jeweilige **Entgelt**, d.h. alle Aufwendungen des Empfängers, um diese Lieferung oder sonstige Leistung zu erhalten. Der bezahlte Umsatzsteuer-Betrag selbst zählt nicht zum Entgelt. Das Entgeld umfaßt nicht nur die in den Ausgangsrechnungen fakturierten Verkaufspreise, sondern gegenbenenfalls noch folgende Beträge:
- **Auslagenersatz** (z.B. Fahrtkosten, Postgebühren, die der Käufer dem Verkäufer bei den besteuerten Umsätzen ersetzt - auch wenn die ersetzten Auslagen selbst nicht umsatzsteuerpflichtig waren).
- Auf "Zahlungszuschläge" (z.B. Verzugszinsen, Prozeßzinsen bei best. Umsätzen) ist seit dem 1.7.83 keine Umsatzsteuer mehr zu berechnen gemäß Verfügung des Bundesfinanzministeriums mit Aktenzeichen IV A Z - S 7200-13/83.
- Trinkgelder, die der Verkäufer aufgrund seiner Leistung erhielt.
- Steuern und Abgaben (z.B. Verkehrs- und Verbrauchssteuern) in Zusammenhang mit den steuerbaren Umsätzen.

In Sonderfällen, z.B. Tausch und Hingabe von Sachwerten als Entgelt für steuerpflichtige Umsätze, ist als Bemessungsgrundlage der "gemeine Wert" (§ 9 BewG) der als Entgelt anzusehenden Gegenstände anzusetzen. Der gemeine Wert kann überschlägig als marktüblicher Veräußerungswert bezeichnet werden.

(2) "Gegenstandsentnahmen" i.S.v. § 3 Abs. 1a UStG

- Die Besteuerung des früheren "Eigenverbrauchs" gem. § 1 Ziff. 2/3 UStG wurde durch das Steuerentlastungsgesetz aufgehoben; bei dem früheren Eigenverbrauch wurde als Bemessungsgrundlage der steuerliche "Teilwert" angesetzt, für den es verschiedene "Teilwertvermutungen" gab (z.B. bei Gegenständen des Anlagevermögens oder des Umlaufvermögens)
- Nach dem Steuerentlastungsgesetz gelten für die Gegenstandsentnahmen gem. § 3 Abs. 1a UStG die nachstehenden Vorschriften: "Umsatzbemessung nach dem Einkaufspreis zuzüglich der Nebenkosten für den Gegenstand oder für einen gleichartigen Gegenstand oder mangels eines Einkaufspreises die Selbstkosten jeweils zum Zeitpunkt des Umsatzes" (§ 10 Abs. 4 Nr. 1 UStG)

(3) "Nutzungsentnahmen i.S.v.. § 3 Abs. 9a UStG

- Auch hier gelten seit dem Steuerentlastungsgesetz neue Vorschriften. Bei den Nutzungsentnahmen gem. § 3 Abs. 9a Ziff.1 erfolgt die Umsatzbemessung .nach den bei der Ausführung dieser Umsätze entstandenen Kosten, sowie sie zum vollen oder teilweisen Vorsteuerabzug berechtigt haben

(4). Einfuhr i.S.v. § 1 Abs. 1 Ziff. 4 UStG

Als Bemessungsgrundlage wird der zollrechtliche Wert der Gegenstände angesehen (§ 11 Abs.1 UStG)

(5).Innergemeinschaftlicher Erwerb i.S.v. § § 1 Abs. 1 Ziff. 5 UStG:

Die Umsatzsteuer-Bemessung erfolgt beim innergemeinschaftlichen Erwerb nach dem Entgelt wie bei den sonstigen Lieferungen und Leistungen (§ 10 Abs. 1 UStG)

4.3.4 Vorsteuer-Konten

Für die Verbuchung der Umsatzsteuer im Einkaufsbereich wird mindestens ein **Vorsteuerkonto** geführt. Üblich sind auch verschiedene Vorsteuerkonten für anrechenbare Vorsteuer nach verschiedenen Tarifsätzen (voller - ermäßigter Steuersatz), für anrechenbare Einfuhr-Umsatzsteuer sowie in Sonderfällen für nicht anrechenbare oder noch nicht anrechenbare Vorsteuer.

Das Vorsteuer-Konto erfaßt die in den Eingangsrechnungen ausgewiesene Umsatzsteuer, sowohl bei den Wareneinkäufen oder Einkäufen von Roh-, Hilfs- und Betriebsstoffen als auch bei der Anschaffung von Anlagegütern oder bei allgemeinen Verwaltungskosten. Das Vorsteuer-Konto ist ein aktives Bestandskonto (Sonstige Forderungen).

Die Verbuchung der Vorsteuer-Beträge entsprechend den Eingangsrechnungen entspricht der überwiegenden Besteuerung nach den "vereinbarten Entgelten" (Soll-Besteuerung). Die später vereinnahmten Entgelte können jedoch von den ursprünglich vereinbarten Entgelten, insbesondere wegen **Lieferanten-Nachlässen** in Form von Gutschriften, Rücksendungen, Boni und Skonti, abweichen. Die nach den vereinbarten Entgelten verbuchte Vorsteuer ist bei derartigen Nachlässen zu hoch und muß korrigiert werden (nachträgliche Entgeltminderungen). Bei der Verbuchung der Nachlaßbeträge sind die beiden Verfahren zu benützen, die bereits bei der Verbuchung der Rechnungsbeträge angewendet werden.

- **Verbuchung der Bruttobeträge:** zunächst werden die Bruttobeträge bei Boni, Skonti usw. verbucht, erst am Monatsende wird daraus die Vorsteuer-Berichtigung errechnet und verbucht.
- **Verbuchung der Nettobeträge:** übersichtlicher ist die Methode, sofort bei jedem Nachlaß den Nettobetrag und die Vorsteuer-Berichtigung getrennt zu verbuchen (wie bereits bei den Rechnungsbeträgen üblich). Die insgesamt auf dem Vorsteuerkonto anzutreffenden, üblichen Buchungen sind in Abb. 35 dargestellt.

S VORSTEUER	H
Vorsteuer-Beträge aus: - Eingangsrechnungen - Bezugskostenrechnungen	Vorsteuer-Berichtigungen: - Gutschriften von Lieferern - Liefererskonti - Liefererboni - Retouren an Lieferer

Abb. 35: Vorsteuer-Konto

4.3.5 Umsatzsteuer-Konten

Für die Verbuchung der Umsatzsteuer im Verkaufsbereich wird mindestens ein "Umsatzsteuer-Schuldkonto" (oft auch: **"Mehrwertsteuer-Konto"**) geführt. Üblich sind verschiedene Umsatzsteuer-Konten für "berechnete Umsatzsteuer" (Ausgangsrechnungen bei Lieferungen und sonstigen Leistungen), für verschiedene Tarifsätze, für die Umsatzsteuer auf den Eigenverbrauch sowie in Sonderfällen für noch nicht fällige Umsatzsteuer. Die Umsatzsteuer-Konten stellen passive Bestandskonten dar (Sonstige Verbindlichkeiten).

Wie im Einkaufsbereich, so können auch hier im Verkaufsbereich die vereinnahmten Entgelte wegen **Erlösschmälerungen** (Gutschriften, Boni, Skonti an Kunden) niedriger sein als die bereits verbuchten Entgelte. Bei Verbuchung der Nachlaßbeträge kann auch die Umsatzsteuer-Schuld entsprechend korrigiert werden. Wie bereits bei den Rechnungsbeträgen, so können auch für die Nachlaßbeträge zwei verschiedene Buchungsmethoden verwendet werden:

- Verbuchung der Bruttobeträge (wie bereits dargestellt).
- Verbuchung der Nettobeträge (übersichtlicher).

Ein Überblick über die häufigsten Verbuchungen auf dem Umsatzsteuer-Konto ist in Abb. 36 dargestellt.

S U M S A T Z S T E U E R	H
Entgelt-Berichtigungen: - Gutschriften an Kunden - Kundenskonti - Kundenboni - Retouren von Kunden	Umsatzsteuer-Beträge: - Ausgangsrechnungen - Zusatzentgelte

Abb. 36: Umsatzsteuer-Konto

4.3.6 Abschluß der Umsatzsteuer-Konten

Hier ist zunächst die bei größeren Unternehmen monatlich vorgeschriebene Ermittlung der Zahllast zu verbuchen. Die hierbei zu berücksichtigenden Konten und die Buchungsmethoden sind in Abb. 37 zusammengestellt.

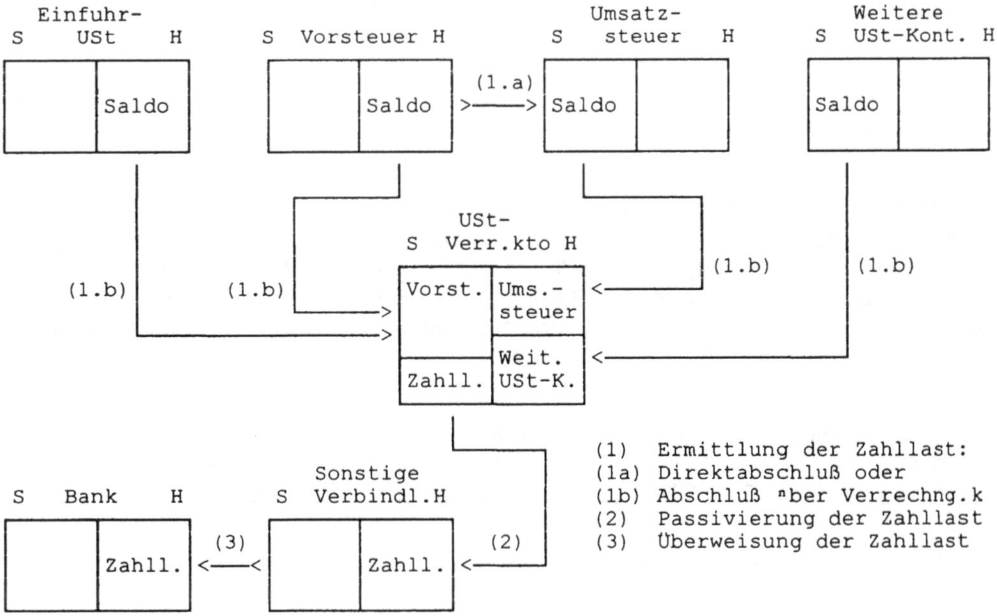

Abb. 37: Abschluß der Umsatzsteuer-Konten

(1) Die einfachste Methode besteht darin, die Salden des Vorsteuerkontos (bzw. der Vorsteuer-Konten) auf das Umsatzsteuerkonto umzubuchen, ebenso die Salden eventuell weiterer Umsatzsteuerkonten (**Direktabschluß**). Der Saldo des Umsatzsteuerkontos stellt dann die Zahllast dar, die meist per Banküberweisung abgeführt wird.

(2) Übersichtlicher ist die Führung eines eigenen "**Umsatzsteuer - Verrechnungskontos**", welches die Salden aller Umsatzsteuerkonten aufnimmt und als Saldo die Zahllast ergibt.

4.4 Wareneinkauf mit Sonderfällen

4.4.1 Bareinkauf - Zieleinkauf

Die Verbuchung des häufigsten Geschäftsfalles "**Eingangsrechnung**" nach der Nettomethode (vereinbarte Entgelte) ist in Abb. 38 dargestellt.

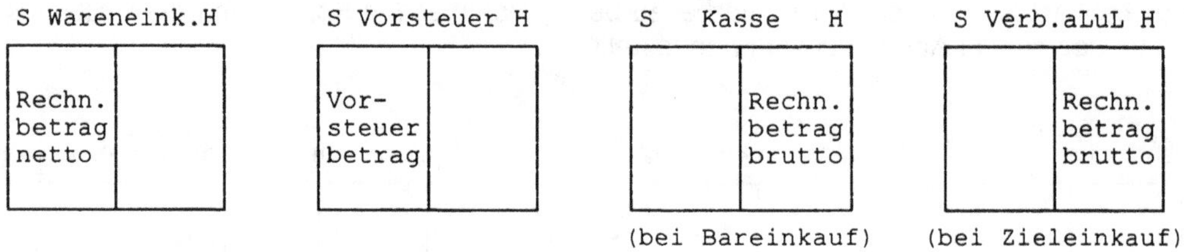

Abb. 38: Bareinkauf - Zieleinkauf

Bei Barzahlung wird als Habenkonto das Kassenkonto angesprochen, bei Zieleinkauf (Zahlung mit "Zahlungsziel", z.B. innerhalb von 14 Tagen) entsteht eine Verbindlichkeit in Höhe des Rechnungsbetrages. Als Sollkonto ist das jeweilige Wareneinkaufskonto sowie das Vorsteuerkonto anzusprechen. Bei Einkäufen von ausländischen Lieferanten ist es übersichtlicher, anstelle des Vorsteuerkontos auf einem eigenen Konto "Einfuhr - Umsatzsteuer" zu buchen.

Beispiel 3: **Lieferantenrechnung (Rohstoffe)**

1. Ein Industriebetrieb erhält eine Lieferantenrechnung (Rohstoffe mit Zahlungsziel über netto 15.000,-- EUR zuzüglich Umsatzsteuer 1.500,-- EUR (Vorsteuer).

Buchungssätze /Bsp. 3 (Gemäß Übungskontenplan/IKR im Anhang)

Nr.			Konto	S	H
1.	Per	2000	Rohstoffe / Fertigungsmaterial	15.000,--	
		2600	Vorsteuer	1.500,--	
	an	4400	Verbindlichkeiten aus L.u.L.		16.500,--

4.4.2 Bezugskosten

Beim Einkauf von Waren und Material fallen meist neben dem Rechnungspreis des Lieferanten noch weitere **"Bezugskosten"** an (Rechnung für Fracht, Rollgeld, Transportversicherung, Verpackung, Zölle usw.). Auch bei den Rechnungsbeträgen für Bezugskosten (z.B. Speditionsrechnung) fällt oft neben dem Netto-Betrag die gesetzliche Umsatzsteuer (anrechenbare Vorsteuer) an. Für die Verbuchung der Rechnungsbeträge für Bezugskosten kann ebenfalls das Brutto- oder Nettoverfahren verwendet werden, das übersichtlichere Nettoverfahren ist zu bevorzugen.

Die Bezugskosten (Nettobetrag) erhöhen den Einstandspreis bzw. Einstandswert der eingekauften Waren. Die Bezugskosten dürfen daher nicht als laufender Aufwand verbucht werden und nicht in die Gewinn- und Verlustrechnung einbezogen werden. Die Bezugskosten erhöhen den Wert der Zugänge im Wareneinkaufskonto und müssen spätestens zum Jahresende auf dem Wareneinkaufskonto umgebucht worden sein. Die Bewertung des Endbestands der Warenvorräte für die Schlußbilanz hat zu den Anschaffungskosten zu erfolgen und diese ergeben sich aus dem Anschaffungspreis (Einkaufspreis) zuzüglich der **Anschaffungs-Nebenkosten** (Bezugskosten). Die Bewertung der Warenvorräte mit dem Einstandspreis entspricht somit den Anschaffungskosten, die Bezugskosten stellen die aktivierungspflichtigen Anschaffungs-Nebenkosten dar.

Die **Verbuchung** der Bezugskosten kann direkt auf dem Einkaufskonto der betreffenden Ware im Soll erfolgen (direkte Methode). Übersichtlicher ist die indirekte Methode, wonach die Bezugskosten zunächst auf speziellen Unterkonten zu den jeweiligen Hauptkonten (Einkaufskonten der verschiedenen Warengruppen bzw. Materialarten) verbucht werden. Die Unterkonten für Bezugskosten werden am Jahresende auf ihre jeweiligen Hauptkonten abgeschlossen.

Beispiel 4: **Bezugskosten bei Rohstoffen**

1. Ein Industriebetrieb erhält die Eingangsrechnung eines Rohstoff - Lieferanten mit Zahlungsziel über netto 12.000,-- EUR zuzüglich 1.200,-- EUR Umsatzsteuer (Vorsteuer).
2. Die Rechnung des Spediteurs für den Transport hat der Industriebetrieb bar bezahlt, Rechnungsbetrag netto 800,-- EUR zuzüglich 80,-- EUR Umsatzsteuer (Vorsteuer)

B u c h u n g s s ä t z e /Bsp. 4 (Gemäß Übungskontenplan/IKR im Anhang)

Nr.		Konto	S	H
1. Per	2000	Rohstoffe / Fertigungsmaterial	12.000,--	
	2600	Vorsteuer	1.200,--	
an	4400	Verbindlichkeiten aus L.u.L.		13.200,--
2. Per	2001	Bezugskosten / Rohstoffe	800,--	
	2600	Vorsteuer	80,--	
an	2880	Kasse		880,--

4.4.3 Gutschrifts-Eingang

4.4.3.1 Grundbegriffe (Lieferer-Nachlässe)

Nach Eingang der Lieferantenrechnung erfolgt die Rechnungsprüfung, d.h. die Kontrolle auf Übereinstimmung der Rechnung mit Bestellung und Lieferschein. Im Falle der Übereinstimmung wird der Zahlungsbeleg (Überweisungsauftrag) ausgestellt. Bei der Vielzahl der Warenlieferungen können jedoch beim Lieferanten **Leistungsstörungen** auftreten. Möglicherweise hat der Lieferant Ware berechnet, die gar nicht bestellt war oder von der eine anderen Art bestellt worden war. Weiterhin kommt vor, daß der Lieferant Ware berechnet, diese aber in einer geringeren Menge oder mit Mängeln behaftet geliefert wurde.

(1) **Rücksendungen (Retouren):** die unbestellt oder mangelhaft gelieferte, aber berechnete Ware wird unfrei an den Lieferanten zurückgeschickt. Der Lieferant erteilt eine Gutschrift über den Warenwert der Retouren und die Kosten der Rücksendung. Gegebenenfalls hat der Lieferer auch die Bezugskosten des Rücksenders sowie dessen Ausgaben für Rücktransport zu ersetzen.

(2) **Minderung**: Im Falle einer Lieferung von leicht mangelhafter Ware kann der Empfänger, wenn er die Ware behält, vom Lieferanten eine Gutschrift wegen Warenmängel ("Minderung") verlangen. Auch hier muß eine Korrektur der bereits verbuchten Vorsteuer auf dem Vorsteuerkonto erfolgen.

Im Industriekontenrahmen (IKR) werden die eingegangenen Gutschriften der Lieferer wegen Minderungen ebenso wie Abzüge von Skonti oder Boni auf Unterkonten mit der Bezeichnung "Lieferer-Nachlässe" gebucht; Beispiel: "Lieferer-Nachlässe / Rohstoffe".

4.4.3.2 Rücksendungen an Lieferer

Hier ist nun die Verbuchung eines **Gutschrifts-Eingangs** beim Rücksender zu betrachten. Der Rücksender verbucht die Rücksendung einerseits im Haben des betreffenden Einkaufskontos (Abgang!), andererseits im Soll des Kontos der Warenverbindlichkeiten (Gutschrift). Wichtig ist die anteilige Korrektur der bereits verbuchten Vorsteuer. Die Verbuchung beim Eingang einer Lieferer-Gutschrift für zurückgeschickte Waren (Rohstoffe) ist in Abb. 39 dargestellt.

S Verb.aLuL.H	
Gut- schr.- betrag brutto	(Urspr Rechn. betrag brut.)

S Rohstoffe H	
(Urspr Rechn. betrag netto)	Gut- schr.f Rück., netto

S Vorsteuer H	
(Vorst a.ursp Rechn. betr.)	Vorst. a.Gut- schr.- betrag

(...) Buchungen bei Eingangs- rechnung

Abb. 39: Gutschriftseingang bei Rücksendungen

Hatte der Rücksender bereits **Bezugskosten** für die mangelhafte Lieferung bezahlt, so muß der Lieferant diese Aufwendungen durch eine entsprechende Zahlung erstatten: Die Verbuchung des Erstattungsbetrages erfolgt einerseits durch Sollbuchung auf dem Bankkonto, andererseits durch Habenbuchung auf dem Konto der Bezugskosten sowie auf dem Vorsteuerkonto. Hatte der ursprüngliche Empfänger für die zurückgesendeten Waren Aufwendungen zum Rücktransport (z.B. Speditionsrechnung), so muß der Lieferant ihm auch diese erstatten. Der Fall einer teilweisen Warenrücksendung an den Lieferer ist im folgenden Buchungsbeispiel dargestellt.

Beispiel 5: **Warenrücksendungen**

1. Vorausgegangen war ein Zieleinkauf von Rohstoffen in Höhe von netto 8.000,-- EUR zuzüglich 800,-- EUR Umsatzsteuer (Vorsteuer).
2. Aus der gesamten Lieferung werden Rohstoffe im Wert von netto 1.600,-- EUR wegen Mängeln zurückgeschickt, der Lieferant erkennt dies durch Übersendung einer Gutschriftsanzeige an.

B u c h u n g s s ä t z e /Bsp. 5		(Gemäß Übungskontenplan/IKR im Anhang)		
Nr.		Konto	S	H
1. Per	2000	Rohstoffe / Fertigungsmaterial	8.000,--	
	2600	Vorsteuer	800,--	
an	4400	Verbindlichkeiten aus L.u.L.		8.800,--
2. Per	4400	Verbindlichkeiten aus L.u.L.	1.760,--	
an	2000	Rohstoffe / Fertigungsmaterial		1.600,--
	2600	Vorsteuer		160,--

4.4.3.3 Minderungen an Eingangsrechnung

Beim Eingang einer Gutschriftsanzeige des Lieferanten wegen anerkannter Minderung (Mängelrüge: Ware nicht zurückgeschickt) wird der Gutschriftsbetrag einerseits als Sollbuchung auf dem Konto der Verbindlichkeiten (Bruttobetrag), andererseits als Habenbuchung auf dem Unterkonto für Lieferanten-Nachlässe (Nettobetrag) sowie auf dem Konto "Vorsteuer" (Berichtigung) verbucht. Der Fall von **Minderungen** an einer Eingangsrechnung ist im nun folgenden Buchungsbeispiel dargestellt.

Beispiel 6: **Mängelrüge bei Rohstoffen**

1. Ein Industriebetrieb hatte Rohstoffe auf Ziel gekauft für netto 5.000,-- EUR zuzüglich 500,-- EUR Umsatzsteuer (Vorsteuer).
2. Wegen anerkannter Mängelrügen bei dieser Lieferung schickt der Lieferant eine Gutschriftsanzeige über netto 1.000,-- EUR zuzüglich 100,-- EUR Umsatzsteuer.

B u c h u n g s s ä t z e /Bsp. 6 (Gemäß Übungskontenplan/IKR im Anhang)

Nr.		Konto		S	H
1.	Per	2000	Rohstoffe / Fertigungsmaterial	5.000,--	
		2600	Vorsteuer	500,--	
	an	4400	Verbindlichkeiten aus L.u.L.		5.500,--
2.	Per	4400	Verbindlichkeiten aus L.u.L.	1.100,--	
	an	2002	Nachlässe / Rohstoffe		1.000,--
		2600	Vorsteuer		100,--

4.4.4 Liefererskonti

Bei der Bezahlung von Zieleinkäufen innerhalb einer bestimmten Frist kann oft vom Käufer entsprechend den Geschäftsbedingungen des Verkäufers ein sogenanntes Skonto in Anspruch genommen werden. Der im Handelsverkehr häufige Begriff Skonto (Mehrzahl: Skonti) bezeichnet einen Preisnachlaß bei Zielkauf, wenn der Rechnungsbetrag innerhalb einer bestimmten Frist (z.B. 14 Tage nach Rechnungsstellung) beglichen wird. Für die **Verbuchung** bei Inanspruchnahme von Skonto sind die nachstehenden **Methoden** anzutreffen.

(1) Bruttomethode: Bei Rechnungseingang wird zunächst der volle Rechnungsbetrag verbucht. Bei Zahlung der Rechnung unter Inanspruchnahme von Skonto wird der Nachlaß als Lieferantennachlaß bzw. als Lieferantenskonto verbucht.
(2) Nettomethode (selten): Bereits bei Rechnungseingang wird der reine Warenpreis und der Skontobetrag ("Kreditpreis") getrennt verbucht.

In jedem Falle muß bei der Inanspruchnahme von Skonto auch die **Vorsteuer** entsprechend **berichtigt** werden, denn die Ist-Zahlung weicht nun von dem Soll-Rechnungsbetrag ab. Wie bei allen umsatzsteuerlich relevanten Beträgen ist auch hier zunächst die Verbuchung des Skontobetrages als Bruttobetrag möglich: der Skontobetrag-brutto (als Prozentsatz vom Rechnungsbetrag-brutto) wird zunächst verbucht, erst am Monatsende erfolgt die Berichtigung der Vorsteuer aufgrund der inzwischen angefallenen Skontobeträge-brutto. Übersichtlicher (aber aufwendiger) ist auch hier die Verbuchung von Nettobeträgen, d.h. bereits bei Inanspruchnahme von Skonto wir der Skontobetrag-netto! und die anteilige Vorsteuerberichtigung getrennt verbucht. Die Vorsteuerberichtigung ergibt sich als Umsatzsteuer-Tarif berechnet aus dem Skontobetrag-brutto.

Bei der Führung und dem Abschluß der Konten für Liefererskonti werden in Praxis und Fachliteratur die drei nachstehend genannten, unterschiedlichen **Verfahren** vertreten.

(1) **Liefererskonti nach dem Großhandelskontenrahmen**
Die Skontobeträge beim Einkauf werden auf dem Konto 48 "Liefererskonti" gebucht; man spricht auch von **"Skontoertrag"**. Das Konto "Liefererskonti" wird als Ertragskonto angesehen und dementsprechend in das Gewinn- und Verlustkonto abgeschlossen.

(2) **Liefererskonti nach dem GKR**
Nach dem Gemeinschaftskontenrahmen werden Liefererskonti in Klasse 2 auf einem Konto "Skontoerträge" (neutraler Ertrag!) gebucht. Dieses Konto wird als Abgrenzungskonto zunächst in das Konto 90 "Abgrenzungsergebnis" abgeschlossen. Das Abgrenzungsergebnis geht schließlich in das Gewinn- und Verlustkonto (Gesamtergebnis) ein.

(3) **Liefererskonti nach dem IKR**
Nach dem Industriekontenrahmen werden Lieferer-Skonti auf den Konten für "Lieferer-Nachlässe" verbucht. Diese Konten stellen **Unterkonten** der **Einkaufskonten** für Rohstoffe, Hilfsstoffe usw. dar. Als Unterkonten der Einkaufskonten werden sie auf die Hauptkonten Rohstoffe usw. abgeschlossen (nicht in das Gewinn- und Verlustkonto!). Dieses Verfahren entspricht dem in der betriebswirtschaftlichen Literatur geforderten "Prinzip der periodengerechten Erfolgsabgrenzung" und wird deshalb auch in der Literatur zum Aktienrecht (z.B. Adler / Düring / Schmaltz) sowie zum Steuerrecht (Skonti als Anschaffungs-Minderungen) befürwortet. Die Verbuchung nach dem Industriekontenrahmen ist in Abb. 40 dargestellt.

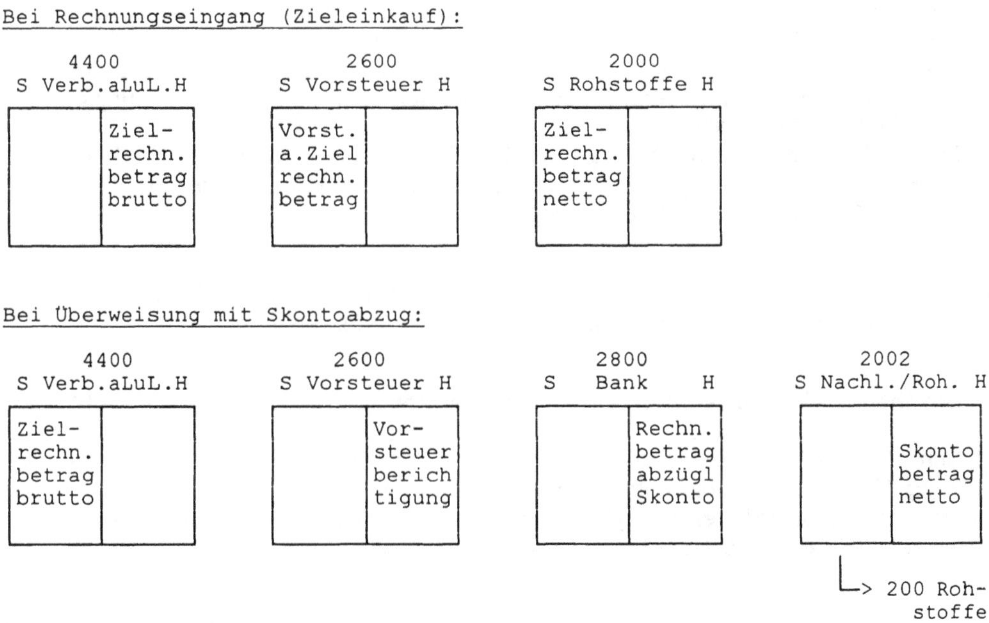

Abb. 40: Liefererskonti gemäß IKR

Beispiel 7: **Liefererskonti gem. IKR**

1. Zieleinkauf von Rohstoffen in Höhe von netto 30.000,-- EUR zuzüglich 3.000,-- EUR Umsatzsteuer (Vorsteuer).
2. Bezahlung unter Abzug von 2 % Skonto durch Banküberweisung innerhalb von 14 Tagen.

B u c h u n g s s ä t z e /Bsp. 7 (Gemäß Übungskontenplan/IKR im Anhang)

Nr.		Konto		S	H
1.	Per	2000	Rohstoffe / Fertigungsmaterial	30.000,--	
		2600	Vorsteuer	3.000,--	
	an	4400	Verbindlichkeiten aus L.u.L.		33.000,--
2.	Per	4400	Verbindlichkeiten aus L.u.L.	33.000,--	
	an	2800	Bank		32.340,--
		2002	Nachlässe / Rohstoffe		600,--
		2600	Vorsteuer		60,--

4.4.5 Liefererboni

Bei größeren Aufträgen bzw. Kunden werden von den Lieferanten häufig gewisse Nachlässe (Rabatte) gewährt. Die Verbuchung dieser Rabattbeträge erfolgt je nach dem Zeitpunkt der Nachlaßgewährung wie folgt:

(1) **"Sofortrabatte":** Als Sofortrabatte werden alle bereits während der Rechnungsstellung gewährten Nachlässe bezeichnet (z.B. Mengenrabatt). Diese Rabattbeträge werden sofort vom ursprünglichen Rechnungsbetrag abgesetzt und ergeben den gekürzten Rechnungsbetrag. Verbucht wird dann der gekürzte Rechnungsbetrag. Diese Rabattbeträge werden nicht buchhalterisch erfaßt.

(2) **Bonus (Mehrzahl: Boni):** Als Boni werden die von Lieferanten erst nach Rechnungstellung gewährten Preisnachlässe bzw. Vergütungen bezeichnet (z.B. Treuebonus für Großkunden am Jahresende).

Bei Führung und Abschluß der Konten für Liefererboni werden wie bei Liefererskonti (s. Punkt 4.4.4) in Praxis und Fachliteratur verschiedene Verfahren vertreten.

(1) **Großhandelskontenrahmen:** Verbuchung der Bonusbeträge als "Erträge" auf Konto 47 Liefererboni, Abschluß auf Gewinn- und Verlustkonto.

(2) **Gemeinschaftskontenrahmen (GKR):** Verbuchung der Bonusbeträge als neutraler Ertrag (Klasse 2), Abschluß über Abgrenzungssammelkonto.

(3) **Industriekontenrahmen (IKR):** Verbuchung der Bonusbeträge auf Unterkonten des Einkaufs (Lieferer-Nachlässe).

In jedem Fall muß bei der Verbuchung der Bonusbeträge eine Vorsteuer-Berichtigung erfolgen. Dies ist wiederum nach den beiden bekannten Methoden möglich:

(1) Verbuchung der Bruttobeträge: Die Bonusbeträge (z.B. 5 % Bonus auf Jahresumsatz) werden zunächst brutto verbucht, erst am Monatsende wird die Vorsteuer berichtigt.
(2) Verbuchung der Nettobeträge: Bereits bei Eingang der einzelnen Bonusüberweisungen wird der Bonusbetrag-netto und die Vorsteuer-Berichtigung separat verbucht.

4.5 Warenverkauf mit Sonderfällen

4.5.1 Barverkauf - Zielverkauf

Die Verbuchung des wichtigen Geschäftsfalles "Ausgangsrechnung" nach der Methode der Nettobeträge und der vereinbarten Entgelte ist in Abb. 41 dargestellt.

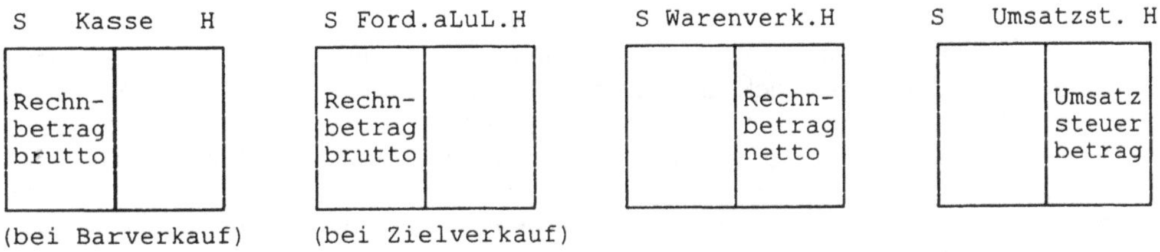

Abb. 41: Barverkauf - Zielverkauf

Bei den Habenbuchungen wird der Nettobetrag des Umsatzerlöses (Ertrag) auf dem Konto "Warenverkäufe" bzw. "Umsatzerlöse/Fertigerzeugnisse" verbucht. Der Umsatzsteuerbetrag wird auf dem Konto "Umsatzsteuer" verbucht. Die Sollbuchung (Bruttobetrag) erfolgt bei Barverkäufen auf dem Konto "Kasse", bei Zielverkäufen (Verkäufe mit Zahlungsziel, z.B. innerhalb von 30 Tagen) ist auf dem Konto "Forderungen aus Lieferungen und Leistungen" zu buchen.

Beispiel 8: **Ausgangsrechnung / Fertigerzeugnisse**

1. Ein Industriebetrieb hat einem Kunden eine Rechnung für Fertigerzeugnisse mit Zahlungsziel geschickt über netto 7.000,-- EUR zuzüglich 700 ,-- EUR Mehrwertst.

B u c h u n g s s ä t z e /Bsp. 8 (Gemäß Übungskontenplan/IKR im Anhang)

Nr.			Konto	S	H
1.	Per	2400	Forderungen aus Lief. u. L.	7.700,--	
	an	5000	Umsatzerlöse / Eigene Erzeugnisse		7.000,--
		4800	Umsatzsteuer		700,--

Wenn der Verkäufer für bestimmte Verkäufe noch zusätzlich Kosten übernimmt, z.B. Frachtkosten oder Transport-Versicherung, so werden diese Kosten beim Verkäufer auf den laufenden Aufwandskonten, z.B. für Transportkosten, Versicherungsprämien usw. verbucht. Es handelt sich um Vertriebskosten (Sondereinzelkosten des Vertriebs).

4.5.2 Gutschrifts-Ausgang

4.5.2.1 Grundbegriffe (Erlösschmälerungen)

Auch beim Verkauf kann es zu Leistungsstörungen kommen, die zu Reklamationen des Kunden und zu Gutschriften seitens des Lieferanten führen. Wie beim Einkauf so sind auch beim Verkauf analog die beiden Hauptfälle zu berücksichtigen: Rücksendungen - Minderungen. Nach dem Industriekontenrahmen werden die an Kunden erteilten Gutschriften wegen Minderung ebenso wie Abzüge der Kunden wegen Skonti oder Boni auf Unterkonten: **"Erlösberichtigungen"** verbucht; Beispiel: "Erlösberichtigungen / Fertigerzeugnisse".

4.5.2.2 Rücksendungen der Kunden

Bei **Rücksendungen (Retouren)** hat der Kunde falsch gelieferte oder mit Mängeln behaftete Waren zurückgeschickt und verlangt eine anteilige Gutschrift für die Ausgangsrechnung sowie für eventuell übernommene Bezugskosten und Rücksendungs-Transportkosten. Der Verkäufer **erteilt** bei Anerkennung der Reklamation eine Gutschrift an den Kunden. Die Gutschriftserteilung ist beim Verkäufer einerseits im Haben des Kontos "Forderungen" zu buchen (anteilige Stornierung). Hierbei ist der Gutschriftsbetrag brutto zu verbuchen (einschließlich Umsatzsteuer). Andererseits wird der Gutschriftsbetrag (netto!) auf der Sollseite des Kontos "Warenverkäufe" (Umsatzerlöse) storniert.

Wichtig ist auch die Korrektur der Umsatzsteuer, der im Gutschriftsbetrag (brutto) enthaltene Anteil für Umsatzsteuer muß als "Umsatzsteuer-Berichtigung" auf dem Umsatzsteuer-Konto im Soll verbucht werden. Die Buchung bei der Erteilung einer Gutschrift für Rücksendungen sind in Abb. 42 zusammenfassend dargestellt.

2400

S Ford.aLuL.	H
(Urspr Rechn. betrag brut.)	Gut- schr.- betrag brutto

5000

S Ums.erl/EE	H
Gut.- schr.- betrag netto	(Urspr Rechn. betrag netto)

4800

S Umsatzsteuer	H
Umsatz steuer berich tigung	(Ums.- steuer f.ursp Re.b.)

(...) Buchungen bei Eingangs- rechnung

Abb. 42: Gutschriftserteilung bei Rücksendungen

Beispiel 9: **Vertragsrücktritt mit Transportkosten**

1. Ein Industriebetrieb hatte einen Zielverkauf von Fertigerzeugnissen über netto 8.000,-- EUR zuzüglich 800,-- EUR Umsatzsteuer berechnet.
2. Der Kunde schickt die gesamte mangelhafte Ware per Spedition zurück (Vertragsrücktritt). Der Verkäufer storniert die bereits gebuchte Forderung.
3. Der Verkäufer erstattet dem Käufer per Banküberweisung die von diesem übernommene Rücktransport-Fracht (770,-- EUR / incl. Vorsteuer) und verbucht seinerseits die Vorsteuer (70,-- EUR).

Buchungssätze /Bsp. 9 (Gemäß Übungskontenplan/IKR im Anhang)

Nr.		Konto	S	H
1. Per	2400	Forderungen aus Lief. u. L.	8.800,--	
an	5000	Umsatzerlöse/Eigene Erzeugnisse		8.000,--
	4800	Umsatzsteuer		800,--
2. Per	5000	Umsatzerlöse/Eigene Erzeugnisse	8.000,--	
	4800	Umsatzsteuer	800,--	
an	2400	Forderungen aus Lief. u. L.		8.800,--
3. Per	6140	Frachten und Fremdlager	700,--	
	2600	Vorsteuer	70,--	
an	2800	Bank		770,--

4.5.2.3 Minderungen an Ausgangsrechnung

Bei "Minderungen" hat der Kunde leicht mangelhafte Ware behalten, verlangt jedoch hierfür eine Minderung des Kaufpreises. Bei Anerkennung der Reklamation erteilt der Lieferant ebenfalls eine Gutschriftsanzeige für den Kunden.

Derartige Gutschriften stellen einen Hauptfall dar für die sogenannten "Erlösschmälerungen" bzw. "Erlösberichtigungen". Auch hier erfolgt beim Verkäufer einerseits eine Habenbuchung auf dem Konto "Forderungen" (anteilige Stornierung des Bruttobetrages). Andererseits wird der Gutschriftsbetrag (netto!) im Soll des Kontos "Erlösberichtigungen" verbucht, sowie der Umsatzsteuer-Anteil im Soll des Umsatzsteuer-Kontos. Die Verbuchung ist zusammenfassend in Abb. 43 dargestellt.

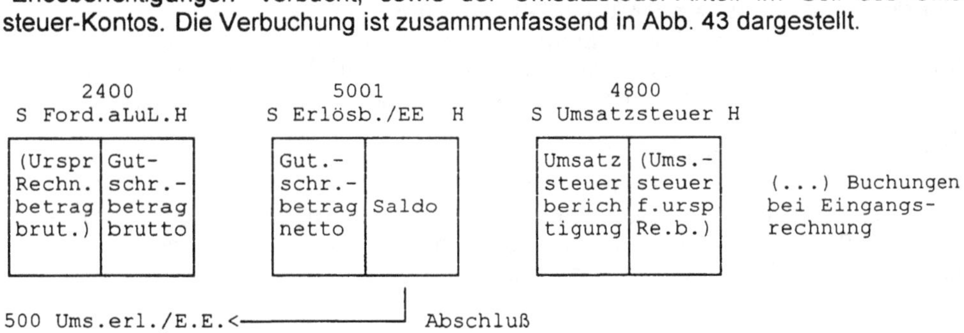

Abb. 43: Gutschriftserteilung bei Minderung

Beispiel 10: **Gutschrift an Kunden**

1. Ein Industriebetrieb hat einem Kunden Fertigerzeugnisse in Höhe von netto 6.000,-- EUR zuzüglich 600,-- EUR Umsatzsteuer in Rechnung gestellt.
2. Der Kunde behält die Ware, macht wegen leichter Verstaubung eine Minderung von 10 % des Rechnungsbetrages gelten und erhält hierfür eine Gutschriftsanzeige.

B u c h u n g s s ä t z e /Bsp. 10 (Gemäß Übungskontenplan/IKR im Anhang)

Nr.		Konto	S	H
1. Per	2400	Forderungen aus Lief. u. L.	6.600,--	
an	5000	Umsatzerlöse/Eigene Erzeugnisse		6.000,--
	4800	Umsatzsteuer		600,--
2. Per	5001	Erlösberichtigungen/Eigene Erzeugnisse	600,--	
	4800	Umsatzsteuer	60,--	
an	2400	Forderungen aus Lief. u. L.		660,--

4.5.3 Kundenskonti

Der Begriff der Skonti und die Verbuchung beim Käufer wurden bereits in Punkt 4.4.4 dargestellt. Hier nun ist die Verbuchung von Skontoabzügen beim Verkäufer zu erläutern. Auch beim Verkäufer muß die Inanspruchnahme von Skonto als nachträgliche Minderung des steuerpflichtigen Entgelts auf dem Umsatzsteuer-Konto berücksichtigt werden. Wie bei allen umsatzsteuerlich relevanten Beträgen ist auch hier einerseits die Bruttomethode möglich: bei jedem Skontoabzug wird zunächst der gesamte Skontobetrag (brutto) verbucht. Erst am Monatsende wird aufgrund aller angefallenen Skontoabzüge das Mehrwertsteuer-Konto berichtigt. Übersichtlicher, aber aufwendiger ist die Nettomethode, d.h. bei jedem einzelnen Skontoabzug werden bereits Skontobetrag (netto) und Mehrwertsteuer-Korrektur getrennt verbucht. Bei Führung und Abschluß der Konten für Kundenskonti werden (wie bei Liefererskonti in 4.4.4 dargestellt) in Praxis und Literatur unterschiedliche **Verfahren** vertreten.

(1) **Kundenskonti nach dem Großhandelskontenrahmen**
Nach dem Großhandelskontenrahmen werden Skontoabzüge der Kunden auf Konto "Kundenskonti" gebucht, man spricht auch von **"Skontoaufwand"**. Das Konto 41 wird als Aufwandskonto in das Gewinn- und Verlustkonto abgeschlossen.

(2) **Kundenskonti nach dem GKR**
Nach dem Gemeinschaftskontenrahmen werden Kunden-Skonti auf einem Konto "Skontoaufwand" in Klasse 2 gebucht **(neutraler Aufwand)**. Dieses Konto wird in das Konto 90 Abgrenzungs-Sammelkonto abgeschlossen, welches seinerseits in das Gewinn- und Verlustkonto abgeschlossen wird.

(3) **Kundenskonti nach dem IKR**

Nach dem Industriekontenrahmen werden die Kundenskonti auf den Konten für **Erlösberichtigungen** verbucht. Diese Konten stellen Unterkonten der betreffenden Hauptkonten: Umsatzerlöse bei Fertigerzeugnissen, Handelswaren usw. dar. Als Unterkonten der Erlöskonten werden die Konten Erlösberichtigungen in die jeweiligen Hauptkonten abgeschlossen, nicht in das Gewinn- und Verlustkonto. Aus diesem Grunde ist das Verfahren gemäß IKR besonders zu befürworten. Das Verbuchungsverfahren ist in Abb. 44 dargestellt.

Bei Rechnungsausgang (Zielverkauf):

2400

S Ford.aLuL.	H
Ziel-rechn. betrag brutto	

4800

S Umsatzst.	H
	Umsatz steuer a.Ziel re.bet

5000

S Ums.erl/EE	H
	Ziel-rechn. betrag netto

Bei Eingang der Überweisung mit Skontoabzug:

2800

S Bank	H
Rechn. betrag abzügl Skonto	

2400

S Ford.aLuL	H
	Ziel-rechn. betrag brutto

4800

S Umsatzst.	H
Umsatz steuer berich tigung	

5001

S Erl÷sb./EE	H
Skonto betrag netto	

5000 Ums.erl./EE <—

Abb. 44: Kundenskonti gemäß IKR

Beispiel 11: **Kundenskonti gemäß IKR**

1. Zielverkauf von Fertigerzeugnissen in Höhe von 20.000,-- EUR zuzüglich 2.000,-- EUR Umsatzsteuer.
2. Eingang des Rechnungsbetrages auf Bankkonto. Der Kunde hat 3 % Skonto abgezogen

B u c h u n g s s ä t z e /Bsp. 11 (Gemäß Übungskontenplan/IKR im Anhang)

Nr.		Konto		S	H
1.	Per	2400	Forderungen aus Lief. u. L.	22.000,--	
	an	5000	Umsatzerlöse/Eigene Erzeugnisse		20.000,--
		4800	Umsatzsteuer		2.000,--
2.	Per	2800	Bank	21.340,--	
		5001	Erlösberichtigungen/Eigene Erzeugnisse	600,--	
		4800	Umsatzsteuer	60,--	
	an	2400	Forderungen aus Lief. u. L.		22.000,--

4.5.4 Kundenboni

Bei den an Kunden gewährten Preisnachlässen und Vergütungen ist bezüglich der Verbuchung folgende Zweiteilung bedeutsam:

(1) Sofortrabatte (z.B. Mengenrabatt): Diese Rabatte führen sofort zu einer Kürzung des Rechnungsbetrages, verbucht wird nur der gekürzte Rechnungsbetrag.
(2) Boni (z.B. Treuebonus für Großkunden): Hierbei handelt es sich um nachträglich gewährte Nachlässe (z.B. am Jahresende). Es erfolgt eine Gutschriftsanzeige an die Kunden. Die Bonusbeträge werden in der Regel den Kundenkonten (Forderungen aus Lieferungen und Leistungen) gutgeschrieben.

Bei Führung und Abschluß der Konten für Kunden-Boni werden wie bei Kunden-Skonti (Punkt 4.5.3) in Praxis und Theorie drei verschiedene **Verfahren** vertreten.

(1) **Großhandelskontenrahmen:** Verbuchung der Bonusbeträge als "**Aufwand**" auf Konto 40 "Kundenboni", Abschluß dieses Kontos auf Gewinn- und Verlustkonto.
(2) **Gemeinschaftskontenrahmen (GKR):** Verbuchung der Bonusbeträge als **neutraler Aufwand** in Klasse 2, Abschluß über Abgrenzungs-Sammelkonto.
(3) **Industriekontenrahmen (IKR):** Verbuchung der Bonusbeträge auf Unterkonten des Verkaufs **(Erlösschmälerungen)**, z.B. 5001 "Erlösberichtigungen / Eigene Erzeugnisse".

In jedem Fall muß bei der Verbuchung der Bonusbeträge eine **Umsatzsteuer-Berichtigung** erfolgen. Dabei sind wiederum die bekannten beiden Methoden anwendbar:

(1) Verbuchung der Bruttobeträge: Die Bonusbeträge werden zunächst brutto verbucht, erst am Monatsende wird die Umsatzsteuer berichtigt (Sammelbuchung).
(2) Verbuchung der Nettobeträge: Bereits bei Erteilung der Gutschrift werden die Bonusbeträge-netto und die Umsatzsteuer-Anteile separat verbucht.

4.6 Warenentnahmen (Eigenverbrauch)

Unternehmer, die Waren des täglichen Bedarfs herstellen oder damit handeln, werden häufig einen Teil der Waren für private Zwecke verwenden. Hier handelt es sich einerseits um Entnahmen gemäß § 4 Abs. 1 EStG im Hinblick auf die Einkommensteuer. Im Hinblick auf die Umsatzsteuer handelt es sich um früher sog. "Eigenverbrauch" (jetzt: Gegenstandsentnahmen i.S.v. § 3 Abs. 1b UStG). Wie bei Punkt 4.3.3 dargestellt, erfolgt die Bewertung dieser Waren mit dem Einkaufspreis zuzüglich der Anschaffungsnebenkosten bzw. mit den Selbstkosten, jeweils zum Zeitpunkt des Umsatzes ("Wiederbeschaffungskosten") (§ 10 Abs. 4 Nr. 1 UStG). In jedem Fall muß die Warenentnahme als Sollbuchung auf dem Privatkonto verbucht werden.

Für die **Habenbuchung** bei Warenentnahmen (Warenkonten) werden in Praxis und Theorie die drei nachstehenden Methoden vertreten.

(1) Verbuchung auf **Wareneinkaufskonto**
- Vorteil: Wareneinsatz richtig ausgewiesen (Einstandswert der verkauften Waren).
- Nachteile: Aufzeichnungspflicht des "Eigenverbrauchs" (Gegenstandsentnahmen) gem. § 22 UStG noch nicht erfüllt; Problem, wenn Wiederbeschaffungskosten nicht gleich "Anschaffungskosten".

(2) Verbuchung auf **Warenverkaufskonto** (Fiktion eines "Verkaufs an Unternehmer", insbesondere bei Entnahme von Fertigerzeugnissen)
- Vorteil: einfach, wenn Wiederbeschaffungskosten über Anschaffungskosten.
- Nachteile: Wareneinsatz als Saldo des Warenverkaufskonto nicht mehr Einstandswert der an Dritte verkauften Waren; Aufzeichnungspflicht des "Eigenverbrauchs" (Gegenstandsentnahmen) noch nicht erfüllt.

(3) Verbuchung auf gesondertem Konto "**Eigenverbrauch**" (Gegenstandsentnahmen)
- Vorteile: Aufzeichnungspflicht erfüllt; einfach, wenn Wiederbeschaffungskosten über Anschaffungskosten; Wareneinsatz kann berichtigt werden.
- Nachteil: zusätzliches Konto erforderlich.

In jedem Falle ist bei Warenentnahmen die Umsatzsteuer auf den "Eigenverbrauch" (Gegenstandsentnahmen) zu berechnen, diese wird auf dem Umsatzsteuerkonto verbucht, möglicherweise auf einem eigenen Konto **"Umsatzsteuer auf den "Eigenverbrauch" (Gegenstandsentnahmen)"**. Diese Umsatzsteuer gehört nicht zu den abzugsfähigen Betriebsausgaben und ist daher ebenfalls auf dem Privatkonto zu verbuchen, d.h. auf dem Privatkonto wird bei Entnahmen der Warenwert-brutto! verbucht. Die typische Verbuchung einer Warenentnahme (Fertigerzeugnisse) im Industriebetrieb ist in Abb. 45 dargestellt, die Verbuchung erfolgt über Konto "Eigenverbrauch" (Gegenstandsentnahmen).

S Privatkto.	H
Ent-nahme-wert, brutto	

S "Eigenver."	H
	Ent-nahme-wert, netto

S Umsatzst.	H
	Umsatz steuer betrag

Abb. 45: Warenentnahmen ("Eigenverbrauch" / Gegenstandsentnahmen)

Beispiel 12: **Entnahme von Fertigerzeugnissen**

1. Ein Fabrikant entnimmt aus seinem Betrieb Fertigerzeugnisse zum Entnahmewert von 4.000,-- EUR zuzüglich 400,-- EUR Umsatzsteuer auf den "Eigenverbrauch".

Buchungssätze /Bsp. 12	(Gemäß Übungskontenplan/IKR im Anhang)		
Nr.	Konto	S	H
1. Per 3001	Privatkonto	4.400,--	
an 5420	"Eigenverbrauch" (Gegenstandsentnahmen)		4.000,--
4800	Umsatzsteuer		400,--

4.7 Anzahlungen im Warenverkehr

Bei Großaufträgen und längeren Lieferzeiten für Waren oder Material werden häufig bereits beim Vertragsabschluß **Anzahlungen** vereinbart. Nach § 13 Abs. 1 Ziff. 1a UStG entsteht die Steuerschuld bereits bei Anzahlungen auf Lieferungen und sonstige Leistungen ("Vereinnahmung von Teil-Entgelten vor Ausführung der Leistung"). Für die Verbuchung der Anzahlungen beim Lieferer bzw. beim Kunden werden meist entsprechende Konten geführt:

(1) **Aktivkonto "Geleistete Anzahlungen"**
- GKR: Konto 151 (Unterkonto von "Andere Forderungen")
- IKR: Kontengruppe 23 (Geleistete Anzahlungen auf Vorräte) bzw. Konto 090 (Anzahlungen auf Sachanlagen)
- Die geleisteten Anzahlungen stellen beim Kunden eine Forderung an den Lieferer (auf Lieferung) dar.

(2) **Passivkonto "Erhaltene Anzahlungen"**
- GKR: 171 (Unterkonto von "Andere Verbindlichkeiten")
- IKR: Kontengruppe 43 (Erhaltene Anzahlungen auf Bestellungen)
- Die erhaltenen Anzahlungen stellen beim Lieferer eine Verbindlichkeit gegenüber den Kunden (nämlich zu liefern) dar.

5. Sonstige laufende Buchungen

5.1 Personalaufwand

5.1.1 Lohnabrechnung (Nebenbuchhaltung)

In der Lohnbuchhaltung werden die für die Entlohnung wichtigen Daten der Mitarbeiter meist in einer Personalkartei geführt (Nebenbuchhaltung). Zu den regelmäßigen Entlohnungsterminen wird für jeden Mitarbeiter eine Verdienstabrechnung ausgestellt und als Zusammenfassung eine Lohn- und Gehaltsliste sowie die Auszahlungsbelege (z.B. Überweisungsträger). Für die **Verdienstabrechnung** der einzelnen Mitarbeiter sind folgende **Einflußfaktoren** von Bedeutung:

(1) Form des Arbeitsentgelts:
- **Löhne im engeren Sinne**, d.h. Arbeitsentgelt für Arbeiter (gewerbliche Arbeitnehmer); Grundlage ist der tarifliche Stundensatz. Die Lohnabrechnung erfolgt z.B. wöchentlich. Neben der Entlohnung nach der geleisteten Arbeitszeit (Zeitlohn) ist auch eine Entlohnung nach der Produktionsmenge (Akkordlohn, Leistungslohn) oder eine Entlohnung als Zeitlohn zuzüglich Prämien für best. Leistungen (Prämienlohn) anzutreffen.
- **Gehälter**, d.h. Arbeitsentgelt für käufmännische Arbeitnehmer, die Lohnabrechnung erfolgt meist monatlich in Form eines Zeitlohns mit eventuellen Zulagen.

(2) Rechtsgrundlage der Entlohnung:
- **Tarifverträge**, d.h. die Lohnhöhe richtet sich nach den von Gewerkschaften und Arbeitgebern einer bestimmten Branche und Region abgeschlossenen Manteltarifverträgen. In diesen längerfristig geltenden Tarifverträgen sind Tabellen enthalten, welche die Lohnhöhe für verschiedene Lohngruppen (Mitarbeitergruppen mit verschiedener Qualifikation) angeben; meist wird die Lohnhöhe auch noch nach der Zugehörigkeitsdauer in dieser Lohngruppe differenziert. Die Lohnbeträge werden durch die meist jährlich abgeschlossenen Ecklohn-Tarifverträge an die Preisentwicklung angepaßt.
- **Betriebsvereinbarungen:** Arbeitsvertragliche Abmachungen, die für alle Arbeitnehmer eines Betriebes gelten.
- **Außertarifliche Arbeitsverträge:** Die Entlohnung richtet sich nach dem individuellen Arbeitsvertrag des Mitarbeiters und liegt über den Lohnbeträgen der Tarifverträge.

(3) Vereinbarung der Lohnhöhe:
- **Brutto-Vereinbarung:** bei dieser Lohnvereinbarung, die am häufigsten anzutreffen ist, wird die Lohnhöhe als Brutto-Betrag vereinbart, der Betrieb behält die gesetzlich vorgeschriebenen Abzüge zurück und führt die Abzüge an die zuständigen Behörden ab.
- **Netto-Vereinbarung**: bei dieser seltenen Lohnvereinbarung wird die Lohnhöhe als Netto-Betrag vereinbart, der Betrieb trägt zusätzlich die gesetzlichen Abzüge und führt diese ab.

(4) **Zusammensetzung des Arbeitsentgelts:**
- **Laufende Bruttolöhne bzw. -gehälter** einschließlich Überstundenzuschläge
- **Einmalige Bruttobezüge**, z.B. Weihnachtsgeld, Urlaubsgeld, "13. Monatsgehalt"
- **Sonderzahlungen:** z.B. Vorschüsse, Sparzulagen
- **Gesetzliche Abzüge**, d.h. Lohnsteuer, Kirchensteuer sowie die Sozialversicherungsbeiträge (Arbeitnehmeranteile)
- **Sonstige Abzüge**: z.B. Rückzahlung von Vorschüssen, Lohnpfändung
- **Abschlagszahlungen:** bei stark schwankenden Lohnhöhen eines Mitarbeiters werden wöchentlich sogenannte Abschlagszahlungen in Höhe des durchschnittlichen Bruttolohns ausbezahlt, die genaue Abrechnung erfolgt dann nur einmal monatlich
- **Sachbezüge:** Neben den bisher genannten Geldlöhnen werden in bestimmten Branchen auch Sachleistungen an die Mitarbeiter gewährt, wie z.B. Bierdeputat, freie Kost und Wohnung

Einen ersten Teil der gesetzlichen Abzüge stellen die **Lohnsteuer** und die **Kirchensteuer** dar. Die Lohnsteuer ist eine besondere Erhebungsform der Einkommensteuer für Einkünfte aus nichtselbständiger Arbeit. Als sogenannte "Quellensteuer" wird die Lohnsteuer nicht vom Empfänger an das Finanzamt abgeführt, sondern bereits von der Lohnquelle, dem Beschäftigungsbetrieb. Alle im größeren Umfange beschäftigten Arbeitnehmer müssen dem Arbeitgeber eine Lohnsteuerkarte vorlegen. Die Lohnsteuerkarte wird jährlich von der Wohnsitzgemeinde des Arbeitnehmers ausgestellt und gibt außer dessen persönlichen Daten insbesondere seine "Lohnsteuerklasse" an. Es gibt 6 Lohnsteuerklassen, die nach Familienstand und Kinderzahl differenziert sind. Zur Ermittlung der Lohnsteuer-Abzüge werden in der Lohnbuchhaltung meist "Lohnsteuer-Tabellen" verwendet, die jedes Jahr neu herausgegeben werden. Die einbehaltene Lohnsteuer muß vom Arbeitgeber spätestens am 10. des auf die Entlohnung folgenden Monats an das zuständige Finanzamt überwiesen werden (Lohnsteuer-Termine). Die Einbehaltung und Abführung der Kirchensteuer erfolgt analog wie bei der Lohnsteuer; in den meisten Bundesländern beträgt die Kirchensteuer 8 % des Lohnsteuerbetrages.

Als weitere gesetzlich vorgeschriebene Abzüge werden vom Arbeitgeber die **Sozialversicherungsbeiträge** (Arbeitnehmeranteile) einbehalten und an die Sozialversicherungsträger abgeführt. Alle in größerem Umfang beschäftigten Arbeitnehmer müssen vom Arbeitgeber bei den Sozialversicherungsträgern angemeldet werden, nur noch bei der gesetzlichen Krankenversicherung ist eine Befreiung möglich für Angestellte über der Versicherungspflicht-Grenze. Auch zur Ermittlung der Sozialversicherungsbeiträge werden in der Lohnbuchhaltung entsprechende Tabellen verwendet, die meist mit der Lohnsteuertabelle gekoppelt sind. Im einzelnen handelt es sich um folgende Zweige und Beitragssätze der Sozialversicherung:

(1) **Gesetzliche Krankenversicherung:** Die Geschäftsstellen der "Allgemeinen-Orts-Krankenkasse" (AOK) sowie der Ersatzkassen (z.B. Barmer Ersatzkasse, Deutsche Angestellten Krankenkasse) wickeln die gesetzliche Krankenversicherung ab, die Beitragssätze betragen 9-14 % des versicherungspflichtigen Entgelts bis zur Beitragsbemessungsgrenze. Große Unternehmen haben eigene Betriebskrankenkassen gegründet, z.B. die Siemens AG. Als zusätzlicher Zweig der Sozialversicherung wurde inzwischen auch die Pflegeversicherung eingeführt.

(2) **Gesetzliche Rentenversicherung:** Die größten Versicherungsträger sind hier die Landes-Versicherungs-Anstalten (LVA) für Arbeiter und die Bundesversicherungsanstalt für Angestellte (BfA). Die Beiträge zur Rentenversicherung betragen ca. 18 % des versicherungspflichtigen Entgelts bis zur Beitragsbemessungsgrenze.

(3) **Arbeitslosenversicherung:** Abwicklung über die Arbeitsämter, der Beitragssatz beträgt ca. 4 % des Entgelts bis zur Beitragsbemessungsgrenze.

(4) **Gesetzliche Unfallversicherung:** Abwickung über die Berufsgenossenschaften der einzelnen Wirtschaftszweige mit sehr unterschiedlichen Versicherungsbeiträgen des Arbeitgebers.

Die Versicherungsbeiträge der Versicherungszweige (1) - (3) werden vom Arbeitnehmer und Arbeitgeber jeweils zur Hälfte getragen, die Unfallversicherung tragen die Arbeitgeber allein. Die Arbeitnehmeranteile der Sozialversicherung werden vom Arbeitgeber einbehalten und bis zum 10. des Folgemonats der Entlohnung gesammelt und an die zuständige Krankenversicherung überwiesen. Von dort werden die Beiträge an die einzelnen Versicherungszweige übertragen. Außer den Arbeitnehmerbeiträgen werden bei den Entlohnungsterminen auch noch die **Arbeitgeberbeiträge** (in gleicher Höhe) berechnet und an die Krankenversicherung abgeführt.

5.1.2 Lohnsumme und Sozialabgaben

Den Ausgangsbeleg für die Verbuchung der Löhne und Gehälter in der Systembuchhaltung stellt die **Lohn- und Gehaltsliste** dar. Aus dieser Liste sind als Summe für alle Arbeiter bzw. Angestellten die zu verbuchende Lohnsumme (brutto), die Summe der gesetzlichen Abzüge, die Lohnsumme (netto) - die Auszahlungssumme - und weitere Angaben ersichtlich.

Für die Verbuchung der Lohn- und Gehaltssumme als Personalaufwand wird mindestens ein Lohnkonto geführt; meist werden mindestens die folgenden, verschiedenen **Lohnkonten** eingerichtet (vgl. Kontenrahmen / IKR im Anhang):

- Löhne
- Gehälter
- Sozialabgaben
- Sonstige Personalaufwendungen
- Aufwendungen für Altersversorgung

Auf den Personalaufwandskonten wird die Lohn- und Gehaltssumme (brutto!) verbucht, auf dem Konto Sozialabgaben die Steuerabzüge und die Sozialversicherungsbeiträge (Arbeitnehmer- und Arbeitgeberanteile).

Solange die gesetzlichen Abzüge noch nicht an die zuständigen Behörden abgeführt sind, werden die Abzugsbeträge als "Noch abzuführende Abgaben" (vgl. Übungskontenplan/GKR im Anhang) bzw. als "Sonstige Verbindlichkeiten" **passiviert** (vgl. Kontenplan/IKR im Anhang). In der Praxis werden oft noch Unterkonten der Lohnkonten eingerichtet, z.B. für Lohnkosten der Fertigung, der Verwaltung usw. Bei den Passivkonten werden Unterkonten eingerichtet für die verschiedenen Finanzbehörden bzw. Sozialversicherungsträger.

Die typische Verbuchung einer Gehaltsliste ist in Abb. 46 dargestellt, dabei sind die Konto-Nr. gemäß dem Übungskontenplan/IKR im Anhang eingesetzt.

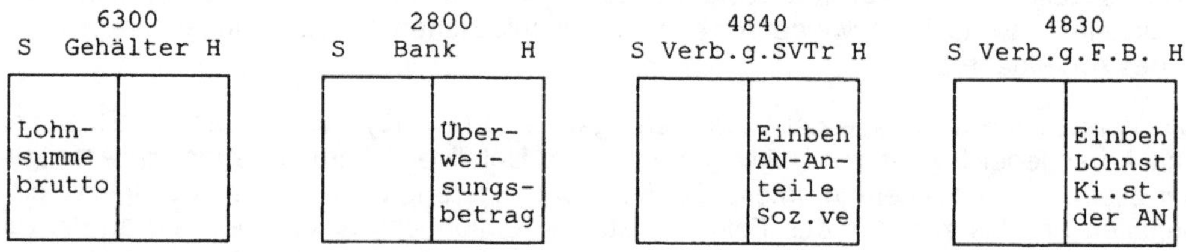

AN = Arbeitnehmer

Abb. 46: Lohnsumme und Sozialabgaben

Beispiel 13: **Gehaltsliste im Industriebetrieb**

1. Ein kleiner Industriebetrieb hat zum Monatsende für 10 Angestellte eine Gehaltsliste mit den nachstehenden Summen aufgestellt. Lohnsumme / brutto: 32.250,-- EUR, einbehaltene Lohnsteuer / Kirchensteuer: 3.455,-- EUR, einbehaltene Arbeitnehmerbeiträge zur Sozialversicherung: 7.325,-- EUR, Überweisungsbetrag: 24.470,-- EUR. Die Arbeitnehmeranteile zur Sozialversicherung werden zunächst passiviert.
2. Auch die Arbeitgeberanteile zur Sozialversicherung (7.325,-- EUR) werden zunächst passiviert.
3. Die einbehaltene Lohnsteuer / Kirchensteuer wird an das zuständige Finanzamt überwiesen.
4. Die passivierten Beiträge zur Sozialversicherung werden an den zuständigen Sozialversicherungsträger überwiesen.

Buchungssätze /Bsp. 13 Nr.		Konto (Gemäß Übungskontenplan/IKR im Anhang)	S	H
1. Per	6300	Gehälter	35.250,--	
an	2800	Bank		24.470,--
	4830	Verbindlichk. geg. Finanzbehörden		3.455,--
	4840	Verbindlichk. geg. Sozialvers.trägern		7.325,--
2. Per	6400	Arbeitgeberanteil z. Sozialversich.	7.325,--	
an	4840	Verbindlichk. geg. Sozialver.trägern		7.325,--
3. Per	4830	Verbindlichk. geg. Finanzbehörden	3.455,--	
an	2800	Bank		3.455,--
4. Per	4840	Verbindlichk. geg. Sozialvers.trägern	14.650,--	
an	2800	Bank		14.650,--

5.1.3 Vorschüsse und Personal-Darlehen

Bei vielen Betrieben ist es üblich, in begründeten Fällen den Mitarbeitern zusätzlich zum Arbeitslohn einen Vorschuß bzw. ein sonstiges Personaldarlehen auszubezahlen. Die Rückzahlung an den Betrieb erfolgt dann durch Einbehaltung eines entsprechenden Betrages bei den nächsten Lohnzahlungen. Die Auszahlung eines derartigen Vorschusses stellt keinen lohnsteuerpflichtigen Vorgang dar, sondern eine erfolgsneutrale **Kreditgewährung** an das Personal. Die typischen Buchungen bei der Abwicklung eines einmaligen Gehaltsvorschusses sind in Abb. 47 dargestellt.

Auszahlung (Erster Entlohnungstermin:

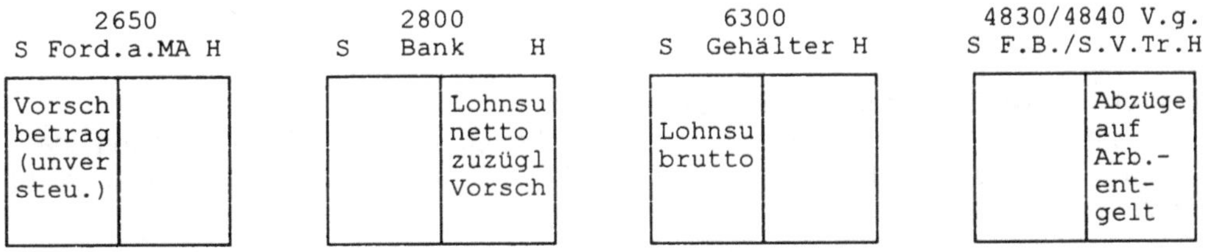

("Forderungen an Mitarbeiter")

Rückzahlung (folgender Entlohnungstermin):

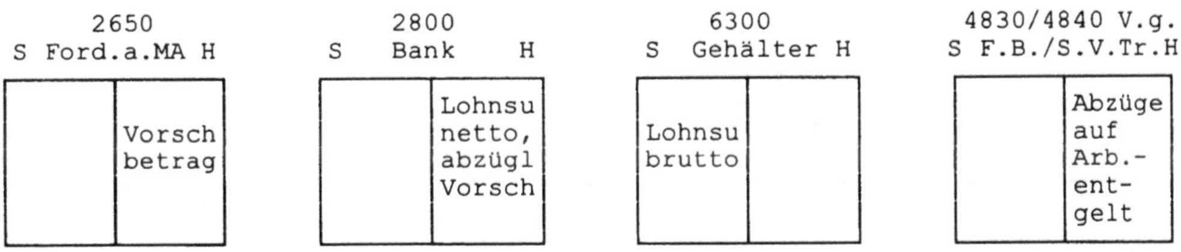

Abb. 47: Aus- und Rückzahlung eines Gehaltsvorschusses

5.1.4 Geringfügig Beschäftigte (630-DM-Jobs)

Für die geringfügigen Beschäftigungsverhältnisse wurden durch das Steuerentlastungsgesetz komplizierte und vielfach kritisierte Neuerungen eingeführt. Die nachstehenden Regelungen gelten in erster Linie für Teilzeitkräfte, für kurzfristige Beschäftigungen (derzeit max. 2 Monate) gelten andere Regelungen.

- **Sozialversicherung**: Der Arbeitgeber muß nun grundsätzlich derzeit 12 % Rentenversicherungsbeiträge sowie derzeit 10 % Krankenversicherungsbeiträge für diese Arbeitnehmer entrichten. Dadurch enthält der Arbeitnehmer bestimmte Ansprüche, z.B. auf Altersrente. Der Arbeitnehmer kann durch freiwillige Zuzahlungen Ansprüche auf die vollständigen Leistungen der Rentenversicherung erwerben (z.B. auch Reha-Kuren).
- **Lohnsteuer**: Der Arbeitgeber kann die Teilzeitkräfte grundsätzlich ohne Lohnsteuerkarte und ohne Lohnsteuerzahlungen beschäftigen, wenn der Arbeitnehmer keine sonstigen positiven Einkünfte hat gem. § 3 Ziff. 39 EStG (Einkünfte des Ehegatten werden hierbei nicht mitgezählt). Hierüber muß der Arbeitgeber eine "Freistellungsbescheinigung" seines zuständigen Finanzamts vorlegen. Wenn der Arbeitnehmer jedoch weitere Arbeitsverhältnisse hat, muß er eine Lohnsteuerkarte Klasse VI (weitere Arbeitsverhältnisse) vorlegen oder der Arbeitgeber kann bis zur Geringfügigkeitsgrenze die von früher bekannte Pauschallohnsteuer (derzeit 20 % bei Teilzeitkräften nach § 40a Abs. 2 EStG) entrichten.

Die Sozialversicherungsbeiträge des Arbeitgebers werden auf dem hierfür üblichen Konto verbucht. Die Pauschallohnsteuer stellt eine Steuerschuld des Arbeitgebers dar und wird daher als Steueraufwand beim IKR in Konto 709 "Sonstige betriebliche Steuern" verbucht.

Beispiel 14: **Arbeitslohn mit Pauschalbesteuerung**

1. Ein Industriebetrieb zahlt an eine Teilzeit-Schreibkraft 500,-- DM in bar und übernimmt die pauschalierte Lohnsteuer von 20 % (Passivierung) sowie 22 % Sozialversicherungsbeiträge.

B u c h u n g s s ä t z e /Bsp. 14 (Gemäß Übungskontenplan/IKR im Anhang)

Nr.			Konto	S	H
1.	Per	6200	Löhne	500,--	
		6400	Arbeitgeberanteile zur Sozialversicherung	110,--	
		7090	Sonstige betriebliche Steuern	100,--	
	an	2880	Kasse		500,--
		4830	Verbindlichk. geg. Finanzbehörden		100,--
		4840	Verbindlichk. geg. Sozialversicherungsträgern		110,--

5.1.5 Sachbezüge

Die für manche Arbeitnehmer vereinbarten Sachbezüge stellen sowohl einen lohnsteuerpflichtigen Bestandteil des Entgelts dar als auch einen steuerbaren Umsatz gemäß § 1 Abs. 1 Ziff. 1 UStG. Für häufige Arten von Sachbezügen können **Pauschbeträge** verwendet werden (Jährliche SachbezugsVO).

Beispiel 15: Sachbezüge

1. Die Angestellte eines Restaurants erhält zum Monatsende einen Barlohn (netto) von 2.400,-- DM sowie Freie Kost im Wert von 550,-- DM (Pauschalwert / brutto). Die gesetzlichen Abzüge betragen 570,-- DM Lohnsteuer sowie 440,-- DM Sozialversicherung. (Gesamter steuerpflichtiger Arbeitslohn: 3.960,-- DM)

Buchungssätze /Bsp. 15			(Gemäß Übungskontenplan/IKR im Anhang)		
Nr.		Konto		S	H
1.	Per	6300	Löhne (brutto)	3.410,--	
		6350	Sachbezüge	550,--	
	an	2880	Kasse		2.400,--
		5000	Umsatzerlöse / Eigene Erzeugnisse		500,--
		4830	Verbindlichk. geg. Finanzbehörden		570,--
		4840	Verbindlichk. geg. Sozialvers.trägern		440,--
		4800	Umsatzsteuer		50,--

5.1.6 Vermögenswirksame Leistungen

Nach dem "Gesetz zur Förderung der Vermögensbildung der Arbeitnehmer" (früher sog. 936-Mark-Gesetz) können Arbeitnehmer bis zu bestimmten jährlichen Höchstbeträgen staatlich begünstigte Geldanlagen vornehmen lassen. Die Anlagebeträge müssen in bestimmten Formen längerfristig angelegt werden (z.B. als Belegschaftsaktien, als Bausparguthaben oder als spezieller Lebensversicherungsvertrag). **Die Anlagebeträge** können aufgebracht werden vom Arbeitnehmer allein, vom Arbeitgeber, wie in vielen Tarifverträgen vereinbart oder vom Arbeitgeber und Arbeitnehmer zusammen. In jedem Falle werden die Anlagebeträge vom Arbeitgeber einbehalten und auf die Anlagekonten bei Banken, Bausparkassen usw. überwiesen.

Zur Förderung der Vermögensbildung wird eine sogenannte **"Arbeitnehmer-Sparzulage"** in bestimmter Höhe (je nach Anlage-Art) gewährt. Zu den Voraussetzungen dieser Prämien gehört, daß das steuerpflichtige Jahreseinkommen des Arbeitnehmers bestimmte Höchstgrenzen nicht überschreitet. Die Sparzulage ist steuer- und sozialversicherungsfrei und wird vom Finanzamt auf Antrag jährlich ausbezahlt. Früher wurde die Arbeitnehmersparzulage vom Arbeitgeber ausbezahlt und von diesem beim Finanzamt zurückgefordert.

5.2 Steuerzahlungen

Als häufige und meist zu bestimmten Terminen innerhalb des Jahres (Steuerkalender) wiederkehrende Geschäftsfälle sind nun die Steuerzahlungen an die Finanzbehörden zu betrachten. Dabei stehen diejenigen Steuerarten im Vordergrund, bei denen in vielen Betrieben laufend Steuerzahlungen anfallen. Meist handelt es sich um regelmäßige

Vorauszahlungen während des Jahres (z.B. quartalweise), die endgültige Festsetzung und Abrechnung der Steuerschuld erfolgt dann erst nach Ablauf des Kalenderjahres (Veranlagungszeitraum). Bevor die Verbuchung der Steuerzahlungen behandelt werden kann, sollen hier zunächst die zum Verständnis erforderlichen **Grundbegriffe** der wichtigsten Steuerarten überblicksartig dargestellt werden. Bei allen zu behandelnden Steuerarten sollen jeweils die folgenden Grundbegriffe erläutert werden:

- Steuersubjekt: Steuerschuldner
- Steuerobjekt
- Steuerbemessungsgrundlage: Abgrenzung und Ermittlung des Wertes, auf den der Steuersatz erhoben wird
- Steuersatz (Tarif)
- Besteuerungsverfahren

Nach dem Gliederungsschema gem. § 275 HGB werden die Steuern wie folgt eingeteilt:

(1) **Steuern vom Einkommen und vom Ertrag**

- Hierbei handelt es sich zunächst um die Körperschaftsteuer, die sozusagen die Einkommensteuer der Kapitalgesellschaften als Körperschaft (jur. Person) darstellt. Die Körperschaftssteuer ist nicht zu verwechseln mit der privaten Einkommensteuer der Gesellschafter. Unternehmen in der Rechtsform des Einzelkaufmanns bzw. der Personengesellschaften sind nicht KSt-pflichtig, da sie keine Körperschaft im Sinne des Gesetzes sind.
- Als weitere Steuerart in dieser Gruppe ist die Gewerbeertragsteuer zu nennen.

(2) **Sonstige Steuern**

- Diese Gruppe umfaßt die weiteren Betriebssteuern, wie z.B. die Vermögenssteuer der Unternehmung in der Rechtsform der Kapitalgesellschaften.
- Zu den weiteren Steuern in dieser Gruppe gehört z.B. die betriebliche Grundsteuer.

5.2.1 Körperschaftsteuer

(1) **Steuersubjekt**

Die Steuerschuldner der Körperschaftschaftsteuer sind in § 1 Abs. 1 KStG aufgezählt. Es handelt sich zunächst um Betriebe, die nach ihrer Rechtsform als juristische Personen (Körperschaften) angesehen werden, z.B. die Rechtsformen der AG, GmbH, KGaA, bergrechtl. Gewerkschaften, Genossenschaften, Versicherungsverein auf Gegenseitigkeit, sonstige juristische Personen und Zweckvermögen des privaten Rechts, aber auch um gewerbliche Betriebe von juristischen Personen des öffentlichen Rechts (z.B. Energieversorgung, Verkehrsbetriebe). Gewisse Steuersubjekte sind gem. § 5 KStG von der Körperschaftsteuer befreit, insbesondere solche Betriebe, die gemeinnützigen, mildtätigen oder kirchlichen Zwecken dienen.

(2) **Steuerobjekt**
Das Steuerobjekt ist das nach den Vorschriften des EStG sowie KStG ermittelte Einkommen der Körperschaft im Kalenderjahr. Es handelt sich um die von der Körperschaft erzielten "Einkünfte aus Gewerbetrieb" im Sinne des EStG, d.h. um den aus der Steuerbilanz sich ergebenden Gewinn.

(3) **Steuerbemessungsgrundlage**
Bei der Ermittlung des zu versteuernden Einkommens gemäß § 7 KStG sind am einkommensteuerlichen Gewinn einige Modifikationen durch die gemäß KStG nichtabzugsfähigen Ausgaben durchzuführen, z.B. dürfen "verdeckte Gewinnausschüttungen" der Kapitalgesellschaft an die Gesellschafter (z.B. überhöhte Geschäftsführergehälter) das steuerpflichtige Einkommen nicht vermindern.

(4) **Steuersatz (Tarif)**
Nach dem "gespaltenen Körperschaftssteuer-Tarif" beträgt der Steuersatz derzeit:
- 40 % bei nicht-ausgeschütteten Gewinnanteilen.
- 30 % bei den zur Ausschüttung vorgesehenen Gewinnanteilen.

(5) **Anrechnungsverfahren**
Die früher gegebene doppelte Besteuerung der Gewinne von Kapitalgesellschaften (einmal durch die Körperschaftsteuer, ein zweites Mal durch die Einkommensteuer beim Empfänger) ist durch das "Anrechnungsverfahren" im KStG 1977 weitgehend beseitigt worden. Die Empfänger der Gewinnausschüttungen (z.B. Aktionäre) müssen diese bei ihrer Einkommensteuerveranlagung als "Einkünfte aus Kapitalvermögen" versteuern; jedoch kann von der entstehenden Einkommensteuerschuld die bezahlte Körperschaftsteuer unter bestimmten Voraussetzungen abgezogen werden.

5.2.2 Gewerbesteuer

(1) **Steuersubjekt**
Steuerschuldner sind alle Unternehmer, auf deren Rechnung und Risiko ein Gewerbe betrieben wird.

(2) **Steuerobjekt**
Als Steuergegenstand ist der stehende Gewerbebetrieb sowie das Reisegewerbe definiert gem. § 2 Abs. 1 GewStG, nicht hierunter fällt eine freie Berufstätigkeit oder Vermögensverwaltung.

(3) **Steuerbemessungsgrundlagen**
Als Bemessungsgrundlage der Gewerbesteuer werden zwei verschiedene Bemessungsfaktoren herangezogen:
- **Gewerbeertrag:** Grundlage für den Gewerbeertrag bildet der nach den Vorschriften des EStG / KStG ermittelte Gewinn aus Gewerbebetrieb; zur Ermittlung des Gewerbeertrages müssen bei diesem Gewinn noch gewisse Hinzurechnungen (z.B. Dauerschuldzinsen) und Kürzungen (z.B. 1,2 % des erhöhten Einheitswerts der Betriebsgrundstücke) vorgenommen werden. Aus dem Gewerbeertrag ergibt sich durch Anwendung der Steuermeßzahl (z.Zt. 5 %) der Steuermeßbetrag des Gewerbeertrags.

- Gewerbekapital: Die Gewerbekapitalsteuer ist seit 1998 abgeschafft worden, wodurch den Gemeinden eine wichtige Einnahmequelle verloren ging.

Vereinfachtes Beispiel:		(DM):
	Gewerbeertrag nach Hinzurechn./Kürz.	202.000,--
./.	Freibetrag beim Gewerbeertrag	48.000,--
=	zu versteuernder Gewerbeertrag	154.000,--
	Steuermeßzahl beim Gewerbeertrag	5 %
=	Steuermeßbetrag für Gewerbeertrag	7.700,--
	Hebesatz der Gemeinde	380 %
=	Gewerbesteuerschuld	29.260,--

(4) **Steuersatz**

Als Steuersatz wird jährlich ein bestimmter Prozentsatz ("Hebesatz") auf den einheitlichen Steuermeßbetrag erhoben. Da die Gewerbesteuereinnahmen den Gemeinden zufließen (sogenannte "Gemeindesteuer"), werden die Hebesätze von den einzelnen Gemeinden individuell festgesetzt und je nach Haushaltslage angepaßt. Die Hebesätze liegen zwischen 80 - 400 % des Steuermeßbetrags.

5.2.3 Vermögensteuer

Die betriebliche und private Vermögensteuer wird derzeit aufgrund eines Beschlusses des Bundesverfassungsgerichts in der derzeitigen Form **nicht mehr erhoben**. Da jedoch die Vermögensteuer möglicherweise in geänderter Form in Zukunft doch wieder erhoben wird, sind die bisherigen Regelungen hier noch einmal kurz aufgeführt.

(1) **Steuersubjekt**

Steuerschuldner sind alle natürlichen Personen und Subjekte des Körperschaftsteuergesetzes. Die subjektiven Befreiungen decken sich mit denen des Körperschaftsteuergesetzes. Bei Kapitalgesellschaften ergibt sich durch die Vermögensteuer eine doppelte Besteuerung des Vermögens: Einerseits muß die Kapitalgesellschaft ihr Vermögen versteuern, andererseits müssen die Eigentümer der Kapitalgesellschaft für ihre Anteile Vermögensteuer entrichten.

(2) **Steuerobjekt / Steuerbemessungsgrundlage**

Steuergegenstand ist das Gesamtvermögen der Steuersubjekte, dieses ergibt sich als Summe aus den vier Vermögensarten: Land- und forstwirtschaftliches Vermögen, Grundvermögen, Betriebsvermögen und Sonstiges Vermögen. Die Summe des Vermögens in diesen vier Vermögensarten stellt das Rohvermögen dar. Vom Rohvermögen werden die Schulden abgezogen und ergeben das Reinvermögen. Die Bewertung der Vermögensgegenstände richtet sich nach den Vorschriften des Bewertungsgesetzes. Für die wichtigsten Wirtschaftsgüter ist bereits von den Finanzbehörden ein sogenannter "Einheitswert" festgesetzt (z.B. für Grundstücke und Betriebsvermögen). Bei der Ermittlung des zu versteuernden Vermögens kann eine Reihe von Freibeträgen (Freibeträge für bestimmte Personen und Vermögensgegenstände) abgezogen werden.

(3) **Steuersatz**

Der Steuersatz betrug für natürliche Personen 0,5 % und für Körperschaften 0,6 %.

5.2.4 Grundsteuer

(1) **Steuersubjekt**
Steuerschuldner sind alle natürlichen und juristischen Personen, denen bei der Einheitsbewertung der Grundstücke ein Objekt zugerechnet wird.

(2) **Steuerobjekt**
Steuergegenstände sind die einzelnen Grundstücke einschließlich darauf befindlicher Gebäude sowie grundstücksgleiche Rechte, wie z.B. Wohnungseigentum. Bei den Steuerobjekten werden Grundstücke eines land- und forstwirtschaftlichen Betriebes, Betriebsgrundstücke und private Grundstücke unterschieden (§ 2 GrStG).

(3) **Steuerbemessungsgrundlage**
Für die Steuerobjekte wird von den Finanzbehörden ein Einheitswert fesgesetzt; der Steuermeßbetrag für das Steuerobjekt ergibt sich aus der Anwendung der Steuermeßzahl (%o) auf den genannten Einheitswert.

(4) **Steuersatz**
Auf den Steuermeßbetrag des Grundstücks erhebt die jeweilige Gemeinde einen gewissen Prozentsatz ("Hebesatz") als jährliche Grundsteuerschuld.

Einheitswert eines bebauten Betriebsgrundstücks	180.000,-- DM
Steuermeßzahl für Betriebsgrundstücke (Grundst./B)	3,5 %o
Steuermeßbetrag	630,-- DM
Hebesatz der Gemeinde für Betriebsgrundstücke	350 %
Grundsteuerschuld	2.205,-- DM

5.2.5 Einkommensteuer

(1) **Steuersubjekt**
Steuerschuldner sind alle natürlichen Personen, die Einkommen beziehen. Bei Personen mit Wohnsitz in der BRD besteht "unbeschränkte Steuerpflicht" (Steuerpflicht erstreckt sich grundsätzlich auf alle Einkünfte). Bei Personen mit Wohnsitz außerhalb der BRD ist die Steuerpflicht auf das inländische Einkommen beschränkt. Nicht getrennt lebende Ehegatten und deren Kinder werden in der Regel zusammen veranlagt.

(2) **Steuerobjekt**
Steuergegenstand ist das nach den Vorschriften des EStG ermittelte Einkommen, welches sich als Summe aus den nachstehenden **7 Einkunfts**arten ergibt:

(a) Einkünfte aus Land- und Forstwirtschaft
(b) Einkünfte aus Gewerbebetrieb
(c) Einkünfte aus selbständiger Arbeit
(d) Einkünfte aus nichtselbständiger Arbeit
(e) Einkünfte aus Kapitalvermögen
(f) Einkünfte aus Vermietung und Verpachtung
(g) Sonstige Einkünfte im Sinne des § 22 EStG

Für die Ermittlung der Einkünfte ist zwischen "unternehmerischen Einkunftsarten" ((a) - (c)) und "nichtunternehmerischen Einkunftsarten" ((d) - (g)) zu unterscheiden. Bei den unternehmerischen Einkunftsarten ergeben sich die Einkünfte als **Gewinn** im Sinne der §§ 4-7 EStG. Bei der Gewinnermittlung werden folgende grundsätzliche Methoden angewendet:

(a) **Betriebsvermögensvergleich gem. § 4 Abs. 1 EStG.** Der Gewinn ergibt sich als Summe des gesamten Reinvermögens-Zugangs im Veranlagungsjahr gegenüber dem Vorjahr. Für die größeren Gewerbebetriebe ist als zusätzliche Rechtsvorschrift der § 5 Abs. 1 EStG anzuwenden. Daher betrifft der Betriebsvermögensvergleich nach § 4 Abs. 1 EStG nur Land- und Forstwirte mit originärer steuerlicher Buchführungspflicht oder selbständig Tätige, die freiwillig einen Betriebsvermögensvergleich durchführen.
(b) **Betriebsvermögensvergleich gemäß § 5 Abs. 1 EStG.** Bei Gewerbetreibenden, die nach handelsrechtlichen oder steuerrechtlichen Vorschriften zur Buchführung verpflichtet sind (oder die freiwillig Bücher führen), sind beim Betriebsvermögensvergleich die Grundsätze ordnungsmäßiger Buchführung zu beachten. Dazu gehört die Pflicht zur Aufstellung von Inventar und Bilanz und die Einhaltung der handelsrechtlichen Buchführungsvorschriften.
(c) **Überschußrechnung gemäß § 4 Abs. 3 EStG.** Freiberufler und Kleingewerbetreibende sind nicht zur Buchführung verpflichtet. Die Ermittlung des Gewinns erfolgt hier als Überschuß der Betriebseinnahmen über die Betriebsausgaben.
(d) **Durchschnittssätze** für nichtbuchführungspflichtige Land- und Forstwirte gem. § 13 a EStG. Der Gewinn wird hier nach Durchschnittssätzen ermittelt, die an den Einheitswert anknüpfen.
(e) **Schätzung** nach § 162 AO. Wenn der Gewinn des Steuerpflichtigen aus seinen Büchern oder Aufzeichnungen nicht klar ermittelt werden kann, so wird der Gewinn von den Finanzbehörden geschätzt.

Bei den **nicht-unternehmerischen Einkunftsarten** werden die Einkünfte als Überschuß der Einnahmen über die Werbungskosten errechnet. Als Werbungskosten werden bezeichnet: Alle Aufwendungen, die der Steuerpflichtige zur Erwerbung, Sicherung und Erhaltung der Einnahmen in der jeweiligen Einkunftsart tätigt. Bei Einkünften aus nichtselbständiger Arbeit bzw. Kapitalvermögen wird die Einkommensteuer bereits an der Einkommensquelle einbehalten (sogenannte Quellensteuern, Lohnsteuer bzw. Kapitalertragsteuer).

(3) **Steuer**bemessungsgrundlage
Die Steuerbemessungsgrundlage der Einkommensteuer ergibt sich nach dem folgenden Schema:

```
      Gesamtbetrag der Einkünfte (verschiedene Einkunftsarten)
./.   Sonderausgaben (z.B. Vorsorgeaufwendungen)
./.   Freibeträge
./.   Außergewöhnliche Belastungen (z.B. Krankheitskosten)
--------------------------------------------------------------
=     zu versteuerndes Einkommen
==============================================================
```

(4) **Steuersatz**
Zur Ermittlung der Steuerschuld für das jeweilige Einkommen werden Einkommensteuertabellen veröffentlicht (Tabellentarif). Bei diesen Tabellen ist die Grundtabelle und die Splitting-Tabelle (für Ehegatten) zu unterscheiden. Der Steuersatz ist nicht konstant, er steigt progressiv mit zunehmendem zu versteuernden Einkommen (Derzeit Eingangs-Steuersatz 23,9 % für Verheiratete, Spitzen-Steuersatz: 53 %.
Die Besteuerung beginnt erst ab einem bestimmten Grundfreibetrag (derzeit 26.135 DM bei Verheirateten). Zusätzlich zu den genannten Steuersätzen gibt es den sogenannten "Solidaritätszuschlag" (derzeit rund 5,5 % der Lohnsteuer bzw. der Einkommensteuer) sowie die Kirchensteuer (z.B. in Bayern 8 % der betreffenden Lohnsteuer bzw. Einkommensteuer)

5.2.6 Grunderwerbsteuer

Die Grunderwerbsteuer ist nicht mit der Grundsteuer zu verwechseln und stellt eine Verkehrssteuer dar, die beim Umsatz von bebauten oder unbebauten Grundstücken fällig wird. Steuerobjekt sind alle Rechtsvorgänge (in der Regel Kaufverträge), durch welche die Übertragung von Grundstücken oder grundstücksgleichen Rechten ermöglicht wird. Steuerschuldner sind Erwerber und Veräußerer des Grundstücks, wobei in der Regel der Erwerber die Grunderwerbsteuer trägt. Steuerbemessungsgrundlage ist die Gegenleistung, insbesondere der Kaufpreis des Grundstücks (bei bebauten Grundstücken einschließlich der Gebäude!). Der Steuersatz beträgt z.Zt. 3,5 % des Kaufpreises.

5.2.7 Verbuchung der Steuerarten

5.2.7.1 Aktivierungspflichtige Steuern

Zu den häufigen und meist zu bestimmten Terminen (Steuerterminkalender) wiederkehrenden Geschäftsfällen gehören die Steuerzahlungen an die Finanzbehörden. Die Vielzahl der im Betrieb anfallenden Steuern läßt sich nach der anzuwendenden Buchungsmethode in mehrere, grundsätzlich verschiedene Gruppen einteilen. Als erste Gruppe sollen hier die **aktivierungspflichtigen** Steuern behandelt werden, zu denen insbesondere die Grunderwerbsteuer und die Börsenumsatzsteuer zählt. Diese Steuern fallen bei der Anschaffung von Gegenständen zu betrieblichen Zwecken an, die Steuerzahlungen dürfen jedoch nicht sofort als Aufwand in die Gewinn- und Verlustrechnung eingehen. Diese Steuerzahlungen stellen vielmehr "Anschaffungsnebenkosten" beim Kauf dar und sind ebenso wie der Anschaffungspreis als Zugang auf einem Bestandskonto zu aktivieren. Dies entspricht den Rechtsvorschriften, wonach Anlagegegenstände mit den "Anschaffungskosten" zu bewerten sind (vgl. § 253 HGB), die Anschaffungskosten umfassen sowohl den Anschaffungspreis als auch die Anschaffungsnebenkosten. Die Anschaffungskosten, soweit sie auf abnutzbare Anlagegüter entfallen, können dann während der Nutzungsdauer abgeschrieben werden. Einfuhrzölle (die ebenfalls zu den Steuern im Sinne der AO gehören) werden als "Bezugskosten" auf den entsprechenden Einkaufskonten verbucht.

Beispiel 16: **Kauf eines unbebauten Industriegrundstücks**

1. Ein Industriebetrieb hat aufgrund eines notariellen Kaufvertrags für das erworbene Grundstück den vereinbarten Kaufpreis von 700.000,-- EUR an den Verkäufer überwiesen.
2. Der Industriebetrieb überweist die Grunderwerbsteuer an das Finanzamt (3,5 % von von 700.000,-- EUR = 24.500,-- EUR).
3. Der Industriebetrieb überweist an das Notariat die berechneten Notariats- und Grundbuchkosten (4.000,-- EUR).

B u c h u n g s s ä t z e /Bsp. 16 (Gemäß Übungskontenplan/IKR im Anhang)

Nr.		Konto	S	H
1. Per	0500	Unbebaute Grundstücke	700.000,--	
an	2800	Bank		700.000,--
2. Per	0500	Unbebaute Grundstücke	24.500,--	
an	2800	Bank		24.500,--
3. Per	0500	Unbebaute Grundstücke	4.000,--	
	2800	Bank		4.000,--

5.2.7.2 Abzugsfähige Betriebssteuern

Eine große Gruppe von Steuerarten fallen ebenfalls für betriebliche Zwecke an, können aber sofort als **Aufwand** bzw. Kosten verbucht werden. Die meisten der hier genannten Steuerzahlungen sind als Kostenbestandteile zu betrachten und gehen in die Selbstkostenkalkulation des Betriebes ein. In der Gewinn- und Verlustrechnung stellen diese Steuerzahlungen "abzugsfähige" Betriebsausgaben dar. Im einzelnen handelt es sich insbesondere um die folgenden Steuerarten:

(1) Gewerbesteuer: Verbuchung in Kontengruppe 46 gemäß GKR bzw. in Kontengruppe 70 (Gewerbekapitalsteuer) oder 77 (Gewerbeertragsteuer) gemäß IKR
(2) Kfz-Steuer für betriebliche PKW: Verbuchung in Kontengruppe 46 gemäß GKR bzw. in Kontengruppe 70 gemäß IKR
(3) Grundsteuer für betriebliche Grundstücke: Verbuchung gemäß GKR als neutraler Aufwand in Kontengruppe 21 ("Haus- und Grundstücksaufwendungen") bzw. in Kontengruppe 70 gemäß IKR

5.2.7.3 Nicht-abzugsfähige Betriebssteuern (KSt/VSt)

Eine wichtige Gruppe von Steuerarten wird durch Steuern gebildet, die zwar Betriebssteuern sind, aber in den steuerrechtlichen Vorschriften ausdrücklich als **"nicht-abzugsfähige" Ausgaben** bezeichnet werden. Es handelt sich um die KSt (VSt) bei Kapitalgesellschaften. Die entsprechenden Steuerzahlungen dürfen in der Gewinn- und Verlustrechnung nicht als gewinnmindernder Aufwand abgezogen werden, sondern müssen vielmehr aus dem versteuerten Gewinn entrichtet werden. Auch in die Selbstkostenkalkulation geht die KSt nicht als Kostenbestandteil ein. Die Verbuchung der beiden Steuerarten "Körperschaftsteuer / Vermögensteuer" bei Kapitalgesellschaften läßt sich bei den beiden bekanntesten Kontenrahmen wie folgt gegenüberstellen:

(1) GKR / Großhandelskontenrahmen usw.:
- Verbuchung in Kontengruppe 29 "Das Gesamtergebnis betreffende Aufwendungen"

(2) IKR
- Verbuchung der Körperschaftsteuer in Kontengruppe 77 "Steuern vom Einkommen und Ertrag". Die Körperschaftsteuer stellt die "Einkommensteuer" der jur. Personen (Körperschaften) dar.
- Verbuchung der Vermögensteuer bei Kapitalgesellschaften in Kontengruppe 70 "Betriebliche Steuern"

5.2.7.4 Privatsteuern

Bei den hier zu nennenden Steuerarten handelt es sich um Steuern, welche die Person des Unternehmers (Privatsphäre) betreffen, nicht den Betrieb. Während Kapitalgesellschaften keine derartige "Privatsphäre" aufweisen, ist es bei Personengesellschaften und Einzelkaufleuten durchaus möglich, daß in der Buchhaltung auch die privaten Steuerzahlungen der Inhaber abgewickelt werden. Derartige Steuerzahlungen dürfen aber keineswegs als Betriebssteuern oder Kostensteuern verbucht werden. Diese Steuerzahlungen stellen keine abzugsfähigen Ausgaben oder Kostenbestandteile dar, sie sind vielmehr als Art "Privatentnahmen" auf dem Privatkonto zu verbuchen (wie eine private Abhebung vom Bankkonto mit anschließender privater Überweisung an das Finanzamt). Die Verbuchung erfolgt gemäß IKR auf den Privatkonten in Kontengruppe 30. Im einzelnen handelt es sich hier um folgende Steuerarten:

- Einkommensteuer / Kirchensteuer der Inhaber bei Personengesellschaften bzw. des Einzelkaufmanns
- Vermögensteuer / Grundsteuer für Privatvermögen der Personengesellschafter bzw. des Einzelkaufmanns
- Erbschaftsteuer der Personengesellschafter bzw. des Einzelkaufmanns

5.2.7.5 Durchlaufsteuern

Die hier zu nennende Gruppe umfaßt solche Steuerarten, die für den buchenden Betrieb nur "durchlaufende Posten" darstellen. Diese Steuern werden aufgrund der gesetzlichen Vorschriften vom Betrieb im Auftrag der Finanzbehörden einbehalten und an die Finanzkassen abgeführt. Die betreffenden Steuerzahlungen stellen keinen Aufwand bzw. keine Kosten des Betriebes dar. Wenn die Steuerbeträge Dritten in Rechnung gestellt werden, so entsteht für den Betrieb eine Sonstige Verbindlichkeit (gegenüber dem Finanzamt), die durch die Abführung der Steuerbeträge an die Finanzkasse getilgt wird. Im einzelnen handelt es sich um die nachstehenden Steuerarten.

(1) Umsatzsteuer
- GKR: Passivierung der Zahllast auf Kontengruppe 17 ("Andere Verbindlichkeiten", "Noch abzuführende Abgaben")
- IKR: Passivierung der Zahllast auf Kontengruppe 48 ("Sonstige Verbindlichkeiten", ev. Unterkonto "Verbindlichkeiten gegenüber Finanzbehörden")

(2) Lohnsteuer / Kirchensteuer der Arbeitnehmer
Verbuchung der einbehaltenen Steuerbeträge wie bei (1)

(3) Verbrauchsteuern (z.B. Mineralölsteuer, Tabaksteuer)
Diese Steuerarten müssen von den Herstellern in die Verkaufspreise eingerechnet und an die Endverbraucher weiterberechnet werden. Die Herstellerbetriebe verbuchen die beim Absatz anzusetzenden Verbrauchssteuern als "Verbrauchssteuern" (z.B. IKR, Kontengruppe 70) und führen die Beträge an die Finanzbehörden ab.

5.2.7.6 Steuernachzahlungen / -erstattungen

Bei Betriebssteuern müssen meist regelmäßige Vorauszahlungen geleistet werden. Bei der abschließenden Veranlagung bzw. bei späteren Betriebsprüfungen kann eine Steuerschuld festgesetzt werden, die nicht mit den geleisteten Vorauszahlungen übereinstimmt. Je nach Art der Abweichung zwischen Vorauszahlungssumme und Steuerschuld ergibt sich eine Steuernachzahlung oder Steuererstattung für den Betrieb. Derartige **Abschlußzahlungen** in späteren Jahren werden betriebswirtschaftlich als außerordentlicher Aufwand bzw. Ertrag (periodenfremder Aufwand bzw. Ertrag) betrachtet. Die Steuer-Abschlußzahlungen gehören jedoch nicht zu den außerordentlichen Aufwendungen bzw. Erträgen im Sinne des HGB, da sie im Rahmen der "Gewöhnlichen Geschäftstätigkeit" anfallen. Grundsätzlich sind bei Steuernachzahlung zunächst die für diese Nachzahlung gebildeten Steuerrückstellungen aufzulösen, wobei sich ein zusätzlicher Aufwand oder ein Auflösungsertrag ergibt. Die Verbuchung der Abschlußzahlungen läßt sich wie folgt zusammenfassen:

(1) GKR
- Nachzahlungen (Zusatzaufwand bei Auflösung von Steuerrückstellungen): Kontengruppe 25 "Betriebliche außerordentliche Aufwendungen"
- Rückerstattungen: Kontengruppe 25: "Betriebliche außerordentliche Erträge"

(2) IKR
- Nachzahlungen bzw. Erstattungen gehören nicht zu den Kontengruppen für außerordentliche Aufwendungen bzw. Erträge (im Sinne des HGB). Die Abschlußzahlungen sind vielmehr in der Kontengruppe 69 "Sonstige betriebliche Aufwendungen" bzw. in Kontengruppe 54 "Sonstige betriebliche Erträge" zu verbuchen.
- Nachzahlungen: Zusatzaufwand bei der Auflösung von Steuerrückstellungen ist unter Konto 699 "Periodenfremde Aufwendungen" zu verbuchen. Erträge bei der Auflösung von Steuerrückstellungen sind unter Konto 548 "Erträge aus der Herabsetzung von Rückstellungen" zu verbuchen.
- Rückerstattungen: Hierfür ist Konto 549 "Periodenfremde Erträge" vorgesehen.
- Die Saldierung von Nachzahlungen und Rückerstattungen von verschiedenen Steuerarten wird von manchen Autoren als vertretbar angesehen. Ebenso wird eine Saldierung von Abschlußzahlungen mit dem entsprechenden laufenden Steueraufwand als vertretbar angesehen, wenn ein Hinweis im Anhang erfolgt.

Steuerstrafen (auch im Zusammenhang mit Betriebssteuern) müssen bei Einzelkaufleuten und Personengesellschaften auf den Privatkonten verbucht werden. Bei Kapitalgesellschaften müssen Steuerstrafen als nichtabzugsfähiger Aufwand behandelt und entsprechend verbucht werden.

5.3 Wertpapiergeschäfte

5.3.1 Wertpapierarten und -konten

Hat die Unternehmung liquide Mittel zur Verfügung, so kann sie hierfür als Kapitalanlage Wertpapiere erwerben und durch Kauf und Verkauf der Wertpapiere zu unterschiedlichen Kursen Kursgewinne (evtl. Kursverluste) erzielen. Für die Kapitalanlage sind dabei zwei grundverschiedene **Arten** von **Wertpapieren** zu unterscheiden:

(1) **Zinspapiere:** Diese verbriefen ein Gläubigerrecht des Inhabers der Wertpapiere gegen den Aussteller der Papiere. Der Inhaber erhält als laufenden Ertrag einen festen Zins, der meistens halbjährlich zu bestimmten Zinsterminen ausbezahlt wird. Nach Ablauf der vereinbarten Frist erfolgt die Rückzahlung des Nennwertes der Zinspapiere. Beispiel: Industrie - Schuldverschreibungen, Pfandbriefe, Bundesanleihen.

(2) **Dividendenpapiere:** Diese verbriefen ein Teilhaberrecht des Inhabers am Eigenkapital der ausstellenden Unternehmung bzw. am Fondsvermögen. Der Inhaber erhält als laufenden Ertrag einen Anteil am Gewinn (Dividende). Außerdem steht jedem Teilhaber ein Anteil am Vermögenszuwachs der Gesellschaft zu. Die Dividende wird meistens jährlich nach Ablauf des Geschäftsjahres und Feststellung des Jahresabschlusses ausgeschüttet. Solange die Unternehmung besteht, erfolgt keine Rückzahlung des Nennwertes der Papiere durch die Gesellschaft (außer bei Investmentanteilen). Beispiele: Aktien, Kuxe, Investmentanteile.

(3) **Investmentfonds-Anteile:** Diese verbriefen einen Miteigentumsanteil an dem von einer Kapitalanlage-Gesellschaft verwalteten Wertpapier-Fonds.

Kauf, Verkauf und Verwaltung von Wertpapieren in größerem Umfang werden meistens über die Hausbank des Kapitalanlegers durchgeführt. Die Bank übersendet dem Kapitalanleger entsprechende Auftragsabrechnungen über Kauf/Verkauf von Wertpapieren, sowie Depotauszüge über die von der Bank im Wertpapierdepot des Kunden verwalteten Wertpapiere. Die von der Bank erhaltenen Unterlagen stellen die Ausgangsbelege für die Verbuchung beim Kapitalanleger dar. Die Zugänge an Wertpapieren werden auf entsprechende Aktivkonten verbucht, wobei mindestens folgende **Wertpapier-Bestandskonten** geführt werden:

- **"Wertpapiere des Umlaufvermögens"**: Wertpapiere, die nur kurzfristig gehalten und dann wieder verkauft werden sollen (als Liquiditätsreserve oder als Spekulationsobjekte). Eine weitere Unterteilung ist üblich in Konten für Aktien, Festverzinsliche Wertpapiere, Eigene Anteile usw.
- **"Wertpapiere des Anlagevermögens"**: Wertpapiere, welche der Kapitalanleger längerfristig behalten möchte (Finanzanlagevermögen). Eine weitere Unterteilung ist üblich in einzelne Konten für Aktien (ev. nach verschiedenen Aktiengattungen getrennt), Festverzinsliche Wertpapiere, Investmentanteile usw.
- **"Beteiligungen"**: Wertpapierposten, die mindestens 20 % des Eigenkapitals der im Papier genannten Unternehmung umfassen, werden als "Beteiligungen" bezeichnet und gesondert verbucht. Die Beteiligungen gewähren dem Kapitalanleger je nach prozentualem Umfang bereits ein Einflußrecht bei der im Papier genannten Unternehmung. Entscheidend für die Verbuchung als Beteiligung ist die längerfristige Beteiligungsabsicht, die gesetzliche Vermutung gem. § 271 HGB (20 %) kann widerlegt werden.
- **Anteile an verbundenen Unternehmen:** Diese müssen gesondert verbucht und bilanziert werden, da zwischen verbundenen Unternehmen eine gesteigerte Einflußnahme bis hin zur Beherrschung möglich ist. Als verbundene Unternehmen im Sinne von § 271 HGB gelten Unternehmen, die "als Mutter- oder Tochterunternehmen in einen Konzernabschluß einzubeziehen..." sind. Diese Definition deckt sich nicht immer mit den "verbundenen Unternehmen" im Sinne der §§ 15 ff. AktG.

Die genannten Konten können jeweils als gemischte oder getrennte Wertpapierkonten geführt werden (vgl. Punkt 2.2.8). Bei gemischten Wertpapierkonten müssen am Ende des Jahres die erzielten **Kursgewinne bzw. -verluste** auf die entsprechenden neutralen Erfolgskonten umgebucht werden.

(1) Erzielte Kursgewinne
- GKR: Konto 205 Betriebsfremde Erträge
- IKR: Kontengruppe 57 Sonstige Zinsen und ähnliche Erträge, Konto 5780 Erträge aus Wertpapieren des Umlaufvermögens bzw. Kontengruppe 55 Erträge aus Beteiligung bzw. Kontengruppe 56 Erträge aus anderen Wertpapieren des Finanzanlagevermögens

(2) Erziele Kursverluste
- GKR: Konto 200 Betriebsfremde Aufwendungen
- IKR: Konto 7450 Verluste aus dem Abgang von Finanzanlagen bzw. Konto 7460 Verluste aus dem Abgang von Wertpapieren des Umlaufvermögens

Die **laufenden Erträge** der Wertpapiere (Dividenden, Zinsen) werden auf den folgenden Ertragskonten verbucht.

(1) Jahreszinsen aus festverzinslichen Wertpapieren:
- GKR: Konto 245 Zinserträge
- IKR: Konto 5780 Erträge aus Wertpapieren des Umlaufvermögens bzw. Kontengruppe 56 Erträge aus anderen Wertpapieren des Finanzanlagevermögens

(2) Dividenden aus Aktien (an Personenunternehmen ausgeschüttet)
Als **Bruttodividende** wird die Dividende einschließlich KSt-Guthaben bezeichnet, die Dividende nach Abzug der Körperschaftsteuer wird als **Bardividende** bezeichnet; von der Bardividende muß dann noch ggfs. die Kapitalertragsteuer einbehalten werden, der Rest ist der Überweisungsbetrag bzw. die (vorläufige) **Nettodividende**.
- GKR: Konto 245 Zinserträge (Bruttodividende einschl. KSt-Guthaben), Gegenkonten: Konto "Bank" (Nettodividende) sowie Konto 197 Privat (Steuergutschriften)
- IKR: Konto 5780 Erträge aus Wertpapieren des Umlaufvermögens (Bruttodividende einschl. Körperschaftsteuer - Guthaben); Gegenkonten: Konto "Bank" (Nettodividende) sowie Konto 3001 Privatkonto (Steuergutschriften)

Die Kapitalertragsteuer und die anrechenbare Körperschaftsteuer kann der Aktionär bei seiner privaten Einkommensteuererklärung auf die Steuerschuld anrechnen, sie wird auf dem Privatkonto als "vorausbezahlte Einkommensteuer" erfaßt. Nach Meinung führender Fachautoren ist jedoch bezüglich der einbehaltenen Kapitalertragsteuer sowie der anrechenbaren Körperschaftsteuer bei Wertpapieren von Personengesellschaften nicht von vornherein ein privater Vorgang anzunehmen (vgl. Falterbaum / Beckmann, 1998, S. 261 ff.). Immerhin resultieren beide **Steuergutschriften** aus den im **Betriebsvermögen** gehaltenen Wertpapieren. Die Steuergutschriften müßten daher beim Ausschüttungstermin zunächst als "Sonstige Forderungen" aktiviert und später als "Privatentnahme" ausgebucht werden.

Für die **Bewertung** der am Bilanzstichtag im Bestand befindlichen **Wertpapiere** müssen die bereits früher dargestellten Bewertungsprinzipien beachtet werden:

(1) **Wertpapiere des Anlagevermögens**
- Anschaffungswertprinzip: Bewertung höchstens mit den Anschaffungskosten, auch wenn der Börsenpreis am Bilanzstichtag höher sein sollte.
- Gemildertes bzw. strenges Niederstwertprinzip: Ist der Börsenpreis am Bilanzstichtag niedriger als die Anschaffungskosten, so kann bzw. muß die Bewertung mit dem niedrigeren Börsenpreis erfolgen.
- Beibehaltungswahlrecht: Bei Wiederanstieg der Börsenkurse kann eine Zuschreibung (bis höchstens zu den Anschaffungskosten) erfolgen. Für Kapitalgesellschaften besteht in diesem Falle eine Zuschreibungspflicht gemäß § 280 HGB (Wertaufholungsgebot).
- Abschreibungen wegen Kursrückgangs werden gemäß IKR auf Konto 740 Abschreibungen auf Finanzanlagen verbucht.
- Zuschreibungen bei Kursanstieg werden gemäß IKR in Kontengruppe 55 Erträge aus Beteiligungen bzw. in Kontengruppe 56 Erträge aus anderen Wertpapieren des Finanzanlagevermögens verbucht.

(2) **Wertpapiere des Umlaufvermögens**
- Anschaffungswertprinzip: wie bei (1)
- Strenges Niederstwertprinzip: Ist der Börsenpreis am Bilanzstichtag niedriger als die Anschaffungskosten, so muß die Bewertung mit dem niedrigen Börsenpreis erfolgen.
- Beibehaltungswahlrecht: wie bei (1)
- Abschreibungen wegen Kursrückgangs werden gemäß IKR auf Konto 742 Abschreibungen auf Wertpapiere des Umlaufvermögens verbucht. Zuschreibungen wegen Kursanstiegs werden gemäß IKR auf Konto 578 Erträge aus Wertpapieren des Umlaufvermögens verbucht.

5.3.2 Nebenkosten bei Ankauf und Verkauf

Beim Kauf von Wertpapieren sind diese auf dem jeweiligen Wertpapierkonto mit den Anschaffungskosten zu verbuchen; d.h. neben dem Anschaffungspreis (Ankauf-Kurs) sind auch die **Anschaffungsnebenkosten** aktivierungspflichtig. Die üblichen Nebenkosten beim Kauf von börsennotierten Wertpapieren über die Bank sind in Abb. 48 dargestellt. Beim Kauf von festverzinslichen Wertpapieren müssen außer den genannten Nebenkosten noch sogenannte "Stückzinsen" entrichtet werden, d.h. Zinsen für die zwischen dem letzten Zinstermin und dem Ankaufstag verstrichene Zeit. Die Verbuchung der bezahlten Stückzinsen erfolgt auf dem Konto "Zinsaufwand".

Beim Verkauf von börsennotierten Wertpapieren über die Bank werden von dieser als **"Verkaufskosten"** die gleichen Kosten, wie in Abb. 48 dargestellt, erhoben. Diese Verkaufskosten werden in der Verkaufsabrechnung der Bank bereits vom Verkaufswert (Verkaufsteuer d. Wertpapiere) abgezogen; der Verkäufer erhält als Gutschrift auf seinem Bankkonto nur den verbleibenden Betrag. Daher ist es in der Praxis üblich, in der Buchhaltung bei Wertpapierabgängen gleich den von der Bank gutgeschriebenen (verbleibenden) Verkaufserlös zu verbuchen. Dies bedeutet, daß die Verkaufskosten buchhalterisch nicht gesondert erfaßt werden. Beim Verkauf von festverzinslichen Wertpapieren erhält der Verkäufer vom Käufer die "Stückzinsen" für die Zeit zwischen dem letzten Zinstermin und dem Verkaufstag. Die Verbuchung der erhaltenen Stückzinsen erfolgt auf dem Konto "Zinserträge" (beim IKR: Erträge aus Wertpapieren des Umlaufvermögens usw.).

Aktien ——————> Kosten:1)	Aktien	Pfandbriefe, Komunal-Obligationen
Bankprovision	1,00 % vom Kurswert	1,00 % vom Kurswert
Maklergebühr (Court.)	0,08 % vom Kurswert	0,08 % vom Kurswert
Nebenkosten / Gesamt	1,08 % vom Kurswert	1,08 % vom Kurswert

1) Bei Kleinaufträgen werden bestimmte Mindestbeträge berechnet (Kosten in % vom Kurswert bzw. Nennwert)

Abb. 48: Nebenkosten beim Ankauf / Verkauf von Wertpapieren über Börse (Bsp.)

5.3.3 An- und Verkauf von Dividendenpapieren

Die typischen Buchungen beim An- und Verkauf von börsennotierten Aktien sollen nun anhand des nachstehenden Beispiels dargestellt werden.

Beispiel 17: **Kursgewinn bei Aktien**

1. Kauf von 100 Stück Aktien als kurzfristige Kapitalanlage zum Stückkurs von 250,-- EUR durch die Bank. Die Kaufabrechnung der Bank lautet:

	Anschaffungs-Kurswert (100 * 250,-- EUR)	25.000,-- EUR
+	1,08 % Nebenkosten (Bankprovision, Courtage)	270,00 EUR
=	Belastung auf Bankkonto (Anschaffungskosten)	25.270,-- EUR

2. Verkauf von 80 Stück Aktien zum Stückkurs von 290,-- EUR durch die Bank. Die Verkaufsabrechnung der Bank lautet:

Verkaufs-Kurswert (80 * 290,-- EUR)	23.200,-- EUR
./.1,08 % Nebenkosten (Bankprovision, Courtage)	250,56 EUR
= Gutschrift auf Bankkonto	22.949,44 EUR

3. Am Jahresende wird das gemischte Wertpapierkonto abgeschlossen; der Endbestand wird in die Schlußbilanz übertragen (Bewertung mit Anschaffungskurs):

20 Stück * 250 ,-- EUR =	5.000,-- EUR
+ 1,08 % anteilige Nebenkosten	54,-- EUR
= Endbestand (Inventurwert)	5.054,-- EUR

4. Der Kursgewinn aus den Verkäufen (Saldo) wird auf des Konto "Sonstige Erträge" übertragen.

Verkäufe (80 St., Bankgutschrift)	22.949,44 EUR
./.Verkäufe zu Anschaffungskosten (80 St. * (250,-- EUR + 0,0108 * 250,-- EUR)	20.216,-- EUR
= Kursgewinn	2.733,44 EUR

B u c h u n g s s ä t z e /Bsp. 17 (Gemäß Übungskontenplan/IKR im Anhang)

Nr.		Konto	S	H
1. Per	2720	Aktien	25.270,--	
an	2800	Bank		25.270,--
2. Per	2800	Bank	22.949,44	
an	2720	Aktien		22.949,44
3. Per	8010	Schlußbilanzkonto	5.054,--	
an	2720	Aktien		5.054,--
4. Per	2720	Aktien	2.733,44	
an	5780	Erträge aus Wertpapieren des UV		2.733,44

5.3.4 An- und Verkauf von Zinspapieren

Die typischen Buchungen beim An- und Verkauf von börsennotierten Zinspapieren über die Bank sollen nun anhand des folgenden Beispiels dargestellt werden.

Beispiel 18: **Kursverlust bei festverzinslichen Wertpapieren**

1. Kauf von 20.000,-- EUR Obligationen (Nennwert) zu einem Kurs von 99 % am 30.09. als kurzfristige Kapitalanlage. Zinstermine 1.1./1.7., Die Bankabrechnung lautet wie folgt:

	Kurswert (20.000,-- EUR zu 99 %)	19.800,-- EUR
+	0,675 % Nebenkosten	133,65 EUR
=	Anschaffungswert	19.933,65 EUR
+	St^{n}ckzinsen (6 % v. 20.000,-- / anteilig für Juli bis September)	300,-- EUR
=	Belastung auf Bankkonto	20.233,65 EUR

2. Verkauf aller Obligationen zu einem Kurs von 97 % am 31.10. Die Bankabrechnung lautet wie folgt:

	Kurswert (20.000,-- EUR zu 97 %)	19.400,-- EUR
./.	0,675 % Nebenkosten	130,95 EUR
=	Verkaufswert	19.269,05 EUR
+	St^{n}ckzinsen (6 % v. 20.000,-- / anteilig für Juli bis Oktober)	400,-- EUR
=	Gutschrift auf Bankkonto	19.669,05 EUR

3. Am Jahresende wird der Kursverlust auf das Konto "Verluste aus dem Abgang von Umlaufgegenständen" übertragen. Verlust-Ermittlung:

	Anschaffungswert	19.933,65 EUR
./.	Verkaufswert	19.269,05 EUR
=	Kursverlust	664,60 EUR

B u c h u n g s s ä t z e /Bsp. 18 (Gemäß Übungskontenplan/IKR im Anhang)

Nr.			Konto	S	H
1.	Per	2770	Festverzinsliche Wertpapiere	19.933,65	
		7510	Zinsaufwendungen	300,--	
	an	2800	Bank		20.233,65
2.	Per	2800	Bank	19.669,05	
	an	2770	Festverzinsliche Wertpapiere		19.269,05
		5780	Erträge aus Wertpapieren des UV		400,--
3.	Per	7460	Verl.a.d. Abgang v. Wertpap. d. UV	664,60	
	an	2770	Festverzinsliche Wertpapiere		664,60

5.3.5 Scheckverkehr

Größere Zahlungen im Verkehr zwischen Kaufleuten werden häufig durch Schecks beglichen. Dies bedeutet z.B. bei einem Warengeschäft, daß der Kunde dem Lieferer einen Scheck ausstellt (meist **Verrechnungsscheck**, d.h. ein Scheck, der bei der einlösenden Bank auf dem Bankkonto des Einlösers gutgeschreiben wird). Der Lieferer kann diesen Scheck bei seiner Hausbank einlösen, die Bank schreibt den Betrag auf dem Liefererkonto gut und fordert den Betrag bei der im Scheck angegebenen Bank des

Scheckausstellers an. Die von Kunden erhaltenen Schecks werden als "Kundenschecks" bezeichnet. Die selbst ausgestellten Schecks bei den Kunden werden als "Eigene Schecks" bezeichnet. Die Verbuchung von Schecks beim Aussteller bzw. Empfänger soll im folgenden kurz erläutert werden.

(1) **Verbuchung von eigenen Schecks**
Die vom Kunden ausgestellten und an den Lieferer zur Zahlung gegebenen Schecks werden beim Aussteller zunächst nicht buchhalterisch erfaßt. Erst wenn die Hausbank des Ausstellers den Scheckbetrag auf dem Bankkonto des Ausstellers belastet, erfolgt eine Buchung.

Beispiel (IKR)
Per 4400 Verbindlichk. aus Lief.u.L. an 2800 Bank ..... EUR

(2) **Verbuchung von Kundenschecks**
Bei größeren Betrieben werden die von Kunden eingehenden Schecks auf einem besonderen Konto "Kundenschecks" erfaßt und nach Einlösung bei der Bank (Gutschrift auf Bankkonto) wieder ausgebucht.

Beispiel (IKR)
1. Per 2860 Schecks an 2400 Ford.a.L.u.L. ..... EUR
2. Per 2800 Bank an 2860 Schecks ..... EUR

5.4 Zugänge und Abgänge von Anlagegütern

5.4.1 Kauf von Anlagegütern (Anschaffungskosten)

Insbesondere bei Industriebetrieben ist zur Durchführung der Leistungserstellung eine Vielzahl von Anlagegütern (Sachanlagen) erforderlich. Diese Anlagegüter können grundsätzlich in die folgenden **Arten** eingeteilt werden:

- Unbewegliche Anlagegüter (Immobilien), z.B. unbebaute Grundstücke; bebaute Grundstücke mit Fabrikgebäuden, Geschäftsgebäuden, Wohngebäuden usw.; grundstücksgleiche Rechte; Bauten auf fremden Grund.
- Bewegliche Anlagegüter, z.B. Maschinen und maschinelle Anlagen, Betriebs- und Geschäftsausstattung.

Für die dargestellten Arten und Gruppen der Anlagegüter werden entsprechende **"Anlagekonten"** (Aktivkonten) geführt. In allen Kontenrahmen sind entsprechende Kontengruppen vorgesehen (vgl. Kontenrahmen im Anhang). In den Anlagekonten werden einerseits alle Zugänge durch Kauf oder Herstellung, andererseits alle Abgänge durch Verkauf verbucht. Bei den abnutzbaren Anlagegütern tritt durch den ständigen Gebrauch im Betrieb eine Wertminderung ein (Verschleiß). Dies wird durch die Verbuchung von Abschreibungen auf den Anlagekonten berücksichtigt. Daher ist es erforderlich, bei den einzelnen Anlagekonten (insbesondere bei bebauten Grundstücken) Unterkonten wie folgt zu bilden:

- Unterkonten für **nicht-abnutzbare Bestandteile**, z.B. Grundstücke
- Unterkonten für **abnutzbare Bestandteile**, z.B. Gebäude, Einrichtung. Bei Bestandteilen mit verschiedenen Nutzungsdauern sollten entsprechend verschiedene Unterkonten geführt werden.
- Unterkonten für **"geringwertige Wirtschaftsgüter"** gem. § 6 Abs. 2 EStG (Anschaffungskosten ohne Vorsteuer nicht höher als 800,-- DM). Diese Wirtschaftsgüter können im Jahr der Anschaffung bzw. Herstellung voll abgeschrieben werden (Wahlrecht). Als Voraussetzung gilt hierbei, daß es sich um selbständig nutzbare, bewegliche und abnutzbare Gegenstände handelt. Wirtschaftsgüter mit Anschaffungskosten bis zu 100,-- DM können sofort als Aufwand verrechnet werden und brauchen nicht aktiviert zu werden.

Insbesondere bei Industrieunternehmen ist häufig eine große Anzahl von beweglichen Wirtschaftsgütern anzutreffen (Produktionsanlagen, "Maschinenpark"), dieser Bestand wird ständig durch Kauf neuer Anlagegüter und Verkauf der gebrauchten Objekte modernisiert. Um hier den erforderlichen Überblick zu gewährleisten, wird eine umfangreiche **Anlagenbuchhaltung** durchgeführt, meisten jedoch als Nebenbuchhaltung (Anlagekartei). In der Anlagekartei werden für jedes Anlageobjekt die wesentlichen Daten aufgeführt: genaue Beschreibung des Objekts, Inventar-Nr., Datum und Kosten der Anschaffung, Lieferant, Garantiebedingungen, voraussichtliche Nutzungsdauer, jährliche Abschreibungen, Großreparaturen usw. In der Systembuchhaltung sind dann nur noch Sammelbuchungen auf den zuvor genannten Anlagekonten erforderlich.

Bei Zugängen von Anlagegütern durch Kauf müssen die gesamten **Anschaffungskosten** auf dem betreffenden Anlagekonto aktiviert werden. Bei den Anschaffungskosten sind im einzelnen die nachstehenden Bestandteile zu verbuchen (vgl. auch § 255 Abs. 1 HGB):

(1) **Anschaffungspreis (Nettopreis):** Die in Rechnung gestellte Umsatzsteuer wird als anrechenbare Vorsteuer (nicht auf dem Anlagekonto!) verbucht.

(2) **Anschaffungskosten-Minderungen:** Die eventuell beim Kauf erhaltenen Lieferantennachlässe, z.B. Skonti, Boni vermindern die aktivierungspflichtigen Anschaffungskosten.

(3) **Anschaffungs-Nebenkosten:** Alle Aufwendungen bei der Anschaffung, die erforderlich sind, um das Anlagegut in einen betriebsbereiten Zustand zu versetzen, stellen aktivierungspflichtige Nebenkosten dar. Beispiele:
   - Bei unbeweglichen Anlagegütern: Kosten der Vermittlung und notariellen Beurkundung, Grunderwerbsteuer, Vermessungskosten usw.
   - Bei beweglichen Anlagegütern (Maschinen): Transportkosten, Transportversicherung, Montage- und Fundamentierungskosten, Überlieferung und Zulassung bei Kraftfahrzeugen usw. Die bei den Nebenkosten eventuell bezahlte Umsatzsteuer ist ebenfalls als anrechenbare Vorsteuer zu verbuchen.
   - Finanzierungskosten: Die beim Kauf von Anlagegütern oft erheblichen Kosten der Geldbeschaffung und Finanzierung (z.B. Kreditgebühren, Zinsen) gehören nicht (!) zu den Anschaffungskosten des Anlagegutes.

Die typischen Buchungen beim Kauf eines beweglichen Anlagegutes (Maschine) sollen nun anhand des nachstehenden Beispiels erläutert werden.

Beispiel 19: **Kauf einer Maschine im Industriebetrieb**

1. Zieleinkauf einer Maschine durch einen Industriebetrieb zum Rechnungspreis von 33.000,-- EUR netto zuzüglich 3.300,-- EUR USt., Bruttobetrag: 36.300,-- EUR.
2. Barzahlung der Transportkosten in Höhe von 700,-- EUR netto zuzüglich 70,-- EUR Umsatzsteuer.
3. Überweisung des Rechnungsbetrages der Maschine unter Abzug von 2 % Skonto (2 % von 36.300,-- = 726,-- EUR), Überweisungsbetrag: 36.300,-- ./. 726,-- = 35.574,-- EUR. Skontobetrag/netto: 660,-- EUR, Vorsteuer-Berichtigung 66,-- EUR.

Die gesamten, nun aktivierten Anschaffungskosten betragen:

	Anschaffungspreis/netto	33.000,-- EUR
+	Anschaffungsnebenkosten/netto	700,-- EUR
./.	Anschaffungskostenminderung/netto	660,-- EUR
=	Anschaffungskosten	33.040,-- EUR

Buchungssätze /Bsp. 19 (Gemäß Übungskontenplan/IKR im Anhang)

Nr.		Konto		S	H
1.	Per	0700	Technische Anlagen und Maschinen	33.000,--	
		2600	Vorsteuer	3.300,--	
	an	4400	Verbindlichkeiten aus Lief.u.L.		36.300,--
2.	Per	0700	Technische Anlagen und Maschinen	700,--	
		2600	Vorsteuer	70,--	
	an	2880	Kasse		770,--
3.	Per	4400	Verbindlichkeiten aus Lief.u.L.	36.300,--	
	an	0700	Technische Anlagen und Maschinen		660,--
		2600	Vorsteuer		66,--
		2800	Bank		35.574,--

5.4.2 Im Bau befindliche Anlagen / Anzahlungen auf Anlagen

Die Herstellung von größeren Anlagegütern im Auftrag der Unternehmung (Gebäude und größere Maschinen) ersteckt sich oftmals über mehrere Geschäftsjahre. Dabei fallen bereits während der Bauarbeiten laufend Rechnungen der Bauhandwerker an. Um bei solchen Bauprojekten einen Überblick über den Baufortschritt zu gewährleisten, werden die Auszahlungen noch nicht auf den regulären Anlagekonten verbucht. Vielmehr werden alle bereits für den Bau bezahlten Rechnungsbeträge auf speziellen Konten **"Anlagen im Bau"** gesammelt. Erst bei vollständiger Fertigstellung werden die gesammelten Herstellungskosten eines Bauobjekts als Zugang auf dem betreffenden Anlagekonto verbucht. Die "Anlagen im Bau" sowie eventuelle Anzahlungen auf diese müssen in der Bilanz gesondert ausgewiesen werden (§ 266 HGB).

Eine andere Abrechnungsmethode bei längerfristigen Aufträgen besteht darin, daß der Auftraggeber während der Bauphasen Anzahlungen auf den Gesamtpeis leistet, bei Fertigstellung werden dann die Anzahlungen mit dem Gesamtpreis verechnet. Derartige Anzahlungen (Vorauszahlungen) werden beim Auftraggeber auf einem speziellen Aktiv-Konto "Anzahlungen" verbucht. Wichtig ist hierbei, daß gemäß § 13 UStG auch Anzahlungen auf umsatzsteuerpflichtige Umsätze bereits der Umsatzsteuer unterliegen (wenn die Umsatzsteuer gesondert in Rechnung gestellt wird bzw. bei Anzahlungsbeträgen ab 10.000,-- DM).

Beispiel 20: **Anzahlung bei Maschinenkauf**

1. Ein Industriebetrieb hat eine Maschine beim Hersteller in Auftrag gegeben (Kostenvoranschlag: 30.000,-- EUR netto zuzüglich 3.000,-- EUR Umsatzsteuer). Vertragsgemäß wird sofort nach Auftragsabschluß eine Anzahlung auf den Kaufpreis in Höhe von 1/3 des Kaufpreises (10.000,-- EUR netto zuzüglich 1.000,-- EUR Umsatzsteuer) an den Hersteller überwiesen.
2. Bei Lieferung der Maschine wird der Rest des Kaufpreises per Bank überwiesen (22.000,-- EUR incl. Umsatzsteuer).

B u c h u n g s s ä t z e /Bsp. 20 (Gemäß Übungskontenplan/IKR im Anhang)

Nr.			Konto	S	H
1.	Per	0900	Geleist. Anzahl.a. Sachanlagen	10.000,--	
		2600	Vorsteuer	1.000,--	
	an	2800	Bank		11.000,--
2.	Per	0700	Technische Anlagen und Maschinen	30.000,--	
		2600	Vorsteuer	2.000,--	
	an	0900	Geleist. Anzahl. a. Sachanlagen		10.000,--
		2800	Bank		22.000,--

5.4.3 Herstellungs- und Erhaltungsaufwand (Großreparaturen)

Bei unbeweglichen und beweglichen Anlagegütern fallen von Zeit zu Zeit Reparaturaufwendungen in beträchtlicher Höhe an (Großreparaturen, Umbau usw.). Für die Verbuchung solcher Aufwendungen ist genau zu klären, um welche grundsätzliche Art von Aufwendungen es sich handelt.

(1) **Erhaltungsaufwand** (Werterhaltende Reparaturen)
Laufende Aufwendungen zur Aufrechterhaltung der Betriebsbereitschaft des Anlagegutes werden steuerlich als "Erhaltungsaufwand" bezeichnet und werden in voller Höhe als Aufwand (abzugsfähige Betriebsausgaben) verbucht. Für diese Aufwendungen werden entsprechende Aufwandskonten geführt, z.B. "Fremdreparaturen / Instandhaltung". Reparaturaufwendungen bei Gebäuden werden gemäß GKR in Klasse 2 als neutraler Aufwand ("Haus- und Grundstückaufwendungen") verbucht.

(2) **Herstellungsaufwand** (Werterhöhende Reparaturen)
Solche Aufwendungen, die zu einer Wertsteigerung des Anlagegutes führen, werden steuerlich als "Herstellungsaufwand" bezeichnet und müssen auf dem Anlagekonto aktiviert werden.

(3) Wenn eine Eingangsrechnung vorliegt, die sowohl Erhaltungsaufwand als auch Herstellungsaufwand enthalten könnte, so wird diese zunächst auf einem entsprechenden Konto **"Großreparaturen"** verbucht. Nach genauer Beurteilung der Aufwendungen werden diese zu einem Teil auf das Konto "Fremdreparaturen" ausgebucht (Erhaltungsaufwand), zum anderen Teil auf dem betreffenden Anlagekonto aktiviert (Herstellungsaufwand).

5.4.4 Aktivierungspflichtige Eigenleistungen (Herstellungskosten)

Bei Industriebetrieben können sich Anlagenzugänge auch dadurch ergeben, daß die betreffenden Anlagegüter selbst hergestellt worden sind. Derartige Anlagegüter stellen "Eigenleistungen" des Betriebes dar, die zu einer beachtlichen Wertsteigerung im Anlagevermögen führen. Daher müssen derartige Eigenleistungen gemäß HGB/EStG mit den angefallenen **"Herstellungskosten"** aktiviert werden. Bei der Ermittlung der Herstellungskosten gem. § 255 Abs. 2 HGB sind folgende Bestandteile zu berücksichtigen:

(1) **Material - Einzelkosten:** die laut Stückliste für das Anlagegut verwendeten Materialteile (Aktivierungspflicht).

(2) **Materialgemeinkosten:** Für die Gemeinkosten der Materiallagerung wird anhand der Betriebsabrechnung ein bestimmter Zuschlagssatz auf die Materialeinzelkosten (Fertigungsmaterial) eingerechnet (Aktivierungswahlrecht).

(3) **Fertigungslöhne:** Für die gemäß Auftragsabrechnung direkt für das Anlagegut angefallenen Arbeitszeiten (Aktivierungspflicht).

(4) **Fertigungsgemeinkosten:** Für die Gemeinkosten der Fertigungs-Kostenstellen wird anhand der Betriebsabrechnung ein bestimmter Zuschlagsatz auf die Fertigungslöhne erhoben (Aktivierungswahlrecht).

(5) **Verwaltungsgemeinkosten:** Gemäß § 255 Abs. 2 HGB können diese Kosten in die aktivierten Herstellungskosten eingerechnet werden, müssen aber nicht (Aktivierungswahlrecht).

(6) **Vertriebsgemeinkosten**: dürfen gem. § 255 Abs. 2 HGB nicht in die Herstellungskosten eingerechnet werden (Aktivierungsverbot).

Die für die Eigenleistungen angefallenen Aufwendungen bzw. Kosten werden in die üblichen Kontenklassen für Personalaufwand, Materialaufwand usw. verbucht. Die damit hergestellte Eigenleistung stellt ebenso einen Ertrag der betrieblichen Produktion dar wie die für den Verkauf produzierten Güter. Daher werden die Eigenleistungen auf einem speziellen Ertragskonto **"Eigenleistungen"** verbucht, die Gegenbuchung erfolgt auf dem betreffenden Anlagekonto (Aktivierung).

Beispiel 21: **Selbsterstellte Anlage im Industriebetrieb**

1. In einem Industriebetrieb sind für Produktion einer Anlage, die selbst genutzt werden soll, Herstellungskosten in Höhe von 37.000,-- EUR angefallen.
2. Bei Fertigstellung wird die Anlage auf dem Konto "Maschinen und maschinelle Anlagen" als Zugang verbucht (aktiviert).

Buchungssätze /Bsp. 21 (Gemäß Übungskontenplan/IKR im Anhang)

Nr.		Konto	S	H
1.	Per 6/7	Diverse Aufwendungen	37.000,--	
	an 1/2	Diverse Aktivkonten		37.000,--
2.	Per 0700	Technische Anlagen und Maschinen	37.000,--	
	an 5300	Aktivierte Eigenleistungen		37.000,--

5.4.5 Verkauf von Anlagegütern (Veräußerungsgewinn)

Bei Neuanschaffungen von Anlagen wird meist eine schon bestehende gebrauchte Anlage verkauft. Bei größeren Anschaffungen werden auch oftmals die gebrauchten Anlagen vom Verkäufer der Neuanlage "in Zahlung genommen", d.h. der Verkaufspreis der alten Anlage wird auf den Kaufpreis der neuen Anlage angerechnet. Für die Verbuchung sind auch im Falle der Inzahlungnahme stets zwei Verträge zu unterstellen: Der Kauf der neuen Anlage einerseits und der Verkauf der gebrauchten Anlage andererseits. Für die Verbuchung des Verkaufs ist wichtig, daß auch der Verkauf von Anlagegütern grundsätzlich umsatzsteuerpflichtig ist, d.h. der Verkäufer muß neben dem **Verkaufspreis** die gesetzliche **Umsatzsteuer** in Rechnung stellen.

Um die verkaufte Anlage aus dem Anlagekonto auszubuchen, muß zunächst deren **"Buchwert"** festgestellt werden. Der Buchwert eines Anlagegutes ergibt sich aus den aktivierten Anschaffungskosten abzüglich der während der Nutzungsdauer abgerechneten jährlichen Abschreibungsbeträge. Wurden diese Abschreibungsbeträge direkt auf dem Anlagekonto des Anlagegegenstandes gebucht, so ist der Buchwert unmittelbar aus dem Anlagekonto ersichtlich. Bei der indirekten Abschreibungsmethode werden jedoch die Abschreibungsbeträge nicht auf dem Anlagekonto verbucht, sondern auf einem speziellen Konto "Wertberichtigungen" angesammelt. Die Differenz aus Anschaffungskosten (Anlagekonto) minus Wertberichtigungen ergibt dann den Buchwert des Anlagebestandes.

Wird für den verkauften Gegenstand kein eigenes Anlagekonto geführt, so muß der Buchwert aus der Anlagekarte des Gegenstandes (Nebenbuchhaltung) entnommen werden. Wurden beim verkauften Anlagegut indirekte Abschreibungen (Wertberichtigungen) vorgenommen, so müssen diese Wertberichtigungen erst auf das Anlagekonto umgebucht werden, bevor der verkaufte Gegenstand aus dem Anlagekonto entgültig ausgebucht werden kann. Wird das gebrauchte Anlagegut erst gegen Ende des Jahres verkauft, so muß beim Buchwert noch die Abschreibung für das Verkaufsjahr abgezogen werden (zeitanteilig, d.h. jeden Montat 1/12 des jährlichen Abschreibungsbetrages).

Nach Feststellung des Verkaufspreises (netto) und des Buchwerts kann die Erfolgswirkung des Verkaufs berechnet werden. Nur wenn Verkaufspreis und Buchwert genau übereinstimmen, ist der Anlageabgang erfolgsneutral.

(1) **Veräußerungsgewinn:** Die Differenz zwischen Verkaufspreis und niedrigerem Buchwert stellt den "Veräußerungsgewinn" dar. Derartige Gewinne werden meist auf einem speziellen Konto: "Erträge aus Anlageabgängen" verbucht (Gemäß GKR in Kontengruppe 25 "Betriebliche außerordentliche Aufwendungen und Erträge").

(2) **Veräußerungsverlust:** Die Differenz zwischen Buchwert und niedrigerem Verkaufspreis stellt einen "Veräußerungsverlust" dar. Derartige Verluste werden meist auf einem speziellen Konto: "Verluste aus Anlageabgängen" verbucht (gemäß GKR wiederum in Kontengruppe 25).

Die typischen Buchungen beim Anlagenverkauf im Falle eines Veräußerungsgewinns sind in Abb. 49 dargestellt.

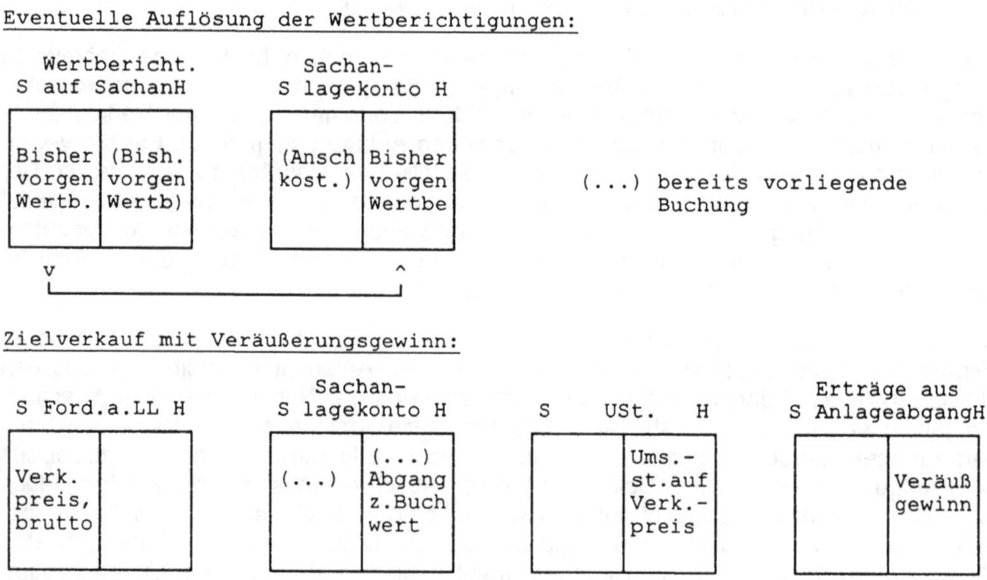

Abb. 49: Anlagenverkauf (Veräußerungsgewinn)

Beispiel 22: **Verkauf eines indirekt abgeschriebenen Anlagegutes**

1. Ein Industriebetrieb kauft Anfang des Jahres eine neue Maschine für 3.000,-- EUR netto zuzüglich 300,-- EUR Umsatzsteuer (Zielkauf).
2. Der Verkäufer der neuen Maschine nimmt die gebrauchte Maschine in Zahlung für einen Betrag von 500,-- EUR zuzüglich 50,-- EUR Umsatzsteuer. Für die gebrauchte Maschine sind im Anlagekonto 1.000,-- EUR Anschaffungskosten aktiviert, auf dem Wertberichtigungskonto sind bisher 800,-- EUR Abschreibungen für diese Maschine verbucht worden, die Wertberichtigungen müssen aufgelöst werden.
3. Beim Begleichen des Rechnungsbetrages für die neue Maschine wird der Verkaufspreis der gebrauchten Maschine abgezogen, der Restbetrag wird per Bank überwiesen.

B u c h u n g s s ä t z e /Bsp. 22 (Gemäß Übungskontenplan/IKR im Anhang)

Nr.		Konto		S	H
1.	Per	0800	Betriebs- und Geschäftsausstattung	3.000,--	
		2600	Vorsteuer	300,--	
	an	4400	Verbindlichkeiten aus Lief.u.L.		3.300,--
2.	Per	3610	Wertberichtigung zu Sachanlagen	800,--	
	an	0800	Betriebs- und Geschäftsausstattung		800,--
3.	Per	4400	Verbindlichkeiten aus Lief.u.L	3.300,--	
	an	0800	Betriebs- und Geschäftsausstattung		200,--
		5460	Erträge a.d. Abgäng v. Verm.geg.		300,--
		4800	Umsatzsteuer		50,--
		2800	Bank		2.750,--

5.4.6 Entnahme von Anlagegütern

Gelegentlich kommt es vor, daß ein gebrauchtes Anlagegut aus dem Betriebsvermögen vom Inhaber bzw. Gesellschafter in sein Privatvermögen übernommen wird. Dieser Vorgang stellt eine **Privatentnahme** gem. EStG dar sowie grundsätzlich eine steuerpflichtige Gegenstandsentnahme (früher "Eigenverbrauch") gem. UStG. Die Umsatzsteuerpflicht des Eigenverbrauchs bei gemischt genutzten Betriebs-PKW wurde jedoch durch das Steuerentlastungsgesetz aufgehoben, dafür wurde hierfür ein hälftiges Vorsteuerabzugs-Verbot eingeführt. Die Ausbuchung des Anlagegutes aus dem Anlagekonto erfolgt wie beim Verkauf an Dritte mit dem Buchwert, ev. Wertberichtigungen müssen zuvor aufgelöst werden. Als Entnahmewert auf dem Privatkonto sind grundsätzlich die Wiederbeschaffungskosten anzusetzen, diese stellen auch die Bemessungsgrundlage für die Umsatzsteuer dar (vgl. Punkt 4.3.3). Es ergibt sich ein Veräußerungsgewinn, wenn der Entnahmewert über dem Buchwert liegt. Die erforderlichen Buchungen bei der Entnahme eines Anlagegutes sind aus dem folgenden Beispiel ersichtlich.

Beispiel 23: **Entnahme eines PKW aus dem Betriebsvermögen**

1. Der Inhaber eines Industrieunternehmens übernimmt Anfang des Jahres einen bisher im Betriebsvermögen befindlichen PKW in sein Privatvermögen. Der Buchwert (direkt abgeschrieben) des Fahrzeugs beträgt 1.000,-- EUR, der Schätzwert des gebrauchten Wagens in einer Automobilzeitschrift beträgt 4.000,-- EUR. (Die Buchung erfolgt ohne umsatzsteuerpflichtigen Eigenverbrauch).

Buchungssätze /Bsp. 23 (Gemäß Übungskontenplan/IKR im Anhang) Nr.		Konto	S	H
1. Per	3001	Privatkonto	4.000,--	
an	0840	Fuhrpark		1.000,--
	5460	Erträge a.d. Abgang v. Verm.geg.		3.000,--

5.5 Kalkulatorische Kosten im GKR

Wie in Punkt 2.4 dargestellt wurde (sachliche Abgrenzung), müssen bei den negativen Erfolgskomponenten genau diejenigen der Finanzbuchhaltung (Aufwand) und diejenigen der Kostenrechnung (Kosten) unterschieden werden. Bei der Abgrenzung zwischen Aufwand und Kosten ergeben sich die Kategorien des neutralen Aufwands, (Aufwand - keine Kosten), des Zweckaufwands (Aufwand = Kosten, sogenannte Grundkosten) und der Zusatzkosten (Kosten - kein Aufwand). Bei den sogenannten Einkreissystemen werden in der Buchhaltung grundsätzlich **Kosten** verbucht, um die Kostenrechnung (Selbstkostenkalkulation) mit der Finanzbuchhaltung in einem einzigen Rechnungskreis zu ermöglichen. Die neutralen Aufwendungen werden in einer separaten Kontenklasse abgegrenzt.

Eine Reihe von Kostenarten (z.B. Personalkosten, Materialkosten) stimmten genau mit den jeweiligen Aufwandsarten überein: Es ergeben sich keine Abgrenzungsprobleme durch die Verbuchung der Kostenarten in der Buchhaltung. Solche Abgrenzungsprobleme ergeben sich jedoch bei den "kalkulatorischen Kostenarten", d.h. denjenigen Kostenarten, die in der Kostenrechnung unabhängig von den effektiven Aufwendungen gebildet werden. Den verbuchten Kostenträgern stehen nun nicht mehr gleich große Aufwandsbeträge gegenüber; sei es, weil die Kostenbeträge anders berechnet wurden als die Aufwandsbeträge (sogenannte "Anderskosten") - sei es, weil den Kostenarten überhaupt keine Aufwandsarten entsprechen. Sind die kalkulatorischen Kosten höher als die entsprechenden Aufwendungen, so entstehen **Zusatzkosten**. Diese Zusatzkosten sind nach den Rechtsvorschriften der Finanzbuchhaltung keine abzugsfähigen Betriebsausganben (Aufwand) und dürfen den auszuweisenden Gewinn nicht mindern.

Die genannten Zusatzkosten müssen daher durch **"Verrechnungskonten"** in der Kontenklasse 2 (Abgrenzungsrechnung) für die handelsrechtliche Gewinn- und Verlustrechnung wieder neutralisiert werden. Durch die Gegenbuchung aller kalkulatorischen Kosten auf Verrechnungskonten wird erreicht, daß die vollständigen Kosten in das Betriebsergebnis eingehen, das Gesamtergebnis jedoch wiederum auf den tatsächlichen Aufwendungen beruht.

Die folgende Aufstellung zeigt überblicksmäßig die wichtigsten **kalkulatorischen Kostenarten** und deren Ermittlung.

(1) **Kalkulatorische Abschreibungen**
Die bilanziellen Abschreibungen dürfen gemäß HGB und EStG stets nur auf der Basis der Anschaffungskosten des Anlagegutes berechnet werden, d.h. die Anschaffungskosten werden durch die Abschreibungen auf die Nutzungsjahre verteilt. Die Gegenwerte der Abschreibungsbeträge in den Umsatzerlösen ergeben am Ende der Nutzungsdauer wieder die Anschaffungskosten (zur Ersatzanschaffung des Anlagegutes). Bei den kalkulatorischen Abschreibungen werden die Abschreibungsbeträge jedoch meist auf der Basis der Wiederbeschaffungskosten des Anlagegutes berechnet. Dadurch soll am Ende der Nutzungsdauer die Erstatzanschaffung gesichert sein, auch wenn die Wiederbeschaffungskosten nach mehreren Jahren höher sind als die ursprünglichen Anschaffungskosten.

Buchungssätze (GKR)
1. Per 23 Bilanzielle Abschr. an 02 Maschinen ... EUR
2. Per 480 Kalkulator. Abschr. an 280 Verrechn.kalkul.Abschr. ... EUR

(2) **Kalkulatorische Zinsen**
Gemäß HGB und EStG dürfen für das von den Inhabern investierte Eigenkapital keine gewinnmindernden "Zinsen" verbucht werden, die Vergütung für das Eigenkapital ist im Gewinn enthalten. In der Kalkulation werden jedoch für das gesamte betriebsnotwendige Kapital die marktüblichen Zinsen als Kosten berücksichtigt. Die effektiv gezahlten Fremdkapitalzinsen werden als neutraler Aufwand verbucht.

Buchungssätze (GKR)
1. Per 240 Zins- und Diskontaufw. an 11 Bank .. EUR
2. Per 481 Kalkul. Zinsen an 281 Verrechn.kalkul.Zinsen ... EUR

(3) **Kalulatorische Wagnisse**
Gemäß HGB und EStG dürfen nur effektiv eingetretene Wagnisaufwendungen (z.B, Garantieaufwendungen) den Gewinn vermindern. In der Kalkulation werden dagegen laufend für die typischen wiederkehrenden Wagnisverluste Wagnisbeträge als Kosten eingerechnet.

Buchungssätze (GKR)
1. Per 250 Betrieb. außerord. Aufw. an 11 Bank ... EUR
2. Per 482 Kakul. Wagnisse an 282 Verr.kalk.Wagnisse ... EUR

(4) **Kalkulatorischer Unternehmerlohn**
Die "Gehälter" mitarbeitender Gesellschafter bei Personengesellschaften dürfen nach HGB und EStG den Gewinn nicht mindern und müssen als Privatentnahme verbucht werden. In der Kalkulation müssen jedoch die Gehälter vergleichbarer Manager als Kosten eingesetzt werden.

Buchungssätze (GKR)
1. Per 197 Privatkonto an 10 Kasse ... EUR
2. Per 483 Kalkul. Unternehmerlohn an 283 Verr.kalk.Unt.lohn ... EUR

Für die **Handhabung** der kalkulatorischen Kosten im betrieblichen Rechnungswesen sind mehrere Methoden denkbar. In Zweikreissystemen (IKR) werden im ersten Rechnungskreis nur Aufwendungen verbucht, sodaß hier keine Abgrenzungsprobleme entstehen. Die Kosten, einschließlich der kalkulatorischen Kosten werden nur im zweiten Rechnungskreis buchhalterisch oder tabellarisch erfaßt. Bei Einkreissystemen (GKR) werden in manchen Betrieben der Praxis die kalkulatorischen Kosten aus Klasse 4 herausgenommen und tabellarisch außerhalb der Buchhaltung berücksichtigt. In der Klasse 4 werden dann die kalkulatorischen Kosten mit den Zahlen der Geschäftsbuchhaltung geführt, sodaß keine Abgrenzungsarbeiten anfallen.

Die übersichtlichere Abgrenzung der kalkulatorischen Kosten ergibt sich durch "Verrechnungskonten", was jedoch bei jeder Kostenart eine **doppelte Verbuchung** erfordert:

(1) Die bilanziellen Aufwendungen (z.B. Abschreibungen) werden in Klasse 2 als neutraler Aufwand verbucht.
(2) Die kalkulatorischen Kosten (z.B. Abschreibungen) werden in Klasse 4 gebucht, Neutralisierung durch Gegenbuchung auf Verrechnungskonten in Klasse 2.

Die Verbuchung der kalkulatorischen Kosten mit Hilfe von Verrechnungskonten ist in Abb. 50 aufgrund des folgenden Beispiels (kalkulatorische Abschreibungen) dargestellt.

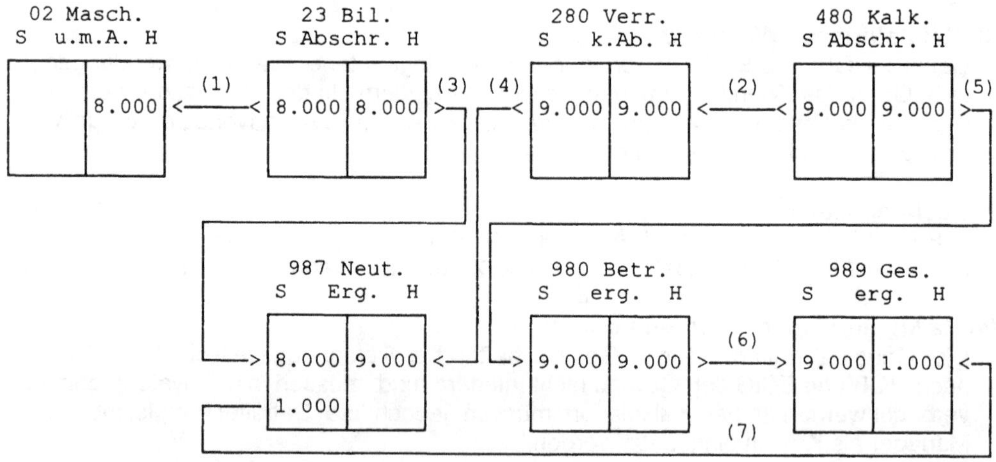

Abb. 50: Kalkulatorische Kosten (Beispiel Abschreibungen)

Beispiel 24: Kalkulatorische Abschreibungen
1. Bilanzielle Abschreibungen auf Maschinen (direkt): 8.000,-- EUR
2. Kalkulatorische Abschreibung auf Maschinen: 9.000,-- EUR
3. Abschluß der Kontengruppe 23
4. Abschluß der Kontengruppe 28

B u c h u n g s s ä t z e /Bsp. 24 (Gemäß Übungskontenplan/GKR im Anhang)

Nr.		Konto	S	H
1. Per	23	Bilanzielle Abschreibungen	8.000,--	
an	02	Maschinen		8.000,--
2. Per	480	Kalkulatorische Abschreibungen	9.000,--	
an	280	Verrechn.Kalkul.Abschreibungen		9.000,--
3. Per	987	Neutrales Ergebnis	8.000,--	
an	23	Bilanzielle Abschreibungen		8.000,--
4. Per	28	Verrechn.kalk.Abschreibungen	9.000,--	
an	987	Neutrales Ergebnis		9.000,--
5. Per	980	Betriebsergebnis	9.000,--	
an	480	Kalkul. Abschreibungen		9.000,--
6. Per	989	Gesamtergebnis	9.000,--	
an	980	Betriebsergebnis		9.000,--
7. Per	987	Neutrales Ergebniskonto	1.000,--	
an	989	Gesamtergebnis		1.000,--

6. Industrie-Buchungen

6.1 Das ungeteilte Herstellkonto

In früheren Zeiten wurde die Verbuchung aller mit dem Fertigungsprozeß verbundenen Geschäftsfälle auf einem einheitlichen Herstellkonto (Fabrikationskonto) vorgenommen. Die Struktur des **ungeteilten Herstellkontos** ist in Abb. 51 dargestellt.

S	HERSTELLUNGSKONTO	H
AB: Roh-, Hilfs- und Betriebsstoffe (AK)		Umsatzerlöse der verkauften Erzeugnisse
AB: Fertige und unfertige Erzeugnisse (HK)		
Verbrauch / Roh-, Hilfs- und Betriebsstoffe (AK)		
Fertigungslöhne		EB: Roh-, Hilfs- und Betriebsstoffe (AK)
Fertigungsgemeinkosten		EB: Fertige und unfertige Erzeugnisse (AK)
Rohgewinn		

AK = Anschaffungskosten
HK = Herstellungskosten

Abb. 51 Das ungeteilte Herstellkonto

Inzwischen wurde das ungeteilte Herstellkonto in verschiedene Bestandskonten bzw. Aufwands- und Ertragskonten aufgeteilt. Für den Zusammenhang dieser Konten sind die nachstehenden Prinzipien von besonderer Bedeutung:

(1) **Bruttoabschluß**
Den gesetzlichen Vorschriften für die Gewinn- und Verlustrechnung in § 275 HGB entsprechend haben Industrieunternehmen in der Rechtsform der AG bei den Erfolgskonten im Zusammenhang mit der Herstellung einen **Bruttoabschluß** durchzuführen. Das Prinzip des Bruttoabschlusses bedeutet (analog wie beim Bruttoabschluß der Warenkonten), daß alle Aufwendungen und Erträge mit ihrem Gesamtbetrag unmittelbar in die Gewinn- und Verlustrechnung übernommen werden.

(2) **Gesamtkostenverfahren**
Die Industrieunternehmen in der Rechtsform der AG können weiterhin in der Gewinn- und Verlustrechnung gem. § 275 HGB das Gesamtkostenverfahren verwenden. Dieses Prinzip bedeutet, daß einerseits die Aufwendungen für sämtliche in dem Geschäftsjahr hergestellten Erzeugnisse in der Gewinn- und Verlustrechnung aufgeführt werden. Andererseits müssen dann auch sämtliche Erträge der Produktion in der Gewinn- und Verlustrechnung übernommen werden. Zum Gesamtertrag des Industriebetriebes gehören neben den bereits verkauften Erzeugnissen auch die zunächst auf Lager produzierten fertigen und unfertigen Erzeugnisse.

Als Alternative zu diesem Verfahren kann das Umsatzkostenverfahren verwendet werden (ohne Bestandsveränderungen bei den Erträgen).

Das ungeteilte Herstellkonto kann für die Praxis größerer Industriebetriebe kaum mehr ausreichende Information liefern. Dennoch zeigt es bereits im Ansatz die wichtigsten Konten für die Verbuchung des Herstellprozesses in der Geschäftsbuchhaltung:

- **Materialkonten:** Bestandskonten und Aufwandskonten für Roh-, Hilfs- und Betriebsstoffe, Handelswaren, bezogene Fertigteile usw.
- **Fabrikatekonten:** Bestandskonten und Ertragskonten für fertige und unfertige Erzeugnisse (Halb- und Fertigfabrikate).

6.2 Materialkonten

6.2.1 Rohstoffe, Hilfsstoffe, Betriebsstoffe

Auf den für Industriebetriebe typischen Materialkonten werden die Bestände bzw. Entnahmen des Materials für die Fertigung geführt. Meist werden Bestandskonten und Verbrauchskonten zumindest für die nachstehend erläuterten Materialkonten geführt.

(1) **Rohstoffe**
Als Rohstoffe werden alle Stoffe zur Be- oder Verarbeitung bezeichnet. Diese Stoffe gehen in die Fertigerzeugnisse ein und stellen deren Hauptbestandteil dar (z.B. Holz in einer Möbelfabrifk). Neben den ursprünglichen Rohstoffen (aus der Urpoduktion) werden heute in zunehmendem Maße Werkstoffe (bereits industriell vorbehandelte, standardisierte Materialien) und Fertigbauteile (von anderen Herstellern produzierte Bauteile) verwendet.

(2) **Hilfstoffe**
Als Hilfstoffe werden ebenfalls Stoffe zur Be- oder Verarbeitung bezeichnet. Diese gehen in die Fertigerzeugnisse ein, stellen jedoch nur Nebenbestandteile dar (z.B. Leim in der Möbelfabrik).

(3) **Betriebsstoffe**
Als Betriebsstoffe werden Soffe bezeichnet, die nicht in die Fertigerzeugnisse eingehen, aber zum Fertigungsablauf erforderlich sind (z.B. Öl, Strom).

Für die genannten Materialarten werden einerseits **Bestandskonten** geführt, zur Verbuchung von Anfangs- und Endbestand sowie von Zugängen (Einkäufen) und Abgängen. Diese Bestandskonten können daher auch als "Einkaufskonten" bezeichnet werden. Die Verbuchung erfolgt analog wie bei den geschilderten Einkaufskonten im Großhandel. Meist werden entsprechende Unterkonten geführt für Bezugskosten (Anschaffungsnebenkosten) oder für Einstandspreiskorrekturen (Peisnachlässe der Lieferer, wie z.B. Skonti, Boni usw.).

Andererseits müssen für die genannten Materialarten **Aufwandskonten** geführt werden zur Verbuchung des Verbrauches im Rahmen der Fertigung. Es handelt sich um den "Materialeinsatz" analog zum Wareneinsatz beim Großhandel. Der Materialeinsatz ist nicht zu verwechseln mit dem Materialeinkauf, da der Materialeinsatz dem Abgang (!) auf den Materialeinkaufskonten entspricht. Eine Übersicht über die wichtigsten Materialkonten mit den jeweiligen Kontengruppen gemäß GKR und IKR ist in Abb. 52 dargestellt.

Materialkonten		G K R		I K R	
Best.-	Rohstoffe	30	Rohstoffe	2000	Rohstoffe/Fertigungsmaterial
konten	Hilfsstoffe	33	Hilfsstoffe	2020	Hilfsstoffe
(Ein-	Betriebsstoffe	34	Betriebsstoffe	2030	Betriebsstoffe
kaufs-	Fertigbauteile	38	Fertigbauteile	2010	Vorprodukte/Fremdbauteile
konten)	Handelswaren	39	Handelswaren	2280	Handelswaren
	Verbrauch/ Rohstoffe	40	Einzelstoffkosten	6000	Aufwendungen/ Rohstoffe
Auf-	Verbrauch/ Hilfsstoffe	41	Gemeinkostenmaterial	6020	Aufwendungen/ Hilfsstoffe
wands-	Verbrauch/ Betriebsstoffe	42	Brennstoffe, Energie	6030	Aufwendungen/ Betriebsstoffe
konten	Verbrauch/ Fertigbauteile	40 ...		6010	Aufwendungen/ Fertigbauteile
	Verbrauch/ Handelswaren			6080	Aufwendungen/ Handelswaren

Abb. 52: Materialkonten gemäß GKR / IKR

6.2.2 Ermittlung des Materialeinsatzes

Für den Abschluß der Materialbestandskonten bzw. für die Ermittlung des Materialeinsatzes werden die nachstehenden beiden Verfahren verwendet.

(1) **Befundrechnung (Verfahren mit Inventur)**
Bei diesem Verfahren werden während des Jahres in der Finanzbuchhaltung keine Materialentnahmen verbucht. Erst am Jahresende wird der inventurmäßig ermittelte Endbestand aus dem Bestandskonto ausgebucht, der Saldo (Materialeinsatz) wird auf das entsprechende Aufwandskonto übertragen. Das Verfahren ist in Abb. 53 dargestellt.

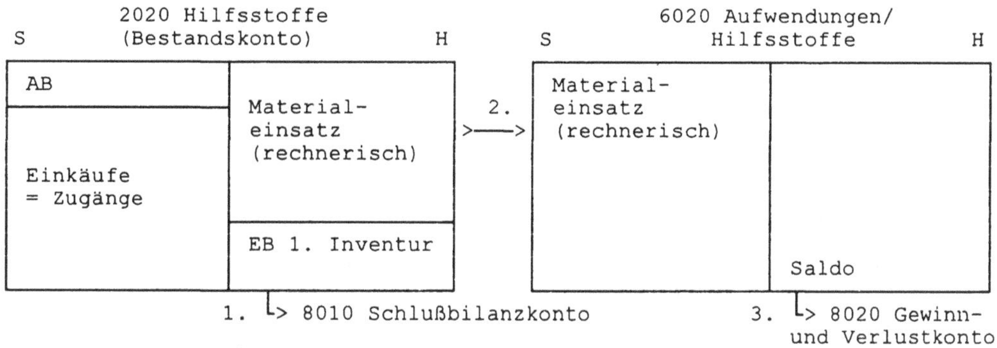

(Konto-Nr.: Gemäß Übungskontenplan/IKR)

Abb. 53: Materialkonten: Befundrechnung (Hilfsstoffe)

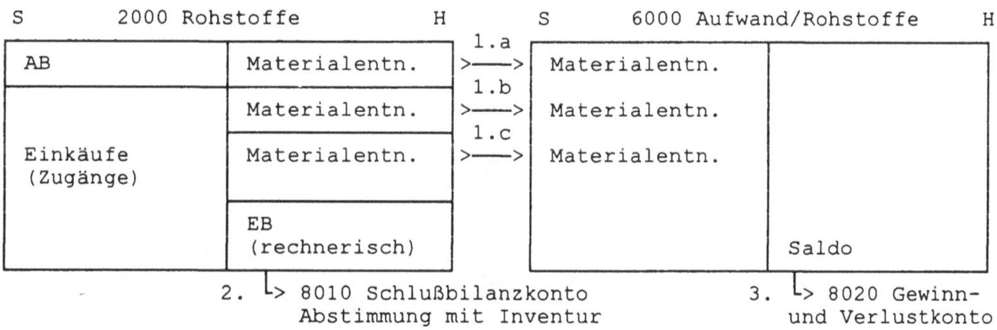

(Konto-Nr.: Gemäß Übungskontenplan/IKR)

Abb. 54: Materialkonten: Fortschreibungsrechnung (Rohstoffe)

(2) **Fortschreibungsrechnung**

Bei diesem Verfahren wird bereits während des Jahres der Materialverbrauch (anhand der aus der Fertigung kommenden "Materialentnahmescheine") verbucht. Als Vorteil ist zu nennen, daß der Saldo des Bestandskontos jederzeit den Sollbestand angibt, durch den Vergleich mit dem Istbestand (Inventurbestand) lassen sich die Inventurdifferenzen genau errechnen. Das Verfahren ist aber sehr aufwendig (meist nur bei Großbetrieben oder für die Rohstoffe allein verwendet). Das Verfahren ist in Abb. 54 dargestellt.

6.3 Fabrikatekonten

Die wichtigsten Fabrikatekonten mit der jeweiligen Kontengruppe gem. GKR und IKR sind in Abb. 55 dargestellt.

Fabrikatekonten		GKR	IKR
Bestandskonten	Unfertige Erzeugnisse	78 Unfertige Erzeugnisse	2100 Unfertige Erzeugnisse
	Fertige Erzeugnisse	79 Fertige Erzeugnisse	2200 Fertige Erzeugnisse
	Handelswaren	39 Handelswaren	2280 Handelswaren
Erfolgskonten	Umsatzerlöse	83 Erlöse für Erzeugnisse (Verkaufskonto)	5000 Umsatzerlöse für eigene Erzeugnisse
	Bestands-/ veränderungen	89 Bestandsveränderungen an ...	5200 Bestandsveränderungen
	Aktivierte Eigenleistungen	87 Eigenleistungen	5300 Andere aktiv. Eigenleistungen
	Verkäufe/ Handelswaren	85 Erlöse für Handelswaren	5100 Umsatzerlöse/ Handelswaren

(.) = Übungskontenplan / GKR

Abb. 55: Fabrikatekonten gemäß GKR / IKR

Auf den für Industriebetriebe typischen Fabrikatekonten werden die Bestände bzw. Erträge auf der Output-Seite des Fertigungsprozesses verbucht. **Bestandskonten** werden zumindest für die nachstehenden Erzeugnisarten geführt:

(1) **Fertigerzeugnisse (früher: Fertigfabrikate)**
Es handelt sich um Produkte aus eigener Herstellung, die ohne weitere Bearbeitung für den Verkauf geeignet sind.

(2) **Unfertige Erzeugnisse (früher: Halbfabrikate)**
Es handelt sich um Produkte, für die bereits Aufwendungen angefallen sind, die aber noch nicht als Fertigerzeugnis anzusehen sind, sondern meist nur einen Teil derselben darstellen.

(3) **Handelswaren**
Es handelt sich um Waren, die vom Industriebetrieb eingekauft und ohne eigene Bearbeitung weiterveräußert werden.

Für die betrieblichen Erträge, die "Gesamtleistung" des Produktionsbetriebs werden zumindest die nachstehenden **Ertragskonten** geführt:

(1) **Umsatzerlöse bei Fertigerzeugnissen**
(mit Unterkonten für Erlösberichtigungen)
(2) Bestandserhöhungen bzw. -verminderungen an fertigen und unfertigen Erzeugnissen (**"Bestandsveränderungen"**)
(3) **Andere aktivierte Eigenleistungen**
(z.B. selbsterstellte Anlagegüter)
(4) **Umsatzerlöse bei Handelswaren**

Für den Abschluß der Fabrikatekonten könnte (analog wie bei Punkt 6.2 dargestellt) an und für sich sowohl die Befundrechnung als auch die Fortschreibungsrechnung verwendet werden. Wegen des großen Erfassungsaufwands bei der Fortschreibung (unfertige Erzeugnisse!) wird jedoch in den meisten Industriebetrieben die **Befundrechnung** durchgeführt. Dies bedeutet, daß auf den Fabrikate-Bestandskonten während des Jahres keine Buchungen stattfinden. Es wird lediglich am Jahresanfang der Anfangsbestand und am Jahresabschluß der Endbestand gemäß Inventur verbucht. Die Differenz stellt eine Fabrikate-Bestandsveränderung dar (Erhöhung oder Verminderung).

6.4 Bestandsveränderungen bei unfertigen/fertigen Erzeugnissen

Bei den Fabrikate-Bestandskonten: Unferige bzw. fertige Erzeugnisse können sich am Jahresende jeweils Bestandserhöhungen oder Bestandsverminderungen ergeben. Diese Veränderungen werden auf dem Konto "Bestandsveränderungen" gesammelt. Der Saldo der Erfolgskontos "Bestandsveränderung" wird in das Gewinn- und Verlustkonto übernommen. Im positiven Falle (**Bestandserhöhung**) stellt der Saldo einen Teil der betrieblichen Leistung bzw. des Betriebsertrages dar: diejenigen im Geschäftsjahr produzierten Erzeugnisse, welche noch nicht verkauft worden sind. Dementsprechend wird ein Sollsaldo "Bestandsveränderung" auf die Habenseite des Gewinn- und Verlustkontos übernommen (Ertrag!). Im Gewinn- und Verlustkonto stehen sich nun gegenüber:

- Gesamte Aufwendungen, sowohl für verkaufte als auch für unverkaufte Erzeugnisse
- Gesamtleistung, sowohl verkaufte als auch auf Lager produzierte Erzeugnisse

Der Buchungsgang ist am Beispiel "Bestandserhöhung bei Fertigfabrikaten" in Abb. 56 dargestellt.

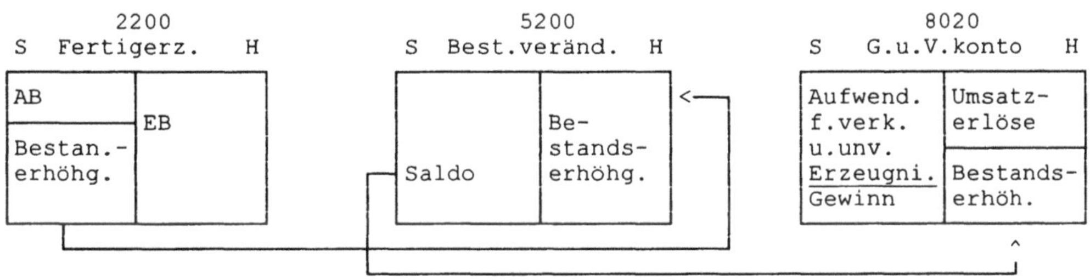

(Konto.-Nr. gemäß Übungskontenplan/IKR)

Abb. 56: Bestandserhöhungen bei Fertigfabrikaten

Im Falle einer überwiegenden Bestandsverminderung weist der Saldo des Kontos "Bestandsveränderungen" darauf hin, daß ein Teil der jetzt verkauften Erzeugnisse aus dem Vorjahr stammt. Ein Habensaldo des Kontos "Bestandsveränderungen" muß im Gewinn- und Verlustkonto auf der Sollseite eingestellt werden (Aufwendungen!). Im Gewinn- und Verlustkonto stehen sich nun gegenüber:

- Gesamte Aufwendungen für die verkauften Erzeugnisse, sowohl aus dem Berichtsjahr als auch aus dem Vorjahr
- Erträge: Umsatzerlöse durch verkaufte Erzeugnisse, eine Bestandserhöhung hat nicht stattgefunden.

Der Buchungsgang ist am Beispiel "Bestandsverminderungen bei Halbfabrikaten" in Abb. 57 dargestellt.

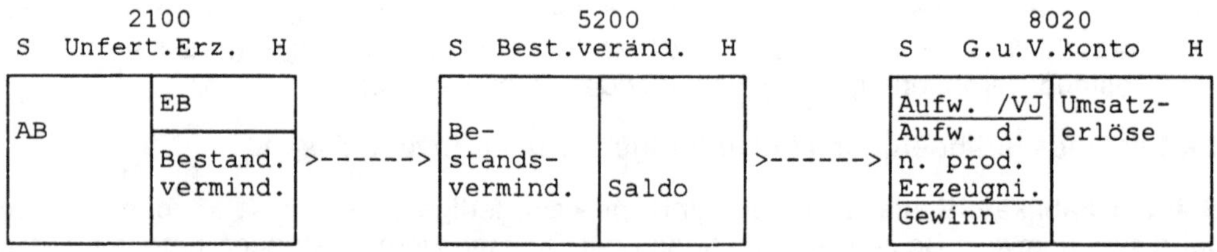

Auf./VJ = Aufwand der im Vorjahr produzierten, nun verkauften Erzeugnisse

Abb. 57: Bestandsverminderung bei Halbfabrikaten

7. Abschlussbuchungen

7.1 Jahresabschlußarbeiten

7.1.1 Aufstellung des Jahresabschlusses

Am Geschäftsjahresende, wenn alle laufenden Geschäftsfälle verbucht worden sind, werden in der Finanzbuchhaltung die umfangreichen Arbeiten zur Erstellung des Jahresabschlusses durchgeführt. Der jährliche Endzweck der Finanzbuchhaltung besteht darin, eine aussagefähige und wahrheitsgetreue Bilanz einschließlich Gewinn- und Verlustrechnung zu liefern. Bei den publizitätspflichtigen Großunternehmen werden diese Aufgaben als "Rechnungslegung" bezeichnet (vgl. Punkt 1.2). Auch bei den **Jahresabschlußarbeiten** ist eine Reihe von Rechtsvorschriften zu beachten.

Der jährliche Ablauf des Jahresabschlusses ist im folgenden überblicksmäßig am Beispiel einer großen Aktiengesellschaft dargestellt. In den ersten drei Monaten des neuen Geschäftsjahres hat der Vorstand der AG den Jahresabschluß (mit Anhang) sowie den Lagebericht **"aufzustellen"** (§ 264 HGB). Die aufgestellte Rechnungslegung einschließlich der ihr zugrundeliegenden Buchführung muß sodann von einem öffentlich bestellten Wirtschaftsprüfer überprüft und von diesem mit einem "Bestätigungsvermerk" versehen werden. Anschließend wird die Rechnungslegung noch vom Aufsichtsrat überprüft. Gleichzeitig mit dem aufgestellten Jahresabschluß hat der Vorstand dem Aufsichtsrat einen Vorschlag zur Verwendung des Bilanzgewinns vorzulegen (§ 170 AktG).

Die **Abschlußprüfer** (Wirtschaftsprüfer) werden jeweils für das kommende Geschäftsjahr von der Hauptversammlung gewählt. Der Aufsichtsrat (!) erteilt den gewählten Prüfern den Prüfungsauftrag und für die Abschlußprüfer werden der aufgestellte Jahresabschluß sowie alle Buchungs- und Inventurunterlagen zur Einsicht bereitgehalten. Über die stattgefundene Prüfung wird vom Abschlußprüfer außer dem Bestätigungsvermerk noch ein ausführlicher Prüfungsbericht angefertigt. Ein nicht geprüfter oder mängelbehafteter Jahresabschluß ist nichtig (§§ 256 ff. AktG).

Wenn der Aufsichtsrat den vorgelegten Jahresabschluß gebilligt hat, so gilt dieser als **"festgestellt"** (§ 172 AktG) (es sei denn, Vorstand und Aufsichtsrat beschließen, die Feststellung des Jahresabschlusses der Hauptversammlung zu überlassen gem. § 173 AktG). Der festgestellte Jahresabschluß einschließlich Bestätigungsvermerk muß beim Handelsregister eingereicht und veröffentlicht werden. Außerdem muß der Vorstand dafür sorgen, daß rechtzeitig die vorgeschriebenen Steuererklärungen und die Steuerbilanz abgegeben werden.

Innerhalb der ersten 8 Monate des neuen Geschäftsjahres muß eine Hauptversammlung der Aktionäre stattfinden. Zu der Hauptversammlung wird der festgestellte Jahresabschluß vorgelegt: Die Aktionäre entscheiden über die **Verwendung des Bilanzgewinns**, sind bei dieser Entscheidung jedoch an den festgestellten Jahresabschluß (einschließlich der bereits vom Vorstand veranlaßten Rücklagen-Zuweisungen) gebunden gem. § 174 Abs. 1 AktG. Der Gewinnverwendungsbeschluß der Hauptversammlung führt nicht zu einer Änderung des festgestellten Jahresabschlusses gem. § 174 Abs. 3 AktG. In den meisten Fällen hält sich die Hauptversammlung an den Gewinnverwendungsbeschluß des Vorstands.

Der vom Vorstand aufzustellende Jahresabschluß muß systematisch aus den Ergebnissen der Buchhaltung unter Berücksichtigung der Inventurergebnisse entwickelt werden. Die aufzustellende Jahresbilanz bzw. Erfolgsrechnung ergibt sich als aufbereitete und ergänzte Abschrift des Schlußbilanzkontos bzw. Gewinn- und Verlustkontos (Abschlußkonten). Die Abschlußkonten werden aus den Bestands- und Erfolgskonten durch eine Reihe von **Abschlußbuchungen** nach dem **Doppiksystem** abgeleitet. Bevor die Konten endgültig geschlossen werden, erfolgen intensive Vorarbeiten (vorbereitende Abschlußbuchungen) auf den Konten. Dabei wird auch eine Abstimmung mit den Inventurergebnissen durchgeführt. Erst nach diesen Vorarbeiten können die endgültigen Abschlußbuchungen erfolgen, d.h. die Endbestände bzw. Salden der Bestands- und Erfolgskonten werden in die Abschlußkonten überführt. Der Saldo des Gewinn- und Verlustkontos (Gewinn bzw. Verlust) wird in das Schlußbilanzkonto übertragen. Das Schlußbilanzkonto muß bei einem fehlerfreien Abschluß auf der Sollseite und Habenseite ausgeglichen sein.

Um sicherzustellen, daß sich ein Jahresabschluß ohne Fehler ergibt, werden die Abschlußbuchungen meist zuerst in einer tabellarischen Probebilanz durchgeführt (**Haupt-Abschlußübersicht**). Erst wenn sich die Probebilanz unter Berücksichtigung aller Abschlußbuchungen als fehlerfrei erweist, erfolgen die echten Abschlußbuchungen auf den Konten. Bei der abschließenden Übertragung des Saldos der Gewinn- und Verlustrechnung (Gewinn bzw. Verlust) in das Schlußbilanzkonto müssen einerseits die nach Rechtsform verschiedenen Gesetzesvorschriften beachtet werden (z.B. Gewinnermittlung und -verwendung bei der AG), andererseits die Bestimmungen des Gesellschaftsvertrages bzw. der Satzung. Bei Gesellschaften ergeben sich meist noch einige Abschlußbuchungen im Rahmen der **"Gewinnverteilung"** (Verteilung des Gesamtgewinns auf die verschiedenen Gesellschafter).

7.1.2 Vorbereitende Abschlußbuchungen (Übersicht)

Im Rahmen der **vorbereitenden Abschlußbuchungen** werden sämtliche Konten daraufhin überprüft, ob alle für die Vermögenslage bzw. Ertragslage bedeutsamen Geschäftsfälle vollständig und richtig verbucht worden sind. Eventuell noch ausstehende Buchungen oder Korrekturbuchungen werden nachgeholt. Weiterhin muß das Inventar aufgrund der vorgeschiebenen körperlichen Bestandsaufnahme und der Bewertung der Bestandsmengen ermittelt werden. Wenn die Inventurwerte und die Endbestände der Konten nicht übereinstimmen, so müssen die Differenzen ausgebucht werden. Alle Buchungen im Rahmen der "Vorarbeiten" des endgültigen Abschlusses erfolgen streng im System der doppelten Buchhaltung. Als vorbereitende Abschlußbuchungen können solche Buchungen auf den Konten bezeichnet werden, bei welchen die Gegenbuchung auf einem anderen Bestands- oder Erfolgskonto (nicht auf einem Abschlußkonto) erfolgt.

Die nachstehenden Gliederungspunkte zeigen überblicksmäßig die wichtigsten vorbereitenden Abschlußbuchungen in einer **Reihenfolge**, die auch meistens bei den Abschlußarbeiten anzutreffen ist. Rein logisch gesehen, können die vorbereitenden Abschlußarbeiten wie folgt eingeteilt werden:

- **Ergänzende** vorbereitende Abschlußbuchungen: Diese stellen ergänzende Buchungen zu den laufenden Geschäftsfällen dar (einschl. Inventurabstimmung).
- **Abgrenzende** vorbereitende Abschlußbuchungen: Diese grenzen ab zwischen verschiedenen Geschäftsjahren, zwischen Privatbereich - Betriebsbereich usw.
- **Zusammenfassende** vorbereitende Abschlußbuchungen: Eigentlich müssen alle Konten mit 3-stelligen Kontonummern vor dem endgültigen Abschluß auf Konten der übergeordneten Kontengruppe (2-stellige Kontennummern) zusammengefaßt werden. Beim Industriekontenrahmen z.B. entsprechen die Kontengruppen den Bilanzpositionen. Im Rahmen der Buchhaltungs-Ausbildung wird jedoch meist auf diese Zusammenfassung verzichtet. Die Konten mit 3-stelligen Kontennummern werden direkt in die Abschlußkonten übernommen (für die Kontengruppen werden meist keine eigenen Konten geführt). Beim GKR werden "Transformationstabellen" verwendet, die angeben, in welche Bilanzpositionen die einzelnen Konten zu übernehmen sind.

7.1.2.1 Abschreibungen / Wertberichtigungen

Die Wertverluste der vorhandenen Vermögensgegenstände bis zum Geschäftsjahresende werden durch **"Abschreibungen"** (Verminderung der beim Zugang aktivierten Anschaffungs- oder Herstellungskosten) berücksichtigt. Die Verminderung kann bei Anlagegütern buchtechnisch auf dem Konto des Anlagegutes erfolgen (direkte Abschreibung) oder aber durch die Bildung von Wertberichtigungen auf speziellen Konten. Wenn der Wert abgeschriebener Wirtschaftsgüter wieder steigt, so sind unter bestimmten Voraussetzungen **Zuschreibungen** vorzunehmen, d.h. buchmäßige Werterhöhungen bei vorhandenen Wirtschaftsgütern.

Bei der Anwendung von direkten und indirekten Abschreibungen müssen Kapitalgesellschaften zusätzlich die gesetzlichen Vorschriften über einen Anlagespiegel nach dem **"direkten Bruttoprinzip"** sowie über das Bilanzgliederungs-Schema berücksichtigen. Bei direkten Abschreibungen (Nettowerte) müssen die erforderlichen Bruttowerte in einer gesonderten Anlagekartei als Nebenbuchhaltung geführt werden. Bei indirekten Abschreibungen müssen die Wertberichtigungskonten auf die betreffenden Anlagekonten umgebucht werden, da Wertberichtigungen in der Bilanz von Kapitalgesellschaften nicht mehr als Passivposten vorgesehen sind.

Die Abschreibungsbuchungen beim Jahresabschluß lassen sich nach den abzuschreibenden Vermögensgegenständen in folgende Bereiche einteilen:

(1) **Abschreibungen / Wertberichtigungen auf Anlagen:** Hier stehen die Abschreibungen beim abnutzbaren Sachanlagevermögen im Vordergrund (z.B. wegen Maschinenverschleiß).

(2) **Abschreibungen / Wertberichtigungen auf Forderungen:** Hier stehen die Abschreibungen auf Forderungen aus Lieferungen und Leistungen im Vordergrund (wegen Zahlungsschwierigkeiten der Kunden).
(3) **Abschreibungen / Wertberichtigungen auf sonstiges Umlaufvermögen:** Hier steht das Finanzumlaufvermögen im Vordergrund (z.B. Kursverluste bei Wertpapieren). Wertminderungen beim Vorratsvermögen werden bereits bei der Bewertung der Inventurbestände berücksichtigt.

7.1.2.2 Zeitliche Abgrenzungen

Die laufenden Geschäftsfälle werden meistens dann verbucht, wenn Zahlungen angefallen sind. Für die Erfolgsrechnung ist jedoch ausschlaggebend, wann der Aufwand oder Ertrag eintritt. Bei den meisten Geschäftsfällen stimmen Aufwands- bzw. Ertragszeitraum und Zahlungszeitraum überein. Es kommen jedoch Geschäftsfälle vor, bei denen Erfolgswirkung und Zahlungswirkung in verschiedenen Geschäftsjahren liegen (vor allem kurz vor und nach dem Jahreswechsel). Nach dem obersten Ziel der Erfolgsrechnung: der **"Periodengerechten Erfolgsermittlung"**, müssen in diesen Fällen zeitliche Abgrenzungen verbucht werden. Bei den zeitlichen Abgrenzungen handelt es sich um folgende grundsätzliche **Arten**:

(1) **Antizipationen (Sonstige Forderungen und Verbindlichkeiten):** Hier liegt der Aufwand bzw. Ertrag im alten Jahr, die Zahlung jedoch im neuen Jahr. Die Zahlungswirkung muß im alten Jahr "vorweggenommen" werden.
(2) **Transitorien (Aktive und Passive Rechnungsabgrenzung):** Hier liegt die Zahlung bereits im alten Jahr, der Aufwand bzw. Ertrag betrifft jedoch schon das neue Jahr bzw. mehrere zukünftige Jahre. Die Zahlung muß im alten Jahr abgegrenzt werden (sie geht "hinüber" in das neue Jahr).
(3) **Rückstellungen:** Hier werden im alten Jahr Verpflichtungen begründet, durch welche der Betrieb Aufwand tragen muß. Die Zahlung des Aufwands erfolgt jedoch erst im neuen Jahr, die Fälligkeit und Höhe der Zahlung sind im alten Jahr noch nicht genau bekannt. Für den schätzungsweise zu erwartenden Aufwand wird im alten Jahr eine Rückstellung gebildet und im neuen Jahr aufgelöst.

7.1.2.3 Abschluß der Unterkonten

Da nur die Hauptkonten in den endgültigen Abschluß (Jahresabschluß) eingehen, müssen alle Unterkonten zuvor abgeschlossen werden; der Saldo der Unterkonten wird auf das betreffende **Hauptkonto** umgebucht. Im einzelnen handelt es sich hier insbesondere um folgende Unterkonten:

(1) **Unterkonten des Einkaufs:** z.B. Bezugskosten, Nachlässe der Lieferanten
(2) **Unterkonten des Verkaufs:** z.B. Erlösberichtigungen

7.1.2.4 Bestandsveränderungen

Bei den Konten des Vorratsvermögens mit "Befundrechnung" kann der Wareneinsatz bzw. Materialaufwand erst am Jahresende - nach Vorliegen des Inventurwertes - ermittelt werden. Bei den Konten mit "Fortschreibungsrechnung" ist der rechnerische Endbestand bereits aus dem Konto ersichtlich. Maßgeblich für den Jahresabschluß ist jedoch in jedem Falle der Inventurbestand. Falls der Inventurwert von dem rechnerischen Bestand abweicht (z.B. Diebstahl), so müssen diese "Inventurdifferenzen" umgebucht werden. Im einzelnen sind meist bei den nachstehenden Konten entsprechende Buchungen erforderlich:

(1) **Materialaufwandskonten** (Verbrauch von Rohstoffen, Hilfs- und Betriebsstoffen): Ausbuchung des Materialaufwands bzw. der Inventurdifferenzen aus dem Einkaufskonto.
(2) **Bestandsveränderungen bei Fabrikatekonten:** Hier handelt es sich um die Umbuchung der Bestandserhöhungen bzw. -verminderungen (aus den Bestandskonten für fertige und unfertige Erzeugnisse) auf die entsprechenden Ertragskonten.

7.1.2.5 Steuerliche Abgrenzungen

- Es muß am Jahresende geprüft werden, ob auch wirklich alle Privatentnahmen bzw. -einlagen vollständig verbucht worden sind. Oft müssen aus den während des Jahres verbuchten Aufwendungen gewisse Privatanteile als Entnahme umgebucht werden. Häufig muß z.B. aus den gesamten Aufwendungen für den PKW des Inhabers ein bestimmter Privatanteil auf das Privatkonto umgebucht werden **(Privatabgrenzung)**.
- Bei publizitätspflichtigen Unternehmen (Kapitalgesellschaften) wird neben der hier im Vordergrund stehenden Handelsbilanz eine separate Steuerbilanz erstellt. Aufgrund unterschiedlicher Bilanzierungsmaßnahmen in Handels- und Steuerbilanz kann es auch zu unterschiedlichen Beträgen für ergebnisabhängige Steuern kommen. Die Differenz zwischen Steueraufwand in Handelsbilanz und Steueraufwand in der Steuerbilanz **(latente Steuern)** muß in geeigneter Weise abgegrenzt werden (s. Punkt 7.6.2 dieser Arbeit).

7.1.2.6 Aufrechnung der Umsatzsteuerkonten

Die Umsatzsteuerkonten im Einkaufsbereich (Vorsteuer) müssen mit den Umsatzsteuerkonten im Verkaufsbereich verrechnet werden. Die sich ergebende Zahllast wird passiviert, falls sie bis zum Jahresende noch nicht an das Finanzamt überwiesen wurde. Im Falle eines Vorsteuerüberhangs wird dieser aktiviert als "Sonstige Forderung" und später geltend gemacht.

7.1.2.7 Sachliche Abgrenzung (GKR)

Die neutralen Aufwendungen bzw. Erträge werden in einem "Abgrenzungssammelkonto" zusammengefaßt und ergeben das neutrale Ergebnis. Die betriebsbezogenen Aufwendungen bzw. Erträge werden im Konto "Betriebsergebnis" gesammelt.

7.1.2.8 Umsatzkostenverfahren

Bei dem wahlweise zulässigen Umsatzkostenverfahren können die gebuchten Aufwandsarten und Ertragsarten nicht unmittelbar in die Gewinn- und Verlustrechnung übernommen werden. Sie müssen zuvor in solche Konten umgebucht werden, die der gesetzlichen Gliederung der Gewinn- und Verlustrechnung nach dem Umsatzkostenverfahren entsprechen (§ 275 Abs. 3 HGB). Im Industriekontenrahmen sind für die Gliederungspositionen des Umsatzkostenverfahrens die nachstehend genannten **Kontengruppen** (mit weiteren Tiefgliederungen) vorgesehen.

- Kontengruppe 81: **Herstellungskosten** ("Herstellungskosten der zur Erzielung der Umsatzerlöse erbrachten Leistungen" gem. § 275 HGB)
- Kontengruppe 82: **Vertriebskosten**
- Kontengruppe 83: **Allgemeine Verwaltungskosten**
- Kontengruppe 84: **Sonstige betriebliche Aufwendungen**
- Die Position **"Umsatzerlöse"** gemäß Umsatzkostenverfahren stimmt mit der entsprechenden Position gemäß Gesamtkostenverfahren überein.

7.1.3 Endgültige Abschlußbuchungen und Gewinnverteilung

Im Rahmen der endgültigen Abschlußbuchungen werden die Salden aller Bestandskonten bzw. Erfolgskonten in das Schlußbilanzkonto bzw. in das Gewinn- und Verlustkonto überführt. Als **endgültige Abschlußbuchungen** können daher solche Buchungen auf den laufenden Konten bezeichnet werden, bei welchen die Gegenbuchung auf einem Abschlußkonto erfolgt. Die laufenden Konten des Geschäftsjahres sind nach diesen Buchungen auf Sollseite und Habenseite ausgeglichen und können in die Registratur eingestellt werden (Aufbewahrungspflicht).

Die Systematik der endgültigen Abschlußbuchungen wurde bereits in Punkt 2.2.9 erläutert (vgl. Abb. 14); im einzelnen sind die nachstehenden **Gruppen von Abschlußbuchungen** durchzuführen (jeweils mit Angabe des betreffenden Sammelbuchungssatzes).

(1) **Abschluß der betrieblichen bzw. neutralen Aufwandskonten**
- Gemäß GKR werden zunächst die neutralen Aufwendungen (1.), dann die betrieblichen Aufwendungen (2.) in das betreffende Ergebniskonto umgebucht. Anschließend erfolgt die Umbuchung auf das Konto "Gesamtergebnis" (3., 4.).

Buchungssätze:

1. Per 987 Neutrales Ergebnis-Konto
   an alle neutralen Aufwandskonten (Klasse 2)
2. Per 980 Betriebsergebnis-Konto
   an alle Kostenkonten (Klasse 4)
3. Per 989 Gewinn- und Verlustkonto (Gesamtergebnis)
   an 987 Neutrales Ergebniskonto
4. Per 989 Gewinn- und Verlustkonto (Gesamtergebnis)
   an 980 Betriebsergebnis-Konto

- Der Abschluß erfolgt gemäß IKR durch Umbuchung aller Salden der Konten in Klasse 6 und 7 auf das Gewinn- und Verlustkonto. Buchungssatz: Per 8020 Gewinn- und Verlustkonto an alle Aufwandskonten (Klasse 6 - 7).

(2) **Abschluß der betrieblichen bzw. neutralen Erträge**

- Gemäß GKR werden zunächst die neutralen Erträge (1.), dann die Betriebsleistungen (2.) in das betreffende Ergebniskonto umgebucht. Abschließend erfolgt bei Umbuchung auf das Konto "Gesamtergebnis" (3., 4.).
  1. Per alle neutralen Ertragskonten (Klasse 2)
     an 987 Neutrales Ergebnis-Konto
  2. Per alle Betriebserträge (Klasse 8)
     an 980 Betriebsergebnis-Konto
  3. Per 987 Neutrales Ergebnis-Konto
     an 989 Gewinn- und Verlustkonto (Gesamtergebnis)
  4. Per 980 Betriebserträge
     an 989 Gewinn- und Verlustkonto (Gesamtergebnis)
- Der Abschluß gemäß IKR erfolgt durch Umbuchung aller Salden der Konten in Klasse 5 auf das Gewinn- und Verlustkonto. Buchungssatz:
  Per alle Ertragskonten (Klasse 5)
  an 8020 Gewinn- und Verlustkonto.

(3) **Abschluß des Gewinn- und Verlustkontos**

(a) Personenunternehmen (Einzelkaufmann und Personengesellschaften, z.B. OHG, KG) haben variable Kapitalkonten, d.h. der Saldo des Gewinn- und Verlustkontos (Gewinn bzw. Verlust) wird auf die betreffenden Kapitalkonten umgebucht. Hier zunächst die Buchungen beim **Einzelkaufmann**.

- Buchungssatz gemäß GKR:
  Per 989 Gesamtergebnis an 07 Eigenkapital / Inhaber
- Buchungssatz gemäß IKR:
  Per 8020 Gewinn- und Verlustkonto an 3000 Eigenkapital / Inhaber

(b) Im Falle einer Personengesellschaft wird der Saldo des Gewinn- und Verlustkontos zunächst auf das Konto "Gewinnverteilung" umgebucht und von dort aus auf die verschiedenen Kapitalkonten verteilt.

- Buchungssätze gemäß GKR:
  1. Per 989 Gesamtergebnis an 986 Gewinnverteilung
  2. Per 986 Gewinnverteilung an alle Kapitalkonten (Kontengruppe 07)
- Buchungssätze gemäß IKR:
  1. Per 8020 Gewinn- und Verlustkonto an 8040 Gewinn- und Verlustverteilung
  2. Per 8040 Gewinn- und Verlustverteilung an alle Kapitalkonten (Klasse 3)

(c) Kapitalgesellschaften (z.B. AG/GmbH) haben meist konstante Kapitalkonten. Der Saldo des Gewinn- und Verlustkontos stellt den Jahresüberschuß dar, der aber erst nach Ergebnisverwendung (Rücklagenbildung) zum Bilanzgewinn wird.
- Buchungssätze gemäß GKR:
  1. Per 989 Gesamtergebnis an 072 Gesetzliche Rücklage (Bsp.)
  2. Per 989 Gesamtergebnis an 999 Schlußbilanzkonto (Bilanzgewinn)
- Buchungssätze gemäß IKR:
  Der Saldo des Gewinn- und Verlustkontos wird zunächst als Konto 3400 "Jahresüberschuß" in die Bilanz übernommen. Aus dem Jahresüberschuß ergibt sich durch Konto 3340 "Veränderungen der Gewinnrücklagen" der Bilanzgewinn (Konto 3350). Aus dem Bilanzgewinn wird aufgrund des Gewinnverwendungsbeschlusses der Hauptversammlung der Ausschüttungsbetrag (Konto 3360) ermittelt und passiviert. Die Ergebnisverwendung kann entweder erst im neuen Jahr verbucht werden (in der Schlußbilanz bleibt Position "Jahresüberschuß") oder schon vollständig bzw. teilweise in der Schlußbilanz verbucht werden (Position "Bilanzgewinn"). Die Ergebnisverwendung der Aktiengesellschaft wird systematisch in Punkt 7.8.5 dargestellt.

(4) **Abschluß der Aktivkonten**
Die Salden (Endbestände) aller Aktivkonten werden in das Schlußbilanzkonto umgebucht.
- Buchungssatz gemäß GKR:
  Per 999 Schlußbilanzkonto an alle Aktivkonten (Klassen 0 - 3,7)
- Buchungssatz gemäß IKR:
  Per 8010 Schlußbilanzkonto an alle Aktivkonten (Klasse 0 - 2)

(5) **Abschluß der Passivkonten**
Die Salden (Endbestände) aller Passivkonten werden in das Schlußbilanzkonto umgebucht.
- Buchungssatz gemäß GKR:
  Per alle Passivkonten (Klassen 0 - 1) an 999 Schlußbilanzkonto
- Buchungssatz gemäß IKR:
  Per alle Passivkonten (Klasse 3 - 4) an 8010 Schlußbilanzkonto

7.2 Abschreibungen / Wertberichtigungen auf Anlagen

7.2.1 Begriff und Arten der Abschreibungen

Der Begriff der Abschreibung im allgemeinsten Sinn bezeichnet die Herabsetzung des Buchwerts eines Vermögensgegenstands zur Berücksichtigung eines technisch bedingten Wertverlustes (insbesondere Abnutzung) und / oder eines wirtschaftlich bedingten Wertverlustes (z.B. Preisverfall, Nachfragewechsel). Die Buchungen im Rahmen der Abschreibung eines Vermögensgegenstandes zeigen die grundsätzlichen **Auswirkungen** des Abschreibungsvorganges:

- **Sollbuchung im Aufwandskonto "Abschreibungen"**: Der Wertverlust der betrieblichen Wirtschaftsgüter wird als Aufwand des betreffenden Geschäftsjahres erfaßt, die Abschreibungsbeträge mindern den steuerpflichtigen Gewinn. Als Kosten werden die Abschreibungen in die Selbstkosten eingerechnet und bringen durch die Verkaufserlöse den finanziellen Gegenwert der Abschreibungen (Wertverluste) an den Betrieb zurück.
- **Habenbuchung im Aktivkonto / Wertberichtigungskonto:** Durch die Abschreibungsbeträge wird der auf dem Bestandskonto aktivierte Buchwert des Gegenstands reduziert und an den gesunkenen realen Wert angepaßt. Die Habenbuchung kann direkt auf dem Bestandskonto erfolgen (direkte Abschreibung) oder durch Verbuchung auf dem Korrekturkonto "Wertberichtigungen" (indirekte Abschreibungen).

Die vielfältigen Möglichkeiten der Abschreibungen lassen sich nach den folgenden Kriterien zu bestimmten **Abschreibungsarten** zusammenfassen.

(1) Nach dem Bereich des Rechnungswesen:
- **Bilanzielle Abschreibungen** (Finanzbuchhaltung)
- **Kalkulatorische Abschreibungen** (Kostenrechnung)

(2) Nach den zugrundeliegenden Rechtsvorschriften:
- **Handelsrechtliche Abschreibungen**
  Die Bewertung der Bilanzpositionen ist insbesondere in den §§ 252 - 256 HGB geregelt. Anlagegüter sind gem. § 253 HGB mit den Anschaffungskosten bzw. Herstellungskosten (Bemessungsgrundlagen der Abschreibungen) - vermindert um die Abschreibungen gemäß § 253 HGB - zu bewerten. Gemäß § 253 HGB sind bei den abnutzbaren Anlagegütern **planmäßige Abschreibungen** vorzunehmen, diese ergeben die fortgeführten Anschaffungskosten. Bei allen Anlagegütern können gemäß § 253 HGB außerplanmäßige **Abschreibungen** durchgeführt werden, wenn der Tageswert (beizulegender Wert) niedriger ist als die (fortgeführten) Anschaffungs- oder Herstellungskosten.
- **Steuerrechtliche Abschreibungen (Absetzungen)**
  Die Bewertung der Wirtschaftsgüter ist in den §§ 6-7 EStG geregelt. Gemäß § 6 Abs. 1 EStG sind abnutzbare Wirtschaftsgüter des Anlagevermögens grundsätzlich mit den Anschaffungs- oder Herstellungskosten, vermindert um Absetzungen für Abnutzung (AfA), anzusetzen. Ist der Teilwert niedriger, so kann eine Teilwertabschreibung erfolgen. Bei den anderen Wirtschaftsgütern des Betriebsvermögens kann gem. §6 Abs. 1 EStG eine Teilwertabschreibung erfolgen, wenn der Tageswert (Teilwert) niedriger ist als die Anschaffungs- oder Herstellungskosten.

Gemäß § 7 Abs. 1 EStG sind die Abschreibungsbeträge wegen Abnutzung oder Substanzverringerung (AfA/AfS) gundsätzlich durch gleichmäßige Verteilung der Bemessungsgrundlage auf die betriebsgewöhnliche Nutzungsdauer zu ermitteln. Daneben ist eine Ermittlung der Abschreibungsbeträge nach der abgegebenen Leistung des Wirtschaftsgutes zulässig (Leistungs-AfA), weiterhin sind Absetzungen wegen außergewöhnlicher technischer oder wirtschaftlicher Abnutzung (AwaA) zulässig. Gemäß § 7 Abs. 2 EStG sind bei beweglichen Anlagegütern auch Abschreibungen in fallenden Jahresbeträgen (degressive AfA) möglich; diese dürfen jedoch höchstens das Dreifache der linearen Abschreibung betragen und maximal 30 %. Ein Übergang ist zulässig von der degressiven Abschreibung auf die lineare Abschreibung, jedoch nicht umgekehrt.

Darüberhinaus sind im Einkommensteuergesetz sowie in anderen Steuergesetzen noch eine Reihe von **Sonderabschreibungen** für bestimmte Wirtschaftsgüter geregelt (z.B. degressive Gebäudeabschreibungen nach § 7 Abs. 5 EStG, Sonderabschreibungen für Investitionen in bestimmten Wirtschaftszweigen oder Regionen).

Eine für mittelständische Unternehmen bedeutsame Möglichkeit ist die sog. **Ansparabschreibung** für neue bewegliche Anlagegüter gem. § 7g Abs. 3 EStG. Hierbei wird zunächst bis zur Anschaffung des Anlagegutes eine (gewinnmindernde) Rücklage gebucht. Nach der Anschaffung wird die Rücklage wieder (gewinnerhöhend) aufgelöst.

(3) Nach der Regelmäßigkeit des Auftretens:

- **Planmäßige Abschreibungen** bei abnutzbaren Anlagegegenständen ergeben sich dadurch, daß die Bemessungsgrundlage nach einem bestimmten Abschreibungsverfahren auf die Jahre der Nutzungsdauer verteilt wird (§ 253 Abs. 2 HGB). Diese Abschreibungen entsprechen den Absetzungen für Abnutzung (AfA) bzw. Absetzung für Substanzverringerung (AfS) gemäß § 7 EStG.
- **Außerplanmäßige Abschreibungen** beim Anlagevermögen ergeben sich gemäß §§ 253, 254 HGB, wenn der beizulegende bzw. für steuerliche Zwecke zulässige Wert niedriger ist als die (fortgeführten) Anschaffungs- oder Herstellungskosten. Diese Abschreibungen entsprechen den Absetzungen wegen außergewöhnlicher technischer oder wirtschaftlicher Abnutzung (AwaA) im Sinne von § 7 Abs. 1 EStG bzw. den Teilwertabschreibungen und Sonderabschreibungen gemäß EStG.

(4) Nach dem Verlauf der Abschreibungsbeträge:
- **Lineare Abschreibung:** Diese Methode ergibt gleichbleibende jährliche Abschreibungsbeträge während der Nutzungsdauer.
- **Degressive Abschreibung:** Diese Methode ergibt jährlich abnehmende Abschreibungsbeträge. Dieser Verlauf wird in der Praxis begründet durch den in den ersten Jahren wesentlich stärkeren Wertverlust z.B. bei PKW.
- **Progressive Abschreibung:** Diese Methode ergibt jährlich zunehmende Abschreibungsbeträge. Ein solcher Verlauf ist handelsrechtlich selten zulässig (z.B. bei Talsperren) und steuerrechtlich im allgemeinen unzulässig.
- **Leistungsabhängige Abschreibung:** Die jährlichen Abschreibungsbeträge ergeben sich proportional zu der jährlichen Leistungsabgabe des Aggregats (als Prozentsatz der Gesamtkapazität).

Da die verschiedenen Abschreibungsarten oft nur für bestimmte Arten von Wirtschaftsgüter gelten, soll die für die Abschreibungszwecke grundlegende **Einteilung** der **Wirtschaftsgüter** in Abb. 58 dargestellt werden.

7.2.2 Planmäßige Abschreibungen (bewegliche Anlagegüter)

7.2.2.1 Abschreibungskomponenten

Der größte Teil der zu verbuchenden Abschreibungsbeträge ergibt sich durch die planmäßigen Abschreibungen der beweglichen Anlagegüter (Maschinen). Die Errechnung der Abschreibungsbeträge wird meist auf den Anlagekarten der einzelnen Wirtschaftsgüter (Nebenbuchhaltung) durchgeführt, in der Systembuchhaltung werden nur Sammelbuchungen durchgeführt. Die Ermittlung des Abschreibungsbetrages für ein bestimmtes Wirtschaftsgut geht von den sogenannten **Abschreibungskomponenten** aus.

(1) **Bemessungsgrundlage**
Die Abschreibungsbasis ergibt sich aus Anschaffungskosten bei fremdbezogenen Gütern bzw. aus Herstellungskosten bei selbsthergestellten Gütern, jeweils abzüglich eines eventuellen Restwertes (Schrottwert). Oft wird aus Vereinfachungsgründen statt auf den Restwert gleich auf Null EUR abgeschrieben bzw. auf den "Erinnerungswert" von 1 EUR.

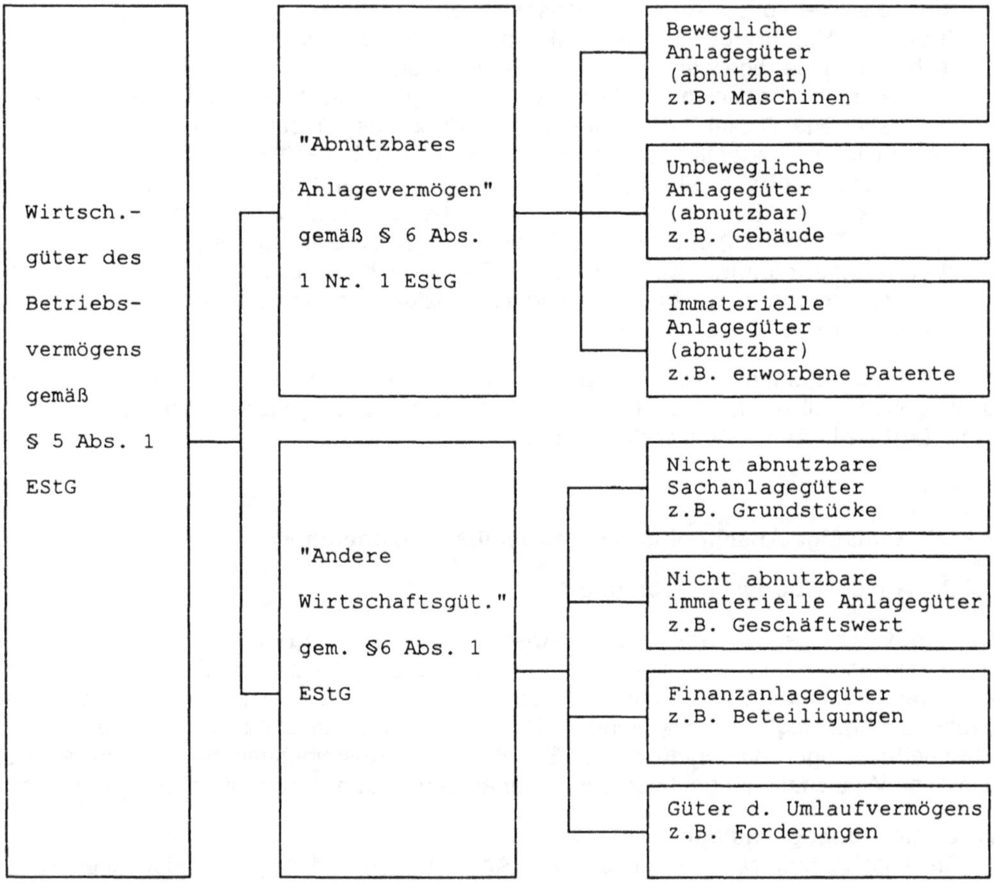

Abb. 58: Abnutzbare Wirtschaftsgüter (EStG)

(2) **Nutzungsdauer**

Die Nutzungsdauer eines Wirtschaftsgutes muß unter Berücksichtigung der technischen und wirtschaftlichen Abschreibungsursachen geschätzt werden. Meist wird die **"betriebsgewöhnliche Nutzungsdauer"** des Anlagegutes verwendet, die in Tabellen des Finanzministeriums veröffentlicht wird. Die folgenden Beispiele entstammen der AfA-Tabelle für allgemein verwendbare Wirtschaftsgüter (Quelle: Blick durch die Wirtschaft v. 3.6.1996, S. 23) (Auszug in alphabet. Reihenfolge):

- Büromöbel: 10 Jahre
- Personalcomputer: 4 Jahre
- PKW (bis Jahresfahrleistung 24000 km): 5 Jahre
- Schornsteine aus Mauerwerk: 33 Jahre
- Werkstatteinrichtung, Werkzeugmaschinen: 10 Jahre

(3) **Abschreibungsverfahren**
Bei den Rechenverfahren zur Ermittlung der Abschreibungsbeträge bei beweglichen Anlagegütern wird hauptsächlich die lineare AfA und degressive AfA (Buchwert-AfA) verwendet. Die Abschreibungsbeträge können hierbei leicht aus den im Fachhandel erhältlichen Abschreibungstabellen abgelesen werden (z.B: aus dem Stollfuß-Verlag)

7.2.2.2 Lineare Abschreibung

Bei der linearen Abschreibung werden die Anschaffungs- oder Herstellungskosten mit jährlich gleichen Beträgen auf die betriebsgewöhnliche Nutzungsdauer verteilt. Das Berechnungsverfahren läßt sich durch folgende **Formeln kennzeichnen**: i = 1 - n Nutzungsjahre, A_i = Abschreibungsbetrag im i-ten Jahr, B_i = Buchwert im i-ten Jahr, B_o = Anschaffungskosten bzw. Herstellungskosten, p = Abschreibungssatz (%), j = 1 - i Abschreibungsjahre, R_n = Restwert am Ende des n-ten Jahres.

$$A_i = B_o * p \qquad A_i = \frac{B_o - R_n}{n} \qquad A_1 = A_2 = A_3 = \ldots = A_n$$

$$B_i = B_o - i * A_i$$

Der Verlauf der Abschreibungsbeträge bzw. des Restbuchwertes ist in Abb. 59 als $A_i(L)$ bzw. $B_i(L)$ dargestellt. Beispiel: B_o = 100.000,-- EUR, n = 10 Jahre.

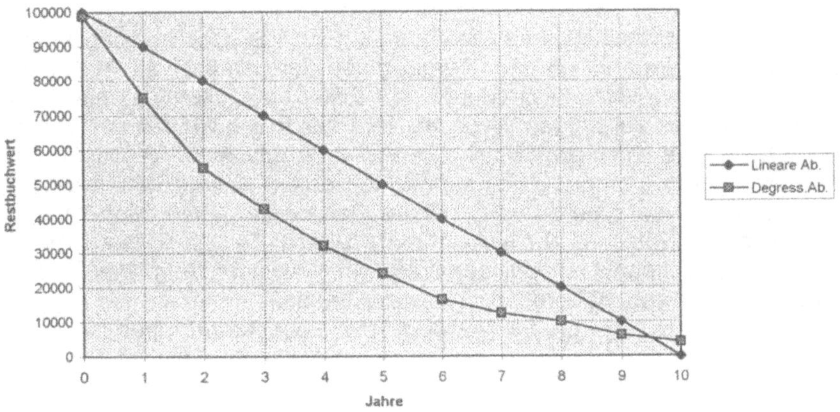

Abb. 59: Abschreibungsdiagramm (Lineare AfA / Buchwert-AfA)

7.2.2.3 Degressive Abschreibung (Buchwert-AfA)

Die häufigste Form der degressiven Abschreibung, die sogenannte **"Buchwert-AfA"**, verdankt diese Bezeichnung der Tatsache, daß sich der jährliche Abschreibungsbetrag hierbei stets durch Anwendung des Abschreibungssatzes auf den jeweiligen Buchwert ergibt. Die Buchwert-AfA läßt sich durch folgende Formeln näher kennzeichnen:

$A_i = B_{i-1} * p$ $A_1 > A_2 > A_3 \ldots$

$B_i = B_{i-1} * (1-p/100$ (Symbole wie bei Punkt 7.2.2.2)

Der Verlauf der Abschreibungsbeträge bzw. Restbuchwerte läßt sich aus der AfA-Tabelle ermitteln und ist für B_0 = 100.000,-- EUR, n = 10 Jahre, p = 25 % in Abb. 59 (Abschreibungsdiagramme) sowie Anhang 1 (Abschreibungstabelle) dargestellt.

Der Vergleich der beiden häufigsten Abschreibungsmethoden bei beweglichen Anlagegütern in Anhang 1 zeigt deutlich die in den ersten Jahren höheren Abschreibungsbeträge bei der Buchwert-AfA und das sogenannte "Restwertproblem" (die Buchwert-AfA kommt nie auf einen Restbuchwert von 0). Die Abschreibungsbeträge und Rest-Buchwerte bei der Buchwert-AfA im genannten Beispiel sind zusätzlich in Abb. 59 (Abschreibungsdiagramme) dargestellt. Für die Buchwert-AfA sind die bereits genannten steuerrechtlichen **Einschränkungen** zu beachten:

- Anwendung nur bei beweglichen Anlagegütern
- Abschreibungssatz derzeit höchstens das Dreifache des linearen Satzes, maximal 30 %.

7.2.2.4 Wechsel von degressiver zu linearer Abschreibung

Der Betrieb ist bei jedem Wirtschatsgut an das einmal gewählte Abschreibungsverfahren gebunden. Jedoch ist steuerrechtlich der Übergang von der degressiven Abschreibung zur linearen Abschreibung ausdrücklich erlaubt (§ 7 EStG), umgekehrt ist ein Wechsel nicht zulässig. Im Falle des zulässigen Wechsels wird der Restbuchwert der Buchwert-AfA auf die restlichen Jahre linear abgeschrieben. Von dem zulässigen Wechsel machen die Steuerpflichtigen gerne gebrauch, weil sich in den ersten Jahren höhere Abschreibungsbeträge und damit niedrigere zu versteuernde Gewinne ergeben. Man kann leicht ausrechnen, in welchem Nutzungsjahr der **optimale Übergang** zur linearen Abschreibung liegt. Der optimale Zeitpunkt ist dann gegeben, wenn der nach dem Übergäng linear abgeschreibene Restbuchwert höhere Abschreibungsbeträge bringt als die ursprünglichen Buchwert-AfA. Im Bsp. von Abb. 59 (Anhang 1) ist das optimale Übergangsjahr wie folgt zu bestimmen:

- Restbuchwert (Buchwert-AfA) am Ende des 6. Jahres: 17.797,84 EUR
- Abschreibung auf Restbuchwert (4 Jahre): 17.797,84 EUR : 4 = 4.449,46 EUR
- Der Abschreibungsbetrag bei Übergang auf die lineare AfA ab dem 7. Jahr (4.449,46 EUR) ist gleich dem Abschreibungsbetrag gemäß Buchwert-AfA im 7. Jahr (4.449,46 EUR) und höher als der Abschreibungsbetrag gemäß Buchwert-AfA im 8. Jahr 3.337,10 EUR).
- Der optimale Übergang ist nach dem 6. Jahr.

7.2.2.5 AfA im Zugangsjahr

Da die meisten beweglichen Wirtschaftsgüter während des Jahres angeschafft bzw. hergestellt werden, ist die Frage zu klären, wie der Abschreibungsbetrag im **Anschaffungsjahr** bzw. im Herstellungsjahr zu bemessen ist. Aus Vereinfachungsgründen wird bei linearer AfA und Buchwert-AfA für bewegliche Anlagegüter die folgende Aufteilung vorgenommen:

- Anschaffung in der 1. Jahreshälfte: Voller jährlicher Abschreibungsbetrag
- Anschaffung in der 2. Jahreshälfte: Halber jährlicher Abschreibungsbetrag.

7.2.2.6 Weitere Abschreibungsverfahren

Die weniger gebräuchlichen Abschreibungsverfahren bei beweglichen Anlagegütern sollen in der nachstehenden Übersicht erläutert werden.

(1) **Arithmetisch-degressive (digitale) Abschreibung**
Eine gegenüber der Buchwert-AfA gemilderte Degression der Abschreibungsbeträge ergibt sich durch die sogenannte digitale AfA. Hier wird zunächst ein "Degressionsbetrag" errechnet, der sich wie folgt ergibt (Symbole wie bei Punkt 7.2.2.2):

$$d = \frac{B_0}{\sum_{i=1}^{i=n} i} = \frac{2 * B_0}{n(n+1)}$$

- Beispiel (Daten wie zuvor):

$$d = \frac{2 * 100.000,--}{10(10+1)} = 1.818,18 \text{ EUR}$$

- Als Abschreibungsbeträge werden angesetzt:
  - im 1. Jahr: 10 * 1.818,18 = 18.181,81 EUR
  - im 2. Jahr: 9 * 1.181,18 = 16.363,62 EUR
  - im 3. Jahr: 8 * 1.818,18 = 14.545,44 EUR

(2) **Leistungsbedingte Abschreibung**
Bei diesem Verfahren geht man davon aus, daß das bewegliche Wirtschaftsgut eine bestimmte Gesamtkapazität hat (Leistungspotential, L). Die jährliche Inanspruchnahme des Leistungspotentials (l) muß gemessen werden (z.B. durch Laufstundenzähler an Maschinen). Der jährliche Abschreibebetrag ergibt sich dann proportional zur jährlichen Inanspruchnahme (in % der Gesamtkapazität). Das Verfahren kann durch die nachstehende Formel gekennzeichnet werden (Symbole wie bei 7.2.2.2).

$$A = \frac{B_o - R_n}{L} * L_i \qquad A_1 \text{ ungleich } A_2 \text{ ungleich } A_3 \text{ usw.}$$

Bei diesem Verfahren wird die Abnutzung am genauesten berücksichtigt, das Verfahren ist jedoch sehr erfassungsaufwendig.

7.2.3 Direkte Abschreibungen

Die Verbuchung der ermittelten Abschreibungsbeträge für bestimmte Wirtschaftsgüter kann einerseits nach dem Verfahren der direkten Abschreibung erfolgen. Die Abschreibungsbeträge werden als Sollbuchung auf dem Aufwandskonto "Abschreibungen" verbucht, als Habenbuchung direkt auf dem Bestandskonto des Wirtschaftsgutes.

- Buchungssätze gemäß **GKR**:

1.	Per 23	Bilanzielle Abschreibungen	... EUR
	an 0..	Anlagekonten	... EUR
2.	Per 480	Kalkul. Abschreibungen	... EUR
	an 280	Verrechn. kalkul. Abschreibungen	... EUR

- Buchungssatz gemäß **IKR**:

1.	Per 6520	Abschreibungen auf Sachanlagen	... EUR
	an 0...	Sachanlagekonten	... EUR

Der Saldo des Bestandskonto gibt dann den abgeschriebenen Wert des Gegenstands an (fortgeführte Anschaffungs- oder Herstellungskosten). Nach Verbuchung aller Abschreibungsbeträge ergibt sich ein Buchwert von 0,-- EUR (bzw. ein Erinnerungswert von 1,-- EUR), auch wenn die Maschine weiterhin im Betrieb vorhanden ist. Auf die bei direkter Abschreibung (Nettowerte) erforderliche Anlagenbuchhaltung als Nebenbuchhaltung mit den Bruttowerten für den Anlagespiegel wurde bereits in der Einleitung zu diesem Abschnitt hingewiesen. Das Verfahren der direkten Abschreibung mit den dabei anzurufenden Konten ist in Abb. 60 dargestellt.

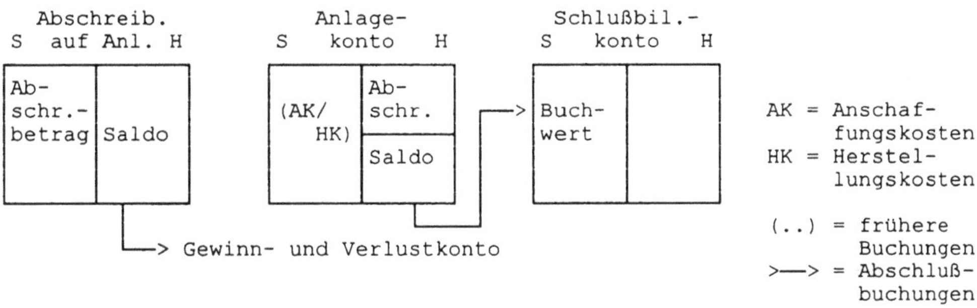

-Abb. 60: Direkte Abschreibungen

7.2.4 Indirekte Abschreibungen (Wertberichtigungen)

Die Verbuchung von Abschreibungsbeträgen kann andererseits auch nach dem Verfahren der indirekten Abschreibung erfolgen. Die Abschreibungsbeträge werden hierbei als Sollbuchung in dem Aufwandskonto "Abschreibungen" verbucht, als Habenbuchung auf speziellen Wertberichtigungskonten. Der Abschreibungsbetrag kann hier als "Zuführung zu Wertberichtigungen" bezeichnet werden.

- Buchungssätze gemäß **GKR**:
  1. Per 23 Bilanzielle Abschreibungen ... EUR
     an 08 Wertberichtigungen ... EUR
  2. Per 480 Kalkulator. Abschreibungen ... EUR
     an 280 Verrechn. kalkulat. Abschreibungen ... EUR

- Buchungssätze gemäß **IKR**:
  1. Per 6520 Abschreibungen auf Sachanlagen ... EUR
     an 3610 Wertberichtigungen zu Sachanlagen ... EUR

Die Wertberichtigungskonten werden nach der Schulausgabe des IKR`86 als **Passivkonten** geführt, stellen jedoch weder Eigenkapital noch Fremdkapital dar, sondern lediglich Korrekturposten zu den entsprechenden Aktivposten. In mehreren Kontenrahmen nach dem Bilanzrichtliniengesetz wird auch die Führung von aktivischen Wertberichtigungskosten vorgeschlagen (als Unterkonten wird jedoch in der vorliegenden Arbeit die verbreitete Methode passiver Wertberichtigungskonten bevorzugt). Eine Darstellung der indirekten Abschreibung mit den entsprechenden Konten ist in Abb. 61 enthalten.

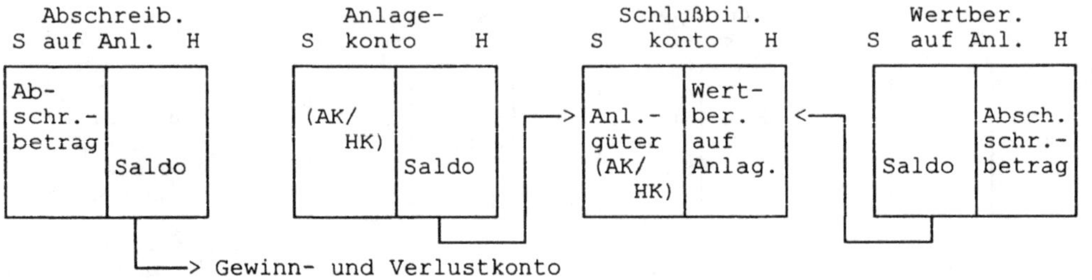

(...) frühere Buchungen
>——> Abschlußbuchungen

Abb. 61: Indirekte Abschreibungen (Wertberichtigungen)

Bei indirekten Abschreibungen sind auf den Anlagekonten auch noch nach Jahren die vollen Anschaffungskosten ersichtlich. Die Differenz zwischen "Anschaffungskosten im Bestandskonto" und "Angesammelten Abschreibungen im Wertberichtigungskonto" stellt den **Buchwert** dar. Das indirekte Abschreibungsverfahren bietet bessere Informationen, erfordert jedoch höheren Aufwand durch die zu führenden Wertberichtigungskonten. Auf die bei indirekter Abschreibung erforderliche Auflösung der Wertberichtigungskonten für die Bilanz bei Kapitalgesellschaften wurde bereits hingewiesen bei der Einleitung zu diesem Abschnitt.

7.3 Abschreibungen / Wertberichtigungen auf Forderungen

7.3.1 Forderungsarten und -bewertung

Im Rahmen der Zielverkäufe haben sich "Forderungen aus Lieferungen und Leistungen" ergeben, die einem gewissen **"Ausfallrisiko"** unterliegen. Bei einem Teil der Kunden kann es zu Zahlungsschwierigkeiten oder zur Zahlungsunfähigkeit kommen, so daß der Zahlungseingang bei den betreffenden Forderungen ganz/teilweise ausfällt. Wenn sich Anhaltspunkte für Forderungsausfälle bei bestimmten Kunden ergeben (z.B. durch die amtlichen Veröffentlichungen der Konkursanmeldungen), so müssen die zu erwartenden Verluste buchhalterisch berücksichtigt werden. Zumindest am Jahresende muß der gesamte Forderungsbestand überprüft werden und die zu erwartenden Ausfälle werden nach verschiedenen Buchungsmethoden abgeschrieben.

Einen wesentlichen Gesichtspunkt für die Verbuchung der Forderungsausfälle stellt die **Umsatzsteuer-Berichtigung** dar. Gemäß § 17 Abs. 2 UStG ist der geschuldete Umsatzsteuerbetrag (Mehrwertsteuer) zu berichtigen, wenn das vereinbarte Entgelt uneinbringlich geworden ist. Nach der herkömmlichen Meinung im Steuerrecht ist die Mehrwertsteuer-Berichtigung daher erst bei **endgültigem** Forderungsausfall zulässig (z.B. Einstellung des Konkursverfahrens "mangels Masse"). In der Handelsbilanz jedoch zählen die Forderungen zum Umlaufvermögen, für dessen Bewertung das "strenge

Niederstwertprinzip" gemäß § 253 Abs. 3 HGB gilt. Dieses Prinzip besagt, daß von den nachfolgenden beiden Werten:

- Anschaffungskosten (Nennwert der Forderung einschließlich Umsatzsteuer)
- Beizulegender Wert (Nennwert abzüglich des erwarteten Ausfallbetrages und der Mehrwertsteuer-Berichtigungen)

stets der niedrigere anzusetzen ist. Der beizulegende Wert ist dann anzusetzen, sobald sich durch best. Tatsachen (z.B. Konkurseröffnung) ein erwarteter Forderungsausfall ergibt. Die durch den Forderungsausfall zu erwartende Berichtigung der Umsatzsteuerschuld muß hierbei ebenfalls berücksichtigt werden. Die handelsrechtlich begründete Buchungsmethode, bereits für **erwartete** Forderungsausfälle bei einzelnen Kunden die Umsatzsteuerschuld zu berichtigen, wird in zunehmendem Maße auch steuerrechtlich anerkannt (vgl. hierzu: Schöttler/Spulak 1986, S. 183 f.).

Für die Forderungsbewertung und -abschreibung werden in den Betrieben die nachstehenden typischen **Konten** geführt:

- Zweifelhafte Forderungen (sogenannte "Dubiose")
- Abschreibungen auf Forderungen
  Es handelt sich um ein Aufwandskonto für die Verbuchung der Ausfallbeträge - netto (!) als Verluste.
- Wertberichtigungen zu Forderungen, die als "Korrekturposten" zu den Forderungen bei indirekter Abschreibung die Ausfallbeträge aufnehmen sollen.

Die grundsätzliche Einteilung der **Forderungsarten** nach dem jeweiligen "Ausfallstadium" ist in Abb. 62 dargestellt. Die für die einzelnen Forderungsarten anzuwendende Bewertung ist ebenfalls in Abb. 62 ersichtlich. Für die Klassifikation der Forderungen sind nachstehend die wichtigsten Anlässe von Forderungsausfällen aufgeführt.

Forderungsarten (Ausfallstadium)	Bewertungs-maßstab	Berechnung
Einwandfreie Forderungen	Nennwert	Rechnungsbetrag beim Warenverkauf einschließlich Umsatzsteuer
Zweifelhafte Forderungen	Wahrscheinlicher Wert	Rechnungsbetrag (brutto) abzüglich erwartetem Ausfallbetrag (netto) abzügl. Umsatzsteuerberichtigung*)
Uneinbringl.Ford. a) Teilw.uneinbr. b) Vollst.unein.	a) Restzahlung (Konkursquote) b) Null	Rechnungsbetrag (brutto) abzüglich endgültigem Ausfallbetrag (netto) abzügl. Umsatzsteuerberichtigung

*) Umsatzsteuerberichtigung erst bei eindeutigen Ausfällen (§ 17 UStG)

Abb. 62: Forderungsarten und deren Wertansatz

(1) **Zweifelhafte Forderungen**
- Eröffnung des Vergleichs- oder Konkursverfahrens. Der Vergleichs- oder Konkursverwalter errechnet die sogenannte Vergleichs- oder Konkursquote: d.h. derjenige Prozentsatz aller Verbindlichkeiten, der vermutlich an die Gläubiger bezahlt werden kann. Wenn die Gläubiger dem Vergleichs- oder Konkursvorschlag zugestimmt haben, werden die Zahlungen entsprechend abgewickelt.
- Zahlungseinstellung: Der Kunde hat trotz dreimaliger Mahnung noch nicht bezahlt.
- Widerspruch gegen einen Zahlungsbefehl
- Offenbarungseid

(2) **Uneinbringliche Forderungen**
- Ablehnung des Konkursverfahrens mangels Masse
- Fruchtlose Zwangsvollstreckung (Pfändung)
- Einstellung des Konkursverfahrens mangels Masse
- Abschluß des Vergleichs- oder Konkursverfahrens (Bei Eingang der Vergleichs- oder Konkursquote ist der Rest der Forderung endgültig als uneinbringlich anzusehen.)
- Berechtigte Einrede der Verjährung

Bei der Verbuchung der Forderungsausfälle können verschiedene **Abschreibungsmethoden** verwendet werden. Eine Übersicht der Methoden ist in Abb. 63 dargestellt.

	Direkte Abschreibungen	Indirekte Abschreibungen (Wertberichtigungen)
Einzelabschreibungen (kundenspezifisches Kreditrisiko)	Einzelabschreibungen (direkt)	Einzelwertberichtigungen
Pauschalabschreibungen (allgemeines Kreditrisiko)	(sinnwidrig)	Pauschalwertberichtigungen ("Delkredere")

Abb. 63: Abschreibungsmethoden bei Forderungen

Im einzelnen können die Abschreibungsverfahren nach den folgenden Kriterien eingeteilt werden.

(1) Nach der Habenbuchung
- **Direkte Abschreibungen**: Die Habenbuchung erfolgt auf dem Konto "Forderungen"
- **Indirekte Abschreibungen**: Die Habenbuchung erfolgt auf einem speziellen Konto "Wertberichtigungen" (Delkredere). Diese Methode ist aufwendiger - aber informativer, denn auf dem Forderungskonto bleibt die ursprüngliche Höhe der Forderungen stets ersichtlich. Bei indirekten Abschreibungen ist zu beachten, daß der Ausweis von Wertberichtigungen als Passivposten in der Schlußbilanz nicht mehr zulässig ist. Dies ergibt sich aus dem Gliederungsschema gem. § 266 HGB für Kapitalgesellschaften sowie möglicherweise auch gem. § 247 HGB für alle Kaufleute (dieser Ansicht sind: Falterbaum / Beckmann, 1998, S. 588). Daraus

folgt, daß die Wertberichtigungskonten für die ausgewiesene Bilanz mit den jeweiligen Forderungskonten verrechnet werden müssen.

(2) Nach dem Ausfallrisiko

- **Einzelabschreibungen**: Diese berücksichtigen das kundenspezifische Ausfallrisiko.
- **Pauschalabschreibungen**: Diese berücksichtigen bei einem großen Forderungsbestand das allgemeine Ausfallrisiko durch verschlechterte Wirtschaftslage, ungünstige Absatzlage in bestimmten Branchen usw.

Durch Kombination dieser Kriterien ergeben sich vier mögliche Abschreibungsmethoden, wobei die Möglichkeit: "Pauschalabschreibung / direkt" wohl kaum in Frage kommt (sinnwidrig). Bei den in Abb. 63 dargestellten Abschreibungsmethoden sind auch Kombinationen möglich. In der Praxis besonders häufig ist die Kombination: Einzelabschreibungen (direkt) - Pauschalwertberichtigungen (sog. **gemischte Abschreibungen** auf Forderungen).

7.3.2 Einzelabschreibungen (direkt) auf Forderungen

Wenn eine vorhandene Forderung aus Lieferungen und Leistungen als zweifelhaft angesehen werden muß, so wird die Forderung zunächst auf das Konto "Zweifelhafte Forderungen" umgebucht. Ist der Ausfallbetrag bereits absehbar (z.B. durch Vorschlag des Konkursverwalters), so wird der Ausfallbetrag direkt abgeschrieben und als Aufwand verbucht. Die bisher genannten Buchungen sind in Abb. 64 übersichtsmäßig dargestellt.

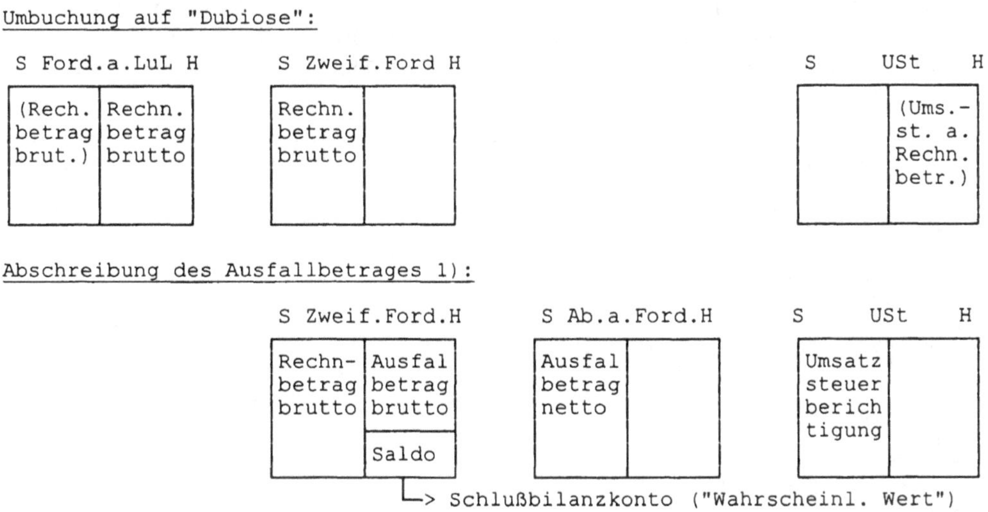

(...) = frühere Buchungen
1) mit Mehrwertsteuer-Korrektur

Abb. 64: Einzelabschreibungen (direkt) auf Forderungen

Der beim endgültigen Ausfall der Forderung eventuell eintretende zusätzliche Verlust (wenn der erwartete Ausfallbetrag zu niedrig war) wird ebenfalls unter "Abschreibung auf Forderungen" verbucht. Im umgekehrten Falle (wenn der erwartete Ausfallbetrag zu hoch angesezt war) wird die Differenz unter "Sonstige Erträge" verbucht.

Die Buchungen zur vollständigen Abwicklung von zweifelhaften Forderungen sollen nun anhand des Beispiels "Zielverkauf mit anschließendem **Vergleichsverfahren** beim Kunden" dargestellt werden.

Beispiel 25: **Einzelabschreibungen auf Forderungen**

(.) Der Kunde eines Industriebetriebs kauft Fertigerzeugnisse auf Ziel und erhält eine Rechnung über 100.000,-- EUR (netto) zuzüglich 10.000,-- EUR Umsatzsteuer. Rechnungsbetrag (brutto): 110.000,-- EUR.

1. In der Tageszeitung wird die Eröffung des Vergleichsverfahrens für diesen Kunden mitgeteilt.
2. Der Vergleichsverwalter teilt auf Anfrage mit, daß mit einer Vergleichsquote von 60 % gerechnet werden kann. Erwartete Restzahlung: 66.000,-- EUR, Ausfallbetrag (netto): 40.000,-- EUR, Umsatzsteuer-Berichtigung: 4.000,-- EUR.
3. Beim Abschluß des Vergleichsverfahrens stellt sich heraus, daß nur eine Vergleichsquote von 50 % möglich ist, der Vergleichsverwalter überweist 55.000,-- EUR auf das Bankkonto des Industriebetriebes. Endgültiger Ausfallbetrag: 55.000,-- EUR (brutto), d.h. Ausfallbetrag (netto): 50.000,-- EUR, Umsatzsteuerberichtigung: 5.000,-- EUR.
4. Nachdem ein erwarteter Ausfallbetag bereits verbucht wurde, muß nur noch der zusätzliche Ausfallbetrag (netto) in Höhe von 10.000,-- EUR verbucht werden.
5. Hierbei wird auch die zusätzliche Umsatzsteuer-Berichtigung in Höhe von 1.000,- EUR verbucht.

B u c h u n g s s ä t z e /Bsp. 25 (Gemäß Übungskontenplan/IKR im Anhang)

Nr.		Konto		S	H
(.)	Per	2400	Forderungen aus Lief. u. L.	110.000,--	
	an	5000	Umsatzerlöse / Eigene Erzeugnisse		100.000,--
		4800	Umsatzsteuer		10.000,--
1.	Per	2470	Zweifelhafte Forderungen	110.000,--	
	an	2400	Forderungen aus Lief. u. L.		110.000,--
2.	Per	6950	Abschreibungen auf Forderungen	40.000,--	
		4800	Umsatzsteuer	4.000,--	
	an	2470	Zweifelhafte Forderungen		44.000,--
3.	Per	2800	Bank	55.000,--	
	an	2470	Zweifelhafte Forderungen		55.000,--
4.	Per	6951	Abschreib. a. Ford. w. Uneinbringl.k.	10.000,--	
	an	2470	Zweifelhafte Forderungen		10.000,--
5.	Per	4800	Umsatzsteuer	1.000,--	
	an	2470	Zweifelhafte Forderungen		1.000,--

Es wurde bereits bei der Abschreibung des erwarteten Ausfallbetrages eine Umsatzsteuer-Berichtigung vorgenommen (Begründung: s. Punkt 7.3.1). Andernfalls hätte man erst beim endgültigen Ausfall die gesamte Umsatzsteuer-Berichtigung verbucht. In dem Falle, daß der endgültige Ausfallbetrag (netto) niedriger ist als der erwartete Ausfallbetrag (netto), ist die Differenz auf Konto 543 "Andere Sonstige betriebliche Erträge" zu verbuchen. Für diese Erträge ist wieder die gesetzliche Umsatzsteuer anzusetzen, wenn die Umsatzsteuer bereits zuvor berichtigt worden ist. Die Verbuchung als "Andere Sonstige betriebliche Erträge" mit Umsatzsteuerpflicht gilt auch für den Fall, daß später doch noch unerwartete Zahlungen eingehen.

Die **Reihenfolge** der Buchungen soll nachstehend doch einmal verbal aufgeführt werden:

(1) Umbuchung auf "Zweifelhafte Forderungen"
(2) Abschreibung des erwarteten Ausfallbetrages (hier: mit Umsatzsteuer-Korrektur)
(3) Verbuchung des Zahlungseingangs (Abschlußzahlung)
(4) Buchung der zusätzlichen Abschreibungen bzw. sonstigen Erträge, wenn der Ausfallbetrag zu niedrig bzw. zu hoch geschätzt wurde
(5) Umsatzsteuer-Berichtigung (abschließend)

7.3.3 Einzelwertberichtigungen zu Forderungen

Die Buchungen im Rahmen der Bildung einer Einzelwertberichtigung zu Forderungen sind übersichtsmäßig in Abb. 65 dargestellt.

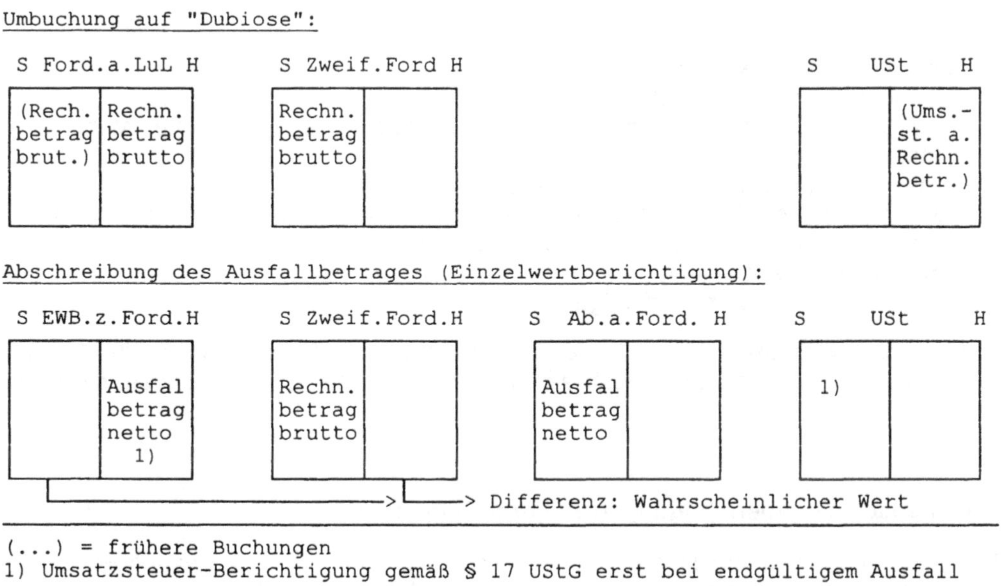

Abb. 65: Einzelwertberichtigungen zu Forderungen

Beispiel 26: **Einzelwertberichtigungen zu Forderungen**
Die Buchungen zur vollständigen Abwicklung einer zweifelhaften Forderung mit Hilfe von Einzelwertberichtigungen sollen nun anhand desselben Beispiels wie bei direkter Abschreibung dargestellt werden. Die Umsatzsteuer-Berichtigung erfolgt erst beim endgültigen Ausfall der Forderung.

B u c h u n g s s ä t z e /Bsp. 26 (Gemäß Übungskontenplan/IKR im Anhang)

Nr.		Konto	S	H
(.)	Per 2400	Forderungen aus Lief. u. L.	110.000,--	
	an 5000	Umsatzerlöse / Eigene Erzeugnisse		100.000,--
	4800	Umsatzsteuer		10.000,--
1.	Per 2470	Zweifelhafte Forderungen	110.000,--	
	an 2400	Forderungen aus Lief. u. L.		110.000,--
2.	Per 6952	Einzelwertberichtigungen zu Forderungen	40.000,--	
	an 3670	Einzelwertberichtigungen zu Forderungen		40.000,--
3.	Per 2800	Bank	55.000,--	
	an 2470	Zweifelhafte Forderungen		55.000,--
4.	Per 6951	Abschreib. a. Ford. w. Uneinbringl.k.	10.000,--	
	an 2470	Zweifelhafte Forderungen		10.000,--
5.	Per 4800	Umsatzsteuer	5.000,--	
	an 2470	Zweifelhafte Forderungen		5.000,--
6.	Per 3670	Einzelwertberichtigungen zu Forderungen	40.000,--	
	an 2470	Zweifelhafte Forderungen		40.000,--

Die **Reihenfolge** der Buchungen soll nachstehend noch einmal verbal angegeben werden:

(1) Umbuchung auf "Zweifelhafte Forderungen"
(2) Bildung der Einzelwertberichtigung
(=indirekte Abschreibung des erwarteten Ausfallbetrages) hier: ohne Mehrwertsteuer-Berichtigung
(3) Verbuchung des Zahlungseingangs (Abschlußzahlung)
(4) Buchung der zusätzlichen Abschreibungen bzw. sonstigen Erträge, wenn der Ausfallbetrag zu niedrig bzw. zu hoch geschätzt wurde
(5) Umsatzsteuer-Berichtigung
(6) Auflösung der Einzelwertberichtigung

Wenn bereits vor Abschlußzahlung der Bilanzstichtag eintritt, wo muß die Einzelwertberichtigung für die publizierte Jahresbilanz mit den zweifelhaften Forderungen verrechnet werden.

7.3.4 Pauschalwertberichtigungen zu Forderungen

Bei einem großen Kundenstamm können sich auch innerhalb der einwandfreien Forderungen später noch Ausfälle ergeben (allgemeines Kreditrisiko). Man berücksichtigt dies beim Jahresabschluß, indem man zu dem Bestand an einwandfreien Forderungen einen Korrekturposten in Höhe der branchenüblichen Ausfallquoten bildet (Pauschalwertberichtigung). Die zugrundegelegte **Ausfallquote** (Prozentsatz) wird aus den durchschnittlichen Ausfällen der letzten 3-6 Jahre errechnet, bei den Finanzbehörden wird eine Ausfallquote bis zu 5 % meistens anerkannt. Die erwarteten Ausfälle errechnen sich durch die Ausfallquote (%), bezogen auf den Forderungsbestand am Bilanzstichtag. Nach der herrschenden Meinung ist die Ausfallquote nur auf den Bestand an einwandfreien Forderungen zu beziehen (sogenannte statische Methode), im Gegensatz zu der dynamischen Methode, die als Bezugsgröße den Gesamtbestand ("Kreditumsatz") verwendet. Da bei der Bildung der Pauschalwertberichtigung die Forderungsausfälle konkret noch nicht feststehen, ist die Umsatzsteuerberichtigung hier noch nicht zulässig.

Die Buchungen bei Bildung und Auflösung der Pauschalwertberichtigungen zu Forderungen sollen nun anhand des folgenden Beispiels dargestellt werden.

Beispiel 27: **Pauschalwertberichtigungen zu Forderungen**

(.) Ein Industriebetrieb hat am 31.12. des Berichtsjahres einen (einwandfreien) Forderungsbestand von 330.000,-- EUR (incl. Umsatzsteuer).

1. Zum Jahresende soll **erstmalig** eine Pauschalwertberichtigung zu Forderungen **gebildet** werden.

	Bezugsgröße	EUR
	Forderungsbestand / brutto	330.000,--
./.	Mehrwertsteueranteil (1/11)	30.000,--
=	Bezugsgröße (netto)	300.000,--

- Ausfallquote: 5 %
- Erwartete Ausfälle im Folgejahr:
  5 % von 300.000,-- EUR = 15.000,-- EUR

2. Im Folgejahr wird ein Kunde zahlungsunfähig, die Forderung ist voll als **uneinbringlich** abzuschreiben; Rechnungsbetrag / netto: 10.000,-- EUR, Umsatzsteuer: 1.000,-- EUR, Rechnungsbetrag / brutto: 11.000,-- EUR.
3. Am 31.12. des Folgejahres ergibt sich ein Forderungsbestand von 440.000,-- EUR (incl. Umsatzsteuer).
   - Die erwarteten Ausfälle sollen wiederum indirekt abgeschrieben werden (Pauschalwertberichtigung).

	Bezugsgröße	EUR
	Forderungsbestand / brutto	440.000,--
./.	Mehrwertsteueranteil (1/11)	40.000,--
=	Bezugsgröße (netto)	400.000,--

- Ausfallquote: 5 %
- Erwartete Ausfälle im 2. Folgejahr:
  5 % von 400.000,-- EUR = 20.000,-- EUR
- Bei der Verbuchung der erwarteten Ausfälle soll die bestehende Pauschalwertberichtigung angepaßt werden (Heraufsetzung).

	Restwert der Pauschalwertberichtigung:	EUR
	Anfangsbestand (Folgejahr)	15.000,--
./.	Inanspruchnahme (Folgejahr)	10.000,--
=	Endbestand (Folgejahr)	5.000,--

B u c h u n g s s ä t z e /Bsp. 27 (Gemäß Übungskontenplan/IKR im Anhang)

Nr.		Konto	S	H
(.) Per	2400	Forderungen aus Lief. u. L.	330.000,--	
an	5000	Umsatzerlöse / Eigene Erzeugnisse		300.000,--
	4800	Umsatzsteuer		30.000,--
1. Per	6953	Pauschalwertbericht. zu Forder.	15.000,--	
an	3680	Pauschalwertbericht. zu Forder.		15.000,--
2. Per	3680	Pauschalwertbericht. zu Forder.	10.000,--	
	4800	Umsatzsteuer	1.000,--	
an	2400	Forderungen aus Lief. u. L.		11.000,--
3. Per	6953	Pauschalwertbericht. zu Forder.	15.000,--	
an	3680	Pauschalwertbericht. zu Forder.		15.000,--

Bildung der Pauschalwertberichtigung (Abschluß des Berichtsjahres):

S (Einwandfr.) Ford.a.LuL	H	S PWB z.Ford.	H	S Ab.a.Ford.	H	S	H
(Rech. betr. brut.)			Erwart Ausfal summe, netto	Erwart Ausfal summe, netto		k e i n e Umsatzsteuer berichtigung	

Inanspruchnahme der Pauschalwertberichtigung (Folgejahr):

S (Einwandfr.) Ford.a.LuL	H	S PWB z.Ford	H	S USt	H
(Rech. betrag brut.)	Unein- bringl Forder brutto	Unein- bringl Forder netto	(Erwar Ausfal summe, netto)	Umsatz steuer berich tigung	

Heraufsetzung der Pauschalwertberichtigung (Abschluß des Folgejahres):

S (Einwandfr.) Ford.a.LuL.	H	S PWB z.Ford.	H	S Ab.a.Ford.	H	S	H
Rechn. betrag brutto			Herauf setz.- betrag netto	Herauf setz.- betrag netto		k e i n e Umsatzsteuer berichtigung	

Abb. 66: Bildung und Anpassung des Pauschaldelkredere

Die **Reihenfolge** der Buchungen soll nachstehend noch einmal verbal erläutert werden (vgl. Übersicht in Abb. 66).

(1) **Erstmalige Bildung des Pauschaldelkredere** (= indirekte Abschreibung der erwarteten Ausfälle in Höhe der Ausfallquote, bezogen auf den Nettowert der einwandfreien Forderungen)

(2) **Verbuchung effektiver Ausfälle im Folgejahr**
Bei effektiven Ausfällen erfolgt Ausbuchung auf dem Forderungsbestand und Gegenbuchung auf dem Pauschaldelkredere. Dabei wird auch die Umsatzsteuer-Berichtigung durchgeführt. Diese Verbuchung der effektiven Ausfälle erfolgt solange, bis das Pauschaldelkredere "aufgebraucht" ist. Weitere effektive Ausfälle müssen dann direkt abgeschrieben werden.

(3) **Anpassung zum Bilanzstichtag des Folgejahres**
Wenn das Pauschaldelkredere am Ende des Folgejahres noch nicht aufgebraucht ist, muß es aufgelöst werden. Die Auflösung des Restwertes beim Pauschaldelkredere müßte als "Sonstiger Ertrag" verbucht werden. Da aber meist im Folgejahr wiederum eine indirekte Abschreibung der Ausfälle erfolgen soll, kann die neue Einstellung in das Pauschaldelkredere mit dem Restwert des "alten" Pauschaldelkredere verrechnet werden. Es ist nur eine Anpassung des Pauschaldelkredere zu verbuchen. Im Falle, daß die Neueinstellung größer ist als der Restwert des Pauschaldelkredere (Beispiel) muß eine Heraufsetzung des Pauschaldelkredere erfolgen (durch erneute Abschreibungen auf Forderungen).

Im Falle, daß die Neueinstellung in das Pauschaldelkredere niedriger ist als der aufzulösende Restwert, ist eine Herabsetzung des Pauschaldelkredere zu verbuchen (Gegenkonto: 545 Erträge aus der Herabsetzung von Pauschalwertberichtigungen zu Forderungen).

7.3.5 Gemischte Abschreibungen auf Forderungen

Die sogenannte gemischte Forderungsabschreibung stellt eine Kombination der Einzelabschreibung (direkt oder indirekt) mit der Pauschalabschreibung dar. Bei den bereits geschilderten Buchungen ergeben sich durch die Kombination die nachstehenden Ergänzungen.

(1) **Erstmalige Bildung des Pauschaldelkredere**
Als Bezugsgröße für die Ausfallquote sind nach der statischen Methode nur die einwandfreien Forderungen heranzuziehen. Dies erfordert, daß alle zweifelhaft gewordenen Forderungen aus dem allgemeinen Forderungsbestand in das Konto "Dubiose" umgebucht worden sind. Berechnung der Einstellung in das Pauschaldelkredere:

	Gesamtbetrag der Forderungen(brutto)
./.	Zweifelhafte Forderungen (brutto)
=	Einwandfreie Forderungen (brutto)
./.	Umsatzsteuer-Anteil
=	Bezugsgröße für Pauschaldelkredere

Die Einstellung in das Pauschaldelkredere wird berechnet als Ausfallquote auf diese Bezugsgröße und verbucht, wie bereits dargestellt.

(2) **Einzelabschreibungen im Berichtsjahr**
Bei den unter "Zweifelhafte Forderungen" ausgebuchten Forderungen wird eine Einzelabschreibung durchgeführt, wie bereits dargestellt.

(3) **Effektive Ausfälle im Folgejahr**
Für die Verbuchung der effektiven Ausfälle im Folgejahr können verschiedene Methoden verwendet werden.

(a) Ausbuchung auf dem Forderungskonto, Gegenbuchung: Abschreibungen auf Forderungen und Umsatzsteuerkonto (direkte Einzelabschreibungen). Zum Bilanzstichtag: Anpassung des Pauschaldelkredere, wie bereits dargestellt.

(b) Ausbuchung aus dem Forderungskonto, Gegenbuchung auf dem Pauschaldelkredere; am Bilanzstichtag Anpassung des Pauschaldelkredere, wie bereits dargestellt.

(c) Umbuchung auf Dubiose (bei Zweifelhaftigkeit der Forderung), Einzelabschreibung des erwarteten Ausfallbetrages. Bei Zahlungseingang wird der wahrscheinliche Wert der Forderung aus dem Konto "Dubiose" ausgebucht, der zusätzliche Ertrag bzw. Verlust beim endgültigen Ausfall wird über das Pauschaldelkredere oder als "Sonstiger Ertrag" verbucht.

7.4 Zeitliche Abgrenzung

7.4.1 Abgrenzungsformen und Umsatzsteuerbehandlung

Die Grundbegriffe der zeitlichen Abgrenzung wurden bereits im Rahmen der vorbereitenden Abschlußbuchungen (Punkt 7.3.1) erläutert. Die Notwendigkeit der zeitlichen Abgenzung ergibt sich dadurch, daß bei erfolgswirksamen Buchungen die Erfolgswirkung und der Zahlungsvorgang in verschiedene Perioden fallen können (Erfolgsperiode - Zahlungsperiode). Die möglichen Kombinationen von Erfolgsperiode und Zahlungsperiode sind in Abb. 67 dargestellt. Aus dieser Abbildung sind die **Grundformen** der zeitlichen Abgrenzung klar ersichtlich.

Der jeweilige **Abgrenzungstyp** läßt sich am kürzesten durch die schlagwortartige Angabe "Jetzt" oder "Später" für Erfolgsperiode sowie Zahlungsperiode bezeichnen. Zum Beispiel kann der Abgrenzungstyp der passiven Antizipationen bezeichnet werden als "Aufwand jetzt, Ausgabe später". Die meisten Rechnungsabgrenzungen erstrecken sich dabei über zwei Jahre (altes - neues Jahr, oft auch als alte Rechnung - neue Rechnung bezeichnet). In einigen Fällen sind jedoch auch vieljährige Abgrenzungen vorzunehmen. So z.B. wird das sogenannte "Disagio" (Differenz zwischen Nennbetrag und Auszahlungsbetrag bei Aufnahme eines langfristigen Darlehens) meist über die gesamte Laufzeit des Darlehens abgegrenzt. In einigen Fällen ist nur eine partielle Abgrenzung vorzunehmen. Dieser Fall ergibt sich dann, wenn ein Zahlungsbetrag zum Teil der alten Erfolgsperiode, zum Teil der neuen Erfolgsperiode zuzurechnen ist.

Zahlungsperiode ——>		Zahlung "jetzt"	Zahlung "später"
Erfolgsperiode:			
Erfolg	Aufwand	(periodengleich)	Passive Antizipation (Sonstige Verbindlichkeit)
"jetzt"	Ertrag	(periodengleich)	Aktive Antizipation (Sonstige Forderungen)
Erfolg	Aufwand	Aktive Rechnungsabgrenzung	(periodengleich)
"später"	Ertrag	Passive Rechnungsabgrenzung	(periodengleich)

Abb. 67: Grundformen der zeitlichen Abgrenzung

Ein besonderer Gesichtspunkt bei der Verbuchung der zeitlichen Abgrenzungen ist die **Behandlung der Umsatzsteuer**. Einige der häufig abzugrenzenden Geschäftsfälle stellen keine steuerpflichtigen Umsätze dar, z.B. längerfristige Vermietung, Darlehenszinsen, Versicherungsprämien, Kfz-Steuer. Bei anderen Geschäftsfällen muß die Umsatzsteuer berechnet werden. Die Berücksichtigung der Umsatzsteuer bei den Grundfomen der zeitlichen Abgrenzung ist in der nachstehenden Übersicht dargestellt.

(1) **Antizipationen:** Für die Entstehung der Umsatzsteuerschuld ist der Zeitpunkt der Ausführung der Lieferung bzw. sonstigen Leistung maßgebend (Versteuerung der vereinbarten Entgelte). Bei den steuerpflichtigen Antizipationen wird die Umsatzsteuer daher im alten Jahr **voll berücksichtigt**.

- Passive Antizipationen: Die bei "Sonstigen Verbindlichkeiten" erfaßte Umsatzsteuer wird als anrechenbare Vorsteuer verbucht.
- Aktive Antizipationen: Die bei "Sonstigen Forderungen" erfaßte Umsatzsteuer wird als Umsatzsteuer verbucht.

(2) **Rechnungsabgrenzungen:** Bei Anzahlungen und Vorauszahlungen entsteht die Umsatzsteuerschuld bereits bei der Vorauszahlung (§ 13 UStG). In diesen Fällen muß also wie bei allen steuerpflichtigen Umsätzen die Umsatzsteuer bzw. Vorsteuer voll **berücksichtigt** werden. Durch den § 13 UStG entfällt die frühere Buchungs-Praxis, wonach die Umsatzsteueranteile bei Vorauszahlungen auf besondere Übergangskonten ("Noch nicht fällige Mehrwertsteuer" bzw. "Noch nicht anrechenbare Vorsteuer") verbucht wurden: Diese Übergangskonten wurden erst im neuen Jahr bei der Zahllast berücksichtigt.

7.4.2 Aktive Antizipationen

Aktive Antizipationen stellen Abgrenzungen des Typs "Ertag jetzt, Einnahmen später" dar. Die Verbuchung erfolgt einerseits auf dem betreffenden Ertragskonto sowie bei umsatzsteuerpflichtigen Vorgängen auf dem Konto der berechneten Mehrwertsteuer. Andererseits wird die ausstehende Einnahme als "**Sonstige Forderungen**" (brutto) verbucht. Als **Beispiele** sind zu nennen:

- Der Vermieter von Geschäfts- oder Lagerräumen erhält die Dezembermiete erst im Januar des folgenden Jahres (Längerfristige Vermietungen von Räumen sind gem. § 4 Ziff. 12 a UStG umsatzsteuerfrei, nicht jedoch kurzfristige Vermietungen von Campingplätzen, Fremdenzimmern, PKWs usw.).
- Der Darlehensgeber erhält die Zinsen für das gewährte Darlehen erst im nachhinein im neuen Jahr (Kreditgewährung ist gem. § 8 a UStG umsatzsteuerfrei).
- Ein Industriebetrieb erhält die Zinsen seines Bankguthabens für das letzte Quartal erst im neuen Jahr gutgeschrieben (keine Umsatzsteuer).
- Ein selbständiger Handelsvertreter erhält seine Umsatzprovision für Dezember des alten Jahres erst im Januar des neuen Jahres.

Altes Jahr:

S Sonst.Ford.	H
Mieter trag, brutto	

S Mieterträg.	H
	Mieter trag, netto

S Mehrwertst.	H
	Berech Mehrw. steuer

Neues Jahr:

S Sonst.Ford.	H
(Miet- ertrag brut.)	Mieter trag, brutto

S Bank	H
Über- weis- ungs- betrag	

Abb. 68: Aktive Antizipation (Mietertrag mit Umsatzsteuer)

Die Buchungen bei der Abwicklung einer aktiven Antizipation sind in Abb. 68 dargestellt (Mietertrag mit Umsatzsteuerpflicht). Die aktiven Antizipationen sollen abschließend anhand des nachstehenden Beispiels dargestellt werden.

Beispiel 28: **Ausstehende Zinseinnahmen**

1. Ein Industriebetrieb hat einem Kunden vorübergehend ein Darlehen in Höhe von 100.000,-- EUR gewährt, die Zinsen (8 % p.a.) sind nachträglich am Ende jedes Halbjahres zu entrichten. Beim Abschluß des ersten Jahres ist die Zinszahlung für die zweite Jahreshälfte noch nicht eingegangen. Zinsbetrag für 2. Jahreshälfte (8 % von 100.000,-- EUR) : 2 = 4.000,-- EUR (keine Umsatzsteuer).
2. Am 08.01. des zweiten Jahres wird die Überweisung des ausstehenden Zinsbetrages (4.000,-- EUR) auf dem Bankkonto des Industriebetriebes gutgeschrieben.

B u c h u n g s s ä t z e /Bsp. 28 (Gemäß Übungskontenplan/IKR im Anhang)

Nr.		Konto	S	H
1. Per	2660	Andere sonstige Forderungen	4.000,--	
an	5710	Zinserträge		4.000,--
2. Per	2800	Bank	4.000,--	
an	2660	Andere sonstige Forderungen		4.000,--

7.4.3 Passive Antizipationen

Passive Antizipationen stellen Abgrenzungen des Typs "Aufwand jetzt, Ausgabe später" dar. Die Verbuchung erfolgt einerseits auf dem betreffenden Aufwandskonto sowie bei umsatzsteuerpflichtigen Vorgängen auf dem Vorsteuerkonto. Andererseits wird die ausstehende Ausgabe als **"Sonstige Verbindlichkeit"** (brutto) verbucht. Als Beispiel dienen die unter Punkt 7.4.2 erwähnten Geschäftsfälle (nachträgliche Miet- bzw. Zinszahlungen), hier zu verbuchen bei demjenigen, der den Aufwand nachträglich bezahlt. Die Buchungen bei der Abwicklung einer passiven Antizipation sind in Abb. 69 dargestellt und sollen anschließend anhand eines Beispiels erläutert werden.

Beispiel 29: **Nachträgliche Mietausgabe**

1. Ein Industriebetrieb hat beim Abschluß des alten Jahres eine eingegangene Rechnung über einen im Dezember angemieteten PKW noch nicht bezahlt (Rechnungsbetrag 600,-- EUR netto zuzüglich 60,-- EUR Mehrwertsteuer).
2. Der Industriebetrieb überweist den Rechnungsbetrag am 08.01. des neuen Jahres.

Altes Jahr:

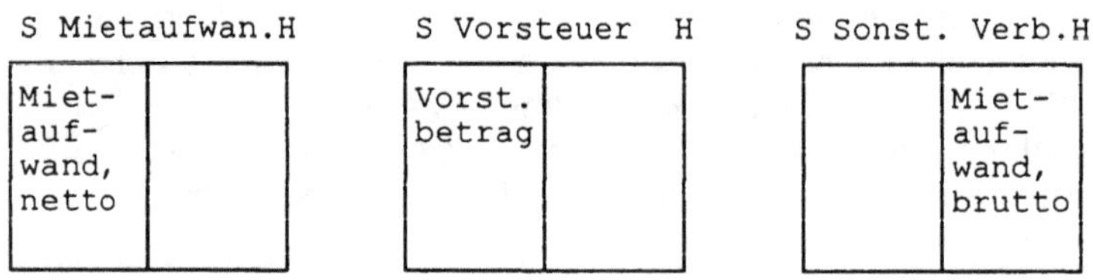

Neues Jahr:

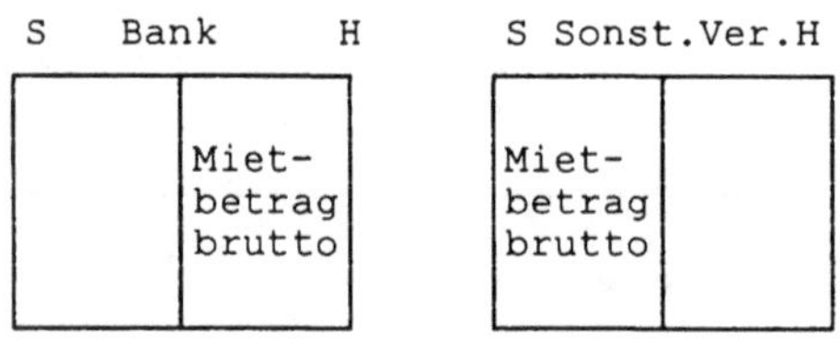

Abb. 69: Passive Antizipation (Mietaufwand mit Vorsteuer)

B u c h u n g s s ä t z e /Bsp. 29 (Gemäß Übungskontenplan/IKR im Anhang)

Nr.		Konto		S	H
1.	Per	6700	Mieten und Pachten	600,--	
		2600	Vorsteuer	60,--	
	an	4890	Übrige sonstige Verbindlichkeiten		660,--
2.	Per	4890	Übrige sonstige Verbindlichkeiten	660,--	
	an	2800	Bank		660,--

7.4.4 Aktive Rechnungsabgrenzungsposten (einschl. Disagio)

Die Rechnungsabgrenzung im engeren Sinne (Transitorien) stellen zeitliche Abgrenzungen des Typs: "Zahlung jetzt, Erfolg später" dar. Dabei ist die Umsatzsteuer in den meisten Fällen erst im neuen Jahr zu berücksichtigen. Als **Rechnungsabgrenzungen** dürfen gemäß § 250 HGB nur ausgewiesen werden.

- Auf der Aktivseite: Ausgaben vor dem Abschlußstichtag, soweit sie Aufwand für eine bestimmte Zeit nach diesem Tag darstellen.
- Auf der Passivseite: Einnahmen vor dem Abschlußstichtag, soweit sie Ertrag für bestimmte Zeit nach diesem Tag darstellen.

Aktive Rechnungsabgrenzungsposten werden gebildet bei Abgrenzungen des Typs "Ausgabe jetzt, Aufwand später". Die Ausgabe wird einerseits als Abgang auf dem Bankkonto verbucht (möglicherweise mit einer Verbuchung des Vorsteueranteils). Andererseits wird im alten Jahr der Betrag auf dem Konto **"Aktive Rechnungsabgrenzungsposten"** aktiviert. Der aktivierte Betrag stellt eine Art "Leistungsforderung" dar, d.h.

der buchende Betrieb hat eine Forderung an den Empfänger des bezahlten Betrages, daß dieser die bezahlte Lieferung oder Leistung erbringt.

Häufig ist nur eine partielle Rechnungsabgrenzung erforderlich (die Vorauszahlung betrifft zum Teil die alte Erfolgsperiode, zum Teil schon die neue Erfolgsperiode). Bei der **partiellen Rechnungsabgrenzung** sind die nachstehenden Buchungsmethoden anzutreffen.

- **Direkte Verbuchung:** Beim Auftreten der Ausgabe wird der Aufwandsteil des alten Jahres in dem betreffenden Aufwandskonto verbucht, der Aufwandsanteil des neuen Jahres wird auf dem Konto aktive Rechnungsabgrenzung verbucht.
- **Indirekte Verbuchung:** Beim Auftreten der Ausgabe wird zunächst der gesamte Aufwandsbetrag in dem betreffenden Aufwandskonto verbucht. Erst am Jahresende werden die Aufwandsanteile des neuen Jahres aus dem Aufwandskonto in das Konto "aktive Rechnungsabgrenzung" umgebucht.

Als **Beispiele** für aktive Rechnungsabgrenzungen sind zu nennen:

- Der Mieter von Geschäfts- oder Lagerräumen zahlt die Miete für mehrere Monate im voraus, wobei ein Teil der Monate bereits im neuen Jahr liegt (Längerfristige Vermietungen von Räumen sind gem. § 4 Ziff. 12 a UStG umsatzsteuerfrei, kurzfristige Vermietungen umsatzsteuerpflichtig, 7.4.2).
- Der Darlehensschuldner bezahlt die Zinsen für mehrere Monate im voraus, wobei ein Teil der Monate im neuen Jahr liegt (Kreditgewährung ist gemäß § 4 Ziff. 8 a UStG umsatzsteuerfrei).
- Die Kfz-Steuer für betriebliche PKWs wird halbjährlich oder jährlich im voraus bezahlt, ein Teil der Nutzungsmonate liegt bereits im neuen Jahr.
- Versicherungsprämien für Betriebsgebäude, z.B. Feuerversicherung, werden meist jährlich im voraus bezahlt, wobei ein Teil der "versicherten Monate" im neuen Jahr liegt.

Die Buchungen bei der Abwicklung einer zweijährigen Rechnungsabgrenzung sind in Abb. 70 deutlich dargestellt und werden anschließend anhand eines Beispiels verdeutlicht.

Beispiel 30: **Vorauszahlung der Kfz-Steuer**

1. Ein Industriebetrieb überweist am 01.10. des alten Jahres die Kfz-Steuer für den Fuhrpark (Jahreszahlung im voraus).
   - Jahresbetrag: 48.000,-- EUR
   - Anteil altes Jahr (3 Monate): $\frac{48.000,\text{--}}{12} * 3 = 12.000,\text{-- EUR}$
   - Anteil neues Jahr (9 Monate): $\frac{48.000,\text{--}}{12} * 9 = 36.000,\text{-- EUR}$

2. Im neuen Jahr wird die Rechnungsabgrenzung der Kfz-Steuer aufgelöst.

Buchungssätze /Bsp. 30 Nr.		Konto (Gemäß Übungskontenplan/IKR im Anhang)	S	H
1. Per	7030	Kraftfahrzeugsteuer	12.000,--	
	2930	Aktive Rechnungsabgrenzungsposten	36.000,--	
an	2800	Bank		48.000,--
2. Per	7030	Kraftfahrzeugsteuer	36.000,--	
an	2930	Aktive Rechnungsabgrenzungsposten		36.000,--

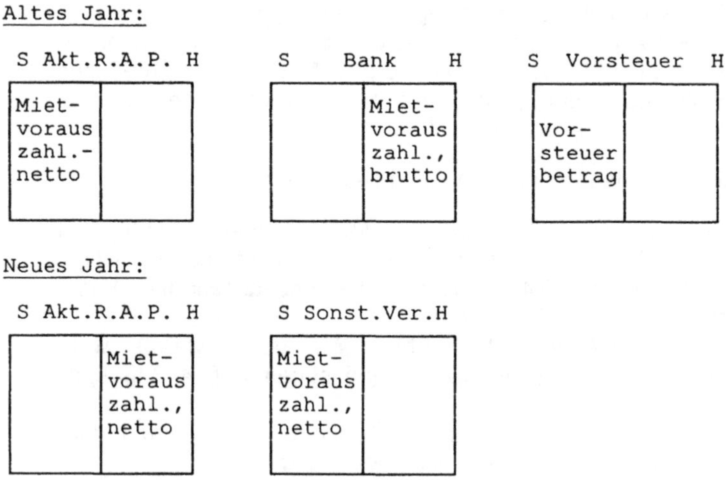

Abb. 70: Aktive Rechnungsabgrenzung (Mietaufwand mit Vorsteuer)

Die Form einer vieljährigen aktiven Rechnungsabgrenzung ist vielfach bei der Verbuchung des **Disagios** aus Hypothekendarlehen anzutreffen. Langfristige Darlehen von Kreditinstituten werden meist durch bestimmte, im Grundbuch des Amtsgerichts eingetragene Pfandrechte an den Grundstücken ("Hypotheken") abgesichert. Man spricht daher von Hypothekendarlehen, die auf einem speziellen Unterkonto der langfristigen Verbindlichkeiten verbucht werden. Bei der Aufnahme von Hypothekendarlehen ist es üblich, daß die Bank nicht den vollen Nennbetrag des Darlehens (Rückzahlungsbetrag) ausbezahlt. Vielmehr wird der Nennwert um das Abgeld (Disagio) gekürzt. Auf diese Weise ergibt sich der Auszahlungsbetrag. Für den Kreditnehmer bedeutet das Disagio eine Art "Zinsvorauszahlung", zusätzlich zu den laufenden Zinsen für das Darlehen.

Der Disagiobetrag kann handelsrechtlich sofort als Zinsaufwand verbucht werden oder aber als Rechnungsabgrenzungsposten aktiviert werden und auf die Dauer der Laufzeit abgeschrieben werden (§ 250 Abs. 3 HGB). Steuerrechtlich ist jedoch der sofortige Abzug des Disagiobetrages nur in wenigen Fällen zulässig (Einkünfte aus Vermietung und Verpachtung oder Gewinnermittlung nach § 4 Abs. 3 EStG). Daher wird von den meisten Gewerbebetreibenden in Handels- und Steuerbilanz die Verbuchung des Disagios als **aktiver Rechnungsabgrenzungsposten** durchgeführt. Die in diesem Falle anfallenden Buchungen sollen durch das nachfolgende Beispiel verdeutlicht werden.

Beispiel 31: **Hypothekendisagio**

1. Ein Industriebetrieb hat zur Finanzierung eines neuen Gebäudes bei der Bank ein Hypothekendarlehen aufgenommen (Auszahlungssatz: 96 %).
   - Nennbetrag (Rückzahlungsbetrag): 250.000,-- EUR
   - Auszahlungsbetrag: 96 % v. 250.000,-- = 240.000,-- EUR
   - Disagio: 4 % v. 250.000,-- = 10.000,--

   Das Disagio soll im alten Jahr als Rechnungsabgrenzungsposten aktiviert werden.
2. Im neuen Jahr wird das aktivierte Disagio zum ersten Mal "abgeschrieben". Jährlicher Teilbetrag des Disagios: 10.000,-- : 10 Jahre = 1.000,-- EUR/J.

B u c h u n g s s ä t z e /Bsp. 31 (Gemäß Übungskontenplan/IKR im Anhang)

Nr.		Konto		S	H
1.	Per	2800	Bank	240.000,--	
		2901	Disagio	10.000,--	
	an	4250	Langfristige Bankverbindlichkeiten		250.000,--
2.	Per	7510	Zinsaufwendungen	1.000,--	
	an	2901	Disagio		1.000,--

7.4.5 Passive Rechnungsabgrenzungsposten

Passive Rechnungsabgrenzungsposten werden gebildet bei Abgrenzungen des Typs: "Einnahme jetzt, Ertrag später". Die Einnahme wird einerseits als Zugang auf dem Bankkonto verbucht (möglicherweise mit einer Verbuchung des Mehrwertsteueranteils). Andererseits wird der Betrag im alten Jahr auf dem Konto "Passive Rechnungsabgrenzungsposten" passiviert.

Der passive Betrag stellt eine Art "Leistungsverbindlichkeit" dar, d.h. der Betrieb hat gegenüber dem Absender der Zahlung eine Verbindlichkeit, daß er die bezahlte Lieferung oder sonstige Leistung erbringt. Bei partiellen Abgrenzungen kann auch hier eine direkte oder indirekte Verbuchung durchgeführt werden (s. Punkt 7.4.4). Als **Beispiele** für passive Rechnungsabgrenzungen sind zu nennen:

- Der Vermieter erhält im alten Jahr eine Mietvorauszahlung für mehrere Monate, die sich auch auf Monate im neuen Jahr erstreckt.
- Der Darlehensgeber erhält vom Darlehensschuldner eine halbjährliche Zinsvorauszahlung, die Zinsperiode erstreckt sich auch auf das neue Jahr.

Die Buchungen bei der Abwicklung einer zweijährigen passiven Rechnungsabgrenzung sind in Abb. 71 dargestellt und werden abschließend durch ein Beispiel verdeutlicht.

Altes Jahr:

S Pas.R.A.P.	H
	Miet-voraus zahl., netto

S Bank	H
Miet-voraus zahl., brutto	

S USt	H
	Umsatz steuer betrag

Neues Jahr:

S Pas.R.A.P.	H
Miet-voraus zahl., netto	

S Mietertr.	H
	Miet-voraus zahl., netto

Abb. 71: Passive Rechnungsabgrenzung (Mietertrag mit Umsatzsteuer)

Beispiel 32: **Vorausbezahlte Zinseinnahmen**

1. Ein Industriebetrieb erhält auf seinem Bankkonto Ende Dezember des alten Jahres die Zinszahlung eines Darlehensschuldners für Januar des neuen Jahres (9.000,-- EUR).
2. Im neuen Jahr soll die Zinszahlung als Zinsertrag verbucht werden.

B u c h u n g s s ä t z e /Bsp. 32 (Gemäß Übungskontenplan/IKR im Anhang)

Nr.		Konto	S	H
1.	Per 2800	Bank	9.000,--	
	an 4900	Passive Rechnungsabgrenzungsposten		9.000,--
2.	Per 4900	Passive Rechnungsabgrenzungsposten	9.000,--	
	an 5710	Zinserträge		9.000,--

7.4.6 Rückstellungen

Eine besondere Form der zeitlichen Abgrenzung stellen die Rückstellungen dar. Im Gegensatz zu den bisher genannten Abgrenzungsformen besteht hier Ungewißheit über den Zahlungsvorgang für bestimmte Aufwendungen. Der **Begriff** der Rückstellungen läßt sich beschreiben als buchhalterische Darstellung von ungewissen Zahlungsverpflichtungen in der Zukunft für bestimmte Aufwendungen, die am Abschlußstichtag bereits verursacht sind. Obwohl diese Verpflichtungen am Bilanzstichtag zwar dem Grunde nach feststehen, sind sie ihrer genauen Höhe und Fälligkeit nach noch unbekannt. Die Bildung der Rückstellungen dient der periodengerechten Erfolgsermittlung, da durch die Rückstellungen Aufwandsbeträge derjenigen Periode zugerechnet werden, in welcher sie verursacht worden sind. Handelsrechtlich sind die Rückstellungen in § 249 HGB geregelt.

Für die korrekte Verbuchung ist insbesondere die Unterscheidung zwischen Rückstellungen und sonstigen Verbindlichkeiten von Bedeutung. Diese Unterscheidung ist in Abb. 72 mit Hilfe der wichtigsten Begriffsmerkmale dargestellt.

Verbuchung ——> Art des Schuldverh.:	Rückstellungen	Sonst. Verbindlichkeiten
Rechtsgrund	steht fest	steht fest
H÷he des Betrages	geschätzt	steht fest
F∑lligkeitsdatum	z.T. nicht genau bek.	steht fest
Dauer	z.T. langfristig (z.B. Pensionsrückstellungen)	meist kurzfristig
Beispiele	Garantierückstellungen Prozeßrückstellungen Steuerrückstellungen	Noch nicht bezahlte Zinsen, Mieten, Versicherungsprämien

Abb. 72: Unterscheidung: Rückstellungen - Sonstige Verbindlichkeiten

Die Zwecke, für welche die Bildung von Rückstellungen zulässig ist, sind in § 249 HGB ausdrücklich vermerkt. Von besonderer Bedeutung ist gemäß HGB, daß für die zulässigen Rückstellungsarten grundsätzlich eine **Passivierungspflicht** besteht nach dem Vollständigkeitsgebot der Bilanz; ein Passivierungswahlrecht gilt nur für Aufwandsrückstellungen. Bei den handelsrechtlich zulässigen Rückstellungsarten handelt es sich um die nachstehend erläuterten **Zwecke:**

(1) Rückstellungen für **ungewisse Verbindlichkeiten** z.B. Rückstellungen für Steuernachzahlungen, gesetzliche oder vertragliche Garantieverpflichtungen.

(2) Rückstellungen wegen **drohenden Verlusten** aus **schwebenden Geschäften**
- Gemäß § 5 Abs. 4a EStG dürfen jedoch für drohende Verluste aus schwebenden Geschäften **keine** Rückstellungen gebildet werden
- **Schwebende Geschäfte**, z.B. abgeschlossene Kaufverträge, bei denen noch keine Lieferung und Zahlung erfolgt ist, werden in der Regel buchhalterisch noch nicht erfaßt. Ist jedoch für den Käufer der Ware ein Verlust absehbar (der übliche Marktpreis der Ware ist wegen Preisverfalls wesentlich unter den vereinbarten Einkaufspreis gesunken), so muß für diesen Verlust eine Rückstellung gebildet werden.
- Als weiteres Beispiel sind schwebende Prozesse zu nennen, die am Bilanzstichtag noch nicht entscheiden sind. Wenn zu befürchten ist, daß der Betrieb den Prozeß verliert, so müssen Rückstellungen für die zu erwartenden Gerichtskosten gebildet werden.

(3) Rückstellungen für **unterlassene Instandhaltungs-Aufwendungen**, die im neuen Jahr nachgeholt werden müssen.

(4) Rückstellungen für **unterlassene Abraumbeseitungen**, die im folgenden Jahr nachgeholt werden.

(5) Rückstellungen für Garantieverpflichtungen, die ohne gesetzliche oder vertragliche Grundlage übernommen werden **(Kulanz-Gewährleistung)**.

(6) Darüberhinaus dürfen gem. § 249 Abs. 2 HGB Rückstellungen gebildet werden für genau bestimmbare **Aufwendungen**, die zwar am Bilanzstichtag wahrscheinlich sind, deren Eintritt jedoch noch ungewiß ist (Beispiel: Großreparaturen).

Für die Verbuchung der Rückstellungen werden zumindest die nachstehend erläuterten **Konten** geführt.

- **Passivkonten "Rückstellungen"**: Diese werden meist unterteilt, z.B. in "Pensionsrückstellungen", "Steuerrückstellungen" und "Sonstige Rückstellungen".
- Aufwandskonten: Die Bildung der Rückstellungen erfolgt zu Lasten der betreffenden Aufwandskonten (z.B. Aufwendungen für Altersversorgung) oder zu Lasten von speziellen Konten für **"Zuführungen zu Rückstellungen"** (z.B. Konto 6980 "Zuführungen zu Rückstellungen, z.B. für Gewährleistungen" gemäß IKR`86).
- **Auflösungserträge bzw. -verluste:** Bei der Auflösung der Rückstellungen in späteren Jahren werden die effektiven Zahlungen selten genau mit d. geschätzten Aufwand übereinstimmen. Im Falle eines Auflösungsverlustes (Rückstellungsbetrag war zu niedrig angesetzt) erfolgt die Verbuchung wiederum entweder zu Lasten des betreffenden Aufwandskontos oder zu Lasten der Konten für sonstige betriebliche Aufwendungen. Im Falle eines Auflösungsertrags (Rückstellungsbetrag war zu hoch angesetzt) wird dieser als sonstiger betrieblicher Ertrag verbucht, meist auf einem speziellen Konto **"Erträge aus der Herabsetzung von Rückstellungen"** (z.B. Konto 5480 gemäß IKR`86).

Die Buchungen bei Bildung und Auflösung einer Rückstellung (Beispiel: Gewerbesteuer-Nachzahlung) sind in Abb. 73 dargestellt. In dieser Abbildung sind die Daten des nachfolgenden Beispiels verwendet.

Bildung der Rückstellung (altes Jahr):

S GewEst	H
6000,- Erwart Nach- zahl.	

S St.Rückst.	H
	6000,- Erwart Nach- zahl.

Auflösung der Rückstellung mit Ertrag (neues Jahr):

S Ertr.a.H.vR.	H
	1000,- Auf- lös.- ertrag

S St.Rückst.	H
6000,- Erwart Nach- zahl.	

S Bank	H
	5000,- Effekt Nach- zahl.

Auflösung der Rückstellung mit zusätzlichem Aufwand (neues Jahr):

S GewESt	H	S St.Rückst.	H	S Bank	H
2000,- Auf-lös.-ver-lust		6000,- Erwart Nach-zahl.			8000,- Effekt Nach-zahl.

Abb. 73: Bildung und Auflösung von Rückstellungen (Steuernachzahlung)

Beispiel 33: **Rückstellungen für Gewerbesteuernachzahlung**

1. Ein Industriebetrieb rechnet mit einer Gewerbesteuernachzahlung in Höhe von 6.000,-- EUR, hierfür soll eine Rückstellung gebildet werden.
2. (Fall: Auflösungsertrag) Im neuen Jahr geht der Steuerbescheid ein. Als festgesetzte Steuernachzahlung werden 5.000,-- EUR an das Finanzamt überwiesen.
3. (Fall: Auflösungsverlust) Im neuen Jahr geht der Steuerbescheid ein. Als festgesetzte Steuernachzahlung werden 8.000,-- EUR an das Finanzamt überwiesen.

B u c h u n g s s ä t z e /Bsp. 33 (Gemäß Übungskontenplan/IKR im Anhang)

Nr.		Konto	S	H
1. Per	7700	Gewerbeertragsteuer	6.000,--	
an	3800	Gewerbeertragsteuer (St.rückst.)		6.000,--
2. Per	3800	Gewerbeertragsteuer (St.rückst.)	6.000,--	
an	2800	Bank		5.000,--
	5480	Ertr. a. d. Herabsetz. v. Rückst.		1.000,--
3. Per	3800	Gewerbeertragsteuer (St.rückst.)	6.000,--	
	7700	Gewerbeertragsteuer	2.000,--	
an	2800	Bank		8.000,--

7.5 Inventurdifferenzen

Die Inventurdifferenzen (Differenzen zwischen Buchwerten und Inventurwerten) müssen als "Sonstige betriebliche Aufwendungen" verbucht werden. Für die Verbuchung sind die nachstehenden Aufwandskonten typisch (Kontengruppe 696 **"Verluste aus dem Abgang von Vermögensgegenständen"** gemäß IKR`86).

(1) Inventurdifferenzen beim **Sachanlagevermögen**:
- Konto 6962 Verluste aus dem Abgang / Sachanlagevermögen

(2) Inventurdifferenzen beim **Umlaufvermögen** (außer Vorräten und Wertpapieren!):
- Konto 6963 Verluste aus dem Abgang / Umlaufvermögen

(3) Inventurdifferenzen bei **Wertpapieren**:
- Konto 7450 Verluste aus dem Abgang von Finanzanlagen bzw.
- Konto 7460 Verluste aus dem Abgang von Wertpapieren des Umlaufvermögens

(4) Inventurdifferenzen bei **Vorräten** (Verbuchung auf den jeweiligen Material-Aufwandskonten), Beispiel:
- Konto 6000 Aufwendungen für Rohstoffe / Fertigungsmaterial

7.6 Steuerrechtliche Abgrenzungen

7.6.1 Privatabgrenzungen

Bei Einzelkaufleuten und Personengesellschafen müssen alle privat bedingten Teile der Aufwendungen als Privatentnahmen (EStG) verbucht werden. Grundsätzlich fällt hierbei auch die Umsatzsteuer für "Nutzungsentnahmen" (früherer Eigenverbrauch) an. Bei bestimmten Branchen sind gemäß Abschnitt 29 EStR Jahrespauschalbeträge für Eigenverbrauch anzusetzen (z.B. bei Gastwirten). Bei allen Branchen kommt es vor, daß Aufwandsbeträge während des Jahres angefallen sind, die teilweise betrieblich und teilweise privat bedingt sind (z.B. Kfz-Kosten und Bewirtungskosten). Hier werden die laufenden Aufwandsbeträge zunächst vollständig während des Jahres unter den betreffenden betrieblichen Aufwandskonten verbucht. Spätestens zum Jahresabschluß erfolgt dann die sogenannte **"Privatabgrenzung"**, d.h. die Privatanteile bei allen entsprechenden Aufwendungen werden einerseits als Privatentnahme auf dem Privatkonto im Soll verbucht. Andererseits erfolgt die Habenbuchung entweder auf dem jeweiligen Aufwandskonto oder auf einem besonderen Konto für Nutzungsentnahmen (früherer Eigenverbrauch) und es muß grundsätzlich die Umsatzsteuer berücksichtigt werden (Ausnahme: Kfz-Anteile gem. § 3 Abs. 9a Satz 2 UStG)

Beispiel 34: **Privatabgrenzung PKW**

1. Für den PKW des Inhabers werden in einem Industriebetrieb während des Jahres Reparaturkosten von 1.100,-- EUR brutto verbucht (Fremdreparaturen). Die Bezahlung erfolgt durch Banküberweisung.
2. Am Jahresende wird für den PKW ein Abschreibungsbetrag von 15.000,-- EUR verbucht (direkte Abschreibung).
3. Am Jahresende sollen die privaten Kfz-Anteile abgegrenzt werden, die Privatanteile (Einzelnachweis) betragen jeweils 25 % (250,--- EUR bzw. 3.750,-- EUR). Es wird keine Umsatzsteuer gebucht gem. § 3 Abs. 9a Ziff. 1 UStG.

B u c h u n g s s ä t z e /Bsp. 34 (Gemäß Übungskontenplan/IKR im Anhang)

Nr.			Konto	S	H
1.	Per	6160	Fremdinstandhaltung	1.000,--	
		2600	Vorsteuer	100,--	
	an	2800	Bank		1.100,--
2.	Per	6520	Abschreibungen auf Sachanlagen	3.750,--	
	an	0840	Fuhrpark		3.750,--
3.	Per	3001	Privatkonto	250,--	
	an	6160	Fremdinstandhaltung		250,--
4.	Per	3001	Privatkonto	3.750,--	
	an	6520	Abschreibungen auf Sachanlagen		3.750,--

Beim Privatanteil von Kfz-Kosten kann alternativ zum Einzelnachweis auch die Methode "1% vom Listenpreis p.m." verwendet werden (§ 6 Abs. 1 Nr. 4 EStG), wobei noch Korrekturen für Fahrten zwischen Wohnung und Betriebsstätte nowendig sind. Bei Bewirtungskosten ist der Privatanteil auf 20 % festgesetzt gem. § 4 Abs. 5 Ziff. 2 EStG. Für die Privatabgrenzung wird beim DATEV-System oftmals die Habenbuchung auf einem Eigenverbrauchskonto bevorzugt, da bei diesem eine automatische Umsatzsteuerbuchung möglich ist.

7.6.2 Abgrenzung der latenten Steuern

7.6.2.1 Aktive latente Steuern (Latente Steueransprüche)

Latente Steuern entstehen, wenn Handelsbilanz-Ergebnis und Steuerbilanz-Ergebnis eines Geschäftsjahres durch unterschiedliche Bilanzierungsmaßnahmen voneinander abweichen. Der Betrag der latenten Steuern in einem Geschäftsjahr ergibt sich als Differenz zwischen der effektiven Steuerbelastung laut Steuerbilanz (Ertragssteuern) und der fiktiven Steuerbelastung laut Handelsbilanz. Meist gleichen sich latente Steuerbeträge in späteren Jahren wieder aus, d.h. das Handelsbilanz-Ergebnis eilt dem Steuerbilanz-Ergebnis voraus bzw. läuft hinterher.

Aktive latente Steuern entstehen, wenn der **effektive Steueraufwand** (gemäß Steuerbilanz) **höher** ist als der fiktive Steueraufwand, wie er sich aufgrund der Handelsbilanz ergibt. Die Differenz stellt eine Art "Steueransprüche" dar, die durch entsprechende Steuerentlastungen in späteren Jahren wieder ausgeglichen werden. Unter diesen Voraussetzungen darf gem. § 274 Abs. 2 HGB für den latenten Steuerbetrag ein aktiver Abgrenzungsposten gebildet werden **(Aktivierungswahlrecht)**. Der Abgrenzungsposten ist in den späteren Jahren aufzulösen, wenn die Steuerentlastung eintritt.

Wenn die geschilderten Abschlußbuchungen durchgeführt worden sind, kann das Jahresergebnis berechnet werden (Gewinn oder Verlust). Aus diesem Ergebnis ("Ergebnis vor Steuer") können die **ertragsabhängigen Steuern** berechnet werden. Soweit diese die entsprechenden Vorauszahlungen übersteigen, müssen Steuerrückstellungen gebildet werden. Für die Berechnung der Steuerschuld muß jedoch in jedem Fall das Ergebnis der Steuerbilanz zugrundegelegt werden. Da das Ergebnis der Steuerbilanz von dem der Handelsbilanz abweichen kann, ergibt sich hier das im folgenden dargestellte Problem der latenten Steuerabgrenzung.

In der Praxis entstehen aktive latente Steuern hauptsächlich durch folgende **Bilanzierungsmaßnahmen** in der Handelsbilanz:

(1) Sofortverrechnung eines Hypotheken-Disagios als Zinsaufwand (in der Steuerbilanz Aktivierungspflicht und Abschreibung auf die Laufzeit)
(2) Divergenz bei Abschreibungsverfahren oder Sammelbewertungsverfahren
(3) Niedriger Kostenansatz bei den Herstellungskosten (Teilkostenansatz)

Das folgende **Beispiel "Sofortverrechnung eines Disagios"** soll die latente Steuerabgrenzung im Mehrjahres-Verlauf aufzeigen. Es werden folgende (vereinfachende) Annahmen gemacht (siehe auch Anhang 2):

1. Der Handelsbilanz-Gewinn vor Ertragsteuern soll für 2000 und die folgenden 9 Jahre 780.000,-- EUR betragen.

2. 2000 wird ein Disagio von 30.000,-- EUR sofort als Zinsaufwand verbucht. (Disagio = 10 % des Darlehensbetrags von 300.000,-- EUR, Laufzeit: 10 Jahre).
   - Der Handelsbilanzgewinn vor Steuern reduziert sich durch den Zinsaufwand wie folgt: 780.000,-- EUR ./. 30.000,-- EUR = 750.000,-- EUR.
   - Die Ertragssteuern (Annahme: 60 %) würden 450.000,-- EUR betragen.
3. In der Steuerbilanz ist jedoch Aktivierung des Disagios vorgeschrieben. Es kann dort lediglich 1/10 des Disagios, d.h. 3.000,-- EUR als Zinsaufwand verbucht werden.
   - Das Steuerbilanzergebnis errechnet sich somit wie folgt:

	Handelsbilanzgewinn vor Steuern:	780.000,-- EUR
./.	Abschreibung auf Disagio	3.000,-- EUR
=	Steuerbilanzgewinn	777.000,-- EUR

   - Ertragsteuern: 60 % v. 777.000,-- EUR = 466.200,-- EUR
4. Die latenten Steueransprüche 2000 betragen:
   466.200,-- ./. 450.000,-- = 16.200,-- EUR; diese sollen in der Bilanz aktiviert werden
   - Buchungssatz: Per 2950 Aktive Steuerabgrenzung an 7710 Körperschaftsteuer
5. In den Folgejahren tritt eine Steuerentlastung auf von jährlich 1.800,-- EUR (9 * 1.800,-- EUR = 16.200,-- EUR).

7.6.2.2 Passive latente Steuern (Latente Steuerbelastung)

Passive latente Steuern entstehen analog, wenn der **effektive Steueraufwand** (gemäß Steuerbilanz) **niedriger** ist als der fiktive Steueraufwand, der sich aufgrund der Handelsbilanz ergibt. Die Differenz stellt eine Art "Steuerbelastung" dar, die in späteren Jahren in vielen Fällen wieder ausgeglichen wird. Unter dieser Voraussetzung muß gem. § 274 Abs. 1 HGB eine Rückstellung für latente Steuern gebildet werden **(Passivierungspflicht)**. Die Rückstellung ist aufzulösen in späteren Jahren, wenn die entsprechend höhere Steuerbelastung auftritt.

In der Praxis entstehen passive latente Steuern hauptsächlich durch folgende **Bilanzierungsmaßnahmen**:

(1) Aktivierung von Ingangsetzungskosten in der Handelsbilanz (steuerlich unzulässig) - siehe Beispiel
(2) Bildung von lediglich in der Steuerbilanz zulässigen steuerfreien Rücklagen, z.B. Preissteigerungsrücklage gem. § 74 EStDV
(3) Lediglich handelsbilanzielle Anwendung des Wertaufholungsgebots beim abnutzbaren Anlagevermögen

Beispiel 35: **Passive latente Steuern**
1. Bei der Gründung einer kleinen Kapitalgesellschaft werden 165.000,-- EUR brutto überwiesen für die Eröffnungswerbekampagne. Diese sollen in der Handelsbilanz aktiviert werden als Ingangsetzungkosten:
   - Ingangsetzungskosten / netto: 150.000,-- EUR, Vorsteuer: 15.000,-- EUR.

2. Am Jahresende ergibt sich folgendes Handelsbilanz-Ergebnis vor Steuern: 980.000,-- EUR, die fiktiven Ertragsteuern (60 %) betragen 588.000,-- EUR (Hier noch keine Abschreibung der Ingangsetzungskosten).
   - In der Steuerbilanz müssen die Ingangsetzungskosten als laufender Aufwand verbucht werden, es ergibt sich folgendes Steuerbilanz - Ergebnis: 980.000,-- EUR ./. 150.000,-- EUR = 830.000,-- EUR. Als effektive Ertragsteuer - Belastung wurden bezahlt: 60 % von 830.000,-- EUR, also 498.000,-- EUR.
   - Die latente Steuerbelastung (588.000,-- EUR ./. 498.000,-- EUR = 90.000,-- EUR) muß passiviert werden.

B u c h u n g s s ä t z e /Bsp. 35 (Gemäß Übungskontenplan/IKR im Anhang)

Nr.		Konto	S	H
1. Per	0100	Aufwend. f.d. Ingangsetz./Erw.d.GB	150.000,--	
	2600	Vorsteuer	15.000,--	
an	2800	Bank		165.000,--
2. Per	7750	Latente Steuern	90.000,--	
an	3850	Latente Steuern (Rückstell.)		90.000,--

In der Wirtschaftspraxis werden viele Unternehmen den Ausweis latenter Steuern in der Bilanz **vermeiden** wegen der damit verbundenen "negativen Publizität". Eine Vermeidung ist denkbar durch möglichst einheitliche Bilanzierung in Handels- und Steuerbilanz ("Einheitsbilanz"). Die Verrechnung aktiver und passiver latenter Steuerbeträge ist zulässig und zu erwarten.

7.7 Haupt-Abschlußübersicht

Die vielfältigen Abschlußbuchungen werden meistens nicht sofort auf den Konten vorgenommen, sondern zunächst einmal in einer übersichtlicheren Tabelle. Der **Begriff** dieser sogenannten Haupt-Abschlußübersicht läßt sich bezeichnen als eine tabellarische Übersicht über alle im Geschäftsjahr geführten Konten mit deren Anfangsbeständen und Bewegungen sowie mit den noch vorzunehmenden vorbereitenden und endgültigen Abschlußbuchungen. Durch die dargestellten endgültigen Abschlußbuchungen wird die Schlußbilanz bzw. Gewinn- und Verlustrechnung voll ersichtlich. Für die oft sehr umfangreichen Übersichten können entsprechende Vordrucke aus dem Fachhandel bezogen werden.

Die Abschlußübersicht stellt einerseits einen "Kontrollabschluß" dar, d.h. es wird vor dem endgültigen Abschluß der Konten überprüft, ob der gesamte Buchungsstoff des Jahres formal richtig verbucht worden ist. Andererseits stellt die Abschlußübersicht einen **"Probeabschluß"** dar. Dieser zeigt, durch welche bilanztaktischen Abschlußbuchungen (z.B. erhöhte Abschreibungen) die Bilanz ein gewünschtes Bild ergibt. Schließlich ist die Abschlußübersicht sowohl für die Geschäftsleitung wie auch für Steuerberater, Wirtschaftsprüfer, Finanzbehörden usw. ein hervorragender Gesamtüberblick über den Ablauf des Geschäftsjahres.

Innerhalb einer Abschlußübersicht werden üblicherweise sämtliche geführten Konten als eigene Zeilen aufgeführt (in der Reihenfolge der Konten-Nummern). Als horizontale Einteilung sind meist die nachstehenden **6 Rubriken** (jeweils mit Soll- und Habenspalte) anzutreffen.

(1) **Summenbilanz**
Die Summenbilanz enthält die bisherigen Soll- und Haben-Summen der Konten vor deren Abschluß. Nach dem Doppiksystem muß die Summenzeile von Sollspalte und Habenspalte der Summenbilanz denselben Betrag ausweisen.

(2) **Saldenbilanz I (Buchsalden)**
In den Spalten der Saldenbilanz wird für jedes Konto die aus der Summenbilanz ermittelte Differenz zwischen Soll- und Habenbuchung vor dem Abschluß eingesetzt. Zu beachten ist, daß - im Gegensatz zu den einzelnen Konten - in der Saldenbilanz I der Saldo stets auf der größeren Seite steht. Also z.B. bei Konto 07 Maschinen (IKR): Sollsumme 120.000,-- EUR, Habensumme: 15.000,-- EUR, "Sollsaldo" 105.000,-- EUR steht auf der Sollseite. Für die gesamte Saldenbilanz muß die Summenzeile in Sollspalte und Habenspalte denselben Betrag ausweisen.

(3) **Umbuchungen**
In die Soll - und Habenspalten dieser Rubrik werden alle vorbereitenden Abschlußbuchungen zwischen den Konten eingetragen (siehe hierzu Punkt 7.1.2 dieser Arbeit). Bei den Umbuchungen wird außer den Beträgen jeweils die Nummer des Buchungssatzes gemäß Grundbuchung angegeben. Bei einer großen Anzahl von Umbuchungen werden in der Abschlußübersicht nur Sammelbuchungen angegeben, die einzelnen Umbuchungen werden in separaten Listen aufgeführt. Für die gesamte Rubrik "Umbuchungen" muß die Summenzeile der Soll- und Habenspalten denselben Betrag ergeben.

(4) **Saldenbilanz II**
Die Saldenbilanz II zeigt für alle Konten die endgültigen Kontensalden, entwickelt aus der Saldenbilanz I unter Berücksichtigung der Umbuchungen. Auch hier muß die Summenzeile der Soll- und Habenspalte denselben Betrag ergeben.

(5) **Schlußbilanz (Inventurbilanz)**
In die Soll- und Habenspalte dieser Rubrik werden alle Salden der Aktiv- bzw. Passivkonten aus der Saldenbilanz II übernommen. Es sind stets die inventurmäßig ermittelten Endbestände einzusetzen, eventuelle Abweichungen zu den buchmäßigen Endbeständen müssen zuvor umgebucht worden sein. Die Summenzeile I (ohne Unternehmungsergebnis) ergibt für die Schlußbilanz in Soll- und Habenspalte noch **nicht** denselben Betrag. Dies beruht darauf, daß der Gewinn auf der Aktivseite bereits enthalten ist (z.B. als Bankguthaben), auf der Passivseite (Eigenkapital) jedoch noch nicht.

(6) **Gewinn- und Verlustrechnung**
In die Sollspalte bzw. Habenspalte dieser Rubrik werden die Salden aller Aufwands- bzw. Ertragskonten aus der Saldenbilanz II übertragen. In der Summenzeile I ergibt sich in Sollspalte (Aufwendungen) und Habenspalte (Erträge) meist nicht derselbe Betrag. Die Differenz stellt des Unternehmungsergebnis dar: Als Gewinn in der Sollspalte, als Verlust in der Habenspalte. In Summenzeile II (mit Unternehmungsergebnis) müssen auch bei Schlußbilanz sowie bei Gewinn- und Verlustrechnung die Sollspalte und Habenspalte denselben Betrag ergeben.

Neben der bisher geschilderten, einfachen Abschlußübersicht werden auch **erweiterte Abschlußübersichten**, z.B. mit den nachstehenden zusätzlichen Rubriken verwendet:

- Vorspalten zur Summenbilanz: Anfangsbestände der Konten aus der Eröffnungsbilanz sowie Verkehrszahlen (Sollumsätze / Habenumsätze der Konten)
- Vorspalten zur Gewinn- und Verlustrechnung gemäß GKR: Betriebsergebnis-Neutrales Ergebnis

Das nachstehende **Beispiel** einer einfachen Abschlußübersicht soll die Entwicklung der Abschlußübersicht verdeutlichen (siehe nächste Seite).

Beispiel 36: **Haupt-Abschlußübersicht**
Ein Industriebetrieb weist vor dem Abschluß die in der Summenbilanz bereits eingetragenen Kontensummen auf. Die Konto-Nr. wurde gemäß Übungskontenplan/IKR eingesetzt, die Beträge lauten auf Tausend EUR (TEUR). Bei den Materialkonten wird die Fortschreibungsrechnung eingesetzt, bei den Fabrikatekonten die Befundrechnung. Aus der Summenbilanz wird die Saldenbilanz I ermittelt. Die Angaben für die Umbuchungen (= vorbereitende Abschlußuchungen) lauten wie folgt:

1. Am Jahresende erfolgt der Zielverkauf einer nicht mehr benötigten Maschine (Generator für netto 40.000,-- EUR zuzüglich 4.000,-- EUR Umsatzsteuer, Rechnungsbetrag/brutto: 44.000,-- EUR. Die Anschaffungskosten betrugen 68.000,-- EUR, die bisher vorgenommenen Wertberichtigungen betrugen 20.000,-- EUR, Veräußerungsverlust: 8.000,-- EUR).
2. Abschreibungsbetrag bei den verbleibenden Maschinen: 40.000,-- EUR (indirekte Abschreibung).
3. Abschreibungsbetrag bei Betriebs- und Geschäftsausstattung: 20.000,-- EUR (direkte Abschreibung).
4. Zum Jahresende erhalten wir vom Rohstofflieferanten einen Umsatzbonus von 44.000,-- EUR (brutto), wir verrechnen den Bonus mit unseren Verbindlichkeiten.
5. Abschluß des Unterkontos: Bezugskosten / Rohstoffe
6. Abschluß des Unterkontos: Nachlässe / Rohstoffe
7. Wir gewähren den Stammkunden zum Jahresabschluß einen Treuebonus von 88.000,-- EUR (butto), den wir als Zugang von Verbindlichkeiten aus Lieferungen und Leistungen verbuchen.
8. Abschluß des Unterkontos: Erlösberichtigungen / Eigene Erzeugnisse
9. Bei der Inventur wurde ein Rohstoffschwund festgestellt von 12.000,-- EUR.
10. Inventurbestand bei unfertigen Erzeugnissen: 152.000,-- EUR. Bestandsveränderung: 152.000,-- EUR ./. 128.000,-- EUR = 24.000,-- EUR.
11. Inventurbestand bei Fertigerzeugnissen 152.000,-- EUR. Bestandsverminderung: 164.000,-- EUR ./. 152.000,-- EUR = 12.000,-- EUR.
12. Das Vorsteuerguthaben wird auf das Umsatzsteuer-Verrechnungskonto übertragen.
13. Die Mehrwertsteuerschuld wird auf das Umsatzsteuer-Verrechnungskonto übertragen.
14. Die Zahllast wird passiviert.

B u c h u n g s s ä t z e /Bsp. 36 (Gemäß Übungskontenplan/IKR im Anhang)

Nr.		Konto		S	H
1.	Per	2400	Forderungen aus Lief. u. L.	44.000,--	
		3610	Wertberichtigungen zu Sachanlagen	20.000,--	
		6962	Verluste a. d. Abgang / Sachanl.	8.000,--	
	an	0700	Technische Anlagen und Maschinen		68.000,--
		4800	Umsatzsteuer		4.000,--
2.	Per	6520	Abschreibungen auf Sachanlagen	40.000,--	
	an	3610	Wertberichtigungen zu Sachanlagen		40.000,--
3.	Per	6520	Abschreibungen auf Sachanlagen	20.000,--	
	an	0800	Betriebs- und Geschäftsausstattung		20.000,--
4.	Per	4400	Verbindlichkeiten aus Lief. u. L.	44.000,--	
	an	2002	Nachlässe / Rohstoffe		40.000,--
		2600	Vorsteuer		4.000,--
5.	Per	2000	Rohstoffe / Fertigungsmaterial	84.000,--	
	an	2001	Bezugskosten / Rohstoffe		84.000,--
6.	Per	2002	Nachlässe / Rohstoffe	128.000,--	
	an	2000	Rohstoffe / Fertigungsmaterial		128.000,--
7.	Per	5001	Erlösberichtigungen / Eigene Erzeugn.	80.000,--	
		4800	Umsatzsteuer	8.000,--	
	an	4400	Verbindlichkeiten aus Lief. u. L.		88.000,--
8.	Per	5000	Umsatzerlöse / Eigene Erzeugn.	208.000,--	
	an	5001	Erlösberichtigungen / Eigene Erzeugn.		208.000,--
9.	Per	6000	Rohstoffe / Fertigungsmaterial	12.000,--	
	an	2000	Rohstoffe / Fertigungsmaterial		12.000,--
10.	Per	2100	Unfertige Erzeugnisse	24.000,--	
	an	5200	Bestandsveränderungen		24.000,--
11.	Per	5200	Bestandsveränderungen	12.000,--	
	an	2200	Fertigerzeugnisse		12.000,--
12.	Per	4820	Umsatzsteuer-Verrechnungskonto	88.000,--	
	an	2600	Vorsteuer		88.000,--
13.	Per	4800	Umsatzsteuer	152.000,--	
	an	4820	Umsatzsteuer-Verrechnungskonto		152.000,--
14.	Per	4820	Umsatzsteuer-Verrechnungskonto	64.000,--	
	an	4830	Verbindlichk. g. Finanzbehörden		64.000,--
			SUMME	1.036.000,--	1.036.000,--

Ko.-Nr.	Konten-bezeichnung	Summenbilanz		Saldenbilanz I		Umbuchungen			
		S	H	S	H	Nr.	S	Nr.	H
0700	T.A.u.Masch	560		560				1.	68
0800	A.A.u.B.G.A.	220	56	164				3.	20
2000	Rohstoffe	1.040	440	600		5.	84	9.	12
2000	Rohstoffe							6.	128
2001	Bezugsko./R.	100	16	84				5.	84
2002	Nachlässe/R.		88		88	6.	128	4.	40
2100	Unfert. Erz.	128		128		10.	24		
2200	Fertigerz.	164		164				11.	12
2400	Ford.a.L.u.L	940	792	148		1.	44		
2600	Vorsteuer	180	88	92				4.	4
2600	Vorsteuer							12.	88
2800	Bank	810	450	360					
2880	Kasse	30	10	20					
3000	Eigenkapital		1.844		1.844				
3610	W.B. zu S.A.		148		148	1.	20	2.	40
4400	Verb.a.L.u.L	410	532		122	4.	44	7.	88
4800	Umsatzsteuer	16	172		156	7.	8	1.	4
4800	Umsatzsteuer					13.	152		
4820	USt-Verr.ko.					12.	88	13.	152
4820	USt-Verr.ko.					14.	64		
4830	Verb.g.F.B.	50	60		10			14.	64
5000	Ums.erl./E.E.		840		840	8.	208		
5001	Erlösb./E.E.	128		128		7.	80	8.	208
5200	Best.veränd.					11.	12	10.	24
6000	Aufw.f.R.St.	420		420		9.	12		
6520	Abschr.a.SA					2.	40		
6520	Abschr.a.Sa					3.	20		
6962	Verl.a.A./SA					1.	8		
7510	Zinsaufw.	340		340					
	Summe I	5.536	5.536	3.208	3.208		1.036		1.036
	Unt.ergebnis								
	Summe II								

Abschlußübersicht / Linker Teil (Beträge in TEUR) /Bsp. 36

Ko.-Nr.	Konten-bezeichnung	Saldenbilanz II		Schlußbilanz		G.u.V.-Rechnung	
		S	H	S	H	S	H
0700	T.A.u.Masch	492		492			
0800	A.A.u.B.G.A.	144		144			
2000	Rohstoffe	544		544			
2000	Rohstoffe						
2001	Bezugsko./R.						
2002	Nachlässe/R.						
2100	Unfert. Erz.	152		152			
2200	Fertigerz.	152		152			
2400	Ford.a.L.u.L	192		192			
2600	Vorsteuer						
2600	Vorsteuer						
2800	Bank	360		360			
2880	Kasse	20		20			
3000	Eigenkapital		1.844		1.844		
3610	W.B. zu S.A.		168		168		
4400	Verb.a.L.u.L		166		166		
4800	Umsatzsteuer						
4800	Umsatzsteuer						
4820	USt-Verr.ko.						
4820	USt-Verr.ko.						
4830	Verb.g.F.B.		74		74		
5000	Ums.erl./E.E.		632				632
5001	Erlösb./E.E.						
5200	Best.veränd.		12				12
6000	Aufw.f.R.St.	432				432	
6520	Abschr.a.SA	40				40	
6520	Abschr.a.Sa	20				20	
6962	Verl.a.A./SA	8				8	
7510	Zinsaufw.	340				340	
	Summe I	2.896	2.896	2.056	2.252	840	644
	Unt.ergebnis		Verlust: 196				196
	Summe II			2.252	2.252	840	840

Abschlußübersicht / Rechter Teil (Beträge in TEUR) /Bsp. 36

7.8 Gewinnverteilung bei verschiedenen Rechtsformen

7.8.1 Gewinnverteilung bei Personengesellschaften

Nach Verbuchung aller Aufwendungen und Erträge stellt der Saldo des Gewinn- und Verlustkontos das Unternehmungsergebnis dar (Sollsaldo = Gewinn, Habensaldo = Verlust). Die zutreffende Kontenseite für den Saldo im Gewinnfalle bzw. Verlustfalle ist in Abb. 74 dargestellt.

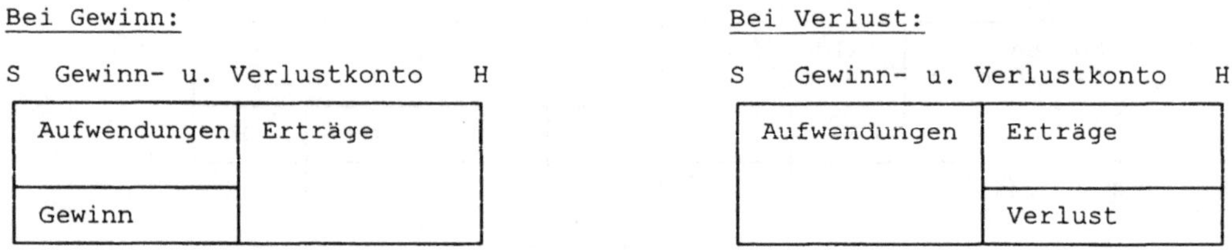

Abb. 74: Saldo des Gewinn- und Verlustkontos

Für den vollständigen Abschluß muß auch der Saldo dieser Konten in das Schlußbilanzkonto übertragen werden. Die Verteilung des Unternehmungsergebnisses hängt stark von der jeweiligen **Rechtsform** der Unternehmung ab und von den für diese Rechtsform geltenden Bestimmungen des Handelsrechts. Ein Überblick über die Rechtsformen der Unternehmung ist in den Werken der allgemeinen Betriebswirtschaftslehre zu finden (vgl. Grimm-Curtius, in: Bestmann 1997, S. 22).

Beim Einzelkaufmann ist der Saldo des Gewinn- und Verlustkontos auf das Eigenkapitalkonto zu übertragen. Bei Personengesellschaften muß eine sogenannte **Gewinnverteilung** aufgestellt und verbucht werden. Zur Ermittlung der Aufteilung des Gesamtgewinns auf die einzelnen Gesellschafter wird meistens zunächst eine sogenannte Gewinnverteilungstabelle aufgestellt. Zur Verteilung des Gesamtgewinns wird dieser üblicherweise aus dem Gewinn- und Verlustkonto ausgebucht und in ein spezielles Konto: "Gewinn- und Verlustverteilung" übertragen. Aus diesem Konto werden die ermittelten Gewinnanteile der Gesellschafter übertragen. Diese Buchungen sind zusammenfassend in Abb. 75 dargestellt.

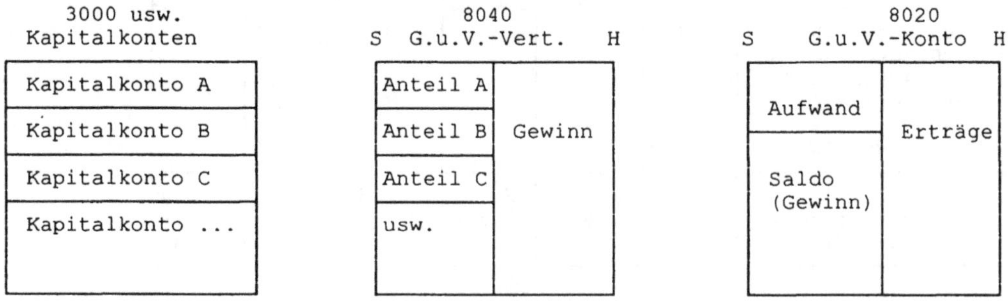

Abb. 75: Gewinnverteilung bei Personengesellschaften

Für die Verteilung des Unternehmungsergebnisses sind im Handelsrecht für die einzelnen Rechtsformen gewisse Vorschriften enthalten. Jedoch haben diese Rechtsvorschriften nur dispositiven Charakter, d.h. die individuelle Gesellschaftsverträge können abweichende Bestimmungen regeln.

7.8.2 Stille Gesellschaft

Gemäß § 335 HGB liegt eine stille Gesellschaft vor, wenn sich jemand als stiller Gesellschafter an dem Handelsgewerbe, das ein anderer betreibt, mit einer Vermögenseinlage beteiligt. Das vom stillen Gesellschafer eingebrachte Vermögen geht in das Vermögen des Handelsgeschäfts über und ist in der Bilanz nicht mehr erkennbar. Für die Verbuchung des Gewinnanteils sind die nachstehenden grundsätzlichen **Formen** der stillen Gesellschaft zu unterscheiden.

(1) **Typische stille Gesellschaft**
Die Einlage des stillen Gesellschafters wird nicht als Eigenkapital, sondern als **langfristige Verbindlichkeit** verbucht. Die Gewinnbeteiligung gemäß § 230 HGB enthält wenig konkrete Regeln ("angemessener Anteil"). In der Praxis wird meistens eine Gewinnbeteiligung ähnlich wie eine feste Verzinsung der Einlage vereinbart. An den stillen Reseerven (z.B. Veräußerungsgewinne aus Anlageverkäufen) ist der typische stille Gesellschafter nicht beteiligt, meistens wird auch eine Verlustbeteiligung ausgeschlossen. Der Gewinnanteil des stillen Gesellschafters wird nicht auf seinem Kapitalkonto verbucht, sondern ausbezahlt (Banküberweisung).

Der Buchungssatz lautet daher:

Per Gewinn- und Verlustverteilung an Bank ... EUR

(2) **Atypische stille Gesellschaft**
Hier ist der stille Gesellschafter auch an den stillen Reserven beteiligt und wird steuerlich als "Mitunternehmer" betrachtet. Die Verbuchung erfolgt meistens wie beim Anteil eines OHG-Gesellschafters.

7.8.3 Offene Handelsgesellschaft (OHG)

Gemäß § 105 HGB liegt eine OHG vor bei einer Gesellschaft, deren Zweck auf den Betrieb eines Handelsgewerbes unter gemeinschaftlicher Form gerichtet ist, wenn bei keinem der Gesellschafter die Haftung gegenüber den Gesellschaftsgläubigern beschränkt ist.

Für die **Verteilung** des Unternehmungsergebnisses gelten die §§ 120 ff. HGB, die aber meistens durch Bestimmungen des Gesellschaftervertrages modifiziert werden. Grundsätzlich werden gem. § 120 HGB die Gewinnanteile der Gesellschafter auf deren Kapitalkonten gutgeschrieben. Verlustanteile und Entnahmen werden von den Kapitalkonten abgebucht. Gemäß § 121 HGB erhält jeder Gesellschafter zunächst eine "Vordividende" in Höhe von 4 % auf seinen Kapitalanteil, der Restgewinn soll nach Köpfen verteilt werden. In den Gesellschaftsverträgen wird meistens vereinbart, daß die mitarbeitenden Gesellschafter vorab einen Anteil als Vergütung für Geschäftsführung erhalten ("Vorab"). Die Vordividende berechnet sich meistens nach dem Anfangskapital des Geschäftsjahres, in manchen Fällen ist eine Zinskürzung bzw. Zinserhöhung bei Entnahmen bzw. Einlagen während des Jahres vereinbart. Die Ermittlung der Gewinnanteile und deren Verbuchung erfolgt wie bei Komplementären (siehe Punkt 7.8.4 dieser Arbeit).

7.8.4 Kommanditgesellschaft (KG)

Gemäß § 161 HGB sind für die KG grundsätzlich die Vorschriften der §§ 105 ff. HGB (OHG) anzuwenden. Es gibt also einen oder mehrere Gesellschafter mit unbeschränkter Haftung wie bei der OHG (sogenannte Komplementäre = Vollhafter). Daneben können in einer KG die für diese Rechtform typischen Kommanditisten (Teilhafter) angetroffen werden. Bei den Kommanditisten ist die Haftung auf den Betrag ihrer Vermögenseinlage beschränkt. Die Kommanditisten haben üblicherweise keine Geschäftsführungsbefugnis und auch kein Recht für Privatentnahmen. Die Vorschriften zur Verteilung des Unternehmungsergebnisses sind in den §§ 167 ff. HGB geregelt.

Für die Gewinnverteilung ist dabei die folgende Rechtsvorschrift für die Kommanditisten von besonderer Bedeutung. Gemäß § 167 Abs. 2 HGB dürfen Gewinnanteile an Kapitalanteilen nur solange gutgeschreiben werden, bis die Pflichteinlage erreicht ist. Ist die Pflichteinlage noch nicht erreicht, so liegen **ausstehende Einlagen** vor (der Gesellschafter hat seine Einlage noch nicht vollständig einbezahlt). Für die ausstehenden Einlagen werden die nachstehenden beiden Buchungsmethoden verwendet.

(1) **"Isteinlage":** Auf dem Kapitalkonto des Gesellschafters wird nur die einbezahlte Isteinlage verbucht. Gewinnanteile erhöhen diesen Betrag (bis zur Grenze der Pflichteinlage), Verlustanteile vermindern diesen Betrag.
(2) **"Solleinlagen":** Auf dem Kapitalkonto des Gesellschafters wird dessen Pflichteinlage verbucht, die ausstehende Einlage wird auf einem Aktivkonto (Ausstehende Einlagen) festgehalten. Durch die Gewinnanteile werden die ausstehenden Einlagen reduziert, durch Verlustanteile erhöht.

Weitere Vorschriften zur **Gewinnverteilung** der KG finden sich in den §§ 168 ff. HGB bzw. im Gesellschaftsvertrag:

- § 168 Abs. 1 HGB: Vordividende 4 %
- § 168 Abs. 2 HGB: Verteilung des Restgewinns nach angemessenem Verhältnis. Üblicherweise erhalten Vollhafter einen höheren Anteil als Teilhafter (Risikoprämie). Die geschäftsführenden Gesellschafter erhalten einen Vorabanteil wegen Mitarbeit.
- § 169 Abs. 1 HGB: Kein Entnahmerecht der Kommanditisten.

Der **Gewinnanteil** des **Kommanditisten** soll an diesen ausgezahlt werden (wenn die Pflichteinlage voll eingezahlt ist). Die Gewinnanteile der Kommanditisten werden daher auf dem Konto "Sonstige Verbindlichkeiten" verbucht, oft werden hierzu entsprechende Unterkonten "Gewinnanteil A, B, C" usw. geführt. Die Ermittlung der Gewinnanteile einer KG durch Gewinnverteilungstabelle und die anschließende Verbuchung der Gewinnverteilung soll durch das nachstehende Beispiel verdeutlicht werden.

Beispiel 37: **Gewinnverteilung / KG**

(1) Ein Industrieunternehmen (Kommanditgesellschaft) weist in einem Auszug der Saldenbilanz die nachstehenden Beträge aus. Die Verbuchung ausstehender Einlagen erfolgt nach der Sollmethode (Kapitalkonten: Pflichteinlage, ausstehende Einlagen auf dem gleichnamigen Konto). Gesellschafter A ist Vollhafter, die Gesellschafter B und C sind Teilhafter der KG.

S a l d e n b i l a n z /Bsp. 37 (Gemäß Übungskontenplan/IKR im Anhang)

Konto-Nr.	Konto	S	H
3000	Kapital Gesellschafter A		300.000,--
3001	Privatkonto A	37.000,--	
3070	Kommanditkapital Gesellsch. B		120.000,--
3080	Kommanditkapital Gesellsch. C		80.000,--
0000	Ausstehende Einlagen C		30.000,--
8020	Gewinn- und Verlustkonto		141.000,--

(2) Der Gesellschaftsvertrag enthält die nachstehenden Bestimmungen über die Gewinnverteilung.
- Vorabanteil: Gesellschafter A erhält vorab 60.000,-- EUR für seine Tätigkeit als Geschäftsführer.
- Vordividende: Jeder Gesellschafter erhält vorab eine Verzinsung von 4 % auf das einbezahlte Kapital. Entnahmen und Einlagen während des Geschäftsjahres werden bei der Verzinsung nicht berücksichtigt.
- Restgewinn-Anteile: Der Restgwinn soll im Verhältnis 2 : 1 : 1 aufgeteilt werden (persönliche Haftung bei A).

(3) Es sollen anhand einer Gewinnverteilungstabelle die Gesamt - Gewinnanteile der Gesellschafter ermittelt werden.

G e w i n n v e r t e i l u n g s t a b e l l e /Bsp. 37

Nr.		A (Vollh.)	B (Teilh.)	C (Teilh.)	Summe
1.	Anfangskapital	300.000,--	120.000,--	80.000,--	500.000,--
	davon einbezahlt	300.000,--	120.000,--	50.000,--	470.000,--
	nach Privatentnahmen	263.000,--	120.000,--	50.000,--	433.000,--
2.	Vorabanteil für Geschäftsführer	60.000,--	---	---	60.000,--
3.	Vordividende 4 % auf einbez.K.	12.000,--	4.800,--	2.000,--	18.800,--
4.	Restgewinnanteile 2 : 1 : 1	31.100,--	15.550,--	15.550,--	62.200,--
5.	Gesamt-Gewinnanteile	103.100,--	20.350,--	17.550,--	141.000,--
6.	Eigenkapital	366.100,--	120.000,--	80.000,--	566.100,--
	davon einbezahlt	366.100,--	120.000,--	67.550,--	553.650,--
7.	Gewinnanteil Konto B (Sonstige Verbindl.)		20.350,--		20.350,--
8.	Ausstehende Einlagen C			12.450,--	12.450,--

(4) Der Saldo des Kontos 8020(Gewinn) soll über Konto 8040 "Gewinn- und Verlustverteilung" auf die Kapitalkonten der Gesellschafter verteilt werden.
Buchungssätze:

1. Übernahme des Gewinns auf Konto "Gewinn- und Verlustverteilung"
2. Umbuchung des Gewinnanteils von A auf sein Kapitalkonto
3. Umbuchung der Privatentnahmen von A auf sein Kapitalkonto
4. Umbuchung des Gewinnanteils von B auf "Verbindlichkeiten gegenüber Gesellschaftern"
5. Verrechnung des Gewinnanteils von C mit den "Ausstehenden Einlagen C"

B u c h u n g s s ä t z e /Bsp. 37 (Gemäß Übungskontenplan/IKR im Anhang)

Nr.		Konto		S	H
1.	Per	8020	Gewinn- und Verlustkonto	141.000,--	
	an	8040	Gewinn- und Verlustverteilung		141.000,--
2.	Per	8040	Gewinn- und Verlustverteilung	103.100,--	
	an	3000	Kapital Gesellschafter A		103.100,--
3.	Per	3000	Kapital Gesellschafter A	37.000,--	
	an	3001	Privatkonto A		37.000,--
4.	Per	8040	Gewinn- und Verlustverteilung	20.350,--	
	an	4870	Verbindl. g. Gesellschafter		20.350,--
5.	Per	8040	Gewinn- und Verlustverteilung	17.550,--	
	an	0000	Ausstehende Einlagen C		17.550,--

7.8.5 Aktiengesellschaft (AG)

7.8.5.1 Gezeichnetes Kapital / Ausstehende Einlagen

Im Gegensatz zu Personengesellschaften haben Kapitalgesellschaften ein starres Kapitalkonto, welches nicht durch die jährlichen Gewinne oder Verluste verändert werden darf. Der jeweils anfallende Jahresüberschuß wird zum Teil zu Einstellungen in die Gewinnrücklagen verwendet, der restliche Teil wird an die Aktionäre ausgeschüttet als Dividende. Das "Gezeichnete Kapital" stellt den konstanten Teil des Eigenkapitals der Aktiengesellschaft dar; es kann nur durch satzungsändernde Maßnahmen der Kapitalerhöhung bzw. -herabsetzung verändert werden. Für den allerdings denkbaren Fall, daß das gezeichnete Kapital nicht voll einbezahlt ist (**"Ausstehende Einlagen"**), sind gemäß HGB die folgenden beiden Ausweismethoden zugelassen. Die beiden Alternativen sind jeweils anhand eines kleinen Beispiels verdeutlicht. Die Zahlenangaben lauten: Gezeichnetes Kapital: EUR 1.000.000,--, davon einbezahlt auf Bankkonto: EUR 600.000,--, verbleibende austehende Einlagen: EUR 400.000,--; von den ausstehenden Einlagen sind eingefordert: EUR 150.000,--

(1) **Alternative I** (§ 272 Abs. 1 Satz 2 HGB)

G R Ü N D U N G S B I L A N Z

Aktiva		Passiva	
Ausstehende Einlagen - davon eingefordert 150.000	400.000	Gezeichnetes Kapital	1.000.000
Bankguthaben	600.000		
SUMME	1.000.000	SUMME	1.000.000

(2) **Alternative II** (§ 272 Abs. 1 Satz 3 HGB)

G R Ü N D U N G S B I L A N Z

Eingeford., noch nicht einbez. Kapital	150.000	Gez. Kap.	1.000.000	
Bankguthaben	600.000	./. nicht einge-. forder. Kap.	250.000	
		Eingef. Kapital		750.000
SUMME	750.000	SUMME		750.000

7.8.5.2 Kapital- und Gewinnrücklagen

Der variable Teil des bilanzierten Eigenkapitals der AG wird durch die offenen Rücklagen gebildet. Daneben sind auch noch Teile des Eigenkapitals möglich, die nicht aus der Bilanz ersichtlich sind, die sog. stillen Reserven wegen Unterbewertung von Aktiva oder Überbewertung von Passiva. Die folgende Aufstellung zeigt einen Überblick über die bei der AG vielfältigen **Arten von (offenen) Rücklagen**.

(1) **Kapitalrücklagen** gem. § 272 Abs. 2 HGB
- Definition: Eigenkapitalteile, die der AG von außen zugeflossen sind (Aktionäre).
- Beispiel: Agio (Aufgeld) auf den Nennwert bei der Ausgabe von Anteilen, Zuzahlungen für Vorzugsaktien usw.

(2) **Gewinnrücklagen** gem. § 272 Abs. 3 HGB
- Definiton: Eigenkapitalteile, die von der AG durch Einbehaltung von Teilen des Jahresüberschusses gebildet worden sind.
- **Gesetzliche Rücklagen** gem. § 150 AktG: Die AG hat jährlich 5 % des Jahresüberschusses in die genannte Rücklage einzustellen, bis diese 10 % des Grundkapitals (gezeichnetes Kapital) erreicht.
- **Rücklage für eigene Anteile**
- **Satzungsmäßige Rücklagen**
- **"Andere Gewinnrücklagen"** im Sinne von § 266 HGB: Bei Feststellung des Jahresabschlusses durch Vorstand und Aufsichtsrat kann der Vorstand Teile des Jahresüberschusses (maximal die Hälfte) in andere Rücklagen einstellen gem. § 58 AktG.

7.8.5.3 Sonderposten mit Rücklagenanteil

Die in der Bilanz gem. §§ 247,273 HGB zulässigen "Sonderposten" sind im folgenden kurz erläutert. Diese Posten stellen eine Mischung von Eigenkapital und Fremdkapital dar und werden daher als **"Sonderposten"** zwischen Eigen- und Fremdkapital ausgewiesen.

(1) Sog. **Steuerfreie Rücklagen**
Hier handelt es sich um Zuführungen zu Rücklagen, die aufgrund bestimmter steuerlicher Vergünstigungen (noch) nicht der Besteuerung unterlegen haben. Bei Kapitalgesellschaften ist gem. § 273 HGB die Zulässigkeit der steuerfreien Rücklagen auf die Fälle mit "umgekehrter Maßgeblichkeit" begrenzt. Die umgekehrte Maßgeblichkeit (Maßgeblichkeit der Steuerbilanz für die Handelsbilanz) bedeutet, daß die Anerkennung von Sonderabschreibungen in der Steuerbilanz davon abhängt, daß diese Sonderposten auch in der Handelsbilanz gebildet

werden. Diese Maßgeblichkeit ist für fast alle Sonderabschreibungen vorgegeben, eine wesentliche Ausnahme bilden die Preissteigerungsrücklagen gem. § 74 EStDV. Bei den steuerfreien Rücklagen kommen in der Praxis besonders die nachstehenden Fälle vor.

- **Rücklage für Ersatzbeschaffung wegen höherer Gewalt** gem. A 35 EStR: Durch Entschädigungsleistungen beim Verlust von Wirtschaftsgütern wegen Brand, Enteigungen usw. kommt es zur Aufdeckung von stillen Reserven, die unter bestimmten Voraussetzungen ohne Besteuerung auf das Ersatzwirtschaftsgut übertragen werden können.
- **Rücklage für Veräußerungsgewinne bei best. Anlagegütern** gem. § 6 b EStG: Buchgewinne (realisierte stille Reserven) bei der Veräußerung von Anlagegütern können unter bestimmten Voraussetzungen ohne Besteuerung auf ein Ersatzwirtschaftsgut übertragen werden. Die Bezeichnung "steuerfreie Rücklage" ist nicht ganz korrekt, denn spätestens nach zwei Jahren tritt die Besteuerung doch ein, falls keine Ersatzbeschaffung durchgeführt wurde.

(2) **Wertberichtigung aufgrund steuerlicher Sonderabschreibungen**
Nach der für alle Kaufleute geltenden Rechtsnorm des § 254 HGB können in der Handelsbilanz und in der Steuerbilanz Abschreibungen über das handelsrechtlich gebotene Maß hinaus gebildet werden, wenn dies steuerlich zulässig ist **(sog. steuerliche Sonderabschreibungen)**. Für Kapitalgesellschaften ist jedoch auch hier wiederum die Zulässigkeit auf Fälle mit "umgekehrter Maßgeblichkeit" beschränkt gem. § 279 Abs. 2 HGB. Die Verbuchung der steuerlichen Sonderabschreibungen in der Handelsbilanz kann einerseits direkt erfolgen, d.h. durch Abschreibung des betreffenden Wirtschaftsgutes. Andererseits ist wahlweise auch die indirekte Abschreibung in Form der hier genannten Wertberichtigungen zulässig. Diese müssen jedoch wieder aufgelöst werden, wenn das Wirtschaftsgut ausscheidet oder wenn die handelsrechtlich gebotenen Abschreibungen in späteren Jahren niedriger sind als die tatsächlichen Abschreibungen.

7.8.5.4 Ergebnisverwendung im Jahresabschluß

Die Ergebnisverwendung der AG (Verteilung des Jahresüberschusses) kann einerseits in der **Gewinn- und Verlustrechnung** angegeben sein. Das für alle Kapitalgesellschaften geltende Gliederungsschema des § 275 HGB endet zwar mit dem Jahresüberschuß, da der Ergenisverwendungs-Ausweis in der Bilanz vorgesehen ist. Unabhängig jedoch von der Bilanzierung ist für Aktiengesellschaften gemäß § 158 AktG vorgeschrieben, die Gewinn- und Verlustrechnung durch das nachstehende **Ergebnisverwendungs-Schema** zu ergänzen; das genannte Schema kann wahlweise auch im Anhang angegeben sein.

... Jahresüberschuß (letzte Position der Erfolgsrechnung)
1. Gewinnvortrag / Verlustvortrag aus dem Vorjahr
2. Entnahmen aus der Kapitalrücklage
3. Entnahmen aus Gewinnrücklagen
   a) - d) analog wie bei 4.
4. Einstellungen in Gewinnrücklagen
   a) in die gesetzliche Rücklage
   b) in die Rücklage für eigene Aktien
   c) in satzungsmäßige Rücklagen
   d) in andere Gewinnrücklagen
5. Bilanzgewinn / Bilanzverlust

Von wesentlicher Bedeutung ist jedoch der Ausweis der Ergebnisverwendung in den **Eigenkapitalpositionen** der **Bilanzgliederung** gemäß § 266 HGB. Nach den für alle Kapitalgesellschaften geltenden Vorschriften stehen dabei die nachstehend genannten **drei** Ausweismethoden wahlweise zur Verfügung.

(1) **Ergebnisausweis vor Gewinnverwendung** (§ 266 HGB)
- Beim Bilanz-Gliederungsschema gem. § 266 HGB ist diese Methode "standardmäßig" zugrundegelegt. Die genannte Ausweismethode zeigt sich an den nachstehend genannten Bilanzpositionen:
- Gewinnrücklagen / alt (vor Verwendung des Jahresergebnisses)
- Gewinnvortrag / Verlustvortrag / alt (vor Verwendung des Jahresergebnisses).
- **Jahresüberschuß / Jahresfehlbetrag** (aus der Erfolgsrechnung)

(2) **Ergebnisausweis nach teilweiser Ergebnisverwendung** (§ 268 Abs. 1 Satz 2 HGB)
- Da der Vorstand der AG gesetzliche sowie ggf. satzungsmäßige Rücklagen zu bilden hat und auch häufig von seinem Recht zur Bildung der anderen Rücklagen gebrauch macht, dürfte die hier genannte Ausweismethode die vorherrschende Methode der AG sein (Feststellung des Jahresabschlusses durch den Vorstand und Aufsichtsrat). Die genannte Methode zeigt sich an den nachstehend genannten Bilanzpositionen:
- Gewinnrücklagen / neu (nach teilweise Ergebnisverwendung)
- Gewinnvortrag / Verlustvortrag / alt: entfällt (ist in den Bilanzgewinn miteinbezogen)
- Jahresüberschuß: entfällt
- **Bilanzgewinn / Bilanzverlust**

(3) **Ergebnisausweis nach vollständ. Ergebnisverwendung** (§ 268 Abs. 1 Satz 1 HGB)
- Diese Methode entspricht z.B. dem Jahresabschluß einer kleinen GmbH, wenn sich die Gesellschafter bereits auf die vollständige Ergebnisverwendung geeinigt haben. Die genannte Methode zeigt sich an den nachstehend genannten Bilanzpositionen:
- **Gewinnrücklagen / neu** (nach vollständiger Ergebnisverwendung)
- Gewinnvortrag / Verlustvortrag / neu (nach vollständiger Ergebnisverwendung)
- Jahresüberschuß: entfällt, da bereits vollständig verteilt

Der Industriekontenrahmen (IKR`86) stellt zur systematischen Abwicklung der Ergebnisverwendung zusätzlich zur Kontengruppe 34: "Jahresüberschuß" noch die **Kontengruppe 33: "Ergebnisverwendung"** zur Verfügung. Die Kontengruppe 33 ist dabei bereits für alle drei Ausweismethoden der Ergebnisverwendung verwendbar. Der typische Ergebnisausweis der AG im Falle der teilweisen Ergebnisverwendung unter Verwendung der Kontengruppe 33 gemäß IKR ist in Abb. 76 vereinfacht dargestellt.

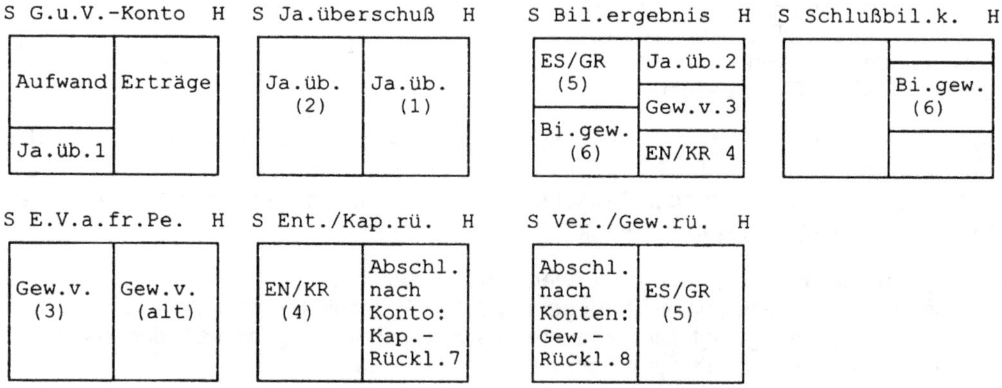

Abkürzungen: EN/KR = Entnahmen aus der Kapitalrücklage
ES/GR = Einstellungen in Gewinnrücklagen
Buchungsätze: (1) (2) (3) usw. (s. später folgende Erläuterungen)

Abb. 76: Teilweise Ergebnisverwendung (IKR)

Die nachstehende Aufstellung der Buchungssätze zeigt die typische Verbuchung der **teilweisen Ergebnisverwendung** beim Jahresabschluß nach dem IKR.

(1) Umbuchung des gesamten Jahresüberschusses in das Konto "Jahresüberschuß":
Per Konto 8020 GuV-Konto (Gesamtkostenverfahren)
An Konto 3400 Jahresüberschuß / Jahresfehlbetrag

(2) Umbuchung des gesamten Jahresüberschusses in das Konto "Bilanzgewinn":
Per Konto 3400 Jahresüberschuß / Jahresfehlbetrag
An Konto 3350 Bilanzergebnis

(3) Übernahme des ggf. vorhan. Gewinnvortrags in das Konto "Bilanzgewinn":
Per Konto 3320 Ergebnisvortrag aus früheren Perioden
An Konto 3350 Bilanzergebnis

(4) Ggf. Entnahmen aus der Kapitalrücklage für das Konto "Bilanzgewinn":
Per Konto 3330 Entnahmen aus der Kapitalrücklage
An Konto 3350 Bilanzergebnis

(5) Einstellungen in Gewinnrücklagen (z.B. gesetzliche Rücklage)
Per Konto 3350 Bilanzergebnis
An Konto 3340 Veränderungen der Gewinnrücklagen

(6) Übernahme des Bilanzgewinns in die Schlußbilanz:
Per Konto 3350 Bilanzergebnis
An Konto 8010 Schlußbilanzkonto
(7) Abschluß der Bestandskonten "Kapitalrücklage"
Buchungssätze je nach Umfang der vorliegenden Rücklagen.
(8) Abschluß der Bestandskonten "Gewinnrücklagen"
Buchungssätze je nach Umfang der vorliegenden Rücklagen.

7.8.5.5 Verwendung des Bilanzgewinns (Folgejahr)

Im Folgejahr, nach dem Beschluß der Hauptversammlung, ist noch die beschlossene **Verwendung** des **Bilanzgewinns** (Ausschüttung) zu verbuchen. Die Beschlußfassung richtet sich in den meisten Fällen nach dem Gewinnverwendungsvorschlag des Vorstands. Es ist hier die Feststellung des Jahresabschlusses durch Vorstand und Aufsichtsrat unterstellt. In diesem Falle wird der festgestellte Jahresabschluß durch die Verwendung des Bilanzgewinns nicht mehr geändert gem. § 174 Abs. 3 AktG. Die Hauptversammlung kann beschließen, daß noch höhere Einstellungen in Gewinnrücklagen erfolgen sollen als der Gewinnverwendungsvorschlag vorgesehen hat. Durch den gespaltenen Steuersatz der Körperschafts-Steuer entsteht durch derartige Beschlüsse ein zusätzlicher Steueraufwand, der aus dem Bilanzgewinn gedeckt werden muß.

Auch die Verwendung des Bilanzgewinns kann gemäß IKR in der **Kontengruppe 33 Ergebnisverwendung** systematisch abgewickelt werden. Die nachstehende Aufstellung der anzusprechenden Konten läßt den Ablauf der Gewinnverwendung klar erkennen.

(1) Konto 3350 Bilanzergebnis (aus der vorangegangenen Schlußbilanz)
(2) Konto 3360 Ergebnisausschüttung (wird als Verbindlichkeit der Gesellschaft gegenüber ihren Aktionären passiviert und dann ausbezahlt)
(3) Konto 3370 Zusätzlicher Aufwand (Ertrag) aufgrund des Gewinnverwendungsbeschlusses
(4) Konto 3380 Einstellungen in Gewinnrücklagen nach Bilanzergebnis
(5) Konto 3390 Ergebnisvortrag auf neue Rechnung (Gewinnvortrag)

Die geamte Gewinnermittlung und Gewinnverwendung einer AG wird vereinfacht abschließend in dem nachstehenden **Buchungs-Beispiel** Nr. 44 dargestellt.

Beispiel 38: **Gewinnermittlung und -verwendung der AG**

Allgemeine Angaben:
- Gezeichnetes Kapital (einbezahlt) 1.500.000,-- EUR
- Keine Kapitalrücklage, kein Gewinnvortrag vorhanden
- Feststellung des Jahresabschlusses durch Vorstand und Aufsichtsrat
- Ergebnisausweis nach teilweiser Ergebnisverwendung
- Teilweise Ergebnisverwendung:

	Jahresüberschuß	250.000,--
./.	Einstellung in gesetzl. Rücklage (5 %)	12.500,--
./.	Einstellungen in satzungsmäßige Rücklage	10.000,--
=	Bilanzgewinn	227.500,--

- Vorstandstantieme: 5 % Gewinnbeteiligung (Anstellungsvertrag)
- Aufsichtsrattantieme: 10 % Gewinnbeteiligung (Genehm. duch Hauptversamml.)
- Gewinnverwendungsvorschlag des Vorstands: 15 % Divid., Rest Gewinnvortrag
- Buchungen (1.) - (4.): Gewinnermittlung
- Buchungen (5.) - (11.): Jahresabschluß nach teilweiser Ergebnisverwendung
- Buchungen (12.) - (14.): Gewinnverwendung (Folgejahr)

1. Die Vorstandstantieme wird passiviert: 5 % von 227.500 EUR = 11.375 EUR

2. Die Aufsichtsrats-Tantieme wird passiviert:
   - Berechnung der Bemessungsgrundlage:

	Bilanzgewinn	227.500,--
./.	Vordividende (4% auf gez. Kap.)	60.000,--
=	Bemessungsgrundlage	167.500,--

   - Tantieme: 10 % von EUR 167.500,-- EUR = 16.750 EUR

3. Eine Rückstellung für GewESt-Nachzahl. wird passiviert in Höhe von 5.000 EUR.

4. Eine Rückstellung für KSt-Nachzahlung wird passiviert in Höhe von 12.000 EUR.

5. Der Jahresüberschuß wird aus dem G.u.V.-Konto in das Konto "Jahresüberschuß" übernommen.

6. Der Jahresüberschuß wird in das Konto "Bilanzgewinn" übernommen.

7. Einstellung in die gesetzliche Rücklage (Rücklagenveränderung): 5 % von 250.000 EUR = 12.500 EUR.

8. Einstellungen i. d. satzungsmäßige Rücklage (Rücklagenveränderung) 10.000 EUR.

9. Übernahme des Bilanzgewinns in die Schlußbilanz

10. Umbuchung auf Konto "Gesetzliche Rücklagen"

11. Umbuchung auf Konto "Satzungsmäßige Rücklagen"

12. Eröffung des Kontos "Bilanzgewinn" im Folgejahr (aus Schlußbilanzkonto)

13. Passivierung des Ausschüttungsbetrages

14. Verbuchung des Gewinnvortrages

	Bilanzgewinn	227.500,--
./.	Dividende (15% auf gez. Kap.)	225.000,--
=	Gewinnvortrag	2.500,--

Buchungssätze /Bsp. 38 (Gemäß Übungskontenplan/IKR im Anhang)

Nr.		Konto		S	H
1.	Per	6320	Sonst.tarifl./vertr.Aufwendungen	11.375,--	
	an	4870	Verbindl.g.Gesellsch.u.Organmit.		11.375,--
2.	Per	6780	Aufwendungen für den Aufsichtsrat	16.750,--	
	an	3990	Rückstellungen für Aufwendungen		16.750,--
3.	Per	7700	Gewerbeertragsteuer (St.V.E./E.)	5.000,--	
	an	3800	Gewerbeertragsteuer (St.rückst.)		5.000,--
4.	Per	7710	Körperschaftsteuer (St.v.E./E.)	12.000,--	
	an	3810	Körperschaftsteuer (St.rückst.)		12.000,--
5.	Per	8020	Gewinn- und Verlustkonto (GuV)	250.000,--	
	an	3400	Jahresüberschuß / Jahresfehlbetrag		250.000,--
6.	Per	3400	Jahresüberschuß / Jahresfehlbetrag	250.000,--	
	an	3350	Bilanzergebnis (Bilanzgewinn)		250.000,--
7.	Per	3350	Bilanzergebnis (Bilanzgewinn)	12.500,--	
	an	3340	Veränderungen der Gewinnrücklagen		12.500,--
8.	Per	3350	Bilanzergebnis (Bilanzgewinn)	10.000,--	
	an	3340	Veränderungen der Gewinnrücklagen		10.000,--
9.	Per	3350	Bilanzergebnis (Bilanzgewinn)	227.500,--	
	an	8010	Schlußbilanzkonto		227.500,--
10.	Per	3340	Veränderungen der Gewinnrücklagen	12.500,--	
	an	3200	Gesetzliche Rücklagen		12.500,--
11.	Per	3340	Veränderungen der Gewinnrücklagen	10.000,--	
	an	3230	Satzungsmäßige Rücklagen		10.000,--
12.	Per	8010	Schlußbilanzkonto	227.500,--	
	an	3350	Bilanzergebnis (Bilanzgewinn)		227.500,--
13.	Per	3350	Bilanzergebnis (Bilanzgewinn)	225.000,--	
	an	3360	Ergebnisausschüttung		225.000,--
14.	Per	3350	Bilanzergebnis (Bilanzgewinn)	2.500,--	
	an	3390	Ergebnisvortrag auf neue Rechnung		2.500,--

7.8.5.6 Ergebnisabhängige Aufwendungen

Bei der Gewinnermittlung der AG müssen bestimmte Aufwandsarten berücksichtigt werden, die nach handelsrechtlicher Ansicht als Aufwand zu betrachten sind, jedoch bei ihrer Berechnung bereits vom Unternehmungsergebnis ausgehen **(ergebnisabhängige Aufwendungen)**. Es handelt sich um die als "Tantiemen" bezeichneten Gewinnbeteiligungen der Organe der AG (Vorstand und Aufsichtsrat) sowie um die ertragsabhängigen Steuern: Gewerbeertrag-Steuer und Körperschaft-Steuer. Für die Körperschaft-Steuer kommt das Problem hinzu, daß die Höhe auch davon abhängt, inwieweit das Unternehmungsergebnis ausgeschüttet wird oder nicht (gespaltener Steuersatz). Schließlich ist zu berücksichtigen, daß die Körperschaft-Steuer selbst sowie die Hälfte der Aufsichtsrat-Tantiemen für den steuerpflichtigen Gewinn nicht abzugsfähig ist. Eine Lösung der genannten Probleme ist nur durch ein **simultanes Gleichungssystem** möglich (vgl. Coenenberg, 1997, S. 297 ff.). Die Grundzüge der Verbuchung von ergebnisabhängigen Aufwendungen sind in der folgenden Übersicht dargestellt.

(1) **Vorstands-Tantieme**

- Bemessungsgrundlage gem. § 86 AktG: **Jahresüberschuß** nach Abzug eines ev. Verlustvortrages aus dem Vorjahr sowie nach Abzug der Einstellungen in die gesetzlichen sowie satzungsmäßigen Rücklagen.
- Verbuchung: Die arbeitsvertragliche Gewinnbeteiligung des Vorstands stellt einen Gehaltsbestandteil dar (Konto: **Löhne und Gehälter**) und muß am Jahresende unter "Sonstige Verbindlichkeiten" passiviert werden. Der Buchungssatz gemäß IKR lautet:

  Per Konto 6320 Sonstige tarifliche / vertragliche Aufwendungen
  an Konto 4870 Verbindlichkeiten gegenüber Gesellschaftern und Organmitgliedern

- Erst bei der Auszahlung der Tantieme nach dem Gewinnverwendungsbeschluß der Hauptversammlung sind dann die gesetzlichen Abzüge für Lohnsteuer (§ 11 EStG) bzw. Sozialversicherung zu berücksichtigen.

(2) **Aufsichtsrats-Tantieme**

- Bemessungsgrundlage gem. § 113 AktG: **Bilanzgewinn** abzüglich 4 % sog. "Vordividende" des eingezahlten Kapitals.
- Verbuchung der satzungsbestimmten Tantieme:
  Die Höhe der Aufsichtsrats - Tantieme (Gewinnbeteiligung) ist in manchen Fällen bereits in der Satzung festgelegt. In diesen Fällen ist die Tantieme einerseits als **"Sonstige betriebliche Aufwendung"** zu verbuchen und andererseits als "Sonstige Verbindlichkeit" zu passivieren. Der Buchungssatz gemäß IKR lautet:

  Per Konto 6780 Aufwendungen für den Aufsichtsrat
  an Konto 4870 Verbindlichkeiten gegeüber Gesellschaftern und Organmitgliedern

- Verbuchung der HV-bestimmten Tantieme:
  Die Höhe der Aufsichtsrats - Tantieme wird in vielen Fällen erst von der Hauptversammlung im Zusammenhang mit dem Gewinnverwendungs-Beschluß festgesetzt. In diesen Fällen ist die Tantieme einerseits als "Sonstige betriebliche Aufwendung" zu verbuchen, andererseits ist eine Rückstellung in Höhe der voraussichtlichen Tantieme zu passivieren. Der Buchungssatz gemäß IKR lautet:

  Per Konto 6780 Aufwendungen für den Aufsichtsrat
  an Konto 3990 Rückstellungen für Aufwendungen

- Die Auszahlung der Tantieme wird im Folgejahr nach dem Gewinnverwendungsbeschluß der Hauptversammlung durchgeführt.

(3) **Gewerbeertragsteuer**

- Bemessungsgrundlage: Steuerbilanzgewinn nach gewissen Hinzurechnungen und Kürzungen
- In Höhe der nicht durch Vorauszahlungen gedeckten Steuerschuld ist eine Rückstellung zu bilden, Buchungssatz gemäß IKR:

Per Konto 7700 Gewerbeertragsteuer (Steuern vom Einkommen und vom Ertrag)
an Konto 3800 Gewerbeertragsteuer (Steuerrückstellungen)

(4) **Körperschaft-Steuer**

- Bemessungsgrundlage: Steuerbilanz-Gewinn nach gewissen Modifikationen
- Anwendung des gespaltenen Steuersatzes unter der Zugrundelegung des Ergebnisverwendungsbeschlusses der Hauptversammlung bzw. des **Ergebnisverwendungsvorschlags** des Vorstands (§ 278 HGB).
- In Höhe der nicht durch Vorauszahlungen gedeckten Steuerschuld ist eine Rückstellung zu bilden, Buchungssatz gem. IKR:

Per Konto 7710 Körperschaftsteuer (Steuern vom Einkommen und vom Ertrag)
an Konto 3810 Körperschaftsteuer (Steuerrückstellungen)

7.8.6 Gesellschaft mit beschränkter Haftung (GmbH)

Die Verbuchung des Unternehmungsergebnisses erfolgt ähnlich wie bei der AG. Das feste Eigenkapital der GmbH wird als "Stammkapital" bezeichnet, dieses besteht aus den Stammeinlagen der Gesellschafter. Die GmbH kann in ihrer Satzung die Bildung freier Rücklagen vorsehen. Die Ermittlung und Verbuchung des Bilanzgewinns wird ähnlich wie bei der AG durchgeführt. Meist erhalten die Geschäftsführer der GmbH eine Tantieme, ebenso wie der nur bei größeren GmbHs vorgeschriebene Aufsichtsrat. Der Restgewinn wird als Dividende in % der Kapitaleinlagen ausgeschüttet. Ein eventueller Restbetrag wird als Gewinnvortrag wie bei der AG verbucht.

8. ERGÄNZUNGEN (GRUNDZÜGE)

8.1 Der geschlossene Buchungsgang (Einzelabschlüsse)

8.1.1 Jahreszyklus (Jahresabschluß)

Als Lernziel der Buchhaltungsausbildung wird meistens die Aufgabe gestellt, einen "geschlossenen Buchungsgang" durchzuführen. Es handelt sich um eine Übungsaufgabe mit einer vollständigen Reihe von Buchungen für einen bestimmten Betrieb in einem bestimmten Geschäftsjahr (von der Eröffnungsbilanz bis zur Schlußbilanz). Bei der Durchführung eines geschlossenen Buchungsganges sind im einzelnen die nachstehenden Schritte erforderlich.

(1) Eröffnungsbuchungen

(a) Eröffnungsbilanz

Bei den meisten Buchungsgängen ist die Eröffnungsbilanz (Eröffnungsbilanzkonto) vorgegeben. Bei manchen Aufgaben müssen die Werte des Eröffnungsbilanzkontos aus dem Schlußbilanzkonto des Vorjahres übernommen werden. Die Sammel-Buchungssätze hierbei lauten.

1. Per ... Eröffnungsbilanzkonto an ... Schlußbilanzkonto ... EUR
2. Per ... Schlußbilanzkonto an ... Eröffnungsbilanzkonto ... EUR

(b) Eigentliche Eröffnungsbuchungen

Die Beträge aus dem Eröffnungsbilanzkonto müssen als Anfangsbestände in die Hauptbuchkonten "vorgetragen" werden. Die Buchungssätze beim Kontenvortrag lauten wie folgt und werden in der Literatur vielfach weggelassen, da sie selbstverständlich sind.

1. Per alle Aktivkonten an Eröffnungsbilanzkonto
2. Per Eröffnungsbilanzkonto an alle Passivkonten

Bei der Eintragung der Anfangsbestände in die Konten ist darauf zu achten, daß der Kontenvortrag bei Aktivkonten im Soll, bei Passivkonten im Haben (!) erfolgt.

(2) Laufende Buchungen

Hier werden die Buchungen für die laufenden Geschäftsvorfälle durchgeführt und zwar zunächst in Form der Grundbuchungen (Buchungssätze), anschließend in Form der Hauptbuchungen (Verbuchung auf den Hauptbuchkonten).

(3) Abschlußbuchungen

Aufgrund der Abschlußbangaben werden zunächst die Buchungssätze für die Abschlußbuchungen aufgestellt (vorbereitende und endgültige Abschlußbuchungen). Bei manchen Aufgaben ist der Abschluß zunächst in Form einer Haupt-Abschlußübersicht aufzustellen. In jedem Falle sind die Abschlußbuchungen auf die einzelnen Konten zu übertragen. Dadurch werden die Hauptbuchkonten abgeschlossen und die Abschlußkonten erstellt. Je nach Rechtsform schließt sich noch eine tabellarische oder eine buchhalterische (mit Grund- und Hauptbuchungen) Gewinnverteilung an.

8.1.2 Monatszyklus (Kurzfristige Erfolgsrechnung)

Wie unter dem Gliederungspunkt "Jahresabschlußarbeiten" dargestellt wurde, steht die fertige Schlußbilanz erst mehrere Monate nach dem Abschlußstichtag als Information für die Geschäftsleitung zur Verfügung. Bei manchen Betrieben mit komplizierten Inventurbewertungen und Abschlußbuchungen wird der Jahresabschluß erst am Ende des nachfolgenden Geschäftsjahres fertig (Verlängerung der Abgabefrist der Steuerbilanz in gewissem Umfang möglich). Bei dem vielfach erst spät fertiggestellten Jahresabschluß sind schnelle Gegenmaßnahmen bei negativen Ertragsentwicklungen jedoch kaum mehr möglich. Daher sind die nachstehenden **kurzfristigen Informationen** aus der Finanzbuchhaltung für die Geschäftsleitung (insbesondere bei mittelständischen Unternehmen) von steigender Bedeutung im heutigen hektischen Wettbewerb.

(1) Tagesabschlüsse
Diese ermöglichen einen ersten Überblick über die Umsätze und wichtige Aufwandsarten sowie eine erste Kontrolle über die formelle Richtigkeit der Buchhaltung (sog. "Abstimmungen", z.B. zwischen Soll- und Habensumme des Journals, zwischen Kassenbestand und Kassenkonto usw.).

(2) Monatsabschlüsse (Monatsauswertungen)
Neben erweiterten Abstimmungsmöglichkeiten bietet der Monatsabschluß der Buchhaltung bereits einen guten Überblick über die wichtigsten Aufwands- und Ertragsarten sowie das daraus resultierende "vorläufige Betriebsergebnis". Es fehlen allerdings meist noch die erst beim Jahresabschluß verbuchten Abschreibungen , Bestandsveränderungen (Inventur) usw., die für das endgültige Betriebsergebnis erforderlich sind.

(3) Kurzfristige Erfolgsrechnung
Viele Betriebe haben die "innerjährigen" Buchhaltungsabschlüsse zu einem informativen System der Kurzfristigen Erfolgsrechnung ausgebaut. Diese wird meist monatlich durchgeführt und liefert wichtige Auswertungen für die Geschäftsleitung (daher oft die Bezeichnung "Betriebswirtschaftliche Auswertungen" oder "Chefinformationen"). Als weitere Abschlußperioden der kurzfristigen Erfolgsrechnung sind das Vierteljahr (Quartal) oder Halbjahr anzutreffen. Wie die Jahres - Erfolgsrechnung, kann auch die kurzfristige Erfolgsrechung alternativ nach dem Gesamtkostenverfahren (Inventur erforderlich) oder nach dem Umsatzkostenverfahren aufgestellt werden. Bei manchen Betrieben umfaßt die kurzfristige Erfolgsrechnung auch eine buchhalterische Kostenrechnung oder sogar eine Plan-Erfolgsrechnung bzw. eine Plan-Kostenrechnung (die sog. Budgetplanung). Im Industriekontenrahmen (IKR`86) sind die nachstehenden Kontengruppen (mit weiteren Tiefgliederungen) für die kurzfristige Erfolgsrechnung vorgesehen.

- Kontengruppe 85: Korrekturkonten zu den Erträgen der Kontenklasse 5
- Kontengruppe 86: Korrekturkonten zu den Aufwendungen der Kontenklasse 6
- Kontengruppe 87: Korrekturkonten zu den Aufwendungen der Kontenklasse 7
- Kontengruppe 88: Kurzfristige Erfolgsrechnung (KER) nach dem Gesamtkostenverfahren oder Umsatzkostenverfahren
- Kontengruppe 89: Innerjährige Rechnungsabgrenzung (aktive und passive Rechnungsabgrenzung

8.2 Konsolidierter Jahresabschluß (Konzernbilanz)

Ein ganz überwiegender Anteil der deutschen Kapitalgesellschaften sind keine selbständigen Einzelunternehmen, sondern gehören zu großen Konzernen (Unternehmensguppen unter einheitlicher Leitung). Nach entsprechenden Statistiken gehören **90 % aller Aktiengesellschaften** zu "Verbundenen Unternehmen" (Quelle: BdW, 1994, S. 1). Die verschiedenen Arten von Verbundenen Unternehmen sind definiert in den §§ 15 - 19 Aktiengesetz, Bilanzierungsregelungen zu Verbundenen Unternehmen finden sich auch im HGB. Am häufigsten sind "Unterordnungskonzerne" (Ein Mutterunternehmen und mehrere Tochterunternehmen), die aufgrund von Mehrheitsbeteiligungen am Aktienkapital der Tochterunternehmen entstehen. Im Zusammenhang mit der "Globalisierung" ist ein großer Teil der Konzerne zu weltweiten Unternehmensgruppen mit einem internationalen Netz von Produktionsstätten und Vertriebsgesellschaften geworden (Vgl. Grimm-Curtius / Duchscherer, 1995, S. 114 ff.). Dieser Trend wird vor allem durch die zunehmenden "Megafusionen" verstärkt, das bekannteste Beispiel hierfür stellt die DaimlerChrysler AG in Stuttgart dar.

Im Falle von Unterordnungskonzernen ist die Muttergesellschaft verpflichtet, jährlich einen Konzernabschluß aufzustellen und zu publizieren; dieser wird erstellt anhand der Einzelabschlüsse der Muttergesellschaft sowie der Tochtergesellschaften (sog. Konsolierungskreis). In den Geschäftsberichten der großen Unternehmen ist dann meistens nur noch der Konzernabschluß aufgeführt, die Einzelabschlüsse sind nur noch von sehr untergeordneter Bedeutung. Aus diesem Grunde sollen hier zumindest die Grundzüge der Konzernrechnungslegung stichwortartig dargestellt werden.

- **Konsolidierter Jahresabschluß**
  Nach der sog. Einheitstheorie (§ 297 HGB) soll der Konzernabschluß wie der Jahresabschluß eines einheitlichen Unternehmens sein. Dies erfordert, daß alle Verflechtungen, die in den Einzelbilanzen der einbezogenen Unternehmen enthalten sind, im Konzernabschluß herausgerechnet werden müssen (Konsolidierter Jahresabschluß). Im Einzelnen handelt es sich dabei um die folgenden Konsolidierungsbereiche:

  (1) Kapital-Konsolidierung: Die Beteiligung in der Einzelbilanz des Mutterunternehmens muß gegen das entsprechende Eigenkapital des Tochterunternehmens aufgerechnet werden. Dabei entsteht meistens ein positiver (aktiver) Unterschiedsbetrag, da die Beteiligung zum Börsenwert bilanziert ist, das Eigenkapital jedoch zum Nennwert. Da dieser Unterschiedsbetrag durch ev. stille Reserven bei dem Tochterunternehmen bedingt sein können, müssen diese in der Konzernbilanz aufgedeckt werden. Der Rest des Unterschiedsbetrages wird als Geschäfts- oder Firmenwert bilanziert. Wenn die Beteiligung am Tochterunternehmen weniger als 100 % beträgt, so werden dennoch alle Vermögenswerte und Schulden in die Konzernbilanz aufgenommen, es muß jedoch auf der Passivseite ein entsprechender Posten "Anteile im Fremdbesitz" bilanziert werden.

  (2) Schuldenkonsolidierung: Im Falle von Kreditgewährungen zwischen den einbezogenen Unternehmen müssen die entsprechenden Forderungen und Verbindlichkeiten in den Einzelbilanzen gegeneinander aufgerechnet werden.

(3) Zwischengewinn-Eliminierung: Bei Lieferungen und Leistungen von einbezogenen Unternehmen (Zulieferern) sind in den Vorräten des empfangenden Unternehmens(Muttergesellschaft) "Zwischengewinne" enthalten. Da die Vorräte in der Konzernbilanz mit den Konzern-Anschaffungskosten bzw. Konzern-Herstellungskosten zu bewerten sind, müssen die Zwischengewinne in den Vorräten eliminiert werden.

(4) Konsolidierung der Innenumsätze: Auch in der Konzern-Erfolgsrechnung müssen konzerninterne Lieferungen nach der Einheitstheorie herausgerechnet werden, dies geschieht meist durch Aufrechnung der Material-Aufwendungen des Empfängers gegen die entsprechenden Umsatzerlöse des Lieferers aus den Einzelabschlüssen.

(5) Konsolidierung der sonstigen Aufwendungen und Erträge: Auch eventuelle weitere konzerninterne Aufwendungen und Erträge aus den Einzelbilanzen müssen in der Konzernbilanz herausgerechnet werden, was durch Aufrechnung der Aufwendungen beim einen Unternehmen gegen den Ertrag beim anderen Unternehmen leicht möglich ist. (Beispiel: Mutterunternehmen hat Büroetage an Tochterunternehmen vermietet).

- **Konsolidierungskreis**: Grundsätzlich ist genau zu klären, welche Unternehmen in den Konzernabschluß einzubeziehen sind. Prinzipiell als Tochtergesellschaften werden alle Unternehmen betrachtet, bei denen eine Mehrheitsbeteiligung besteht (ab 51 %). Aber nicht alle Tochterunternehmen werden in die Konzernbilanz einbezogen, es gibt bestimmte Konsoliderungswahlrechte und Konsolidierungsverbote (vgl. §§ 294 -296 HGB).

- **Währungsumrechnung**: Bei der Konsolidierung von ausländischen Tocherunternehmen müssen die Einzelbilanzen verschiedener Währungen in die einheitliche Konzernwährung umgerechnet werden. Hierfür gibt es keine Rechtsvorschriften, sondern in Theorie und Praxis sind eine Vielzahl von verschiedenen Verfahren entwickelt worden. Grundsätzlich gibt es die Möglichkeit der Stichtagsverfahren (Umrechnung mit dem Devisenkurs am Bilanzstichtag) oder differenzierte Verfahren (z.B. Bewertung von Anlagegütern mit dem Devisenkurs zum Anschaffungszeitpunkt). Posten der Gewinn- und Verlustrechnung werden häufig mit einem Devisen-Durchschnittskurs bewertet (Durchschnitt von 12 Monatskursen).

- **"Assoziierte Unternehmen":** Unternehmen, an denen keine Mehrheitsbeteiligung, jedoch immerhin eine wesentliche Beteiligung besteht, werden als "Assoziierte Unternehmen" bezeichnet und diese werden "**At Equity**" bilanziert, d.h. die Beteiligung wird nicht konsolidert, jedoch die stillen Reserven werden aufgedeckt (vgl. §§ 311 - 312 HGB).

- **Wiederaufleben von Wahlrechten:** Bei der Aufstellung der Konzernbilanz leben alle Ansatz- und Bewertungswahlrechte wieder auf, unabhängig davon, wie dieses Wahlrecht in den Einzelbilanzen ausgeübt wurde. Das frühere "Maßgeblichkeitsprinzip der Einzelbilanzen für die Konzernbilanz" ist durch die 7. EU-Richtlinie aufgehoben worden.

- Die **Rechtsgrundlagen** für den Konzernabschluß finden sich in den §§ 15 ff. AktG, §§ 290 - 315 HGB bzw. in den §§ 11 ff. PublG (bei Großunternehmen).

8.3 Kapitalflußrechnung (Cash Flow Statement)

Durch das im Jahre 1999 in Kraft getretene KonTraG (Kontroll- und Transparenzgesetz) wurden für bösennotierte Aktiengesellschaften als Ergänzungsrechnungen zum Jahresabschluß die Kapitalflußrechnung sowie die Segmentberichterstattung vorgeschrieben. Diese Ergänzungsrechnungen sind gemäß den internationalen Rechnungslegungsstandards obligatorisch und wurden schon bisher von vielen deutschen Unternehmen auf freiwilliger Basis veröffentlicht. Aufgrund der nun auch bei uns gestiegenen Bedeutung dieser Ergänzungsrechnungen sollen hier kurz entsprechende Grundzüge erläutert werden, hauptsächlich soweit es sich um die Ableitung aus den Werten der Finanzbuchhaltung handelt. Die detaillierten Ausgestaltungsmöglichkeiten dieser Ergänzungsrechnungen werden in der Finanzierungsrechnung dargestellt.

Die Kapitalflußrechnung (International: Cash Flow Statement) hat sich in der Finanzbuchhaltung aus **Bewegungsbilanzen** entwickelt, deren Grundbegriffe nachstehend kurz erläutert werden.

(1) Definition: Die Bewegungsbilanz ist eine Gegenüberstellung von Zugängen und Abgängen der Beständebilanz, wobei diese nach Mittelverwendung und Mittelherkunft in einem bestimmten Zeitraum (Geschäftsjahr) gruppiert worden sind. Die Gegenüberstellung kann in Kontoform erfolgen, meist wird jedoch die modernere Staffelform verwendet.

(2) Daten-Herkunft: Die Bewegungswerte können einerseits aus der Beständebilanz gewonnen werden (Veränderungsbilanz = Veränderungen der Bilanzpositionen gegenüber dem Vorjahr), andererseits können auch Daten aus der Erfolgsrechnung bzw. Kontenumsätze aus der Buchhaltung einbezogen werden.

(3 Grundgleichungen:

- Abkürzungen: A = Aktivposten, P = Passivposten, + = Zunahme, - = Abnahme

- Bilanzgleichung der Beständebilanz: Summe der Aktiva = Summe der Passiva

- daraus folgt: (Summe A+) + (Summe A-) = (Summe P+) + (Summe P-)

- umgeglieder nach Mittelverwendung und Mittelherkunft:

(Summe A+) + (Summe P-) = (Summe P+) + (Summe A-)

Zur Untersuchung der Frage, wieweit durch die Vielzahl von Bewegungen ein finanzieller Überschuß entstand, wurden verschiedene **Cash Flow-Größen** eingeführt, wobei der Cash Flow im operativen Bereich der Unternehmung auch als Umsatzüberschuß bezeichnet wird. Ein erster Überblick über den Zusammenhang von Gewinn- und Verlustrechnung und Cash Flow ist in Abb. 77 dargestellt

Gewinn- und Verlustrechnung
(Kontoform)

	Aufwand	Erträge	
Ausgabe- gleiche Aufwendungen	Material Löhne Steuern usw.	Umsatzerlöse	Einnahme- gleiche Erträge
CASH FLOW	Abschreibungen Rückstell.erhöhungen Bilanzgewinn		
	Summe Aufw. + Gewinn	Summe: Erträge	

Abb. 77: Gewinn- und Verlustrechnung und Cash Flow

Über die Cash Flow -Größen und ihre Ableitung aus der Finanzbuchhaltung sollen hier zumindest gewisse Grundbegriffe in Stichworten aufgeführt werden.

(1) Kurz-Definition (Direkte Ermittlung): "CF = EE - AA"
d.h. Cash Flow (Umsatzüberschuß) = Einnahmegleiche Erträge (z.B. Umsatzerlöse) minus Ausgabegleiche Aufwendungen (z.B. Personalaufwand)

(2) Indirekte Ermittlung: Der Cash Flow im Umsatzbereich kann vereinfacht auch indirekt ermittelt werden, indem die nach obiger Formel verbleibenden nicht-ausgabewirksamen Aufwendungen (z.B. Abschreibungen, Zuführung zu langfristigen Rückstellungen) und der Gewinn zusammengezählt werden.

(3) Der Cash Flow als Ertragsindikator: Der Cash Flow stellt einen hervorragenden Indikator über die Ertragslage der Unternehmung dar, da er den Gewinn und die Abschreibungen umfaßt. Der Gewinn allein kann durch die Abschreibungspolitik gestaltet worden sein, dies kann sich im Cash Flow als Summe nicht auswirken.

(4) Der Cash Flow als Finanzindikator: Der Cash Flow ist ein hervorragender Indikator für die finanzielle Lage der Unternehmung, d.h. über die Finanzkraft der Unternehmung aus der Umsatztätigkeit (die selbsterwirtschafteten Mittel) usw. Die Kennzahl "Fremdkapital dividiert durch jährlichen operativen Cash Flow" zeigt wesentlich besser den Verschuldungsgrad an als die herkömmliche Verschuldungs-Kennzahl "Fremdkapital in % des gesamten Kapitals".

(5) Verwendung des Cash Flow aus dem Umsatzbereich: Der Umsatzüberschuß kann nicht mit der Veränderung des Geldvermögens am Jahresende übereinstimmen, da er für folgende Zwecke während des Jahres verwendet wird:

- Tilgung von Fremdkapital
- Gewinnausschüttungen (Gewinnentnahmen)
- Finanzierung von Investitionen (Innenfinanzierung)

(6) Erweiterungen: Für die Cash Flow-Größen ist eine Vielzahl von Verfeinerungen entwickelt worden: z.B. der bereinigte Cash Flow (Bereinigt um außerordentliche Aufwendungen und Erträge oder der Brutto-Cash Flow (Cash Flow vor Ertragssteuern).

Die Entwicklung des Cash Flow in verschiedenen Bereichen wird durch die **Kapitalflußrechnung (Cash Flow Statement)** dargestellt. Im Folgenden sollen daher stichwortartig die wichtigsten Grundbegriffe der Kapitalflußrechnung dargestellt werden.

(1) Fondsbegriff: Im Zusammenhang mit der Kapitalflußrechnung bedeutet ein Fonds eine Gesamtheit finanzieller Mittel, der sich aus der Addition mehrerer Aktivkonten (z.B. Liquide Mittel und Kurzfristige Forderungen) sowie der Subtraktion bestimmter Passivkonten (z.B. Kurzfristige Verbindlichkeiten) ergibt.

(2) Fondstypen: Zur Analyse der kurzfristigen Finanzlage der Unternehmung wurde eine Vielzahl von Fondstypen entwickelt, z.B. das bald verfügbare Geldvermögen (Liquide Mittel + Kurzfristige Forderungen - Kurzfristige Verbindlichkeiten).

(3) "Grundgleichung": Die im Fonds berücksichtigten Konten stellen die "Fondskonten" dar, alle übrigen Konten stellen die "Nichtfondskonten" dar. Das wichtigste Prinzip der Kapitalflußrechnung stellt die folgende "Grundgleichung" dar:

Summe der Bewegungen der Nichtfondskonten =
Summe der Bewegungen der Fondskonten

D.h. jede Bewegung der Nichtfondskonten wirkt sich letztlich auf das Geldvermögen am Jahresende aus (z.B. Verkauf eines nicht mehr benötigten Anlagegutes)

(4) Für den Aufbau der Erfolgsrechnung wurden verschiedene Modelle entwickelt, wobei die grundsätzliche Einteilung erfolgt in: Umsatzbereich - Investitionsbereich - Finanzbereich - Geldvermögensbereich. Dieser Aufbau soll anhand der nachfolgenden Abbildung überblicksmäßig dargestellt werden:

Beispiel AG	Kapital-Abfluß (Mio EUR)	Kapital-Zufluß (Mio EUR)	Netto-Zufluß/Abfluß (Mio EUR)
Umsatzerlöse		442	
Sonstige Erträge		11	
Materialeinsatz	241		
Sonstige ausgabegl. Aufwend.	187		
Summe Umsatzbereich	428	453	25
Sachanlagen: Zugänge/Abgänge	14	2	
Finanzanlagen: Zugänge/Abg.	9	1	
Summe Investitionsbereich	23	3	-20
"Finanzüberschuß"			5
EK: Dividende/Kapitalerhöhung	14	16	
FK: Tilgung / Neuaufnahmen	1	2	
Summe Kapitalbereich	15	18	3
Rechnungsabgrenzungsposten	1		-1
Veränd. d. kurzfr. Geldverm.			7

Abb. 78: Kapitalflußrechnung (Beispiel)

8.4 Internationale Rechnungslegungs-Standards

Die deutsche und europäische Rechnungslegung befindet sich in einem tiefgreifenden Wandel, der duch zunehmende Orientierung an internationalen Rechnungslegungs-Standards gekennzeichnet ist. Die Börsenzulassung an internationalen Börsen oder auch an dem dynamischen Neuen Markt in Deutschland erfordert die Ausrichtung des Geschäftsberichts und des Jahresabschlusses an international anerkannten Standards, und hier stehen sich die für die US-Börsenzulassung erforderlichen "US-GAAP" und die vom IASC in London verabschiedeten "IAS" gegenüber. Eine Reihe führender deutscher Unternehmen hat sich ausgehend vom **Wallstreet-Listing** bei Daimler-Benz 1993 an den dortigen US-GAAP ausgerichtet, und zwar zunächst durch Überleitungsrechnungen von der HGB-Konzernbilanz zur US-konformen Konzernbilanz (Reconciliation). Eine Reihe anderer Unternehmen, z.B. Hoechst / Frankfurt hat sich an den weltweit anerkannten IAS-Standards ausgerichtet. Das Comparability-Project der Welt-Börsenzulassungsorganisaton IOSCO (International Organisation of Security Exchange Commissions) hat geplant, die IAS-Standard auf ihre Kompatibilität mit den US-GAAP zu untersuchen und gegebenenfalls anzupassen, sodaß ein Jahresabschluß nach IAS auch zur Börsenzulassung in den USA berechtigen könnte.("endorsement"). Ein erfolgreicher Abschluß dieses Projekts ist allerdings noch nicht in Sicht. Somit bleibt für die deutschen Großunternehmen (Global Players) und ihre Tochtergesellschaften derzeit die "Qual der Wahl" zwischen IAS und US-GAAP (Vgl. nachstehende Abbildung).

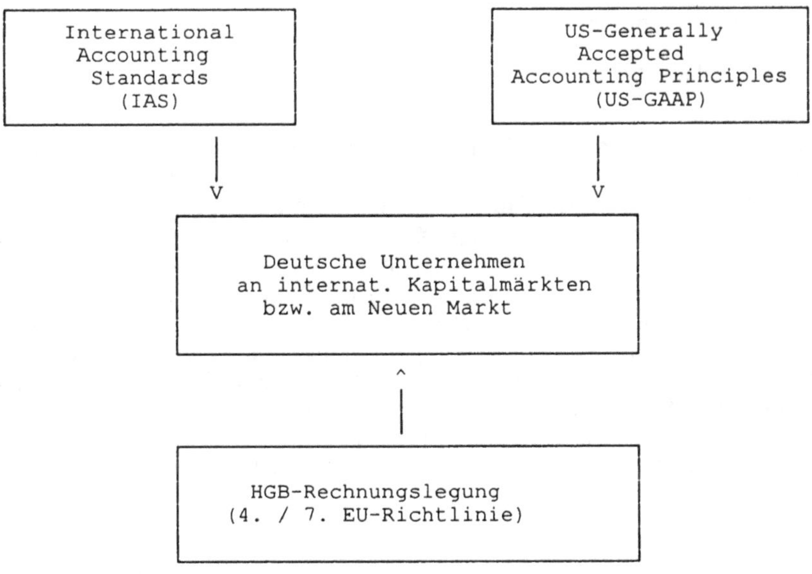

Abb. 79: Internationale Rechnungslegungs-Systeme

Einigkeit besteht darüber, daß die deutschen HGB-Regelungen für die globalen Unternehmen nicht mehr ausreichend sind und erste rechtliche Regelungen sind geschaffen worden. So hat das "**Kapitalaufnahme-Erleichterungsgesetz**" das HGB dahingehend geändert, daß im Falle der internationalen Börsennotierung ein Konzern-Jahresabschluß nach anerkannten internationalen Standards (IAS oder US-GAAP) eine Befreiung vom HGB-Konzernabschluß ermöglicht. Auch wurden im Rahmen des KonTraG (Kontroll- und Transparenz-Gesetz) bereits eine Reihe von Erweiterungen in das HGB eingearbeitet, die den internationalen Standards entsprechen, z.B. die Kapitalflußrechnung sowie Segmentberichterstattung oder ein ausführlicherer Bestätigungsvermerk des Wirtschaftsprüfers nach internationalem Muster. Die EU hat ihre Richtlinien-Arbeiten eingestellt und empfiehlt den Unternehmen, sich an den IAS zu orientieren. Weitergehende Änderungen werden bereits diskutiert, so z.B. wird die Abschaffung des Maßgeblichkeitsprinzips der Handelsbilanz für die Steuerbilanz gefordert, um den Einfluß des Steuerrechts auf die deutsche Bilanzierung zu reduzieren.

Ein bedeutender Schritt zur "Internationalisierung" der deutschen Rechnungslegung bedeutet die vor kurzem erfolgte Gründung des **DRSC** / GASC (Deutsches Rechnungslegungs-Standardisierungs-Commitee / German Accounting Standards Comitee). Dieses privaten Gremiums soll die zentralen Aufgaben erfüllen, die der Gesetzgeber in § 342 eingeführt hat, nämlich die "Entwicklung von Empfehlungen zur Anwendung der Grundsätze über die Konzernrechnungslegung". Zu diesem Zweck sind vom DRSC eine Reihe von Standards zu den wichtigsten Themen der Rechnungslegung in Entwicklung. Die ersten Entwürfe für Deutsche Rechnungslegungs Standards (DRS) lauten:

- DRS1: Der befreiende Konzernabschluß gemäß § 292 a HGB
- DRS2: Kapitalflußrechnung

Bei einem Börsengang in den USA müssen die deutschen Unternehmen der US-Börsenaufsichtsbehörde SEC (Security Exchange Commission) einen Geschäftsbericht mit Jahresabschluß nach dem US-Amerikanischen Formblatt "Form 20-F" und nach den US-GAAP vorlegen. Ein Blick auf die Geschäftsberichte von DaimlerChrysler zeigt, daß diese bereits weitestgehend mit dem entsprechenden Annual Report nach "Form 20-F" übereinstimmen. Beim Wallstreet-Listing von Daimler-Benz 1993 erfolgte erstmals eine Umstellung auf die Bilanzierungsmethoden nach US-GAAP. Dabei wurde in demselben Geschäftsjahr nach HGB-Rechnungslegung ein Jahresüberschuß von 615 Mio DM ausgewiesen, nach US-GAAP jedoch ein Verlust von 1,8 Mrd. DM. Dies zeigt die enormen Unterschiede und Auswirkungen der verschiedenen Rechnungslegungs-Systeme. Im Daimler-Benz Geschäftsbericht sowie im Annual Report von 1993 sind auch erstmals die wesentlichsten, nachstehenden **Bilanzierungsunterschiede** ersichtlich.

(1) Bilanzierung derivativer Finanzinstrumente (Optionen, Terminkontrakte und Swaps)
- Die Bilanzierung in den USA erfolgt nach dem US-Standard SFAS Nr. 105, in Deutschland keine gesetzlichen Regelungen

(2) Rückstellungen:
- Diese können in den USA bei weitem nicht in dem Umfange wie bei uns gebildet werden

(3) Langfristige Auftragsfertigung (Construction Contracts):
- Hier wird bei uns die Completed Contract-Methode verwendet, in USA die Percentage of Completion-Methode

(4) Goodwill und Beteiligungserwerbe:
- In Deutschland kann der Goodwill (Geschäfts- oder Firmenwert) aktiviert werden oder (häufiger) mit dem Eigenkapital verrechnet werden. In den USA ist nur die Aktivierung und nachfolgende Abschreibung zulässig.

(5) Veräußerung von Beteiligungen:
- In Deutschland Bilanzierung in der Periode des Vertragsabschlusses, in den USA Bilanzierung erst nach Austausch von Leistung und Gegenleistung

(6) Pensionsrückstellungen:
- In Deutschland meist Bildung von Pensionsrückstellungen im eigenen Hause bzw. in Form von Hauseigenen Pensionskassen. In den USA werden die Betriebsrenten durch Zuweisungen an große, externe Pension Funds abgesichert. Dabei werden in den USA auch die zukünftigen Rentensteigerungen sowie der zukünftig erwartete Kapitalmarktzins berücksichtigt. Durch die Bildung von "Altersvorsorge-Sondervermögen" (AS-Fonds) wurde nun auch in Deutschland eine Art von Pensionsfonds nach amerikanischem Muster zugelassen.

(7) Währungsumrechnung und Devisentermingeschäfte:
- Noch nicht realisierte Währungsumrechnungsgewinne sind nach US-GAAP als Ertrag zu berücksichtigen, nach dem deutschen Imparitätsprinzip ist dies nicht zulässig.

(8) Weitere Bewertungsunterschiede:
- z.B. bei der Bilanzierung von Leasing-Gütern beim Leasinggeber oder Leasingnehmer, bei der Bilanzierung der Minderheitenanteile (Eigenkapital oder Fremd kapital?) oder bei der Bewertung von Vorräten (Unterschiedliche Sammelbewertungsverfahren).

(9) Latente Steuern in der Konzernbilanz:
-Diese Steuerabgenzung ist in Deutschland nur bei Konsolidierungsmaßnahmen vor geschrieben, in den USA auch bei sämtlichen Bewertungsmaßnahmen. Durch das in Deutschland stark ausgeprägte Maßgeblichkeitsprinzip sind Handelsbilanz und Steuerbilanz einheitlicher, international wird dieses Prinzip kaum beachtet.

(10) Obligatorische Bestandteile des Konzernabschlusses bzw. Geschäftsberichts:
- z.B. Kapitalflußrechnung, Segmentreports, Eigenkapitalentwicklung, ausführlichere Angaben in den Notes (Anhang)

8.5 Bilanzanalyse

Die **Bilanzanalyse** umfaßt eine Reihe von Rechenmethoden, um durch Aufbereitung, Umgruppierung und Weiterverrechnen der Zahlen des Jahresabschlusses in Verbindung mit weiteren Informationen aussagefähige und möglichst verdichtete Informationen über die Finanzlage und Ertragslage zu gewinnen. Für die externen Bilanzleser sollen durch derartige Informationen Entscheidungsgrundlagen bereitgestellt werden, z.B. zum Kauf oder Halten der betreffenden Aktie (Fundamentalanalyse im Rahmen der Wertpapier-analyse) oder zur Vergabe von Krediten an die betreffende Unternehmung (Kreditwürdigkeitsprüfung). Für die Betriebsinternen Bilanzleser (Führungskräfte) ermittelt die Bilanz wichtige "Steuerungsgrößen" im Rahmen des Controlling, z.B. den "Operating Profit" nach US-GAAP oder davon abgeleitete Kennzahlen wie "Return on Net Asset Value" (DaimlerChrysler Geschäftsbericht 1998). Im einzelnen wurden eine Vielzahl von Kennzahlen (meist Prozentzahlen) entwickelt und diese können dann anschließend zu bestimmten Kennzahlen-Systemen zusammengefaßt werden. Ein altbekanntes Beispiel hierfür ist die sog. Dupont-Pyramide, eine Kennzahlenhierarchie mit der Spitzengröße: Return-On-Investment (Gewinn bezogen auf Investiertes Kapital in %). Um ein Urteil über die positive oder negative Entwicklung der bilanzierenden Unternehmung abzugeben, ist es notwendig Vergleichsdaten heranzuziehen ("Benchmark"). Ein erster Überblick über die verschiedenen Auswertungsmöglichkeiten im Rahmen der Bilanzanalyse ist aus der die Abbildung-Nr. 80 ersichtlich.

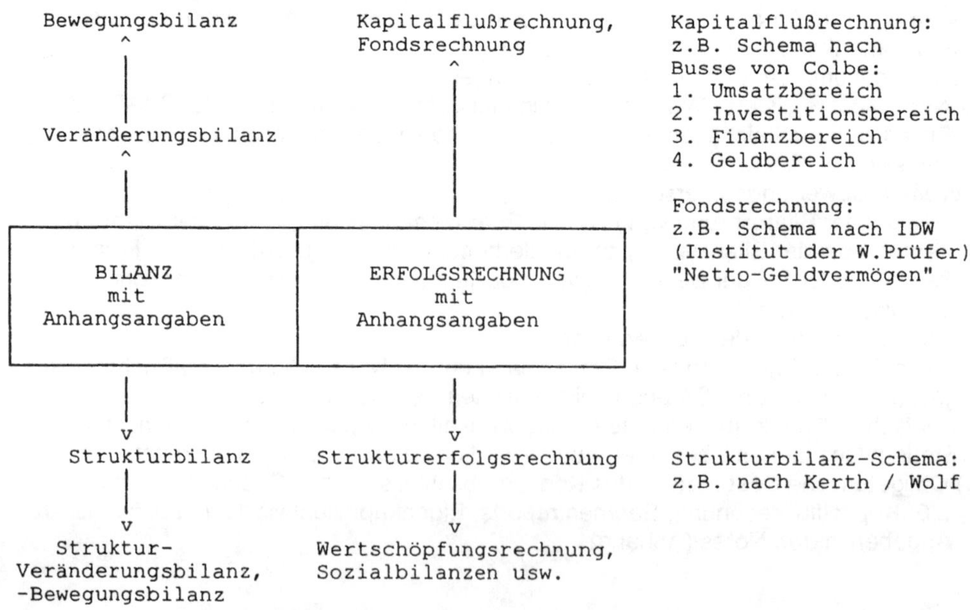

Schema in Anlehung an Rehkugler 1996, S. 14

Abb. 80: Auswertungsrichtungen der Bilanzanalyse

Die grundsätzlichen Möglichkeiten der Bilanzanalyse sollen nun durch die nachstehende Aufstellung kurz dargestellt werden.

- Ausgangsbilanz:
  - Handelsbilanz oder Steuerbilanz?
  - Testierte oder untestierte Bilanz ? (Testat = Bestätigungsvermerk des Wirtschaftsprüfers)
- Standpunkt des Bilanzempfängers: Externe - Interne Bilanzanalyse
- Bilanzvergleichs-Arten:
  - Zeitvergleich (Vorjahre) oder Zwischenbetrieblicher Vergleich (Branchen-Kennzah len, Betriebsvergleiche von Verbänden)
- Kennzahlen-Arten:
  - Gliederungszahlen (Struktur von einzelnen Zahlngruppen, z.B. der Aktivposten)
  - Beziehungszahlen (Beziehungen zwischen Zahlen verschiedener Gruppen
  - Indexzahlen (Zeitliche Entwicklung komplexer Zahlen, z.B. Preisentwicklung)
- Bilanzaufbereitung
  - z.B. Gliederung der Passiva nach Eigenkapital / Fremdkapital; Aufteilung von Bilanz positionen, z.B. der Rückstellungen nach Fristigkeit; Umsetzung von Bilanzpositionen, z.B. der aktiven Rechnungsabgrenzung zu den kurzfristigen Forderungen usw.
- Technische Hilfsmittel: Neben den manuellen Auswertungsmethoden werden heute zunehmend EDV-gestützte Verfahren der Bilanzanalyse verwendet, angefangen von Software zu Tabellenkalkulation und Geschäftsgrafik (EXCEL) bis zu der Vielzahl von spezieller Software zur Bilanzanalyse (z.B. BILANA von Prof. Rehkugler) oder die DATEV-Software (z.B. MIDIAS = Management Informations- und Diagnose-System). Zunehmend verbreitet werden auch neuere Verfahren, wie z.B. Expertensyteme zur Bilanzanalyse (BILEX / DATEV), NLP-Modelle zur Bilanzanalyse (Neuronale Programmierung) oder Diskriminanz-Modelle (Insolvenzprognose-Software der VereinsbankHypobank).

Eines der modernstenen Verfahren der Praxis stellt die jährliche Bilanzanalyse der Top 200 in Deutschland dar, veröffentlicht von der Zeitschrift Capital und ermittelt durch den führenden Bilanzprofessor Küting aus Saarbrücken (Saarbrückener Modell). Die einzelnen Analysewerte werden durch ein Punktesystem zusammengefaßt, sodaß sich insgesamt ein "Ranking" der Top 200 ergibt. Die Bilanzanalyse wird bei diesem Verfahren in die nachfolgenden drei Hauptbereiche gegliedert (Vgl. Capital Nr. 10/96, S. 61 ff.)

(1) Quantitative Bilanzanalyse (Ertragsstärke)
Hier werden aufgrund eindeutiger Definitionen und entsprechender Bilanzaufbereitungen folgende 4 Kennzahlen ermittelt:
- EQ = Eigenkapitalquote (Eigenkapital zu Gesamtkapital in %)
- ROI = Return On Investment
- CFU = Cash Flow Umsatz-Relation
- CFK = Cash Flow Gesamtkapital-Relation

(2) Qualitative Bilanzanalyse
- Beurteilung der Qualität der Bilanzzahlen, d.h. inwieweit diese durch die Bilanzpolitik beeinflußt worden sind, dabei werden nachstehende Arten des Bilanzierungsverhaltens gegenübergestellt:
- Normbilanz = Bilanzierungsverhalten von 75 % der untersuchten Unternehmen
- Konservative Bilanzierung: Bildung von stillen Reserven
- Progressive Bilanzierung: Möglichst positiver Gewinnausweis nach internationalen Standards

(3) Berichterstattung
- Hierbei wird die Offenlegungspolitik der Unternehmung im allgemeinen untersucht:
- Ergänzungsrechnungen: Kapitalflußrechnung / Segmentberichterstattung usw.
- Ausführlichkeit der Angaben im Anhang, z.b. über Bewertungsmethoden usw.
- Ausführlichkeit des Lageberichts, z.B. Angaben zur Branchenentwicklung
- Präsentation: Übersichtlichkeit, Verständlichkeit, Optische Präsentation.

In den darauffolgenden Jahren wurde das Capital-Ranking der Top 200 erweitert durch die neuesten Steuerungsgrößen (Kennzahlen) nach dem US-amerikanischen Modell von Stern/Stewart, z.B. durch EVA (Economic Value Added) und MVA (Market Value Added).

8.6 Bilanzpolitik

Als Abschluß der Ergänzungen zum Jahresabschluß sollen hier noch kurz die Möglichkeiten der Bilanzpolitik angesprochen werden. Unter Bilanzpolitik wird üblicherweise die Gestaltung des Jahresabschlusses und des ausgewiesenen Gewinnes im Hinblick auf die Unternehmensziele betrachtet, was insbesondere durch die zweckmäßige Ausübung der gesetzlichen Ansatz- und Bewertungs-Wahlmöglichkeiten möglich ist. Die Unternehmensziele sind dabei unterschiedlich: Auf der einen Seite erfolgt die Bilanzpolitik bei mittelständischen Unternehmen meist im Hinblick auf eine Steuerminimierung, d.h. Ausweis möglichst niedriger Werte. Auf der anderen Seite sind die Großunternehmen (Global Players) im Zeichen des "Shareholder-Value" und der "Investor Relations" daran interessiert, möglichst positive und hohe Werte zu bilanzieren. In einer umfangreichen Untersuchung bei den führenden deutschen Aktiengesellschaften (Top 200) hat die Zeitschrift Capital bzw. der Leiter der Untersuchung, Prof. Dr. Küting, die Hauptinstrumente der Bilanzpolitilk aufgelistet (Vgl. Capital Nr. 10/1996, S. 40). Ein Auszug dieser Instrumente ist im Folgenden aufgeführt, jeweils mit Angabe der Gewinnwirksamkeit (Höhere Gewinne durch jeweils gegenteilige Bewertung).

(1) Aufwendungen für die Ingangsetzung und Erweiterung des Geschäftsbetriebes
- Niedrigere Gewinne durch Nicht-Aktivierung

(2) Geschäfts- oder Firmenwert bei Beteiligungserwerb
- Niedrigere Gewinne durch Verbuchung als Aufwand

(3) Herstellungskosten:
- Niedrigere Gewinne durch Teilkosten-Bewertung (d.h. Nicht-Einbeziehung von Verwaltungskosten und Gemeinkosten)

(4) Abschreibung bei beweglichen Anlagegütern
- Niedrigere Gewinne durch kürzere Abscheibungsdauer, durch Anwendung der degressiven Abschreibung, durch Anwendung der Halbjahresregel

(5) Geringwertige Wirtschaftsgüter:
- Niedrigere Gewinn durch Sofortabschreibung

(6) Langfristige Fertigung
- Niedrigere Gewinne durch möglichst späten Gewinnausweis (Completed Contract-Method)

(7) Pensions-Rückstellungen
- Niedrigere Gewinne durch möglichst hohe Rückstellungs-Zuführungen bei Pensionsrückstellungen

(8) Pensions-Rückstellungen / Zinssatz
- Niedrigere Gewinne durch möglichst niedrigen Zinssatz (bei niedrigem Zinssatz sind höhere Rückstellungen und höhere Zuführungen bzw. Aufwand erforderlich

(9) Sammelbewertungs-Verfahren (z.B. Lifo-Verfahren)
- Niedrigere Gewinne durch zweckmäßiges Verfahren je nach Preisentwicklung

(10) Aufwands-Rückstellungen
- Niedrigere Gewinne durch Bildung von Aufwands-Rückstellungen

(11) Steuerliche Sonderabschreibungen
- Niedrigere Gewinne durch Inanspruchnahme von steuerlichen Sonderabschreibungen

9. RECHNUNGSWESEN UND EUROPÄISCHE UNION

9.1 Rechnungswesen und Europäischer Binnenmarkt

Durch die Einführung des Europäischen Binnenmarkts sind umfangreiche Rechtsänderungen (insbesondere beim Umsatzsteuer-Gesetz) eingetreten, die einen erheblichen Mehraufwand bedeuten für Unternehmen mit grenzüberschreitenden Umsätzen. Die materiellen Rechtsänderungen sind dabei für mehrere Jahre als Übergangslösung geregelt. Für diese Übergangszeit ist die **Steuerpflicht der Umsätze** als ein "Misch-System" gestaltet:

- Umsätze von inländischen Unternehmen mit Unternehmen aus Drittländern werden wie bisher besteuert (Bestimmungslandprinzip)
- Für Umsätze zwischen Unternehmen verschiedener Mitgliedsländer (innergemeinschaftliche Umsätze) gilt übergangsweise das Bestimmungslandprinzip, d.h. die "Ausfuhr" in Mitgliedsländer ist umsatzsteuerfrei, bei der "Einfuhr" wird die Umsatzsteuer als "Erwerbsteuer" erhoben.
- Nichtkommerzielle Umsätze (z.B. im Reiseverkehr) werden bereits nach dem zukünftigen Ursprungsland-Prinzip besteuert, d.h. die Umsatzsteuer ist im Einkaufsland zu entrichten.

Eine detaillierte Übersicht über die innergemeinschaftlichen Umsätze ist in Abb. 81 dargestellt. Die nunmehr komplizierte Differenzierung der Umsatzarten hat zu wesentlichen **Erweiterungen der Kontenrahmen** bzw. Kontenpläne geführt. Beim neuen IKR (SKR 50) ab 1993 sind entsprechende Änderungen erfolgt insbes. in den Vorsteuer-Konten (Konten 260/261), in den Umsatzsteuer-Konten (Konten 480/481), in den Umsatz-Konten (Kontengruppen 50/51) sowie in den Materialkonten (Kontengruppen 60/61).

Erheblicher Mehraufwand für die Unternehmen hat sich auch durch das **innergemeinschaftliche Kontrollverfahren** ergeben. Bei diesem Verfahren sind alle Unternehmen mit innergemeinschaftlichen Umsätzen zur quartalsweisen Abgabe der sog. "Zusammenfassenden Meldung" (ZM) verpflichtet. In der ZM müssen insbesondere alle steuerfreien innergemeinschaftlichen "Exporte" gemeldet werden, jeweils mit Angabe des Bestimmungslandes sowie einer eindeutigen Umsatzsteuer-Identifikations-Nr. (UIN) des Empfängers. Der innergemeinschaftliche Import ist dagegen hier nicht meldepflichtig. Jedes Unternehmen mit innergemeinschaftlichen Umsätzen muß sich um eine solche UIN bemühen, die in den Briefköpfen sowie bei allen innergemeinschaftlichen Umsätzen festzuhalten ist. In Deutschland wird die 11-stellige UIN (beginnend mit DE...) vom Bundesamt für Finanzen, Saarlouis, vergeben.

Komplizierte Sonderregelungen gelten für den Versandhandel, für aktive / passive Lohnveredelung, für das "Verbringen" in andere Mitgliedsländer, für Speditionen mit Transporten in andere Mitgliedsländer sowie beim Erwerb neuer Fahrzeuge aus anderen Mitgliedsländern. Die dargestellten Regelungen bedeuten letztlich, daß die durch den Binnenmarkt wegfallenden Arbeiten der Zollstellen an den Grenzen auf die Buchhaltungen der Unternehmen verlagert wurden.

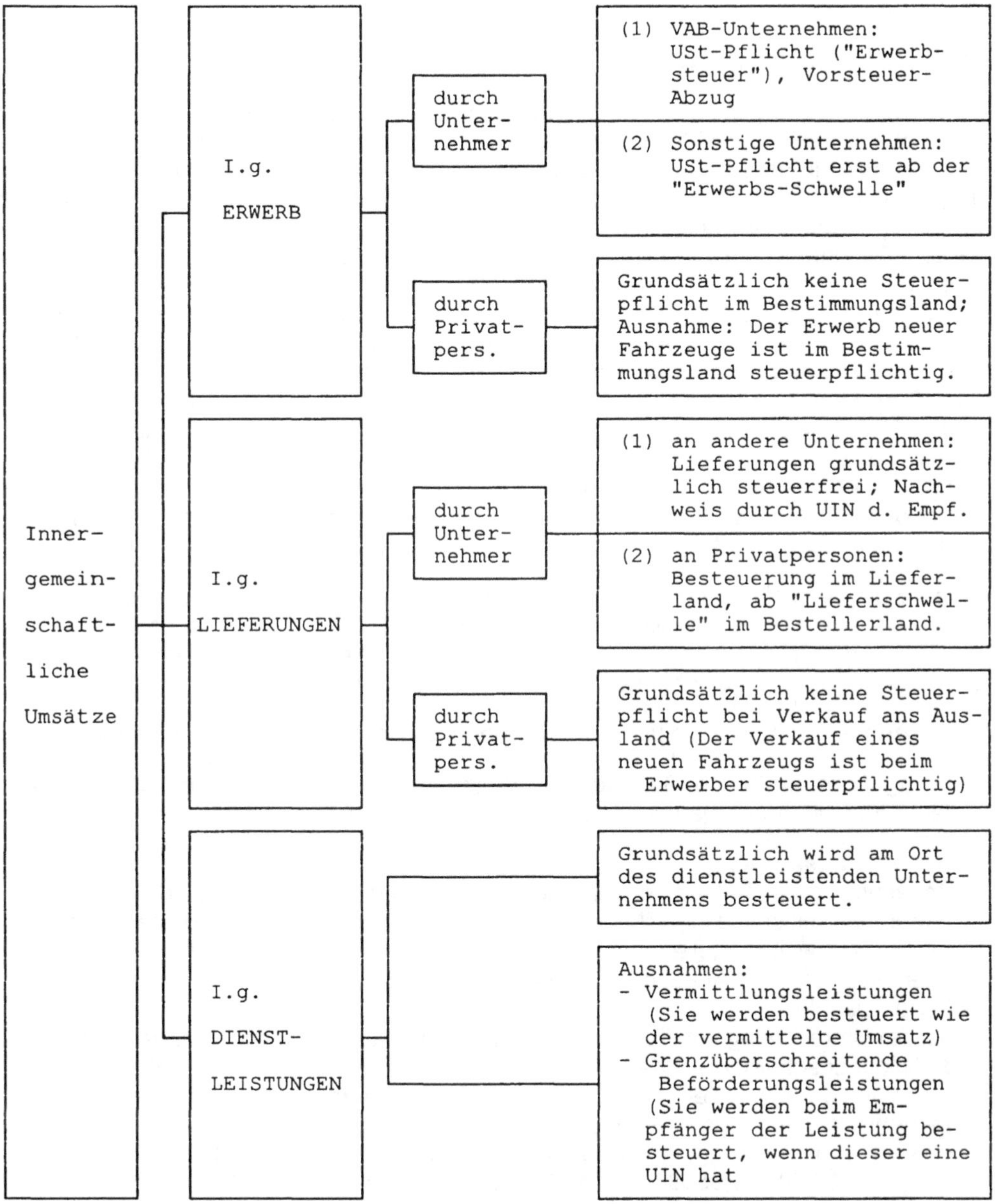

Abkürzungen: VAB = Vorsteuer-Abzugs-Berechtigte Unternehmen
UIN = Umsatzsteuer-Identifikations-Nummer
I.g. = Innergemeinschaftlich

Abb. 81: Innergemeinschaftliche Umsätze

9.2 Die Euro-Umstellung im Rechnungswesen

9.2.1 Rechtsvorschriften zur Euro-Einführung

Die Vervollständigung der EWWU (Europäische Wirtschafts- und Währungsunion) ist für die europäischen Volkswirtschaften von größter Bedeutung im globalen Wettbewerb zwischen den führenden Wirtschaftsräumen: Europa - USA - Südostasien. Auch für die europäischen Unternehmen haben sich daraus gravierende Auswirkungen ergeben, nach der Einführung des Binnenmarktes ist nun die Umstellung auf den Euro zu bewältigen. Die Euro-Einführung ergibt für die Unternehmen einerseits Vorteile, z.B. bei Exportorientierten Unternehmen der Wegfall von Währungsumrechnungen und Währungsrisiken, andererseits sind erhebliche Umstelllungsarbeiten im Rechnungswesen zu leisten, was vor allem die mittelständischen Unternehmen belastet. Von besonderer Bedeutung ist dabei die **Übergangsphase** zwischen dem 01.01.1999 bis zum 01.01.2002 (siehe Abbildung: Euro-Fahrplan). Innerhalb dieses Zeitraums, d.h. in den Geschäftsjahren 1999, 2000 und 2001, steht es den Unternehmen frei, wann sie die Euroumstellung in Buchführung und Bilanzierung durchführen. Die Großunternehmen und deren Zulieferer haben bereits frühestmöglich, d.h. ab dem 01.01.1999 auf den Euro umgestellt (Vgl. Jahresabschluß der DaimlerChrysler AG, bei den mittelständischen Unternehmen ist die Umstellung meist erst später geplant).

Für die Euro-Umstellung der Unternehmen liegen bereits detaillierte Rechtsvorschriften vor, insbesondere in den beiden Euro-Verordnungen I und II sowie in der Neufassung des HGB und dem dazugehörigen Einführungsgesetz. Die wichtigsten Umrechnungsvorschriften sind in der nachstehenden Aufstellung aufgeführt.

- **Währungseinheiten**: Euro und Cent, Festlegung der Euro-Banknoten und -Münzen
- **Vertragskontinuität**: DM-Beträge in Verträgen werden als Bezugnahme auf den Euro interpretiert, alle Verträge und Verordnungen behalten ihre Gültigkeit
- **Umrechnungskurse**:
  - Umrechnung von Teilnehmerwährungen in Euro und umgekehrt nach den offiziellen "Eurorates" mit sechs signifikanten Stellen; Kaufmännische Rundung des Ergebnisses bei der zweiten Stelle nach dem Komma; die offiziellen Euro-Rates können jederzeit im Internet-Angebot der EU abgerufen werden.
  - "Euro-Triangle"
    Bei der Umrechnung von Teilnehmerwährungen in andere Teilnehmerwährungen darf nicht direkt umgerechnet werden (Verbot von Cross-Rates). Vielmehr muß zuerst von der einen Teilnehmerwährung in Euro und dann von Euro in die andere Teilnehmerwährung umgerechnet werden.
  - Beispiel: Umrechnung von 100 DM in Euro: (1 EUR = 1,95583 DM)
    100 DM : 1,95583 = 51,129... EUR; gerundet: 51,13 EUR

Frühj. 1998	- Entscheidung über den Teilnehmerkreis (Konvergenzkriterien) - Errichtung der Europäischen Zentralbank (EZB)
01.01.1999	- Beginn der 3. Stufe der EWWU - Unwiderrufliche Festlegung der "Euro-Rates" (Kurse der Teilnehmerwährungen zum Euro) - Einführung des Euro als eigenständige Währung, die Teilnehmerwährungen werden Untereinheiten - BUCHGELD: Euro oder Teilnehmerwährungen - BARGELD: Teilnehmerwährungen - Börsennotierungen in Euro ab 04.01.1999
01.01.2002	- BARGELD: Ausgabe von Euro-Banknoten und -Münzen - Doppelwährungsphase: Buchgeld und Bargeld in Euro und Teilnehmerwährungen - Umstellungsphase im Einzelhandel(bis 01.03.2002)
01.07.2002 (spätestens)	- Euro ist alleiniges Zahlungsmittel - Teilnehmerwährungen werden weiterhin problemlos in Euro umgetauscht

----

Tabelle in Anlehnung an: VDMA 1996, S. 9

Abb. 82: Euro-Zeitplan

9.2.2 Euro-Umstellung im Unternehmen

Zur Euro-Umstellung in einem Unternehmen sind eine Vielzahl von Vorüberlegungen erforderlich. So z.B. ist ein entsprechendes Projektmanagement zu installieren mit einem entsprechenden Projektteam, Ist-Analyse, Zeit- und Maßnahmenplan usw. Vor allem sollte das Unternehmen frühzeitig seine "Euro-Strategie" festlegen mit folgenden Überlegungen: Umstelllung der Hauswährung in welchem Geschäftsjahr? Umstellung im Unternehmen bzw. Rechnungswesen stufenweise oder zu einem einzigen Zeitpunkt (Big-Bang-Strategie)? Die wichtigsten Umstellungsarbeiten in den betrieblichen **Teilbereichen** sind in der nachstehenden Aufstellung angegeben.

(1) Absatz / Vertrieb
- Verkaufspreise in Euro (Signalpreise z.B. 2,99 DM), Kassenumstellungen

(2) Fertigung
- Ev. Produktvariationen durch den Euro-Einfluß, zunehmender Wettbewerb mit anderen europäischen Herstellung wegen der Preis-Transparenz

(3) Beschaffung / Einkauf
- Abklärung der Euro-Umstellung mit den Lieferanten

(4) Organisation und Personal
- Projektmanagement, Personalschulungen usw.

(5) Investition und Finanzierung
- Zusätzlicher Investitionsbedarf und deren Finanzierung, Umstellungen bei Aktienemissionen, ev. Einführung von Stückaktien, Kapitalveränderungen

(6) Zahlungsverkehr
- Umstellung der Kontowährung bei Kreditinstituten (bereits ab 01.01.1999 bei allen Zahlungsvorgängen wahlweise Euro oder DM möglich,Konvertierung durch die Bank)

(7) Steuern und Abgaben
- Umstellung von Steuererklärungen (Umsatzsteuervoranmeldungen, Lohnsteuerabrechungen, Jahres-Steuererklärung)
- Umstellung bei der Abführung der Sozialversicherungsbeiträge über die AOK usw.

(8) EDV / Software
- Bei selbsterstellter Softtware umfangreiche Anpassungen an die Euro-Währung, bei Standardsoftware (z.B. SAP R/3) Einführung der neuen Euro-Releases

(9) Rechnungswesen (bei vielen Unternehmen am meisten betroffen!)
- Internes Rechnungswesen: Kosten- und Leistungsrechnung, Controlling-Berichte
- Externes Rechnungswesen: Umstellung der Buchhaltung und Bilanzierung

Bei der Euro-Umstellung im externen Rechnungswesen handelt es sich nicht nur um eine lineare Transformation der DM-Zahlen, wie vielfach vermutet wurde. Vielmehr ergeben sich eine Reihe von speziellen Problemen, die in den folgenden Gliederungspunkten näher dargestellt werden. Für die hier zu nennenden Bilanzierungsmethoden sind in den Kontenrahmen ab 1999 folgende **Euro-Konten** neu eingeführt worden (Vergleiche unseren Übungskontenplan gemäß IKR im Anhang).

- Konto-Nr. 0110: Aufwendungen für die Währungsumstellung auf den Euro (Bilanzierungshilfe)
- Konto-Nr. 3520: Sonderposten aus der Währungsumstellung auf den Euro (Euro-Rücklage)
- Konto-Nr. 5455: Erträge aus der Währungsumstellung auf den Euro
- Konto-Nr. 6956: Aufwendungen aus der Währungsumstelllung auf den Euro

9.2.3 Euro-Bilanzen: Rundungsprobleme

Nach der Umstellung der Buchhaltungs-Währung kann die erste Euro-Bilanz der Unternehmung erstellt werden. Dabei handelt es sich nicht um eine "Euro-Eröffnungsbilanz" wie z.B. nach der Währungsreform 1948, d.h. nicht um die zu einem Zeitpunkt obligatorische Erstellung der Bilanz in einer "besseren" Währung. Die **Euro-Umstellungsbilanz** kann innerhalb der Übergangsphase zu einem selbstgewählten Zeitpunkt erstellt werden; auch sind die Teilnehmerwährungen nur Untereinheiten der neuen Obereinheit Euro (keine Einheiten einer wertlosen Währung, die durch eine neue Währung ersetzt werden).

In der Finanzbuchhaltung und bei der Euro-Umstellungsbilanz ergibt sich das bekannte Problem von Rundungen bei Summen aus vielen Einzelposten. Dies wird in dem Beispiel einer Bilanzumstellung in Abb. 83 vereinfacht dargestellt. Es ergibt sich durch die Umrechnungen möglicherweise eine (kleine) Differenz zwischen Aktivsumme und Passivsumme der Bilanz. Zur Währung der Bilanzgleichheit wird daher ein **Ausgleichsposten** auf der Aktiv- oder Passivseite der Bilanz eingestellt. Dieser Ausgleichsposten sollte jedoch ausgebucht werden. Diese Ausbuchung ist einerseits erfolgsneutral möglich, z.B: durch Verrechnung mit dem (variablen) Eigenkapital. Andererseits ist eine erfolgswirksame Verrechnung möglich, d.h. die Ausgleichsdiffferenz wird als außerordentlicher Aufwand bzw. Ertrag in die Erfolgsrechnung übernommen.

A	DM-Schlußbilanz		P
Anlagevermögen	92.796,22	Eigenkapital	38.141,14
Umlaufvermögen	73.725,64	Fremdkapital	128.380,72
Summe	166.521,86	Summe	166.521.86

A	Euro-Umstellungsbilanz		P
Anlagevermögen	47.445,95	Eigenkapital	19.501,26
Umlaufvermögen	37.695,32	Fremdkapital	65.640,02
Ausgleichsposten	0,01	/	
Summe	85.141,28	Summe	85.141.28

Abb. 83: Euro-Umstellungsbilanz (Beispiel mit Ausgleichsposten)

9.2.4 Bilanzierungshilfen für Umstellungskosten

Durch die Euro-Umstellung innerhalb eines Betriebes fällt eine Vielzahl von verschiedenen Kosten an, insbesondere handelt es sich um die nachstehend aufgeführten Kostenarten. Beim Daimler-Benz-Konzern wurden die Kosten für die Euro-Umstellung auf mindestens 100 Mio DM veranschlagt (Quelle: Neff 1997, S. 60).

- Kosten für Softwareanpassungen (Euro-Versionen), ggfs. auch für Hardware-Erweiterungen
- Außerplanmäßige Abschreibungen der überholten Software bzw. Hardware
- Besondere Aufwendungen in der Übergangsphase, z.B. durch doppelte Preisauszeichnung
- Schulungskosten des Personals, Projektierungs- und Beratungskosten
- Kosten für Kundeninformationen usw.

Durch diese erheblichen Beträge ergeben sich mehrere Fragen zur **Bilanzierung der Umstellungskosten**, vor allem mit dem Ziel, die Erfolgsrechnung nicht im Übergangsjahr durch den einmalig erhöhten Aufwand zu stark zu belasten. Als erstes wurde hierbei die Aktivierung der Umstellungskosten und Abschreibung auf mehrere Geschäftsjahre diskutiert. Diese Möglichkeit ist jedoch nur bei Einhaltung der Aktivierungsvorschriften zulässig (z.B. Erwerb selbständig aktivierbarer Wirtschaftsgüter). Eine weitere Möglichkeit bestände darin, in den Jahren vor der Umstellung Rückstellungen für die Umstellungskosten zu bilden. Diese Möglichkeit dürfte jedoch handelsrechtlich und steuerrechtlich vor dem 01.01.2002 kaum zulässig sein, da in der Übergangsphase noch keine Verpflichtung zur Währungsumstellung besteht. Daher müssen die Umstellungsaufwendungen in vielen Fällen doch als laufender Aufwand verbucht werden.

Um jedoch dem Wunsch der Wirtschaft nach einer Verteilung der Umstellungskosten entgegenzukommen, wurde eine **Bilanzierungshilfe für Umstellungskosten** gem. Art. 44 des Einführungsgesetzes zum neuen HGB geschaffen. Danach können bestimmte Umstellungs-Aufwendungen (soweit es sich um selbstgeschaffene immaterielle Wirtschaftsgüter handelt) in der Bilanz aktiviert werden. Die aktivierten Beträge müssen dann jährlich mit einem Abschreibungssatz von 25 % abgeschrieben werden.

9.2.5 Die Euro-Rücklage (Währungsumrechnungsgewinne)

Eine besondere Problematik ergibt sich durch die Euro-Umrechnung bei bestehenden Forderungen und Verbindlichkeiten in Währungen anderer Teilnehmerländer. Wenn diese monetären Posten mit den offiziellen Euro-Kursen umgerechnet werden, dann ergibt sich fast immer ein Umrechnungsgewinn oder Umrechnungsverlust. Umrechnungsverluste müssen dann nach dem Niederstwertprinzip sofort ausgewiesen werden. Im Falle von **Umrechnungsgewinnen** ergeben sich jedoch mehrere Fragen. Wenn es sich um noch nicht realisierte Gewinne handelt, können diese nach den üblichen Prinzipien nicht ausgewiesen werden (Imparitätsprinzip). Also ist die Frage nach dem Realisationszeitpunkt zu stellen: Zum Zeitpunkt der Euro-Kursfestsetzung (31.12.998, 01.01.1999) oder zum Zeitpunkt der Bezahlung der Forderung bzw. Verbindlichkeit?. Da die Währungsumrechnungsgewinne auch steuerpflichtige Erträge sind, ist diese Frage von besonderer Bedeutung, Schließlich sollen durch die Euroumrechnung keine neuen Steuerbelastungen für die Wirtschaft entstehen.

Um die diesbezüglichen Forderungen der Wirtschaft zu erfüllen, wurde der (steuerfreie) "Sonderposten aus der Währungsumstellung" gem. Art. 43 des Einführungsgesetzes zum neuen HGB geschaffen, kurz "**Euro-Rücklage**" genannt. Danach sind monetäre Posten in Währungen anderer Teilnehmerländer zum nächsten auf den 31.12.1998 folgenden Bilanzstichtag in Euro umzurechnen. Falls sich dabei Umrechnungserträge ergeben, so dürfen diese auf der Passivseite in den genannten Sonderposten eingestellt werden. Der Sonderposten ist aufzulösen, wenn die betreffenden Forderungen oder Verbindlichkeiten bezahlt werden. Steuerrechtlich entspricht diesem Sonderposten die neu eingeführte Euroumrechnungsrücklage gem. § 6d EStG, in dem betont wird, daß es sich bei dem Sonderposten um eine gewinnmindernde Rücklage handelt, die Gewinnerhöhung tritt erst bei Bezahlung der Forderung oder Verbindlichkeit ein (spätestens nach 5 Jahren).

In dem nachfolgenden Beispiel soll der Fall eines Währungsumrechnungsgewinnes kurz dargestellt werden (Bilanzierung in DM):

- 02.05.1998: Entstehung einer Forderung an Firma in Paris, 100.000 FRF
- 31.12.1998: Bilanzierung dieser Forderung mit <u>27.777,70 DM</u>
  -Kurs: 100 FRF = 27,7777 DM; 100.000 : 100 x 27,7777 = 27.777, 70 DM
- 31.12.1999: Bilanzierung dieser Forderung mit 29.816,43 DM;
  -Kurse: 1 EUR = 6,55957 FFR = 1,95583 DM;
  100.000 FRF : 6,55957 = 15.244,90 EUR;
  15.244,90 EUR x 1,95583 = <u>29.816,43 DM</u>
- Umrechnungsgewinn: 29.816,43 DM - 27.777,70 DM = <u>2.038,73 DM</u>
  (Bilanzierung als Eurorücklage)

9.2.6 Sonstige Umstellungsprobleme (Eigenkapital-Glättung)

Durch die Euro-Umrechnung würden sich beim Eigenkapital von Kapitalgesellschaften und bei den einzelnen Anteilen sehr unschöne "krumme" Beträge ergeben. Deswegen sollte nach Möglichkeit eine **Eigenkapital-Glättung** durchgeführt werden. Dies ist jedoch nicht ohne weiteres möglich, da das Gezeichnete Kapital laut Satzung festgelegt ist und die einzelnen Aktien nur bestimmte Bruchteile des Gezeichneten Kapitals darstellen. Zur Änderung des Kapitals muß eine Satzungsänderung in einer Gesellschafterversammlung mit qualifihzierter Mehrheit durchgeführt werden. Hierbei sind gesetzlich verschiedene Möglichkeiten gegeben, d.h. Kapital-Herabsetzungen oder Kapitalerhöhungen (z.B. aus Gesellschaftsmitteln).

Um diese Prozedur zu vermeiden, haben die meisten großen Aktiengesellschaften in Deutschland die entsprechend der Neufassung des Aktiengesetzes mögliche Umstellung auf **Nennwertlose Aktien** (auch Stückaktien genannt) durchgeführt. Diese Art von Aktien, die in den USA schon längst üblich ist, kann auch als "Quotenaktien" bezeichnet werden, da 1 Stück Aktie eine bestimmte Quote des Gezeichneten Kapitals verkörpert. Auf einen Nennwert kann verzichtet werden, der rechnerische Wert der Aktie ergibt sich jederzeit durch Division des konstanten Aktienkapitals durch die ebenfalls meist konstante Anzahl der Aktien. Dies wird am nachstehenden Beispiel der Bayer AG kurz dargestellt.

- Grundkapital: 3,652 Mrd. DM; 730,3 Millionen Stück Aktien, Nennwert: 5 DM
- Stückaktien: Jede Aktie hat einen Wert von 1/730 Millionstel (Quotenaktien);
    - Rechnerischer Wert je Aktie: 3,652 Mrd. DM : 730,3 Millionen Stück = 5 DM

10. Finanzbuchhaltung mit *Fibu Aachen & Berlin*

10.1 Finanzbuchhaltung mit dem PC

Der rapide Preisverfall bei Computerhardware bei gleichzeitig gestiegener Leistungsfähigkeit hat zu einer starken Zunahme der Verbreitung von Personal Computern geführt. Verbesserte Vernetzungskonzepte von Personal Computern, die den Benutzern die Vorteile von zentralen und dezentralen EDV-Strukturen gleichermaßen eröffnen, haben auf breiter Front eine Ablösung der mittleren EDV nach sich gezogen. Zentralisierte Rechenzentren finden sich zunehmend nur noch in der Großindustrie.

Im Softwarebereich sind ähnliche Tendenzen festzustellen: Bedingt durch größere Absatzzahlen und einen härteren Wettbewerb sind die Preise für Standardsoftware in den vergangenen Jahren stark gesunken. Ein weiterer Preisrückgang ist zu erwarten. Daneben sind die Softwarehersteller bemüht, den Leistungsumfang ihrer Produkte zu erhöhen, die Bedienungsfreundlichkeit der Programme jedoch zu vereinfachen. Ziel war und ist es, die Anwendungssoftware so zu gestalten, daß auch "EDV-Laien" ohne größere Einstiegsbarrieren produktiv arbeiten können. Ein wesentlicher Schritt hin zu verbesserter Ergonomie und damit Nutzerfreundlichkeit sind grafikorientierte Benutzeroberflächen und Betriebssysteme, die dem Nutzer quer durch alle Programme eine einheitliche Bedienungsoberfläche zur Verfügung stellen und ihm so die Möglichkeit eröffnen, neue Programme schnell und "intuitiv" zu nutzen. Durch umfangreiche Hilfsfunktionen, die in den meisten Programmen kontextbezogen bei Bedarf aufgerufen werden können, kann der Bediener eine Vielzahl von auftretenden Fragen und Problemen selber lösen.

Auch in kleineren und mittleren Unternehmen haben Personal Computer verstärkt Einzug gehalten. Es bestehen dabei vielfältige Einsatzmöglichkeiten: Standardanwendungen sind die Rationalisierung des Schriftwechsels und der Texterstellung mit Textverarbeitungsprogrammen, die Kalkulation und Betriebsplanung mittels Tabellenkalkulationsprogrammen oder die Verwaltung und Bearbeitung von Daten mittels Datenbankprogrammen. Neben den Kostenvorteilen, die durch Rationalisierung entstehen, bietet der Einsatz von EDV darüber hinaus Chancen auf neuartige Verfahren, durch die bisherige Verfahrensweisen revolutioniert werden können.

Der Einsatz von EDV zur Rationalisierung der Finanzbuchhaltung ist im Prinzip nichts grundlegend Neues. Allerdings waren in der Vergangenheit für kleinere und mittlere Unternehmen die Möglichkeiten einer eigenen kostengünstigen EDV-Buchhaltung begrenzt. Stattdessen wurde die Buchhaltung ganz oder in Teilen an externe Dienstleister (z.B. Steuerberater und DATEV) übertragen, die gegen Bezahlung das Unternehmen entlasteten. Die oben ausgeführten Entwicklungen machen es aber zwischenzeitlich für viele Unternehmen interessant, die Buchhaltung wieder in das eigene Unternehmen zurückzuholen.

Eine "eigene" EDV-Buchführung bietet dem Unternehmen eine Reihe **wertvoller Vorteile**:

- **Höhere Transparenz und Aktualität:** Der wohl wichtigste Vorteil einer eigenen Buchführung liegt in der Möglichkeit, jederzeit einen aktuellen Überblick über die Liquiditäts- und Erfolgssituation des Unternehmens zu erhalten. So erlauben es die gängigen Buchhaltungsprogramme jederzeit, mit wenig Aufwand eine Gewinn- und Verlustrechnung zu erstellen oder das Betriebsvermögen zu bilanzieren. Der bei der Zusammenarbeit mit externen Dienstleistern zwangsläufig auftretende Zeitverlust entfällt.

- **Datenaustausch und Vernetzung mit anderen Anwendungen:** Durch die Möglichkeit des Datenaustausches zwischen verschiedenen Programmen und EDV-Verfahren im Betrieb lassen sich oftmals arbeitsintensive Doppelarbeiten und -buchungen vermeiden. So können durch eine automatische Übergabe der Daten z.B. aus der Auftragsverwaltung, der Lohnbuchhaltung, der Lagerbuchhaltung und der Produktion in die Finanzbuchhaltung die Fehleranfälligkeit und der Aufwand stark reduziert werden. Gleichzeitig erhöhen sich Aktualität und Güte der betrieblichen Daten und ermöglichen so einen verbesserten Einblick in die wirtschaftliche Situation und damit eine wirksamere Führung des Unternehmens. Natürlich kann der Austausch von Daten auch unternehmensextern nach außen erfolgen; so können etwa die Daten der Finanzbuchhaltung an den Steuerberater überspielt werden.

- **Kosteneinsparungen:** Durch den Verzicht auf die Dienste externer Anbieter lassen sich laufende Kosten senken. Natürlich steht diesen Kostensenkungen Aufwand für die eigene Buchführung gegenüber, der sonst nicht angefallen wäre.

Neben diesen Vorteilen sind jedoch auch einige **Einschränkungen und Risiken** einer eigenen EDV-Buchhaltung zu beachten:

- **Buchhaltungssoftware ersetzt keine fehlenden Buchhaltungskenntnisse:** Zwar lassen sich gewisse Fehler beim Buchen seitens des Programms abfangen, dennoch sind grundlegende Buchhaltungskenntnisse des Bedieners notwendig. Die Buchhaltungssoftware kann zwar die Produktivität einer Buchhaltungsfachkraft stark steigern, aber sie kann Fachwissen nicht ersetzen. Erst recht sind Buchhaltungsprogramme kein Ersatz für das Expertenwissen und den Rat eines Steuerberaters.

- **Die Folgen von Software- und Bedienungsfehlern können erheblich sein:** Die EDV-Buchführung muß natürlich den Grundsätzen ordnungsgemäßer Buchführung genügen. Bei Fehlfunktionen des Programms oder bei fahrlässigen oder gar vorsätzlichen Fehlbedienungen können Datenverluste oder Datenverfälschungen auftreten, die häufig gar nicht oder nur mit großem Aufwand beseitigt werden können.

- **Drohender Verlust von betrieblicher Flexibilität:** Die mit jeder Einführung von EDV-Systemen einhergehende Standardisierung von Verfahren schränkt zu einem Teil die betriebliche Flexibilität ein. Dies ist häufig durchaus erwünscht und nützlich. Allerdings steht das Unternehmen nach der Einführung auch immer in einem gewissen Abhängigkeitsverhältnis von der ausgewählten

Lösung; einmal getroffene Hard- und Softwareentscheidungen lassen sich zu einem späteren Zeitpunkt häufig nur mit größerem Aufwand korrigieren. Insbesondere eine wenig durchdachte und ungeplante Einführung birgt die Gefahr in sich, daß sich auf mittlere Sicht die Software nicht an veränderte betriebliche Verfahren anpassen läßt, sondern sich das Unternehmen vielmehr umgekehrt in nicht gewolltem Ausmaß an seine EDV-Verfahren anpassen muß. Ineffizienzen und Insellösungen sind dabei eine häufige Begleiterscheinung unzureichend geplanter oder schlecht eingeführter EDV-Konzepte: die EDV verursacht hier mehr Aufwand als sie letztlich nützt.

Um die angesprochenen Vorteile auszuschöpfen und die Risiken weitestgehend zu vermeiden, sollte eine einzusetzende Buchhaltungssoftware mindestens folgenden **Anforderungen** genügen:

- **Funktionalität, Zuverlässigkeit und Datenschutz:** Die eingesetzte Software muß den Grundsätzen ordnungsgemäßer Buchführung genügen. Insbesondere sind hohe Anforderungen an den Datenschutz zu stellen. Datenschutz ist dabei in einem doppelten Sinn zu verstehen. Zum einen sollen die Daten vor unberechtigter Manipulation und Einsichtnahme geschützt sein. Zum anderen soll sichergestellt sein, daß Daten nicht unbeabsichtigt durch Fehlbedienungen oder technische Einflüsse zerstört werden können. Da Nutzer kaum eine Möglichkeit haben, die programmiertechnischen Eigenheiten eines Programms zu beurteilen, können ersatzweise ein hoher Verbreitungsgrad sowie laufende Pflege und Weiterentwicklung des Programms durch den Hersteller als Qualitätskriterien dienen. Auch sollten die Anbieter laufende Unterstützung in Form von Service- bzw. Wartungsverträgen anbieten.

- **Flexibilität:** Das eingesetzte Programm soll möglichst weitgehend an betriebliche Eigenheiten und Bedürfnisse anzupassen sein (z.B. an betriebsspezifische Kontenrahmen und Datenstrukturen). Auch die Anpassung an Änderungen im Steuerrecht sollten dem Anwender möglichst leicht gemacht werden (etwa bei Änderungen des Umsatzsteuersatzes). Die Notwendigkeit und Vorteilhaftigkeit des Austausches von Daten zwischen den im Betrieb eingesetzten EDV-Verfahren wurde oben angesprochen. Die Buchhaltungssoftware soll den Austausch von Daten in Standardformaten bzw. in frei definierbaren Formaten unterstützen; "Insellösungen" sind möglichst zu vermeiden. Viele Hersteller bieten Kombinationspakete an, deren einzelne Module bereits aufeinander abgestimmt sind. Aber auch hier soll darauf geachtet werden, daß zusätzlich frei definierbare Schnittstellen vorhanden sind, damit man nicht auf Dauer an einen Hersteller gebunden ist.

- **Benutzerfreundlichkeit:** Es wurde bereits darauf hingewiesen, daß Buchhaltungsprogramme kein buchhalterisches Fachwissen ersetzen können. Auch sollten sie keine zu ausgeprägten EDV-Erfahrungen voraussetzen, um die Nutzer nicht zu verunsichern. Es sind eine Vielzahl Maßnahmen denkbar, um die Benutzung und Bedienung des Programms so einfach und benutzerfreundlich zu gestalten, daß auch Computerlaien bereits nach kürzerer Zeit erfolgreich arbeiten können. Menüsteuerung, Eingabemasken, erläuternde Hinweise, Hilfefunktionen und evtl. mitgelieferte Lernprogramme erleichtern die

Einführung und Einarbeitung der Mitarbeiter enorm und sind daher als Auswahlkriterium keinesfalls zu unterschätzen. Durch Plausibilitätsprüfungen, Auswahlmasken und Warnhinweise kann die Software dazu beitragen, Flüchtigkeitsfehler bei der Dateneingabe und beim Buchen größtenteils "abzufangen".

10.2 Einführung und Organisation einer PC-Buchhaltung

Bevor mit der eigentlichen PC-Buchführung begonnen wird, sind verschiedene vorbereitende Schritte zur Aufbau- und Ablauforganisation der Buchführung notwendig:

- **Definition der Grunddaten:** Um im laufenden Betrieb möglichst wenige Störungen durch Änderungen des Kontenrahmens (Kontenarten und Nummern) zu verursachen, macht es Sinn, bereits vorab einen auf den Betrieb abgestimmten Kontenrahmen zu erarbeiten. Um notwendige nachträgliche Änderungen des Kontenrahmens zu ermöglichen, ohne die Grundstruktur und Übersichtlichkeit aufzugeben, soll Raum (z.B. in Form "freigehaltener" Kontennummern) für spätere Erweiterungen vorgesehen sein.

- **Eindeutige Klärung von Verantwortungsbereichen und Kompetenzen:** In den Fällen, in denen nur eine Person für die Buchhaltung zuständig ist, wird eine detailliertere formalisierte Abgrenzung und Festlegung von Kompetenz- und Verantwortungsbereichen nicht notwendig und sinnvoll sein. Das Risiko von Störungen (z.B. durch fehlende Stellvertretung bei Urlaub und Krankheit) und unerwünschten Fehlentwicklungen (z.B. durch Schlendrian bis hin zum vorsätzlichen Betrug durch Falschbuchungen) bei fehlenden Kontrollen oder Kontrollmöglichkeiten ist in diesen Fällen allerdings recht hoch. In der Praxis ist es nur in Einzelunternehmen oder sehr kleinen Betrieben vorstellbar, daß die Buchhaltung vollständig in einer Hand liegt (z.B. beim Unternehmer oder Geschäftsführer selber). Bei der organisatorischen Ausgestaltung der Finanzbuchhaltung kann grundsätzlich davon ausgegangen werden, daß in diesem Bereich eher weniger Flexibilität und Anpassungsfähigkeit als in anderen betrieblichen Funktionsbereichen notwendig ist. Dagegen sind Zuverlässigkeit, Sicherheit und Effizienz der Finanzbuchhaltung wichtige Ziele der organisatorischen Gestaltung; diese können durch ein hohes Maß an Standardisierung, Formalisierung und Kontrolle erreicht werden können. In mittleren und größeren Unternehmen sollen folgende Fragen geklärt werden, um eine möglichst störungsfreie, effiziente und nachvollziehbare Buchführung zu gewährleisten:

  - Welche Mitarbeiter benötigen und erhalten eine Zugangsberechtigung zum Buchhaltungsprogramm? Welche Berechtigungen sind damit verbunden?

  - Wer ist für Sicherung des Programms und der Daten zuständig?

  - Wie kann nachvollzogen werden, welcher Mitarbeiter welche Eingaben und Buchungen vorgenommen hat?

- Welcher Mitarbeiter ist für welche Buchungen zuständig? Welche Stellvertretungen sind vorgesehen?
- Wann und wie müssen Buchungen vorgenommen werden und wie ist die Ablage der Belege geregelt?
- Welche laufenden Auswertungen (z.B. laufende Berichte für das Management zu Liquidität und Erträgen; Jahresabschluß) und Zahlungen (z.B. monatliche Umsatzsteuervorauszahlungen) müssen ausgeführt werden und wer ist dafür verantwortlich?
- Wie sind die Schnittstellen zu sonstigen betrieblichen Funktionsbereichen geregelt? Wer ist für betriebsexterne Kontakte (z.B. zu Steuerberatern oder Wirtschaftsprüfern) zuständig?
- Wer trägt die Gesamtverantwortung und ist zuständig für die Kontrolle der Buchführungen?

10.3 *Fibu Aachen & Berlin* in der Sharewareversion

Um den Lesern und Leserinnen einen Eindruck von der Leistungsfähigkeit PC-gestützter Buchhaltungssoftware zu vermitteln, liegt diesem Buch eine Diskette mit dem Programm *Fibu Aachen & Berlin* bei. Wir haben dieses vom Ingenieurbüro Dipl.-Ing. Berthold Trenkel entwickelte Programm ausgewählt, weil es als eines der ersten Buchhaltungsprogramme für die benutzerfreundliche Oberfläche Microsoft Windows ausgelegt war und weil es durch seine vielfältigen Optionen den meisten Anforderungen kleiner und mittlerer Unternehmen gerecht wird. *Fibu Aachen & Berlin* wird laufend weiterentwickelt; dem Buch liegt die zum Zeitpunkt der Drucklegung aktuelle Version 7.0 bei.

Bei dem Programm handelt es sich um sogenannte Shareware, d.h. das Programm darf frei kopiert und weitergegeben werden, sofern keinerlei Veränderungen vorgenommen werden. Autoren von Sharewareprogrammen möchten auf diesem Weg zum einen die Kosten eines herkömmlichen Vertriebs sparen und zum anderen potentiellen Interessenten bereits vor dem Kauf die Möglichkeit geben, sich ohne Risiko vom Nutzen und der Leistungsfähigkeit eines Programms zu überzeugen. Der Kunde bezahlt erst dann, wenn er sich nach einer Testphase dazu entschließt, das betreffende Programm dauerhaft nutzen zu wollen und sich registrieren zu lassen. Das Sharewarekonzept kommt den Verbrauchern also sehr weit entgegen und ist auf die Fairneß der Benutzer angewiesen. Allerdings erhalten in aller Regel nur registrierte Nutzer einen besonderen Service, den die Softwareautoren anbieten (z.B. Handbücher, Updates bei Verbesserungen des Programms oder eine Hotline zur Hilfe bei auftretenden Schwierigkeiten). Einige Programme sind in der Sharewareversion etwas eingeschränkt, so daß sie zwar getestet werden können aber für einen dauerhaften Einsatz eine Registrierung unvermeidbar ist. Dies ist auch bei *Fibu Aachen & Berlin* der Fall: Das Programm ist in seinen Funktionen nicht eingeschränkt, allerdings nimmt das Programm nur bis zu 100 Buchungen an. Dies ist jedoch für einen ersten Eindruck und für das Bearbeiten von Buchhaltungsübungen vollkommen ausreichend. Der professionelle Einsatz von *Fibu Aachen & Berlin* erfordert die Registrierung. Der Autor bietet das

Programm in zwei Versionen (Version *Aachen* und eine erweiterte Version *Berlin*) an. Über Preise und Konditionen informiert der Text README (zum Lesen bitte das Icon README in der Programmgruppe *Fibu Aachen & Berlin* anklicken). Registrierte Nutzer erhalten ein Handbuch, das auch die Detailfragen klärt, die in dieser kurzen Einführung nicht behandelt werden können.

10.3.1 Leistungsumfang von *Fibu Aachen & Berlin*

Der Leistungsumfang und die einfache Bedienung erschließen sich am besten bei der Nutzung des Programms. Besonders hervorzuheben sind die vielfältigen Möglichkeiten, den Kontenrahmen sowie die Bilanz- und GuV-Struktur an die Bedürfnisse eines Unternehmens anzupassen sowie die Import- und Exportoptionen des Programms. Buchhaltungs- und EDV-Neulingen kommt die Benutzerfreundlichkeit des Programms sehr entgegen. Im folgenden sind die Eigenschaften und der Leistungsumfang von *Fibu Aachen & Berlin* in Stichpunkten aufgelistet:

- Integrierte Windows-Hilfefunktion über Funktionstaste F1.
- Statuszeile zur Kurzinformation ähnlich Excel und Word für Windows.
- MDI-Fenster für Auswertungen, d.h. mehrere Fenster können gleichzeitig mit unterschiedlichen Auswertungen/Abfragen angezeigt werden.
- Kontextsensitive Hilfsfunktion für viele Eingabe- und Einstellmöglichkeiten, sowie ausführliche Zusatzhinweise bei Fehlermeldungen.
- Frei definierbarer SKR03, IKR und Käfer-Kontenrahmen (Schweiz) für Sachkonten, Debitoren und Kreditoren:
    - 100.000 verschiedene Konten sind möglich.
    - Editiert werden können Kontonummer, Kontobezeichung, Autobuchungstext, Steuerschlüssel, Position in der Bilanz, in der GuV und in der Einnahmenüberschußrechnung.
- Version *Berlin*: Zusätzliche Kontenrahmen SKR04 (GmbH's), SKR81 (Ärzte) und Österreich.
- Beim Buchen wird automatisch der aktuelle Kontostand angezeigt. Außerdem werden Umsatzsteuerbeträge berechnet.
- Buchungen der Debitoren und Kreditoren werden auf den Sammelkonten Forderungen und Verbindlichkeiten zusammengefaßt.
- Splittbuchungen: Buchungen können gleichzeitig auf mehrere Konten verteilt werden. Dabei ist nicht nur ein Soll- oder Haben-Splitt wie bei anderen Programmen möglich, sondern sogar die Form m:n-Splittbuchung.
- Stapelbuchen (Version *Berlin*): Buchungen des Buchungsstapels können gelöscht und geändert werden.

- Import von Buchungen (Version *Berlin*): Damit übernehmen Sie Ihre Ausgangsrechnungen aus der Fakturierung ohne großen Aufwand in die Buchführung. Über den Buchungsimport sind auch periodische Buchungen, die monatlich oder jährlich auftreten, möglich. Der externe Buchungsstapel kann auch mit Excel, Winword oder einem anderen Windowsprogramm erstellt und geändert werden.

- Buchen mit dem Euro. Einstellen eines festen Umrechnungskurses. Umrechnen von Beträgen während des Buchens.

- Die Belegnummer wird automatisch für jedes Buchungsjahr hochgezählt (auch abschaltbar), Datumseingaben werden überprüft.

- Optimierte Datumseingabe beim Buchen: Datum wird automatisch ergänzt. Datum kann ohne Trennzeichen eingegeben werden. Datum kann auch mit Komma als Trennzeichen eingegeben werden.

- Vereinfachte Handhabung beim Buchen: Die Felder können auch mit den Cursortasten, der Tab-Taste und der Eingabe-Taste gewechselt werden.

- Ein frei definierbarer Satz von Steuerschlüsseln mit dazugehörigen Steuerkonten, auf welche die Umsatzsteuerbeträge zu buchen sind, sorgt für größtmögliche Freiheit.

- Für Standardbuchungsfälle findet eine automatische Umsatz- bzw. Vorsteuerbuchung statt. Umsatzsteuerbeträge können manuell vor dem Buchungsvorgang noch geändert werden.

- Selbst die Shareware-Version von *Fibu Aachen & Berlin* ist bereits mandantenfähig, was bei vielen "professionellen" Programmen erst gegen teueres Entgelt möglich wird.

- Jahresabschlußfunktion (Version *Berlin*) zur automatischen Übernahme der Kontensalden, insbesondere Kreditoren und Debitoren, in das nächste Buchungsjahr per Eröffnungsbuchung.

- Das Buchungsjournal, sowie Kontoauszüge für jedes beliebige Konto können auf den Tag genau ausgegeben werden (Start/Enddatum beliebig wählbar). Kontrollzeilen beim Buchungsjournal.

- Kontoauszüge können automatisch für alle bebuchten Konten ausgegeben werden. Saldovorträge werden automatisch berechnet. Inzwischen ist auch die Ausgabe in eine Datei möglich.

- Ausdrucken der Umsatzsteuervoranmeldung auf Finanzamtsformular.

- Zusammenfassende Meldung für das Bundesamt für Finanzen, Saarlouis (Version Berlin)

- Summen + Salden können für alle Konten für jeden Monat, jedes Quartal oder das Buchungsjahr ausgegeben werden. Zusätzliche Kontrollzeilen mit Prüfsummen überwachen die Datenkonsistenz.

- Sämtliche Auswertungen (Journal, Kontoauszug, Kassenbuch, Bilanz, GuV, Einnahmenüberschußrechnung, Summen und Salden, Kontenrahmen etc.) können als eine Datei exportiert werden.
- Die folgenden Abfragen sind vollständig frei definierbar:
  - Bilanz- und Gewinn- und Verlustrechnungspositionen können mit beliebigen Texten belegt werden. Diesen Positionen können die entsprechenden Konten frei zugeordnet werden. Zwischensummen können jederzeit eingefügt werden. All diese Abfragen gibt es selbstverständlich auch wieder für Monat, Quartal und Jahr. Zusätzliche Prüffunktion zur Kontrolle der Abfragen (alle Konten erfaßt etc.).
  - Alternativ ist auch die Einnahmenüberschußrechnung für Monat, Quartal und Jahr frei definierbar.
  - Neu ist die Funktion BWA. Endlich der schnelle Überblick über die betriebswirtschaftliche Situation des eigenen Unternehmens. Version Berlin sogar mit Druck- und Dateiausgabe.
  - Die Druckerschriftart (auch proportional) kann über den Standarddialog von Windows 3.1 ausgewählt werden.

10.3.2 Installation

Fibu Aachen & Berlin benötigt Microsoft Windows 3.1, Windows für Workgroups oder Windows 95 bzw. 98. Zur Installation starten sie das Installationsprogramm vom Programmanager aus über den Menüpunkt `Datei Ausführen` mit `A:SETUP` auf. Den Rest erledigt dann das Installationsprogramm. Sie werden lediglich nach dem Verzeichnis gefragt, in das *Fibu Aachen & Berlin* kopiert werden soll (siehe Abb. 84). Möglicherweise erhalten Sie auch eine Warnmeldung, über notwendige Veränderungen der Datei CONFIG.SYS.

Abb. 84: **Eingabe des Installationspfades für *Fibu Aachen & Berlin***

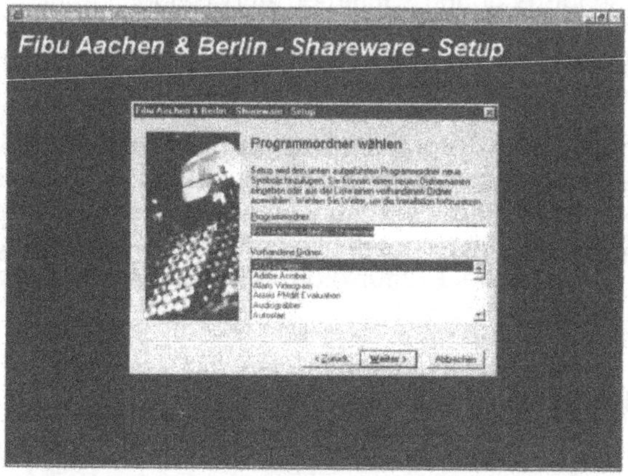

Abb. 85: ***Fibu Aachen & Berlin* während der Installation**

Das Ende der erfolgreichen Installation wird Ihnen angezeigt und die notwendige Programmgruppe ist bereits eingerichtet (vgl. Abb. 86).

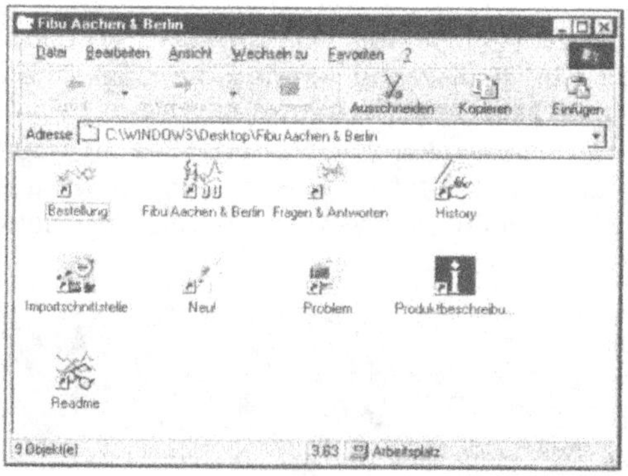

Abb. 86: **Die Programmgruppe von *Fibu Aachen & Berlin***

Haben Sie die Installation ordnungsgemäß mit Hilfe des Installationsprogramms ausgeführt, so können Sie ab sofort *Fibu Aachen & Berlin* über das Symbol mit einem Doppelklick starten. Nach dem Start des Programms klicken Sie zweimal `OK` an (Meldung *Mandanten werden angelegt* und *Shareware-Hinweis*), um zum Hauptmenü zu gelangen.

Das Programm meldet sich als Shareware-Programm (Version *Aachen*) bis Sie es mit Ihrer persönlichen Registriernummer in eine registrierte Version (*Aachen* oder *Berlin*) umgewandelt haben. Wie schon oben erwähnt, nimmt das Programm in der Shareware-Version **maximal** 100 Buchungssätze an und **sperrt** sich danach selbständig.

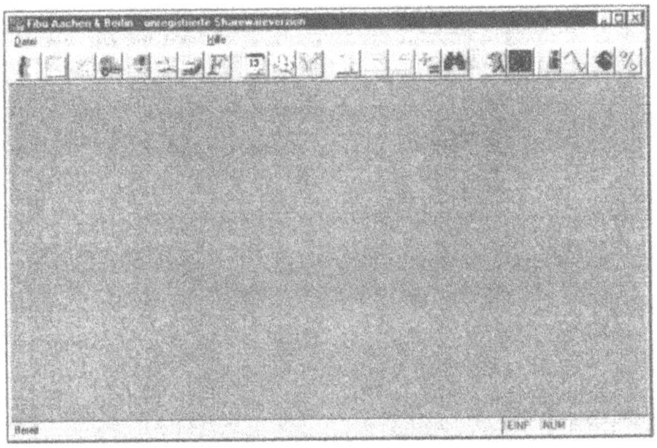

Abb. 87: **Das Hauptmenü der Version *Aachen & Berlin* in der Sharewareversion**

Zur Einführung sollen folgende Aktivitäten beispielhaft behandelt werden, mit denen grob alle Vorfälle eines Geschäftsjahres abgedeckt sind:

- Anlegen eines Mandanten,
- Ausdrucken des Kontenrahmens,
- Buchen von Geschäftsvorfällen,
- Anlegen von Konten,
- Anlegen und Ändern von Steuerschlüsseln,
- Ausgabe des Journals,
- Ausgabe von Kontoauszügen,
- Ausgabe von Summen und Salden,
- Ausgabe von Bilanz und Gewinn- und Verlustrechnung.

10.3.3 Anlegen eines Mandanten

Bevor mit Buchungen begonnen werden kann, muß zunächst ein Mandant (z.B. das eigene Unternehmen) angelegt werden. Klicken Sie dazu das Menü `Datei` und dann `Mandant` an. In dem nun erscheinenden Dialogfenster klicken Sie `Neu` an und das Dialogfenster für die Eingabe der Mandantenstammdaten wird aufgerufen (vgl. Abb. 88). Falls noch nicht geschehen, muß vorher die Bezugsperiode (in unserem Beispiel ein Jahr) eingegeben werden.

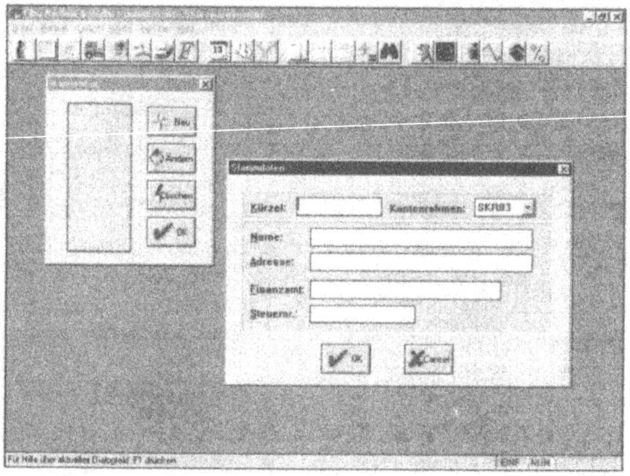

Abb. 88: **Eingabe der Stammdaten eines neuen Mandanten**

Geben Sie jetzt folgende Werte in die einzelnen Eingabefelder ein:

Kürzel:	`MUSTER`
Kontenrahmen:	`IKR`
Name:	`Horst Mustermann`
Ort:	`Beispielstr. 1, 1234 Vorbild`
Finanzamt:	`12000 Exemplarstadt`
Steuernummer:	`123456/789`

Zwischen den Eingabefeldern können Sie mit der Tab-Taste (vorwärts) oder mit UMSCHALT+TAB (rückwärts) wechseln. Drücken Sie die Eingabe-Taste bzw. `OK` erst dann, wenn alle Daten korrekt eingegeben sind. Sie können die Daten auch noch später verändern, nicht jedoch den einmal gewählten Kontenrahmen. Sie haben nun Ihren Beispielmandanten MUSTER angelegt und können mit dem Buchen beginnen. Wählen Sie dazu den Eintrag MUSTER im Listenfeld aus und klicken Sie `OK` an. Haben Sie alles richtig gemacht, so sollten nun alle Hauptmenüpunkte zugänglich sein und in der Titelzeile das Kürzel des ausgewählten Mandanten angezeigt werden.

10.3.4 Ausdrucken des Kontenrahmens

Damit Sie sich einen Überblick über den ausgewählten Kontenrahmen verschaffen, drucken Sie sich den Kontenrahmen aus. Wählen Sie dazu den Hauptmenüpunkt `Listen` aus, dann `Konten` und schließlich `Sachkonten`. *Fibu Aachen & Berlin* fragt Sie nach dem gewünschten Ausgabemedium (Bildschirm, Drucker oder Datei. Diese Auswahlmöglichkeit erhalten Sie in fast allen Fällen, in denen *Fibu Aachen & Berlin* Ausgaben liefert. Die Auswahl `Datei` ist besonders nützlich, wenn Sie Daten mit anderen Anwendungen, z.B. Ihrem Textverarbeitungsprogramm oder Ihrer Tabellenkalkulation weiterverarbeiten möchten). Wählen Sie `Drucker` und bestätigen Sie mit `OK` und der Ausdruck des Kontenrahmens erfolgt (falls Sie zum ersten Mal mit *Fibu Aachen & Berlin* ausdrucken, erscheint eine Dialogbox, in der Sie Schriftart und -größe eingeben können. Beachten Sie bitte, daß Sie beim Ausdruck des Kontenrahmens im Hochformat keine Schriftgröße größer als 8 Punkte eingeben sollten, da sonst möglicherweise die Breite des Papiers nicht ausreicht). Bei der Betrachtung des ausgedruckten IKR werden Sie einige Änderungen zum IKR feststellen, der im Anhang dieses Buches abgedruckt ist. Dies sollte Sie jedoch nicht irritieren. In jedem Fall haben Sie die Möglichkeit, den Kontenrahmen nach ihren Vorstellungen zu ergänzen oder zu verändern.

10.3.5 Buchen von Geschäftsvorfällen

Das Buchen von Geschäftsvorfällen und die Abschlußbuchungen sollen anhand eines Beispiels dargestellt werden, das im wesentlichen der Aufgabe 76 im Übungsbuch entspricht:

Es liegt folgende Eröffnungsbilanz eines Unternehmens zum 1.1.1999 vor:

A	Eröffnungsbilanz	EUR	P
T.A. und Masch.	10.000,--	Eigenkapital	22.000,--
A.A. und B.G.A.	4.500,--	Verb.a.L.u.L.	3.500,--
Rohstoffe	3.500,--		
Unfert.Erz.	800,--		
Fertigerz.	1.000,--		
Ford.a.L.u.L.	700,--		
Bank	3.300,--		
Kasse	1.700,--		
Summe	25.500,--		25.500,--

Während des Geschäftsjahres treten folgende Geschäftsvorfälle auf:

1. Materialentnahme (Rohstoffe) für die Produktion am 2.2.99	2.200,-- EUR
2. Zielverkauf von Fertigerzeugnissen am 3.3.99, netto	6.000,-- EUR
3. Privatentnahme von Fertigerzeugnissen am 4.4.99, netto	30,-- EUR
4. Bareinkauf von Büromaterial am 5.5.99, netto	20,-- EUR
5. Zieleinkauf von Rohstoffen am 6.6.99, brutto	1.100,-- EUR
6. Lohnüberweisung per Bank am 7.7.99	800,-- EUR
7. Pauschallohnsteuer 10% zu Lohnüberweisungen am 8.7.99	80,-- EUR
8. Banküberweisung der Kunden für Rechnungen am 8.8.99	500,-- EUR

Am 31.12.1999 sind die Abschlußbuchungen durchzuführen und die Bilanz sowie die Gewinn- und Verlustrechnung zu erstellen:

- Abschreibungen der Maschinen (direkt) `300,-- EUR`
- Abschreibungen der Betriebs- und Geschäftsausstattung (direkt) `200,-- EUR`
- Inventurbestand / Rohstoffe: wie Buchbestand
- Inventurbestand / Unfertige Erzeugnisse `500,-- EUR`
- Inventurbestand / Fertigerzeugnisse `1.100,-- EUR`
- Die Umsatzsteuerzahllast ist auf dem Umsatzsteuerverrechnungskonto zu ermitteln und per Banküberweisung zu bezahlen.

Wir beginnen mit den Eröffnungsbuchungen und buchen die Positionen der Eröffnungsbilanz in die Einzelkonten. Beachten Sie dabei, daß wir die Anfangsbestände nicht direkt aus der Eröffnungsbilanz auf die Bestandskonten buchen können, weil dies den Buchungsformalismus verletzen würde. Wir buchen stattdessen vom Eröffnungsbilanzkonto (IKR-Kto.-Nr. 800). Dieses Eröffnungsbilanzkonto ist eine Art Zwischenkonto (das genaue "Spiegelbild" der Bilanz), das bei den Eröffnungsbuchungen das Einhalten des Buchungsformalismus ("per Soll an Haben") ermöglicht. Beim "händischen" Auflösen der Bilanz wird dieser Zwischenschritt häufig aus Vereinfachungsgründen fallengelassen.

Wir gehen davon aus, daß Sie *Fibu Aachen & Berlin* gestartet haben und Ihren Mandanten Mustermann aufgerufen haben. Klicken Sie nun entweder auf das Symbol mit den Sprechblasen oder klicken Sie das Menü `Buchen` und dann `Dialogbuchen` an. Es erscheint ein Fenster mit dem Kontenrahmen (bei unserem Mandanten der IKR) sowie das Dialogfenster zum Dialogbuchen (vgl. Abb. 89).

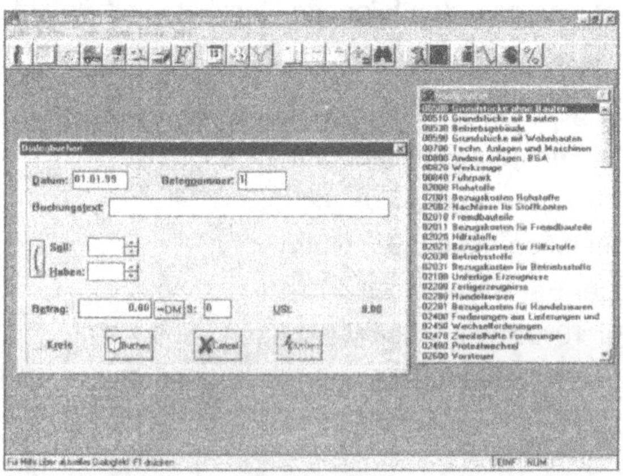

Abb. 89: **Das Dialogfenster zum Dialogbuchen**

Wir wollen nun den ersten Buchungssatz eingeben: Geben Sie als erstes das Datum 1.1.99 ein. Wechseln Sie dann mit der Tab-Taste auf das nächste Feld, bis Sie alle Eingaben korrekt eingegeben haben. Das fertige Dialogfenster sollte jetzt wie folgt aussehen:

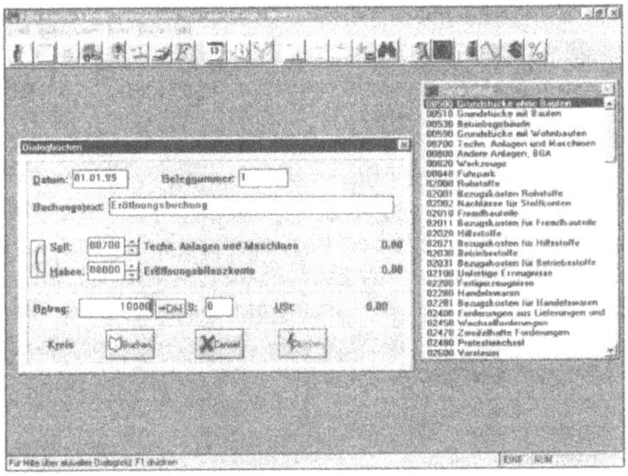

Abb. 90: **Das Dialogfenster vor der ersten Buchung**

Mit Betätigen der Schaltfläche `Buchen` können Sie die Buchung vornehmen. Sie erhalten nun folgendes Bild:

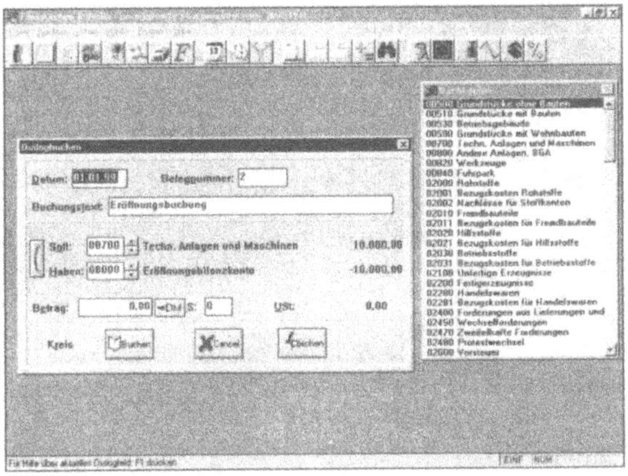

Abb. 91: **Das Dialogfenster nach der ersten Buchung**

Wie Sie sehen, werden nun die neuen Kontensalden angezeigt. Die Eingabemarke ist zurück in das Belegnummernfeld gesprungen und die Schaltfläche `Löschen` ist aktiv geworden. Mit Betätigen der Schaltfläche `Löschen` könnten Sie nun die letzte Buchung komplett ungeschehen machen. Diese Möglichkeit besteht allerdings nur, so lange Sie sich noch im Dialogfeld zum Buchen befinden. Wollen Sie zu einem späteren Zeitpunkt Fehlbuchungen korrigieren, so müssen Sie eine Stornobuchung vornehmen. Geben Sie dazu den falschen Buchungssatz noch einmal, jedoch mit umgekehrten Vorzeichen (Minusbeträge) ein.

Geben Sie nun selbständig die weiteren Eröffnungsbuchungen ein. Falls Sie sich nicht sicher sind, welches Konto sie verwenden sollen, so können Sie auf das Fenster mit dem Kontenrahmen klicken und dort suchen.

Wenn Sie mit den Eröffnungsbuchungen fertig sind, kann der erste Geschäftsvorfall gebucht werden (Zielverkauf von Fertigerzeugnissen). Hier muß nun im Gegensatz zu den Eröffnungsbuchungen Umsatzsteuer berücksichtigt werden. *Fibu Aachen & Berlin* bietet eine komfortable Möglichkeit, Umsatz- bzw. Vorsteuerbuchungen vorzunehmen. Da wir, wie schon vorher in allen Übungsaufgaben und Beispielen, mit einem Umsatzsteuersatz von 10% rechnen wollen, werden wir nun sehen, wie in *Fibu Aachen & Berlin* Steuersätze verändert werden können.

10.3.6 Anlegen und Ändern von Steuerschlüsseln

Zum Ändern der vorhandenen Steuerschlüsseln wählen Sie im Hauptmenü das Menü `Datei` und dann `Steuerschlüssel` oder klicken Sie auf die Schaltfläche mit dem Schlüssel als Symbol. Es erscheint ein Fenster mit den momentan eingegebenen Steuerschlüsseln (vgl. Abb. 92).

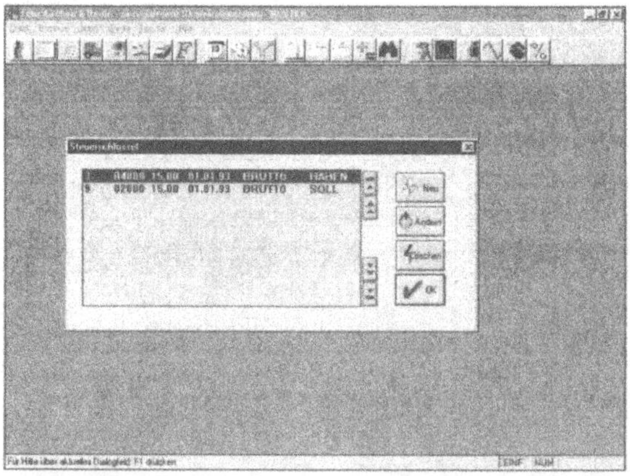

Abb. 92: **Die Steuerschlüssel**

Wir wollen zunächst die vorhandenen Steuerschlüssel von 15% auf 10% verändern. Wählen Sie den Steuerschlüssel 3 aus und klicken Sie auf die Schaltfläche `Ändern`. Es erscheint ein Fenster mit den Parametern des Steuerschlüssels (vgl. Abb. 93).

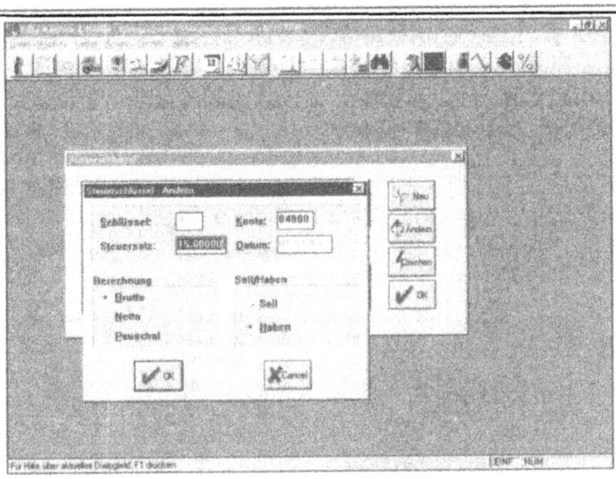

Abb. 93: **Die Parameter des Steuerschlüssels**

Zu den Parametern des Steuerschlüssels gehören:

- Steuerschlüssel, d.h. die Nummer, die beim Buchen oder bei der Anlage eines Kontos eingetragen wird,
- Steuerkonto, auf welches der entsprechende Betrag gebucht wird,
- Steuersatz (in Prozent) nach dem sich der Betrag berechnet,
- Steuerdatum, ab welchem der Steuersatz in Kraft tritt,
- Berechnungsmodus: brutto, netto oder pauschal,
- Zuordnung: Soll oder Haben.

Überschreiben Sie nun in dem Feld Steuersatz die 15% mit 10% und klicken Sie `OK`. Verändern Sie ebenfalls den Steuerschlüssel 9 auf 10%.

Wir kehren jetzt zu unserem Beispiel zurück und können nun, nachdem wir die Steuerschlüssel geändert haben, unseren ersten Geschäftsvorfall buchen. Wir klicken auf das Symbol für Dialogbuchen und erhalten das von den Eröffnungsbuchungen schon bekannte Dialogfenster (vgl. Abb. 89).

Nach Eingabe des korrekten Gegenkontos (Kto. 5000 Umsatzerlöse) sehen Sie, daß Ihnen der Steuerschlüssel 3 vorgeschlagen wird. Der Umsatzsteueranteil wird nach Eingabe des Bruttobetrags automatisch errechnet. Natürlich müssen Sie den Vorschlag nicht akzeptieren, sondern Sie können auch einen anderen vordefinierten Steuerschlüssel angeben. In Ihrem ausgedruckten Kontenplan können Sie übrigens sehen, warum Ihnen der Steuerschlüssel 3 vorgeschlagen wurde: Der Steuerschlüssel 3 ist bereits in der Kontendefinition enthalten.

Geben Sie nun der Reihe nach die übrigen Geschäftsvorfälle des Jahres ein und beginnen Sie dann mit den Abschlußbuchungen. Bei der letzten vorbereitenden Abschlußbuchung stoßen Sie auf ein Problem. Das Umsatzsteuerverrechnungskonto

(Kto.-Nr. 482 in unserem Übungskontenplan gemäß IKR) ist in dem IKR von *Fibu Aachen & Berlin* nicht enthalten. Wir wollen dieses Konto im Kontenrahmen einfügen.

10.3.7 Anlegen und Ändern von Konten

Bei dem Versuch, auf ein Konto zu buchen, das nicht im Kontenplan enthalten ist, fragt *Fibu Aachen & Berlin*, ob dieses unbekannte Konto angelegt werden soll (vgl. Abb. 94).

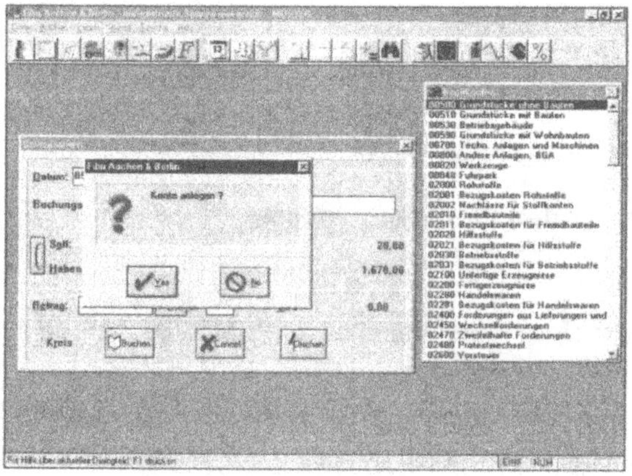

Abb. 94: **Abfrage bei einer undefinierten Kontonummer**

Klicken Sie `Ja` und es erscheint ein Dialogfenster, um das neue Konto anzulegen (vgl. Abb. 95). Geben Sie zunächst die Bezeichnung des Kontos ein. In das Feld Automatiktext können Sie einen Buchungstext für spätere Buchungen standardmäßig vorgeben, so daß Sie bei oft wiederkehrenden Buchungen auf die Eingabe des Buchungstextes verzichten können.

Im Kasten Auswertung legen Sie die Verbindung zwischen dem neuen Konto und der Bilanz bzw. der Gewinn- und Verlustrechnung fest, je nach dem ob es sich um ein "Bilanz"- oder "GuV"-Konto handelt. Die Einstellung gibt an, unter welche Textposition (= Nummer in der entsprechenden Auswertungsdatei für Bilanz oder GuV) der Saldo des jeweiligen Kontos gebucht werden soll. Natürlich können Sie die Struktur der Auswertungsdateien auch einsehen und editieren (siehe dazu Abschnitt 10.3.8). Eine Eingabe von 0 läßt das Konto in der entsprechenden Auswertung nicht erscheinen. Der vorher ausgedruckte Kontenrahmen zeigt Ihnen, welche Konten auf welche Bilanz- und GuV-Positionen abgeschlossen werden. Eine negative Positionsnummer (z.B. -5) würde den Saldo des entsprechenden Kontos mit umgekehrten Vorzeichen der Bilanz- bzw. GuV-Position (hier 5) zuordnen. Unser neues Umsatzsteuerverrechnungskonto soll weder in der Bilanz noch in der Gewinn- und Verlustrechnung erscheinen. Daher belassen wir die entsprechende Position bei 0 (dabei ist allerdings zu beachten, daß die Bilanz und die GuV nur dann korrekt ausgegeben werden, wenn die Umsatzsteuerzahllast bereits passiviert worden ist).

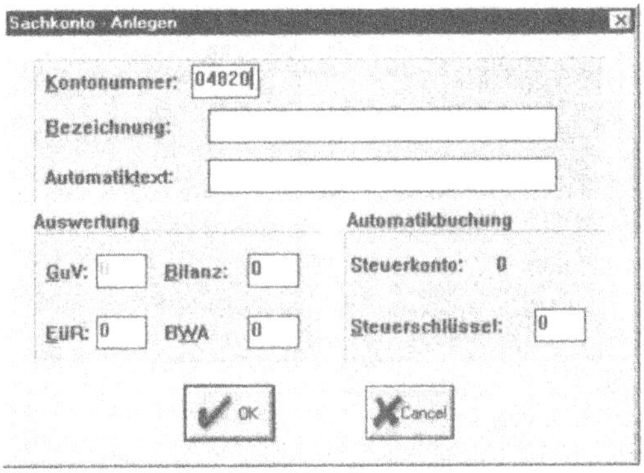

Abb. 95: **Dialogfenster für das Anlegen oder Ändern eines Kontos**

Um bei Buchungen gleich die korrekte Umsatz- oder Vorsteuer zu berücksichtigen, können Sie im Kasten Automatikbuchung einen Steuerschlüssel eintragen, der als Standardvorschlag für dieses Konto gilt (so wie wir es ja bereits vorher bei dem Konto 5000 Umsatzerlöse gesehen haben). Der Steuerschlüssel 0 bedeutet keine Umsatz- oder Vorsteuer.

Nachdem wir für unser neues Umsatzsteuerverrechnungskonto alle Parameter korrekt eingegeben haben, können wir unsere Buchungen abschließen.

10.3.8 Editieren von Bilanz und GuV

Die Struktur der Bilanz und der GuV können Sie über das Menü `Datei` und dann `Bilanz` bzw. `GuV` betrachten, ausdrucken oder editieren (vgl. Abb. 96).

Sie sehen, daß hinter jeder Textposition eine Variable steht. Diese Variablen stellen die Verbindung zu den einzelnen Konten her. Über die Eingabe der entsprechenden Variable in das Feld Auswertung bei den Kontenparametern (wie Sie es Sie ja schon beim Einrichten des neuen Umsatzsteuerverrechnungskonto kennengelernt haben), können die Salden der einzelnen Konten einer Textposition in der Bilanz bzw. in der GuV zugewiesen werden. Möglich sind jeweils die Nummer 1 bis 199, wobei bei der Bilanz zusätzlich noch nach Aktiv- und Passivseite unterschieden wird: 1 bis 99= Aktivseite; 101 bis 199= Passivseite. Sie können die Struktur der GuV und der Bilanz nach Ihren Vorstellungen verändern. Die dazu notwendigen Variablen und ihre Bedeutung können Sie Abb. 97 und Abb. 98 entnehmen.

Abb. 96: **Die Bilanzdefinitionsdatei**

Bilanzvariable	**Bedeutung**
`@@@@@@@...`	Hiermit fügen Sie eine Nummernposition ein. Beispiel: `@@@@@@@+010` fügt die Saldensumme aller Konten, bei denen im Feld Auswertung bei Bilanz die Position 10 eingetragen wurde, ein. Wie schon erwähnt sind für die Aktivseite die Nummern 1 bis 99 und für die Passivseite die Nummer 101 bis 199 zulässig. Die Nummern sind immer dreistellig einzutragen. Gegebenenfalls sind führende Nullen zu ergänzen, d.h. 1 muß als 001 eingetragen werden.
`@@@@@@+...`	Dies Notation ist identisch mit der vorherigen. Beispiel: `@@@@@@+010`
`@@@@@@-...`	Hat im Prinzip die gleiche Bedeutung wie vorher, nur wird diese Position nicht addiert sondern subtrahiert. Beispiel: `@@@@@@-010`
`@@@ZAKTIVA`	Zwischensumme der Aktivseite. Alle bis zur letzten Verwendung dieser Variablen ausgegebenen Bilanzpositionen werden aufsummiert.
`@@ZPASSIVA`	Zwischensumme der Passivseite. Alle bis zur letzten Verwendung dieser Variablen ausgegebenen Bilanzpositionen werden aufsummiert.
`@@@SAKTIVA`	Summe der Aktivseite (=Bilanzsumme)
`@@SPASSIVA`	Summe der Passivseite ohne Bilanzgewinn
`@@@@BILANZ`	Bilanzgewinn, berechnet aus `@@@SAKTIVA - @@SPASSIVA`. Darf daher erst als "letzte Zeile", nach allen anderen Variablen verwendet werden.

Abb.: 97: **Die Variablen der Bilanz**

GuV-Variable	Bedeutung
`@@@@@@@...`	Allgemeine Positionsvariable. Einschränkungen des Wertebereichs: 1 bis 199. Die Reihenfolge der Variablennummern ist nicht relevant für das Programm.
`@@@@@@+...`	Identisch mit der vorherigen Notation, d.h. diese Position wird addiert.. Beispiel: `@@@@@@+010`
`@@@@@@-...`	Bedeutung wie vorher, nur wird diese Position nicht addiert sondern subtrahiert. Beispiel: `@@@@@@-010`
`@@ZWISCHEN`	Für diese Variable wird eine Zwischensumme der bisher verwendeten Variablen eingetragen, d.h. es wird die Summe der Variablen seit der letzten Verwendung von `@@ZWISCHEN` eingetragen.
`@@@@@SUMME`	Für diese Variable wird die Summe aller bisher verwendeten Positionen eingetragen. Diese Variable wird in der Regel nur am Ende der GuV verwendet, um das Ergebnis der GuV-Rechnung anzuzeigen.

Abb. 98: **Die Variablen der Gewinn- und Verlustrechnung**

10.3.9 Kontrolle des Journals

Wenn alle Buchungen ausgeführt worden sind, wollen wir zur Kontrolle das Buchungsjournal betrachten und ausdrucken. Wir wählen dazu den Menüpunkt `Listen` und dann `Journal`. Es erscheint eine Auswahlbox, in die der Zeitraum eingegeben werden muß, den wir betrachten wollen. Tragen Sie hier unser Geschäftsjahr ein (1.1.1999 bis 31.12.1999). Wählen Sie dann als gewünschtes Ausgabemedium Bildschirm und Sie erhalten das Journal (siehe Abb. 99). Sie können das Journal natürlich aus als Datei ausgeben und z.B. mit einer Tabellenkalkulation editieren (siehe Abb. 100).

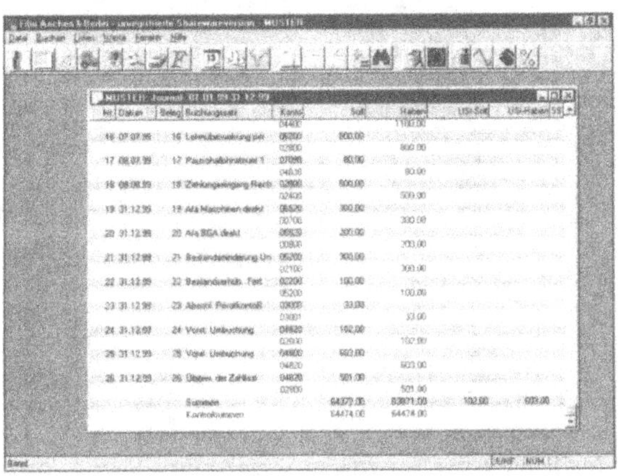

Abb. 99: **Das Buchungsjournal auf dem Bildschirm**

Datum	Beleg	Buchungssatz	Konto	Soll	Haben	USt-Soll	USt-Haben
01.01.99	1	Eröffnungsbuchung	00700	10000,00			
			08000		10000,00		
01.01.99	2	Eröffnungsbuchung	00800	4500,00			
			08000		4500,00		
01.01.99	3	Eröffnungsbuchung	02000	3500,00			
			08000		3500,00		
01.01.99	4	Eröffnungsbuchung	02100	800,00			
			08000		800,00		
01.01.99	5	Eröffnungsbuchung	02200	1000,00			
			08000		1000,00		
01.01.99	6	Eröffnungsbuchung	02400	700,00			
			08000		700,00		
01.01.99	7	Eröffnungsbuchung	02800	3300,00			
			08000		3300,00		
01.01.99	8	Eröffnungsbuchung	02880	1700,00			
			08000		1700,00		
01.01.99	9	Eröffnungsbuchung	08000	22000,00			
			03000		22000,00		
01.01.99	10	Eröffnungsbuchung	08000	3500,00			
			04400		3500,00		
02.02.99	11	Materialentnahme Rohstoffe	06000	2200,00			
			02000		2200,00		
02.02.99	12	Zielverkauf von	02400	6600,00			
		Fertigerzeugnissen	05000		6000,00		600,00
04.04.99	13	Privatentnahme von	03001	33,00			
		Fertigerzeugnissen	05420		30,00		3,00
05.05.99	14	Bareinkauf von Büromaterial	06800	20,00		2,00	
			02880		22,00		
06.06.99	15	Zieleinkauf von Rohstoffen	02000	1000,00		100,00	
			04400		1100,00		
07.07.99	16	Lohnüberweisung per Bank	06200	800,00			
			02800		800,00		
08.07.99	17	Pauschallohnsteuer 10%	07090	80,00			
			04830		80,00		
08.08.99	18	Zahlungseingang Rechnung	02800	500,00			
			02400		500,00		
31.12.99	19	Afa Maschinen direkt	06520	300,00			
			00700		300,00		
31.12.99	20	Afa BGA direkt	06520	200,00			
			00800		200,00		
31.12.99	21	Bestandsminderung Unf.Erz.	05200	300,00			
			02100		300,00		
31.12.99	22	Bestandserhöhung FE	02200	100,00			
			05200		100,00		
31.12.99	23	Abschl. Privatkonto	03000	33,00			
			03001		33,00		
31.12.99	24	Vorst. Umbuchung	04820	102,00			
			02600		102,00		
31.12.99	25	Vorst. Umbuchung	04800	603,00			
			04820		603,00		
31.12.99	26	Überw. der Zahllast	04820	501,00			
			02800		501,00		
		Summen		64372,00	63871,00	102,00	603,00
		Kontrollsummen		64474,00	64474,00		

Abb. 100: **Das editierte Buchungsjournal mit dem Drucker ausgegeben**

10.3.10 Ausdrucken von Kontoauszügen

Über den Menüpunkt `Listen` und dann `Kontoauszüge` können wir uns die Kontoauszüge entweder für alle oder für einige ausgewählte Konten anzeigen und ausdrucken lassen (vgl. Abb. 101 mit dem Kontoauszug für das Konto Kasse). Die Vorgehensweise mit der dazugehörigen Dialogbox entspricht dem Ausdruck des Journals und soll nicht mehr einzeln erläutert werden.

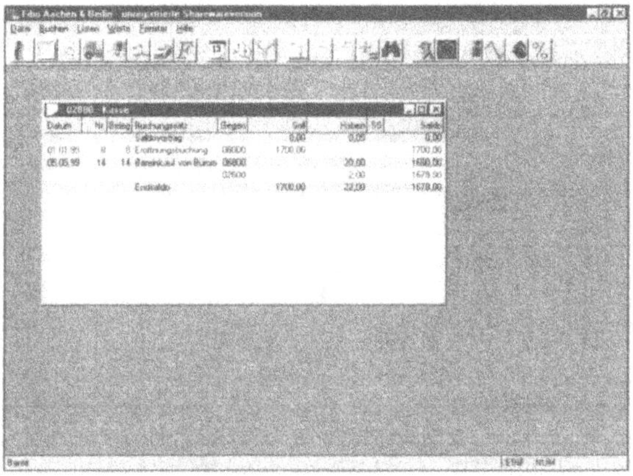

Abb. 101: **Der Kontoauszug für das Konto Kasse**

Ebenso einfach ist die Ausgabe der Summen- und Saldenliste (vgl. Abb. 102 und Abb. 103).

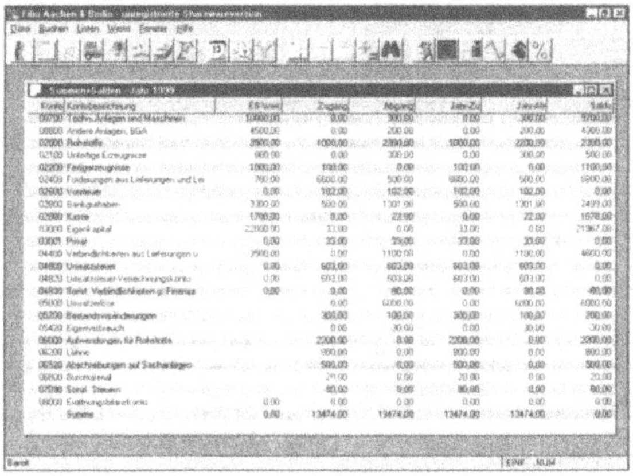

Abb. 102: **Die Summen- und Saldenliste**

Nr.	Kto.-Bezeichnung	EB-Wert	Zugang	Abgang	Jahr-Zu	Jahr-Ab	Saldo
700	Techn. Anlagen und Maschinen	10.000	0	300	0	300	9.700
800	Andere Anlagen, BGA	4.500	0	200	0	200	4.300
2000	Rohstoffe	3.500	1.000	2.200	1.000	2.200	2.300
2100	Unfertige Erzeugnisse	800	0	300	0	300	500
2200	Fertigerzeugnisse	1.000	100	0	100	0	1.100
2400	Forderungen aus Lieferungen und Leistungen	700	6.600	500	6.600	500	6.800
2600	Vorsteuer	0	102	102	102	102	0
2800	Bankguthaben	3.300	500	1.301	500	1.301	2.499
2880	Kasse	1.700	0	22	0	22	1.678
3000	Eigenkapital	-22.000	33	0	33	0	-21.967
3001	Privat	0	33	33	33	33	0
4400	Verbindlichkeiten aus Lieferungen und Leistungen	-3.500	0	1.100	0	1.100	-4.600
4800	Umsatzsteuer	0	603	603	603	603	0
4820	Umsatzsteuer-Verrechnungs-konto	0	603	603	603	603	0
4830	Sonst. Verbind-lichkeiten g. Finanzamt	0	0	80	0	80	-80
5000	Umsatzerlöse		0	6.000	0	6.000	-6.000
5200	Bestandsver-änderungen		300	100	300	100	200
5420	Eigenverbrauch		0	30	0	30	-30
6000	Aufwendungen für Rohstoffe		2.200	0	2.200	0	2.200
6200	Löhne		800	0	800	0	500
6520	Abschreibungen auf Sachanlagen		500	0	500	0	1.000
6800	Büromaterial		20	0	20	0	20
7090	Sonst. Steuern		80	0	80	0	80
	Summe	0	13.474	13.474	13.474	13.474	0

Abb. 103: **Die editierte Summen- und Saldenliste mit dem Drucker ausgegeben**

10.3.11 Ausgabe von Bilanz und Gewinn- und Verlustrechnung

Nun bleibt uns noch die Ausgabe der Bilanz und der Gewinn- und Verlustrechnung. Wie Sie sicher schon vermuten, erfolgt die Übernahme der Salden der entsprechenden Bestands- und Erfolgskonten automatisch in die Bilanz bzw. in die GuV. Über den Menüpunkt `Werte` und dann `Bilanz` oder `Gewinn- und Verlustrechnung` können Bilanz und GuV auf den Bildschirm oder auf den Drucker gebracht werden (vgl. Abb. 104 und 105).

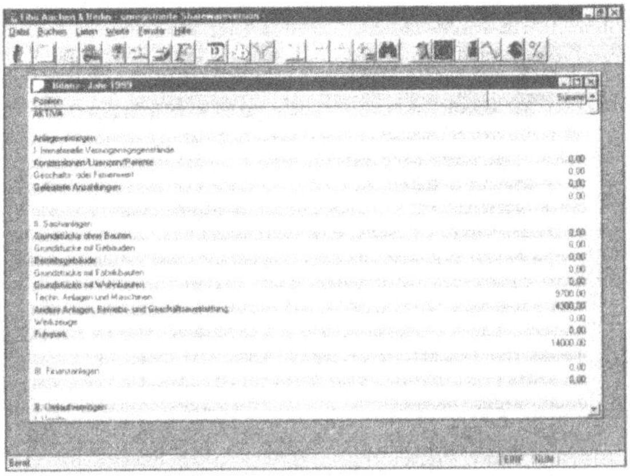

Abb. 104: **Die Ausgabe der Bilanz auf dem Bildschirm**

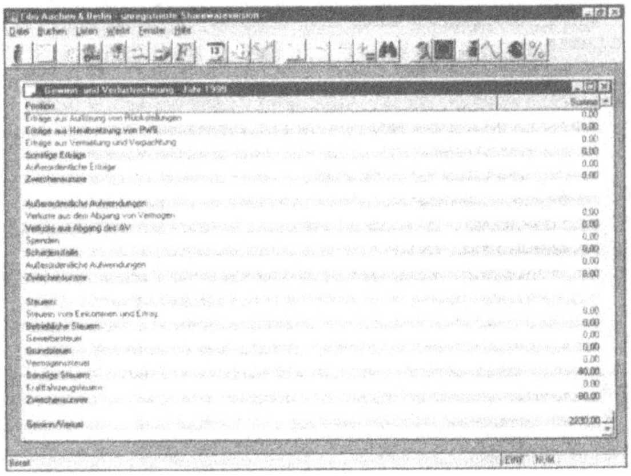

Abb. 105: **Die Gewinn- und Verlustrechnung auf dem Bildschirm**

AKTIVA

A. Anlagevermögen	
I. Immaterielle Vermögensgegenstände	0,00
II. Sachanlagen	
Techn. Anlagen und Maschinen	9700,00
Andere Anlagen, Betriebs- u. Geschäftsausst.	4300,00
III. Finanzanlagen	0,00
B. Umlaufvermögen	
I. Vorräte	
Rohstoffe	2300,00
Unfertige Erzeugnisse	500,00
Fertige Erzeugnisse	1100,00
II. Forderungen und sonst. Vermögen	
Forderungen aus Lieferungen und Leistungen	6800,00
III. Wertpapiere des Umlaufvermögens	0,00
IV. Flüssige Mittel	
Kasse	1678,00
Bankguthaben	2499,00
C. Aktive Rechnungsabgrenzung	0,00
Summe Aktiva	**28877,00**

PASSIVA

A. Eigenkapital	21967,00
B. Rückstellungen	0,00
C. Verbindlichkeiten	
Verbindlichkeiten aus Lieferung u. Leistungen	4600,00
Sonst. Verbindlichkeiten gg. Finanzbehörden	80,00
D. Passive Rechnungsabgrenzungen	0,00
Bilanzgewinn/verlust	2230,00
Summe Passiva	**28877,00**

Abb. 106: **Die Ausgabe der editierten Bilanz auf dem Drucker**

Beachten Sie bitte, daß das Programm die Bilanz mit allen vordefinierten Positionen ausgibt, d.h. auch (Leer-)Positionen mit 0,-- EUR. Dies kann insbesondere bei kurzen Übungsaufgaben die Übersichtlichkeit einschränken. Sie können sich jedoch folgendermaßen behelfen: Geben Sie die Bilanz oder GuV zunächst als Datei aus und editieren Sie diese Datei dann nach ihren Vorstellungen mit einem Editor oder einer Textverarbeitung. Sie können natürlich auch mit einer Tabellenkalkulation oder einer beliebigen anderen Anwendung die Daten von Bilanz und GuV ebenso wie das Journal, die Kontenauszüge oder die Summen- und Saldenliste übernehmen und weiterverarbeiten (siehe als Beispiel für diese Vorgehensweise Abb. 106 und Abb. 107).

Umsatzerlöse	6000,00
Bestandsveränderungen	-200,00
Eigenverbrauch	30,00
Gesamtleistung	5830,00
Materialaufwand:	
Aufwendungen für Rohstoffe	-2200,00
Personalaufwand:	
Löhne	-800,00
Abschreibungen:	
Abschreibung auf Anlagen	-500,00
Sonstige betriebliche Aufwendungen:	
Büromaterial	-20,00
Zinsen und ähnliche Aufwendungen:	0,00
Ergebnis der gewöhnlichen Geschäftstätigkeit:	2310,00
Außerordentliche Erträge:	0,00
Außerordentliche Aufwendungen:	0,00
Steuern:	
Sonstige Steuern	-80,00
Gewinn/Verlust	**2230,00**

Abb. 107: **Die Ausgabe der editierten GuV auf dem Drucker**

Unser kurzes Beispiel ist damit abgeschlossen und wir hoffen, daß Sie einen ersten Eindruck mit den wichtigsten Schritten erhalten haben und damit in der Lage sind, weitere Übungsbeispiele selbständig durchzuführen.

Abkürzungsverzeichnis

AB	Anfangsbestand
Abb.	Abbildung
Abs.	Absatz
Abschn.	Abschnitt
AfA	Absetzung für Abnutzung
AfS	Absetzung für Sub stanzveringerung
AG	Aktiengesellschaft
AK	Anschaffungskosten
AktG	Aktiengesetz
AO	Abgabenordnung
Aufl.	Auflage
AwaA	Absetzung wegen außergewöhnlicher technischer oder wirtschaftllicher Abnutzung
BDI	Bundesverband der deutschen Industrie
best.	bestimmte(r)
BewG	Bewertungsgesetz
BFH	Bundesfinanzhof
BGH	Bundesgerichtshof
BiRiLig	Bilanzrichtlinien-Gesetz
BRD	Bundesrepublik Deutschland
bzw.	beziehungsweise
CIP	Cataloging-in-publication (Deutsche Bibliothek,Frankfurt
COM	Computer Output to mikrofilm
d.h.	das heißt
DEHOGA	Deutscher Hotel- und Gaststättenverband
DRSC	Deutsches Rechnungslegungs Standards Comittee
EB	Endbestand
EDV	Elektronische Datenverarbeitung
EEV-Steu.	Steuern vom Einkommen,Ertrag und Vermögen
EG	Europäische Gemeinschaft
EHGB	Entwurf zum HGB
EStDV	Einkommensteuer-Durchführungsverordnung
EStG	Einkommensteuergesetz
EStR	Einkommensteuerrichtlinien
EUR	Euro (ISO-Abkürzung)
ev.	eventuell(e)
f.	folgende(r)
ff.	fortfolgende
GenG	Genossenschaftsgesetz
GewESt	Gewerbeertragsteuer
GewStG	Gewerbesteuergesetz
GKR	Gemeinschaftskontenrahmen
GmbH	Gesellschaft mit beschränkter Haftung
GOB	Grundsätze ordnungsmäßiger Buchführung und Bilanzierung
GrESt	Grunderwerbsteuer
GrStG	Grundsteuergesetz
GuV	Gewinn- u. Verlustrechnung (-konto)
H	Haben
HGB	Handelsgesetzbuch
Hrsg.	Herausgeber
IASC	International Accounting Standards Comittee
i.d.R.	in der Regel
i.e.S.	im engeren Sinne
IKR	Industriekontenrahmen
incl.	inclusive
ISBN	Internationale Standard-Buch-Nummer
i.S.d.	im Sinne des / der
i.w.S.	im weiteren Sinne
Kfz-St	Kraftfahrzeug-Steuer
KG	Kommanditgesellschaft
kg	Kilogramm
KGaA	Kommanditgesellschaft auf Aktien
KSt	Körperschaftsteuer
KStG	Körperschaftsteuer-Gesetz
Lfd.	Laufende (r)
LStDV	Lohnsteuer-Durchführungsverordnung
lt.	laut
MWSt	Mehrwertsteuer
Nr.	Nummer
o.g.	oben genannt
OHG	Offene Handelsgesellschaft
o.J.	ohne Jahresangabe
p.a.	per anno (jährlich)
Pkw	Personenkraftwagen
PublG	Gesetz über die Rechnungslegung von bestimmten Unternehmen und Konzernen (Publizitätsgesetz)
R.A.P.	Rechnungsabgrenzungsposten
S	Soll
S.	Seite
s.o.	siehe oben
StGB	Strafgesetzbuch
s.u.	siehe unten
TDM	Tausend Deutsche Mark
USt	Umsatzsteuer
UStDV	Umsatzsteuer-Durchführungsverordnung
UStG	Umsatzsteuergesetz
usw.	und so weiter
US-GAAP	US-Generally Accepted Accounting Principles
VermBG	Vermögensbildungs-Gesetz
vgl.	vergleiche
VO	Verordnung
VSt	Vermögensteuer
VStG	Vermögensteuer-Gesetz
WiSo	Wirtschaft- und Sozialwissenschaften
z.B.	zum Beispiel
Ziff.	Ziffer
zuzügl.	zuzüglich

Literaturverzeichnis

Adler, H. / Düring, W. / Schmaltz, K. (ADS), Rechnungslegung und Prüfung der Unternehmen, Bd. 1: Rechnungslegung, 6. A., Stuttgart 1997

Ausschuß für wirtschaftliche Verwaltung (AWV) (Hrsg.) Grundsätze ordnungsmäßiger DV-gestützter Buchführungssysteme (GoBS), Eschborn 1995

Bähr, R. / Fischer-Winkelmann, W., Buchführung und Jahresabschluß, 6. A., Wiesbaden 1998

Bestmann, U. (Hrsg.), Kompendium der Betriebswirtschaftslehre, 9. A., München 1997

Blödtner, W. / Bilke, K. / Weiss, M., Lehrbuch Buchführung und Bilanzsteuerrecht, 4. A., Herne 1997

BMF-Schreiben v. 18. 4. 1997, AfA-Tabelle für allgemein verwendbare Wirtschaftsgüter, in: BStBlatt I, 1997, S. 376 ff.

Botta, V. (Hrsg.), Rechnungswesen und Controlling. Bausteine des Rechnungswesens und ihre Verknüpfung, Herne 1998

Buchner, R., Buchführung und Jahresabschluß, 5. A., München 1997

Bundesverband der Deutschen Industrie (BDI) (Hrsg.), Kosten- und Leistungsrechnung als Istrechnung, Bergisch-Gladbach 1980.

Bundesverband der Deutschen Industrie (BDI) (Hrsg.), Kosten- und Leistungsrechnung als Entscheidungshilfe für die Unternehmensleitung, Bergisch-Gladbach 1981.

Bundesverband der Dt.Industrie (BDI) (Hrsg.), Kosten- u.Leistungsrechnung als Planungsrechnung, Bergisch-Gladbach 1983.

Bundesverband der Dt. Industrie (BDI) (Hrsg.), Industriekontenrahmen IKR, Bergisch-Gladbach, Neufassung '86 nach BiRiLiG.

Bundesverband der Dt. Industrie (BDI) (Hrsg.), IKR-Kurzfassung für Aus- und Fortbildung, Bergisch-Gladbach, 1987.

Bussiek, J. / Ehrmann, H., Buchführung, 6. A., Ludwigshafen 1999

CDI-Akademie (Hrsg.), SAP-R/3-Finanzwesen, München 1996

Coenenberg, A., Jahresabschluß u. Jahresabschlußanalyse, 16. A., Landsberg 1997

Coenenberg, A., Übungsbuch zu Jahresabschluß und Jahresabschlußanalyse, 9.A., Landsberg, 1997

Däumler, K.H. / Grabe, J., Kostenrechnung 1, Grundlagen, 7.A., Herne 1996

Dey, G., Einführung in das betriebliche Rechnungswesen, Finanzbuchhaltung mit EDV-Unterstützung, 5. A., München 1997

Eisele, W., Zielvorstellungen und Gestaltungsprinzipien des neuen Industrie-kontenrahmens, in: ZfB 1973, S. 617 -642.

Eisele, W., Technik d. betriebl. Rechnungswesens, 6. A., München 1998

Endriss, H.W. (Hrsg.), Bilanzbuchhalter-Handbuch, 2. A., Herne 1999

Engelhardt, W./ Raffee, H., Grundzüge der doppelten Buchhaltung, 3. A., 1996

Falterbaum, H. / Beckmann, H., Buchführung und Bilanz, 17. A., Düsseldorf 1998

Goldstein, E., Schnelleinstieg in die DATEV-Buchführung. DATEV-FIBU sicher im Griff,

2. A., Freiburg 1998
Grimm-Curtius, H., LEDAS - ein integriertes Abrechnungssystem für den Lebensmittelhandel, München 1972, Schriftenreihe "data praxis" (Hrsg. Fa. Siemens AG).
Grimm-Curtius, H., Kassenterminals und Volltextfakturierung in der All-kauf-Gruppe, Mönchengladbach, München 1974, Schriftenreihe "data praxis" (Hrsg. Fa. Siemens AG).
Grimm-Curtius, H., Gesamtprozeß und konstitutiver Rahmen in: Bestmann, U., (Hrsg.), Kompendium der Betriebswirtschaftslehre, 9.A. München 1997.
Grimm-Curtius, H., Gesamtprozeß und konstitutiver Rahmen in: Bestmann, U., (Hrsg.), Übungsbuch zum Kompendium, 2. A., München 1995
Grimm-Curtius, H., Übungsbuch zur Finanzbuchhaltung, 4. A., München 1999
Grimm-Curtius, H. / Duchscherer, M., Verbundene Unternehmen, in: Der Bilanzbuchhalter, Nr. 5 / 1996 (Schwerpunktthema: Konzernrechnungslegung)

Heinen, E., Handelsbilanzen, 12.A., Wiesbaden 1986.
Heinhold, M., Buchführung in Fallbeispielen, 7. A., Stuttgart 1998
Heinhold, M., Der Jahresabschluß, 3. A., München 1995

Institut der Wirtschaftsprüfer (IdW) (Hrsg.), Grundsätze ordnungsmäßiger Buchführung bei EDV-gestützten Verfahren und deren Prüfung, Düsseldorf 1987

Küting, K. / Weber, C.P., Die Bilanzanalyse, 4. A., Stuttgart 1999

Leffson, U., Die Grundsätze ordnungsgemäßer Buchführung und Bilanzierung, Düsseldorf, 1987
Langenbeck, J., Buchführungspraxis in Fällen und Lösungen, Herne 1996
Langenbeck, J. / Wolf, J., Buchführung und Jahresabschluß, Herne 1996

Meyer, C., Bilanzierung nach Handels- und Steuerrecht unter Einschluß der Konzernrechnungslegung und der internationalen Rechnungslegung, 8. A., Herne 1998

Pellens, B., Internationale Rechnungslegung, 3. A., Stuttgart 1999

Schmolke, S. / Deitermann, M., Industrielles Rechnungswesen nach dem Industrie-kontenrahmen (IKR), 26. A., Darmstadt 1997.
Schmolke, S. / Deitermann, M., Industrielles Rechnungswesen nach dem Gemeinschaftskontenrahmen (GKR), 21. A., Darmstadt 1997
Schöttler, J. / Spulak, R., Technik des betrieblichen Rechnungswesens, 8. A., München 1996

Tanski, J. / Kurras, K. / Weitkamp, J., Der gesamte Jahresabschluß, 4. A., München 1998
Trenkel-Bögle, B., Handbuch zu Fibu für windows, Version 7.0, Göppingen 1998

Weber, H.K., Betriebswirtschaftliches Rechnungswesen, Bd. 1: Bilanz und Erfolgsrechnung, 4.A., München 1993
Wedell, H., Grundlagen des betriebl. Rechnungswesens, Bd. 1: Buchführung und

Jahresabschluß, 7.A., Berlin 1998
Wöhe, G., Bilanzierung und Bilanzpolitik, 9. A., München 1997
Wurl, H.I / Greth, M., Klausuraufgaben zur doppelten Buchführung, Wiesbaden 1998
Wuttke, R. / Weidner, W., Buchführungstechnik und Bilanzsteuerrecht, 11. A., Stuttgart 1999
Wuttke, R. / Weidner, W., Lösungshinweise zur Buchführungstechnik, 11. A., Stuttgart 1999

Empfehlenswerte Gesetzestexte:
Verlag Neue-Wirtschafts-Briefe (Hrsg.), Wichtige Wirtschaftsgesetze, 13. A., Herne 1998
Verlag Neue-Wirtschafts-Briefe (Hrsg.), Wichtige Steuergesetze mit Durchführungs-Verordnungen, 47. A., Herne 1999 (Stand 1.4.1999)
Verlag Neue-Wirtschafts-Briefe (Hrsg.), Wichtige Steuerrichtlinien, 16. A. Herne 1999, (Stand 1.4.1999)

Empfehlungen zur Euro-Umstellung:
DATEV e.V. (Hrsg.), Von der DM zum Euro. Wegweiser zur Euro-Umstellung, Nürnberg 1997 (Checklisten)
Heinl, M., Linner, C., Otto, L., Euro-Handbuch für Unternehmen, Neuwied 1998
Otte, W., Heinrich, K., Der Euro im Rechnungswesen, Freiburg, 1998

Empfehlenswerte Internet-Links:
www.drsc.de (Deutsches Rechnungslegungs Standards Commitee)
www.eic.de (Euro Info Center)
www.europa.eu.int/eurobirth/rates.html (Euro-Pages der EU)
www.fasb.org (Financial Accounting Standards Board, USA)
www.iasc.org.uk (International Accounting Standards Comitte, London)
www.idw.de (Institut der Wirtschaftsprüfer)
www.sec.gov (Security Exchange Commission, USA)
www.gbi.de (Gesellschaft für betriebswirtschaftliche Information, Fachliteratur-Datenbank)

Stichwortverzeichnis

Anhang 1 / 2: Abschreibungstabelle / Aktive latente Steuern

Nu.-jahr i	Lineare Afa		Buchwert-AfA	
	Abschreibungs-betrag A_i (L)	Restbuchwert B_i (L)	Abschreibungs-betrag 2) A_i (D)	Restbuchwert B_i (D)
1. 1)	10.000,--	90.000,--	25.000,--	75.000,--
2.	10.000,--	80.000,--	18.750,--	56.250,--
3.	10.000,--	70.000,--	14.062,50	42.187,50
4.	10.000,--	60.000,--	10.546,88	31.640,62
5.	10.000,--	50.000,--	7.910,16	23.730,46
6.	10.000,--	40.000,--	5.932,62	17.797,84
7.	10.000,--	30.000,--	4.449,46	13.348,38
8.	10.000,--	20.000,--	3.337,10	10.011,28
9.	10.000,--	10.000,--	2.502,82	7.508,46
10.	10.000,--	0,--	1.877,12	5.631,34
...	-	-	...	...

1) Zugang in der 1. Jahreshälfte 2) Kaufmänn. Rundung

Anhang 1: Abschreibungstabelle

Jahr	Handels-bilanz ergebnis vor Steue.	Ertrag-steuern (60 %) -fiktiv-	Steuer-bilanz-ergebnis	Ertrag-steuern (60 %) -effektiv-	latente Steuern
2000	750.000,--	450.000,--	777.000,--	466.200,--	+ 16.200,--
2001	780.000,--	468.000,--	777.000,--	466.200,--	- 1.800,--
2002	780.000,--	468.000,--	777.000,--	466.200,--	- 1.800,--
2003	780.000,--	468.000,--	777.000,--	466.200,--	- 1.800,--
2004	780.000,--	468.000,--	777.000,--	466.200,--	- 1.800,--
2005	780.000,--	468.000,--	777.000,--	466.200,--	- 1.800,--
2006	780.000,--	468.000,--	777.000,--	466.200,--	- 1.800,--
2007	780.000,--	468.000,--	777.000,--	466.200,--	- 1.800,--
2008	780.000,--	468.000,--	777.000,--	466.200,--	- 1.800,--
2009	780.000,--	468.000,--	777.000,--	466.200,--	- 1.800,--

Anhang 2: Aktive Latente Steuern (Tabelle)

Anhang 3: Gemeinschaftskontenrahmen (GKR)

KLASSE 0
ANLAGEVERMÖGEN UND LANGFRISTIGES KAPITAL

00	Grundstücke und Gebäude
01/02	Maschinen und maschinelle Anlagen
03	Fahrzeuge, Werkzeuge, Betriebs- und Geschäftsausstattung
04	Sachanlagen-Sammelkonto
05	Sonst. Anlagevermögen
06	Langfristiges Fremdkapital
07	Eigenkapital
08	Wertberichtigungen, Rückstellungen und dergleichen
09	Rechnungsabgrenzung

KLASSE 1
FINANZ-UMLAUFVERMÖGEN /KURZFRISTIGE VERBINDLICHKEITEN

10	Kasse
11	Geldanstalten
12	Schecks und Besitzwechsel
13	Wertpapiere des Umlaufvermögens
14	Forderungen aus Warenlieferungen und Leistungen
15	Andere Forderungen
16	Verbindlichkeiten aus Warenlieferungen und Leistungen
17	Andere Verbindlichkeiten
18	Schuldwechsel, Bankschulden
19	Durchgangs-, Übergangs- und Privatkonten

KLASSE 2
NEUTRALE AUFWENDUNGEN UND ERTRÄGE

20	Betriebsfremde Aufwendungen u. Erträge
21	Aufwendungen und Erträge für Grundstücke und Gebäude
22	frei
23	Bilanzmäßige Abschreibungen
24	Zinsaufwendungen und Erträge (einschließlich Diskont und Skonto)
25	Betriebliche außerordentl. Aufwendungen und Erträge
26	Betriebl. periodenfremde Aufwendungen und Erträge
27/28	Gegenposten der Kosten- u. Leistungsrechnung
29	Das Gesamtergebnis betreffende Aufwendungen und Erträge

KLASSE 3
STOFFE / BESTÄNDE

30	Rohstoffe
33	Hilfsstoffe
34	Betriebsstoffe
38	Bezogene Bestand- und Fertigteile, auswärtige Bearbeitung
39	Handelswaren und auswärts bezogene Fertigerzeugnisse

KLASSE 4
KOSTENARTEN

40	Fertigungsmaterial
41	Gemeinkostenmaterial
42	Brennstoffe und Energie
43	Löhne und Gehälter
44	Sozialkosten
45	Instandhaltung
46	Steuern, Gebühren, Versicherungen und dergleichen
47	Verschiedene Kosten
48	Kalkulatorische Kosten
49	Sondereinzelkosten

KLASSE 5 / 6
FREI FÜR KOSTENSTELLENRECHNUNG

KLASSE 7
KOSTENTRÄGER-BESTÄNDE

78	Bestände an unfertigen Erzeugnissen (Halberzeugnisse)
79	Bestände an fertigen Erzeugnissen (Fertigerzeugnisse)

KLASSE 8
KOSTENTRÄGER-ERTRÄGE

83	Erlöse für Fertigerzeugnisse und andere Leistungen (Verkaufskonten)
85	Erlöse für Handelswaren
86	Erlöse aus Nebengeschäften
87	Eigenleistungen
88	Erlösschmälerungen (Erlösberichtigungen)
89	Bestandsveränderungen unfertigen und fertigen Erzeugnissen

KLASSE 9
ASCHLUßKONTEN

98	Ergebniskonten
980	Betriebsergebnis
987	Neutrales Ergebnis
989	Gewinn- und Verlustkonto
99	Bilanzkonten
998	Eröffnungsbilanzkonto
999	Schlußbilanzkonto

Anhang 4: Übungskontenplan gem.GKR

	KLASSE 0 ANLAGEVERMÖGEN UND LANGFRIST. KAPITAL
00	GRUNDSTÜCKE UND GEBÄUDE
008	Im Bau befindliche Gebäude
01	MASCHINEN UND MASCHINELLE ANLAGEN DER HAUPTBETRIEBE
02	MASCHINEN UND MASCHINELLE ANLAGEN DER NEBENBETRIEBE
029	Anzahlungen auf Anlagen
03	FAHRZEUGE, WERKZEUGE, BETRIEBS- U. GESCHÄFTS-AUSSTATTUNG
039	Geringwertige Wirtschaftsgüter der Betriebs- und Geschäftsausstattung
04	SACHANLAGEN-SAMMELKONTO
054	Beteiligungen
055	Wertpapiere des Anlagevermögens
056	Andere langfristige Forderungen
06	LANGFRISTIGES FREMDKAPITAL
060	Hypothekendarlehen

	Bei Personenunternehmen:
07	EIGENKAPITAL (INHABER)
070	Eigenkapital / Gesellschafter A
071	Eigenkapital / Gesellschafter B
072	Eigenkapital / Gesellschafter C

	Bei Kapitalgesellschaften:
070	Grund- bzw. Stammkapital
072	Gesetzliche Rücklage
073	Freie Rücklagen
079	Gewinn- und Verlustvortrag

080	Wertberichtigungen auf Anlagevermögen
084	Wertberichtigungen auf Außenstände
085	Rückstellungen

098	Aktive Rechnungsabgrenzungsposten
099	Passive Rechnungsabgrenzungsposten
	KLASSE 1 FINANZ-UMLAUFVERMÖG. UND KURZFRISTIGE VERBINDLICHKEITEN
10	KASSE
11	GELDANSTALTEN ("BANK")
120	Schecks
125	Besitzwechsel
1259	Protestwechsel
13	WERTPAPIERE DES UMLAUFVERMÖGENS
14	FORDERUNGEN AUFGRUND VON WARENLIEFERUNGEN UND LEISTUNGEN
149	Zweifelhafte Forderungen
15	ANDERE FORDERUNGEN
150	Forderungen an Belegschaftsmitglieder
151	Eigene Anzahlungen
1550	Vorsteuer
1551	Einfuhrumsatzsteuer
1559	Sonst. Forderungen an Sozialversicherungsträger und Finanzbehörden
156	Forderungen an Gesellschafter wegen ausstehender Einlagen - bei Personengesellschaften
158	Forder.gemäß §§ 89/ 115 AktG (bei Aktiengesellschaften16 VERBINDLICHKEITEN AUS WARENLIEFERUNGEN UND LEISTUNGEN
17	ANDERE VERBINDLICHKEITEN
170	Verbindlichkeiten gegenüber Belegschaftsmitgliedern
171	Erhaltene Anzahlung.
174	Verbindlichk. gegenüber Sozialversicherungsträgern und Finanzbehörden ("Noch abzuführende Abgaben")
1750	Mehrwertsteuer
1751	Umsatzsteuer auf den Eigenverbrauch
1752	Umsatzsteuer-Verrechnungskonto

176	Gewinnanteile der Gesellschafter (bei Personengesellsch.) bzw. Dividenden (bei Kapitalgesellschaften)
177	Tantiemen (bei Kapitalgesellschaften)
180	Schuldwechsel
182	Bankschulden
19	DURCHGANGS-,ÜBERGANGS-UND PRIVATKONTEN
197	Privatkonto (Inhaber)
1970	Privatkonto Gesellschafter A
1971	Privatkonto Ges. B
1972	Privatkonto Ges. C
	KLASSE 2 NEUTRALE AUFWENDUNGEN UND ERTRÄGE
200	Betriebsfremde Aufwendungen
205	Betriebsfremde Erträge
210	Haus- und Grundstücksaufwendungen
215	Haus- und Grundstückserträge
23	BILANZMÄßIGE ABSCHREIBUNGEN
240	Zins- und Diskontaufwendungen
244	Skonto-Aufwendungen
245	Zins- und Diskonterträge
248	Skonto-Erträge
250	Betriebl. außerordentliche Aufwendungen
255	Betriebl. außerordentliche Erträge
26	BETRIEBLICHE PERIODENFREMDE AUFWENDUNGEN UND ERTRÄGE
260	Großreparaturen
269	Periodenfremde Erträge
27	VERRECHNETE ANTEILE BETRIEBLICHER, PERIODENFREMDER AUFWEND.
280	Verrechnete kalkulatorische Abschreibungen
281	Verrechnete kalkulatorische Zinsen
282	Verrechnete kalkulatorische Wagnisse
283	Verrechneter kalkulatorischer Unternehmerlohn

29	DAS GESAMTERGEBNIS BETREFFENDE AUFWENDUNGEN UND ERTRÄGE
	KLASSE 3 STOFFE-BESTÄNDE
30	ROHSTOFFE
301	Bezugskosten/Rohstoffe
33	HILFSSTOFFE
331	Bezugskosten/Hilfsstoffe
34	BETRIEBSSTOFFE
341	Bezugskosten/ Betriebsstoffe
38	BEZOGENE BESTAND- UND FERTIGTEILE, AUSWÄRTIGE BEARBEIT.
39	HANDELSWAREN UND AUSWÄRTS BEZOGENE FERTIGERZEUGNISSE
	KLASSE 4 KOSTENARTEN
40	FERTIGUNGSMATERIAL (EINZELSTOFFKOSTEN)
41	GEMEINKOSTENMATERIAL (HILFSSTOFFKOSTEN)
42	BRENNSTOFFE, ENERGIE UND DERGLEICHEN
43	LÖHNE UND GEHÄLTER
44	SOZIALKOSTEN
45	INSTANDHALTUNG, VERSCHIEDENE LEISTUNGEN UND DERGLEICHEN
46	STEUERN, GEBÜHREN, BEITRÄGE, VERSICHERUNGSPRÄMIEN UND DERGLEICHEN
460	Steuern
47	MIETEN, VERKEHRS-, BÜRO-, WERBEKOSTEN ("VERSCHIEDENE KOSTEN")
470	Miete
479	Finanzkosten ("Neben kosten des Geldverkehrs")
480	Kalkulatorische .Abschreibungen
481	Kalkulatorische Zinsen
482	Kalkulator. Wagnisse
483	Kalkulatorischer Unternehmerlohn
49	SONDEREINZELKOSTEN DER FERTIGUNG UND DES VERTRIEBS

	KLASSE 5 / 6 FREI FÜR KOSTENSTELLEN-KONTIERUNGEN DER BETRIEBSRECHNUNG
	KLASSE 7 BESTÄNDE AN UNFERTIGEN UND FERTIGEN ERZEUGNISSEN
78	BESTÄNDE AN UNFERTIGEN ERZEUGNISSEN ("UNFERTIGE ERZEUGNISSE")
79	BESTÄNDE AN FERTIGEN ERZEUGNISSEN ("FERTIGE ERZEUGNISSE")
	KLASSE 8 ERTRÄGE
83	ERLÖSE FÜR ERZEUGNISSE UND ANDERE LEISTUNGEN ("VERKAUFSKONTO")
85	ERÖSE FÜR HANDELSWAREN
86	ERLÖSE AUS NEBENGESCHÄFTEN
87	EIGENLEISTUNGEN
88	ERLÖSBERICHTIGUNGEN
89	BESTANDSVERÄNDERUNGEN AN UNFERTIGEN UND FERTIGEN ERZEUGNISSEN
	KLASSE 9 ABSCHLUSS
980	Betriebsergebnis
985	Verrechnungsergebnis
986	Gewinnverteilung
987	Neutrales Ergebnis
988	Das Gesamtergebnis betreffende Aufwendungen und Erträge (z.B. Körperschaftsteuer)
989	Gesamtergebnis ("Gewinn- und Verlustkonto")
998	Eröffnungsbilanzkonto
999	Schlußbilanzkonto

Anhang 5: Industriekontenrahmen (IKR)

	KLASSE 0 IMMATERIELLE VERMÖGENSGEGENSTÄNDE UND SACHANLAGEN
00	Ausstehende Einlagen (bei Kapitalgesellschaften: Ausstehende Einlagen auf das gezeichnete Kapital, bei Kommanditgesellschaften: ausstehende Kommanditeinlagen)
01	Aufwendungen für die Ingangsetzung und Erweiterung des Geschäftsbetriebes
	IMMATERIELLE VERMÖGENSGEGENSTÄNDE
02	Konzessionen, gewerbliche Schutzrechte und ähnliche Rechte und Werte sowie Lizenzen an solchen Rechten und Werten
03	Geschäfts- oder Firmenwert
04	Geleistete Anzahlungen auf immaterielle Vermögensgegenstände
	SACHANLAGEN
05	Grundstücke, grundstücksgleiche Rechte und Bauten einschl. der Bauten auf fremden Grundstücken
06	frei
07	Technische Anlagen und Maschinen
08	Andere Anlagen, Betriebs- und Geschäftsausstattung
09	Geleistete Anzahlungen und Anlagen im Bau
	KLASSE 1 FINANZANLAGEN
10	frei
11	Anteile an verbundenen Unternehmen
12	Ausleihungen an verbundene Unternehmen
13	Beteiligungen
14	Ausleihungen an Unternehmen, mit denen ein Beteiligungsverhältnis besteht
15	Wertpapiere des Anlagevermögens
16	Sonstige Ausleihungen (Sonstige Finanzanlagen)
	KLASSE 2 UMLAUFVERMÖGEN UND AKTIVE RECHNUNGSABGRENZUNG
	VORRÄTE
20	Roh-, Hilfs- und Betriebsstoffe
21	Unfertige Erzeugnisse, unfertige Leistungen
22	Fertige Erzeugnisse und Waren
23	Geleistete Anzahlungen auf Vorräte
	FORDERUNGEN UND SONST. VERMÖGENSGEGENSTÄNDE
24	Forderungen aus Lieferungen und Leistungen
25	Forderungen gegen verbundene Unternehmen und gegen Unternehmen, mit denen ein Beteiligungsverhältnis besteht
26	Sonstige Vermögensgegenstände
27	Wertpapiere
28	Flüssige Mittel
29	Aktive Rechnungsabgrenzung
	KLASSE 3 EIGENKAPITAL UND RÜCKSTELLUNGEN
	EIGENKAPITAL
30	Kapitalkonto / Gezeichnetes Kapital
31	Kapitalrücklage
32	Gewinnrücklagen
33	Ergebnisverwendung
34	Jahresüberschuß / Jahresfehlbetrag
35	Sonderposten mit Rücklageanteil
36	Wertberichtigungen (bei Kapitalgesellschaften als Passivposten der Bilanz nicht mehr zulässig)
	RÜCKSTELLUNGEN
37	Rückstellungen für Pensionen und ähnliche Verpflichtungen
38	Steuerrückstellungen
39	Sonstige Rückstellungen
	KLASSE 4 VERBINDLICHKEITEN UND PASSIVE RÜCKSTELLUNGEN
40	frei
41	Anleihen
42	Verbindlichkeiten gegenüber Kreditinstituten
43	Erhaltene Anzahlungen auf Bestellungen
44	Verbindlichkeiten aus Lieferungen und Leistungen
45	Wechselverbindlichkeiten (Schuldwechsel)
46	Verbindlichkeiten gegenüber verbundenen Unternehmen
47	Verbindlichkeiten gegenüber Unternehmen, mit denen ein Beteiligungsverhältnis besteht
48	Sonstige Verbindlichkeiten
49	Passive Rechnungsabgrenzung
	KLASSE 5 ERTRÄGE
50	Umsatzerlöse
51	Umsatzerlöse (Fortsetzung)
52	Erhöhung oder Verminderung des Bestandes an unfertigen und fertigen Erzeugnissen
53	Andere aktivierte Eigenleistungen
54	Sonstige betriebliche Erträge
55	Erträge aus Beteiligungen

56 Erträge aus anderen Wertpapieren und Ausleihungen des Finanzanlagevermögens
57 Sonstige Zinsen und ähnliche Erträge
58 Außerordentliche Erträge (§ 277 Abs. 4 HGB)
59 Erträge aus Verlustübernahme

KLASSE 6
BETRIEBLICHE AUFWENDUNGEN

MATERIALAUFWAND
60 Aufwendungen für Roh-, Hilfs- und Betriebsstoffe und für bezogene Waren
61 Aufwendungen für bezogene Leistungen
PERSONALAUFWAND
62 Löhne
63 Gehälter
64 Soziale Abgaben und Aufwendungen für Altersversorgung und für Unterstützungen
65 Abschreibungen
SONSTIGE BE- BETRIEBLICHE AUFWENDUNGEN (66-70)
66 Sonstige Personalaufwendungen
67 Aufwendungen für die Inanspruchnahme von Rechten und Diensten
68 Aufwendungen für Kommunikation (Dokumentation, Informatik, Reisen, Werbung)
69 Aufwendungen für Beiträge und Sonstiges sowie Wertkorrekturen und periodenfremde Aufwendungen

KLASSE 7
WEITERE AUFWENDUNGEN

70 Betriebliche Steuern
71 frei
72 frei
73 frei
74 Abschreibungen auf Finanzanlagen und auf Wertpapiere des Umlaufvermögens und Verluste aus entsprechenden Abgängen
75 Zinsen und ähnliche Aufwendungen
76 Außerordentliche Aufwendungen
77 Steuern vom Einkommen und vom Ertrag
78 Sonstige Steuern
79 Aufwendungen aus Gewinnabführungsverträgen

KLASSE 8
ERGEBNISRECHNUNGEN

80 Eröffnung/Abschluß
KONTEN DER KOSTENBEREICHE FÜR DIE G+V IM UMSATZ-KOSTENVERFAHREN
81 Herstellungskosten
82 Vertriebskosten
83 Allgemeine Verwaltungskosten
84 Sonstige betriebliche Aufwendungen
KONTEN DER KURZFRISTIGEN ERFOLGSRECHNUNG (KER) FÜR INNERJÄHRIGE RECHNUNGSPERIODEN (MONAT, QUARTAL ODER HALBJAHR)
85 Korrekturkonten zu den Erträgen der Kontenklasse 5
86 Korrekturkonten zu den Aufwendungen der Kontenklasse 6
87 Korrekturkonten zu den Aufwendungen der.Kontenklasse 7
88 Kurzfristige Erfolgsrechnung (KER)
89 Innerjährige Rechnungsabgrenzung

KLASSE 9
KOSTEN- UND LEISTUNGSRECHNUNG (KLR)

90 Unternehmensbezogene Abgrenzungen
91 Kostenrechnerische Korrekturen
92 Kostenarten und Leistungsarten
93 Kostenstellen
94 Kostenträger
95 Fertige Erzeugnisse
96 Interne Lieferungen und Leistungen sowie deren Kosten
97 Umsatzkosten
98 Umsatzleistungen
99 Ergebnisausweise

Anmerkung:

In der Praxis wird die KLR gewöhnlich tabellarisch durchgeführt. Hierzu hat der BDI 3-bändige Empfehlungen herausgegeben. (Siehe Literaturverzeichnis unter BDI, 1980, 1981, 1983)

Anhang 6: Übungskontenplan gem. IKR

0
Immaterielle Vermögensgegenstände und Sachanlagen

Ausstehende Einlagen
0000 Austehende Einlagen (Kommanditeinlagen)
0010 Noch nicht eingeforderte Einlagen
0020 Eingeforderte Einlagen

Aufwendungen für die Ingangsetzung und Erweiterung des Geschäftsbetriebes
0100 Aufwendungen für die Ingangsetzung und Erweiterung des Geschäftsbetriebes
0110 Aufwendungen für die Währungsumstellung auf den Euro

Konzessionen, Gewerbliche Schutzrechte und ähnliche Rechte sowie Lizenzen an solchen Rechten und Werten
0200 Konzessionen, gewerbliche Schutzrechte usw.

Geschäfts- oder Firmenwert
0300 Geschäfts/Firmenwert

0400 frei

Grundstücke, Grundstücksgleiche Rechte und Bauten einschl. der Bauten auf fremden Grundstücken
0500 Unbebaute Grundstücke
0510 Bebaute Grundstücke
0530 Betriebsgebäude
0540 Verwaltungsgebäude
0550 Andere Bauten
0560 Grundstückseinrichtungen
0570 Gebäudeeinrichtungen
0590 Wohngebäude

0600 frei

Technische Anlagen und Maschinen
0700 Technische Anlagen und Maschinen

Andere Anlagen, Betriebs- und Geschäftsausstattung
0800 Andere Anlagen, Betriebs- und Geschäftsausstattung
0840 Fuhrpark
0890 Geringwertige Vermögensgegenstände der Betriebs- und Geschäftsausstattung

Geleistete Anzahlungen und Anlagen im Bau
0900 Geleistete Anzahlungen auf Sachanlagen
0950 Anlagen im Bau

1
Finanzanlagen

1000 frei

Anteile an Verbundenen Unternehmen
1100 Anteile an verbundenen Unternehmen

Ausleihungen an Verbundene Unternehmen
1200 Ausleihungen an verbundene Unternehmen

Beteiligungen
1300 Beteiligungen

Ausleihungen an Unternehmen mit denen ein Beteiligungsverhältnis besteht
1400 Ausleihungen an Unternehmen, mit denen ein Beteiligungsververhältnis besteht

Wertpapiere des Anlagevermögens
1500 Stammaktien
1510 Vorzugsaktien
1530 Investmentzertifkate
1560 Festverzinliche Wertpapiere
1590 Sonstige Wertpapiere

Sonstige Ausleihungen (Sonstige Finanzanlagen)
1600 Genossenschaftsanteile
1640 Ausleihungen an Mitarbeiter, an Organmitglieder und an Gesellschafter
1690 Übrige Sonstige Finanzanlagen

2
Umlaufvermögen und Aktive Rechnungsabgrenzung

V: 2000 - 2070, 2280 - 2300

Roh-, Hilfs- und Betriebsstoffe
2000 Rohstoffe / Fertigungsmaterial
2001 Bezugskosten/Rohstoffe
2002 Nachlässe/Rohstoffe
2010 Vorprodukte/Fremdbauteile
2020 Hilfsstoffe
2021 Bezugskosten/Hilfsstoffe
2022 Nachlässe/Hilfsstoffe
2030 Betriebsstoffe
2070 Sonstiges Material

Unfertige Erzeugnisse, Unfertige Leistungen
2100 Unfert. Erzeugnisse
2190 Unfert. Leistungen

Fertige Erzeugnisse und Waren
2200 Fertige Erzeugnisse
2280 Waren (Handelswaren)
2281 Bezugskosten / Handelswaren
2282 Nachlässe/Handelswaren

Geleistete Anzahlungen auf Vorräte
2300 Geleistete Anzahlungen auf Vorräte

Forderungen aus Lieferungen und Leistungen
2400 Forderungen aus Lieferungen und Leistungen
2450 Wechselforderungen aus Lieferungen und Leistungen (Besitzwechsel)
2470 Zweifelhafte Forderungen aus Lieferungen und Leistungen (Dubiose)
2480 Protestwechsel

2500 frei

Sonstige Vermögensgegenstände (Sonstige Forderungen)
2600 Anrechenbare Vorsteuer
2610 Aufzuteilende Vorsteuer
2620 Frei
2630 Sonst.Forderungen an Finanzbehörden
2640 Forderungen an Sozialversicherungsträger
2650 Forderungen an Mitarbeiter
2660 Andere Sonstige Forderungen
2670 Forderungen an Gesellschafter und Organmitglieder
2680 Eingefordertes, noch nicht eingezahltes Kapital und eingeforderte Nachschüsse
2690 Übrige Sonstige Vermögensgegenstände

Wertpapiere des Umlaufvermögens
2700 Anteile an verbundenen Unternehmen
2710 Eigene Anteile
2720 Aktien
2750 Finanzwechsel
2770 Festverzinsliche Wertpapiere

Flüssige Mittel
2800 Guthaben bei Kreditinstituten ("Bank")
2850 Postgiro
2860 Schecks
2870 Bundesbank
2880 Kasse
2890 Nebenkassen

Aktive Rechnungsabgrenzung und Bilanzfehlbetrag
2900 Aktive Rechnungsabgrenzung
2901 Disagio
2910 Zölle und Verbrauchssteuern
2920 Umsatzsteuer auf Anzahlungen
2930 Andere aktive Jahresabgrenzungsposten
2950 Aktive Steuerabgrenzung
2990 Nicht durch Eigenkapital gedeckter Fehlbetrag

3
Eigenkapital und Rückstellungen

Kapitalkonto bei Einzelunternehmer
3000 Eigenkapital
3001 Privatkonto

Kapitalkonten bei Personengesellschaften
3000 Kapital Vollhafter A
3001 Privatkonto A
3070 Kommanditkapital / Gesellschafter B
3071 Privatkonto B
3080 Kommanditkapital / Gesellschafter C
3081 Privatkonto C

Gezeichnetes Kapital
3000 Gezeichnetes Kapital (Grund- / Stammkapital)
3050 Noch nicht eingeforderte Einlagen

Kapitalrücklagen
3100 Kapitalrücklage
3110 Aufgeld aus der Ausgabe von Anteilen
3180 Eingeforderte Nachschüsse (GmbH)

Gewinnrücklagen
3200 Gesetzliche Rücklagen
3220 Rücklage für eigene Anteile
3230 Satzungsmäßige Rücklagen
3240 Andere Gewinnrücklagen
3250 Eigenkapitalanteil bestimmter Passivposten

Ergebnisverwendung
3310 Jahresergebnis des Vorjahres
3320 Ergebnisvortrag aus früheren Perioden
3330 Entnahme aus der Kapitalrücklage
3340 Veränderung der Gewinnrücklagen vor Bilanzergebnis
3350 Bilanzergebnis (Bilanzgewinn /-verlust)
3360 Ergebnisausschüttung
3370 Zusätzlicher Aufwand / Ertrag aufgrund Ergebnisverwendungsbeschluß
3380 Einstellungen in Gewinnrücklagen nach Bilanzergebnis
3390 Ergebnisvortrag auf neue Rechnung

Jahresüberschuß / Jahresfehlbetrag
3400 Jahresüberschuß / Jahresfehlbetrag

Sonderposten mit Rücklageanteil
3500 Sog. Steuerfreie Rücklagen
3520 Sonderposten aus der Währungsumstellung auf den Euro
3550 Wertberichtungen aufgrund steuerlicherSonderabschreibungen

Wertberichtigungen (Bei Kapitalgesellschaften als Passivposten nicht zulässig)
3610 Wertberichtigungen zu Sachanlagen
3650 Wertberichtigungen zu Finanzanlagen
3670 Einzelwertberichtigungen zu Forderungen
3680 Pauschalwertberichtigungen zu Forderungen

Rückstellungen für Pensionen und ähnliche Verpflichtungen
3700 Pensionsrückstellungen

Steuerrückstellungen
3800 Gewerbeertragsteuer
3810 Körperschaftsteuer
3820 Kapitalertragsteuer
3830 Ausländische Quellensteuer
3840 Andere Steuern vom Einkommen und Ertrag
3850 Latente Steuern
3890 Sonstige Steuerrückstellungen

Sonstige Rückstellungen
3391 Rückstellungen für Gewährleistungen
3920 Rückstellunen für andere ungewisse Verbindlichkeiten
3970 Rückstellungen für drohende Verluste aus schwebenden Geschäften
3990 Rückstellungen für Aufwendungen

4
Verbindlichkeiten und Passive Rechnungsabgrenzung

M: 4300

4000 Frei
4100 Frei

Verbindlichkeiten gegenüber Kreditinstituten
4220 Kurzfristige Bankverbindlichkeiten
4230 Mittelfristige Bankverbindlichkeiten
4250 Langfristige Bankverbindlichkeiten

Erhaltene Anzahlungen auf Bestellungen
4300 Erhaltene Anzahlungen auf Bestellungen

Verbindlichkeiten aus Lieferungen und Leistungen
4400 Verbindlichkeiten aus Lieferungen und Leistungen

Wechselverbindlichkeiten (Schuldwechsel)
4500 Schuldwechsel

4600 Frei
4700 Frei

Sonstige Verbindlichkeiten
4800 Umsatzsteuer
4810 Umsatzsteuer / nicht fällig
4820 Umsatzsteuer-Verrechnungskonto
4830 Sonstige Verbind lichkeiten gegenüber Finanzbehörden
4840 Verbindlichkeiten gegenüber Sozialversicherungsträgern
4850 Verbindlichkeiten gegenüber Mitarbeitern
4860 Verbindlichkeiten aus Vermögenswirksamen Leistungen
4870 Verbindlichkeiten gegenüber Gesellschaftern und Organmitgliedern
4890 Übrige sonstige Verbindlichkeiten

Passive Rechnungsabgrenzung

4900 Passive Rechnungsabgrenzungsposten

5
Erträge

M: 5000 - 5001, 5100 - 5101, 5400 - 5490, 5830

Umsatzerlöse für Eigene Erzeugnisse und Leistungen

5000 Umsatzerlöse für Eigene Erzeugnisse
5001 Erlösberichtigungen / Eigene Erzeugnisse und Leistungen
5055 Innergemeinschaftliche Lieferungen gem. § 4 Nr. 1b UStG

Umsatzerlöse für Waren und sonstige Umsatzerlöse

5100 Umsatzerlöse für Waren
5101 Erlösberichtigungen / Waren

Erhöhung oder Verminderung des Bestandes an Unfertigen und Fertigen Erzeugnissen

5200 Bestandsveränderungen

Andere Aktivierte Eigenleistungen

5300 Andere Aktivierte Eigenleistungen

Sonstige Betriebliche Erträge

5401 Nebenerlöse (z.B.aus Vermietung und Verpachtung)
5410 Sonst.Erlöse (z.B. aus Provisionen)
5420 "Eigenverbrauch" (Bestimmte Lieferungen und sonstige Leistungen mit fiktivem Entgelt)
5430 Andere Sonstige betriebliche Erträge (z.B.Schadensersatzleistungen)
5440 Erträge aus Werterhöhungen von Gegenständen des Anlagevermögens (Zuschreibungen)
5450 Erträge aus der Auflösung oder Herabsetzung von Wertberichtigungen auf Forderungen
5455 Erträge aus der Währungsumstellung auf den Euro
5460 Erträge aus dem Abgang von Vermögensgegenständen (Sachanlagen, Umlaufvermögen)
5470 Erträge aus der Auflösung von Sonderposten mit Rücklageanteil
5480 Erträge aus der Herabsetzung von Rückstellungen
5490 Periodenfremde Erträge (z.B. Rückerstattung von betrieblichen Steuern)

Erträge aus Beteiligungen

5500 Erträge aus Beteiligungen

Erträge aus Anderen Wertpapieren und Ausleihungen des Finanzanlagevermögens

5600 Erträge aus anderen Finanzanlagen

Sonstige Zinsen und ähnliche Erträge

5710 Zinserträge
5730 Diskonterträge
5780 Erträge aus Wertpapieren des Umlaufvermögens (Zinsen, Dividenden, Erträge aus dem Abgang oder aus Zuschreibungen)
5790 Sonstige zinsähnliche Erträge

Ausserordentliche Erträge (§ 277 Abs. 4 HGB)

5800 Außerordentliche Erträge

5900 Frei

6
Betriebliche Aufwendungen

V: 6000 - 6160, 6600 - 6890

Aufwendungen für Roh-, Hilfs- und Betriebsstoffe und bezogene Waren

6000 Aufwendungen für Rohstoffe / Fertigungsmaterial
6010 Aufwendungen für Vorprodukte / Fremdbauteile
6020 Aufwendungen für Hilfsstoffe
6030 Aufwendungen für Betriebsstoffe /Verbrauchswerkzeuge
6040 Aufwendungen für Verpackungsmaterial
6050 Aufwendungen für Energie
6060 Aufwendungen für Reparaturmaterial
6070 Aufwendungen für Sonstiges Material
6080 Aufwendungen für bezogene Waren
6090 Sonderabschreibungen auf Roh-,Hilfs- und Betriebsstoffe und für bezogene Waren
6098 Innergemeinschaftlicher Erwerb

Aufwendungen für bezogene Leistungen (z.B. Fremdlager)

6100 Aufwendungen für bezogene Leistungen
6140 Ausgangsfrachten und Fremdlager
6150 Aufwendungen für Provisionen
6160 Fremdinstandhaltung

Löhne

6200 Löhne für geleistete Arbeitszeit
6250 Sachbezüge

Gehälter

6300 Gehälter einschließlich tariflich, vertraglich oder arbeitsbedingter Zulagen
6310 Urlaubs- und Weihnachtsgelder
6320 Sonstige tarifliche oder vertragliche Aufwendungen
6330 Freiwillige Zuwendungen
6350 Sachbezüge
6360 Vergütungen an kaufmännische Auszubildende

Soziale Abgaben und Aufwendungen für Altersversorgung und Unterstützung

6400 Arbeitgeberanteile zur Sozialversicherung
6430 Sonstige soziale Abgaben
6440 Aufwend. für Altersversorgung

Abschreibungen

6500 Abschreibungen .auf aktivierte Aufwendungen für die Ingangsetzung / Erweiterung des Geschäftsbetriebes
6510 Abschreibungen auf immaterielle Vermögensgegenstände des Anlagevermögens
6520 Abschreibungen auf Sachanlagen
6540 Abschreibungen auf Geringwertige Wirtschaftsgüter
6550 Außerplanmäßige Abschreibungen auf Sachanlagen
6560 Steuerrechtliche Sonderabschreibungen auf Sachanlagen
6570 Unübliche Abschreibungen auf Umlaufvermögen

Sonstige Personalaufwendungen (z.B. Personaleinstellung

6600 Sonstige Personalaufwendungen

Aufwendungen für die Inanspruchnahme von Rechten und Diensten

6700 Mieten, Pachten, Erbbauzinsen
6710 Leasing
6720 Lizenzen und Konzessionen
6730 Gebühren
6750 Kosten d.Geldverkehrs
6760 Provisionsaufwendungen (ausser Vertriebsprovisionen)
6770 Rechts- u.Beratungskosten
6780 Aufwend.für den Aufsichtsrat

Aufwendungen für Kommunikation (Dokumentation, Informatik, Reisen, Werbung)

6800 Büromaterial
6810 Zeitungen und Fachliteratur
6820 Post
6850 Reisekosten
6860 Gästebewirtung und Repräsentation
6870 Werbung
6880 Spenden
6890 Sonstiger Aufwand für Kommunikation

Aufwendungen für Beiträge und Sonstiges sowie Wertkorrekturen und periodenfremde Aufwendungen

6900 Versicherungsbeiträge (Diverse)
6910 Kfz-Versicherungs-Beiträge
6920 Beiträge zu Wirtschaftsverbänden und Berufsvertretungen
6930 Verluste aus Schadensfällen
6950 Abschreibungen auf Forderungen
6951 Abschreibungen auf Forderungen wegen Uneinbringlichkeit
6952 Einzelwertberichtigungen auf Forderungen
6953 Pauschalwertberichtigungen auf Forderungen
6956 Aufwendungen aus der Währungsumstellung auf den Euro
6960 Verluste aus dem Abgang von Vermögensgegenständen
6961 Verluste aus dem Abgang von Immateriellem Anlagevermögen
6962 Verluste aus dem Abgang von Sachanlagevermögen
6963 Verluste aus dem Abgang von Umlaufvermögen(außer Vorräten u.Wertpapieren)
6970 Einstellungen in den Sonderposten mitRücklagenanteil
6978 Ansparabschreibung
6980 Zuführungen zu Rückstellungen (z.B.Gewährleistungen)
6990 Periodenfremde Aufwendungen (soweit nicht bei den einzelnen Aufwandsarten zu erfassen

7
Weitere Aufwendungen (insbes. Finanzbereich)

Betriebliche Steuern

7010 Vermögensteuer
7020 Grundsteuer
7030 Kraftfahrzeugsteuer
7040 Frei
7070 Ausfuhrzölle
7080 Verbrauchsteuern
7090 Sonstige betriebliche Steuern

7100 Frei
7200 Frei
7300 Frei

Abschreibungen auf Finanzanlagen und auf Wertpapiere des Umlaufvermögens und Verluste aus entsprechenden Abgängen

7400 Abschreibungen auf Finanzanlagen
7420 Abschreibungen .auf Wertpapiere des Umlaufvermögens.
7450 Verluste aus dem Abgang von Finanzanlagen
7460 Verluste aus dem Abgang von Wertpapieren des Umlaufvermögens
7490 Aufwendungen aus Verlustübernahme

Zinsen und ähnliche Aufwendungen

7510 Zinsaufwendungen
7530 Diskontaufwand
7540 Abschreibungen auf Disagio
7590 Sonstige Zinsen und ähnliche Aufwendungen

Ausserordentliche Aufwendungen

7600 Ausserordentliche Aufwendungen

Steuern vom Einkommen und vomErtrag

7700 Gewerbeertragsteuer
7710 Körperschaftsteuer
7720 Kapitalertragsteuer
7730 Ausländ. Quellensteuer
7750 Latente Steuern
7790 Sonstige Steuern vom Einkommen und Ertrag

Sonstige Steuern

7800 Sonstige Steuern

Aufwendungen aus Gewinnabführungsvertrag

7900 Aufwendungen aus Gewinnabführungsvertrag

8
Ergebnisrechnungen

Eröffnung / Abschluss

8000 Eröffnungsbilanzkonto
8010 Schlußbilanzkonto
8020 G+V-Konto (Gesamtkostenverfahren)
8030 G+V-Konto (Umsatzkostenverfahren)
8040 Gewinn- und Verlustverteilung

(Konten d.Kostenbereiche für die G+V im Umsatzkostenverfahren:)

Herstellkosten

8100 Herstellkosten

Vertriebskosten

8200 Vertriebskosten

Allgemeine Verwaltungskosten

8300 Allgemeine Verwaltungskosten

Sonstige Betriebliche Aufwendungen

8400 Sonstige betriebliche Aufwendungen

(Konten der kurzfristigen Erfolgsrechng.(KER) und für innerjährige Rechnungsperioden (Monat, Quartal, Halbjahr:)

Korrekturkonten zu den Erträgen der Kontenklasse 5

8500 Korrekturkonten zu den Erträgen der Kontenklasse 5

Korrekturkonten zu den Aufwendungen der Klasse 6

8600 Korrekturkonten zu den Aufwendungen der Kontenklasse 6

Korrekturkonten zu den Aufwendungen der Klasse 7

8700 Korrekturkonten zu den Aufwendungen der Kontenklasse 7

Kurzfristige Erfolgsrechnung

8800 Gesamtkostenverfahren
8810 Umsatzkostenverfahren

Innerjährige Rechnungs abgrenzung

8900 Aktive Rech.abgrenz.
8930 Passive Rechnungsabgrenzung

www.ingramcontent.com/pod-product-compliance
Lightning Source LLC
LaVergne TN
LVHW060625300926
849162LV00008B/1713